吉金文库

发现从前的中国

宋代士人阶层的女性

铁爱花 著

新 星 出 版 社 NEW STAR PRESS

图书在版编目（CIP）数据
宋代士人阶层的女性 / 铁爱花著 . -- 北京：新星出版社，2022.12
ISBN 978-7-5133-5042-6
Ⅰ . ①宋… Ⅱ . ①铁… Ⅲ . ①士 – 妇女 – 群体 – 研究 – 中国 – 宋代
Ⅳ . ① D691.968
中国版本图书馆 CIP 数据核字（2022）第 171398 号

宋代士人阶层的女性

铁爱花 著

责任编辑：孙立英
责任校对：刘　义
责任印制：李珊珊
装帧设计：冷暖儿

出版发行：新星出版社
出 版 人：马汝军
社　　址：北京市西城区车公庄大街丙3号楼　　100044
网　　址：www.newstarpress.com
电　　话：010-88310888
传　　真：010-65270449
法律顾问：北京市岳成律师事务所

读者服务：010-88310811　　service@newstarpress.com
邮购地址：北京市西城区车公庄大街丙3号楼　　100044

印　　刷：北京美图印务有限公司
开　　本：660mm×970mm　　1/16
印　　张：25.25
字　　数：335千字
版　　次：2022年12月第一版　　2022年12月第一次印刷
书　　号：ISBN 978-7-5133-5042-6
定　　价：78.00元

〔宋〕苏汉臣《靓装仕女图》（波士顿艺术博物馆藏）

〔宋〕佚名《蕉荫击球图》（北京故宫博物院藏。转引自《宋画全集》第一卷第七册，杭州：浙江大学出版社，2010 年，第 52 页）

［宋］佚名《竹林仕女图》（费城艺术博物馆藏）

〔宋〕陈清波《瑶台步月图》（北京故宫博物院藏。转引自《宋画全集》第一卷第五册，第 21 页）

［宋］佚名《调鹦图》（波士顿艺术博物馆藏）

〔宋〕李嵩《观灯图》（台北故宫博物院藏）

序

我与铁爱花先生仅有两面之交，一次是她在武汉大学当研究生时，一次是2008年在陕西师范大学举办西部大讲堂期间，此后建立了通信联系。给我的粗浅印象，是她为人聪颖，思想敏锐而活跃，也有正义感。王春瑜先生强调，搞史学没有正义感不行，这是深中肯綮的。

蒙她的厚意，将写就的大作寄我，要我写一序言。此书无疑是下功力，有深度，见拓展的宋代妇女专著。使我受教颇深的有二点。一是此书使用史料之广，二是此书拓展了宋代以至古代妇女史的某些新视野，两者是互相关联的。

许多依我过去的眼界，似乎是无用的文字，在她的思维和文笔下，竟能点铁成金，成为有价值的史料。这无非是反映了她思考的深入和读史的勤奋。大量女性墓志的援引，固然十分引人注目，使我尤为震惊者，是她大量使用了宋儒经疏。我对宋儒经疏未下功夫。事实上，宋史界的同仁们对宋儒经疏的阅读和使用确是很不充分的。我曾注意到张政烺师早在约六十年前所写《中国考古学史讲义》中说："唐中叶以后，学者对于这种注疏之学便已厌烦了"，"发展下去便出现了宋人的新经学。刘敞（著《春秋权衡》《春秋传》《春秋意林》《春秋传说例》《七经小传》《公是先生弟子记》等）、欧阳修（著《诗本义》），是宋代新经学的开创者，同时也是宋代金石学的开创者”。[1]他的话绝不是随便说的，而是对宋儒经疏认真下了熟读功夫后所作的结论。读宋儒经疏的一个根本前提，自然是须要通晓先秦的典籍。相形之下，我只有感愧而已。一位治宋代妇女史的青年学者，居然能对先秦典籍和宋儒经疏下功夫，正是反映了她的眼界和史识，非比寻常，她说：“阴阳学说也成为宋儒规范夫妻关系的理论基础。”这是确论。此书其他一些重要的论点，可以详见结语，在此不必再予重复。

我近年来不断强调以马克思主义治史的重要性。但也强调，不能将马克思主义神化和偶像化。2009年，首都师范大学为研究生举办宋史讲座，我也讲了以马克思主义治史的问题。据说，在讲座的最终，一位北京大学的研究生提出了驳议，认为时至今日，居然还有人在讲马克思主义。我得知后，也在一些讲课中回应说，这位学生反对以马克思主义治史，有其权利和自由。但是，应当是在对马克思主义熟悉和了解的基础上，发此高论，能够说明，为何不应该以马克思主义治史。如果做不到，似乎就成了无知的偏见。其实，有一个最基本、最简单的史实，我的母校北京大学正是中国马克思主义发源地，西方的马克思主义在中国的传播，正是从母校发轫的。当年的校长蔡元培先生，一反以往中国国学事实上强调一言堂，以己说为正统，以他说为异端的传统，提出“兼容并包”的现代科学理念和方针。从兼容并包的科学理念出发，为何就容不得别人谈点马克思主义呢？当然，那位研究生提出驳议，也与导师辈的教学有关。

有人说，马克思主义早就过时了。这需要具体分析，大致已是一百五十年前的主义，不少结论已被事实所否定，这当然应尊重事实，承认是过时了。但是，以个人之愚见，马克思主义的某些重要理论，至少时至今日，仍然闪耀着真理的光辉，与某些被若干治史者奉为高明的、时新的理论，如社会精英论、以士大夫为中心的史观等相比，看来更有真理的威力。例如马克思主义的阶级论，以及由此派生的国家论、法律论，就是如此。

我们目前经常地、普遍地遇到如贪腐、社会不公平之类，其实也似乎只有马克思主义的阶级论，方能作出最深入的剖析和批判。在人类进入阶级社会，即有文字记载的文明时代后，看来有数以亿计的个人利益、动机、意愿之类，归根结蒂，仍是汇聚和组合为对立的，甚至对抗的阶级利益。剥削和统治阶级总是要将自己的私利，凌驾于广大被剥削和统治阶级的利益之上、社会之上、祖国和民族利益之上、人类共同利益之上。对广大被剥削和统治阶级有利的事，对社会、祖国和民族有利的事，对人类有利的事，只要真正触犯剥削和统治阶级的核心私利，他们必然取反对的态度。当然，在民主和法治的条件下，剥削和统治阶级的私利往往表现得较为隐晦曲折，但在专制和人治的条件下，却往往相当露骨。

自人类进入有文字记载的文明时代，即阶级社会，一方面，是无数量的肮脏、卑劣、惨酷、罪恶之类，持续不绝；另一方面，人类的良知和正义却仍在赓续和发展。剥削和统治阶级的大多数，其本质只能是为富不仁，这是由其阶级地位决定的。但也有很少量真正的精英人物，以各种不同的方式，推进着人类的良知和正义的发展。

在中国古代，作为剥削和统治阶级组成部分的士族女子，也同样必然存在着上述的两极现象。然而这个基本情况，在传世史料中却不易看得分明。中国古代的传世史料记载往往有其片面性，对于最普遍、最一般、最常见的情况反而语焉不详，甚至认为没有记录的必要，而着重于表彰贤德妇人的嘉言懿行。有的史料还隐恶扬善，如若记载较多，尚可分辨，记载较少，就无以知其是非真伪。我个人近年来屡次强调，所谓一分史料说一分话，几分史料说几分话，不能说完全正确。运用马克思主义哲学的指导，有时一分史料可以说几分话，有时几分史料只能说一分话。有一个判断和分清史实的支流与主流、表象与本质的问题。有时，几分史料所反映的可能反而是史实的支流和表象，而一分史料所反映的可能反而是史实的主流和本质。几分话或一分话不是随意乱说，而是更接近于客观和公正。

我对宋代妇女史没有研究。曾有学者邀我参加妇女史的讨论，我只能谢绝。我虽然也写过两篇有关李清照的文章，但在我看来，至多是旁门，算不得正宗。然而我也曾在几年前的《宋史研究要点》一文中提出："就妇女史而论，欲为之规范一个理论体系，只怕也有相当难度。一位先生给我寄上她的宋代妇女史稿，请我提意见，就给我出了难题，因为我确实说不清楚，妇女史应当写些什么，这就是前述的理论体系问题。但依我个人的体会，马克思主义的阶级论，确是对研究风俗和妇女史有重大的指导意义，因为不论是许多风俗、妇女的地位等问题，事实上都离不开客观存在的社会阶级分野。风俗和妇女史是近年来方才兴起的领域，故深入的余地应是较大的。"[2]理论体系是重要的，贵在可以指导研究，但也不可能求全责备，任何理论体系总是有缺陷的。但愿有朝一日，经过铁爱花先生和其他史界同仁的努力，能够产生一个较为完整的中国古代妇女史的理论体系，并出版依此理论体系撰写的中国古代或断代妇女史。

王曾瑜
2010年12月16日

注释：

1 《张政烺文史论集》，北京：中华书局，2004年，第338页。

2 《文史知识》2006年第9期；收入《丝毫编》，保定：河北大学出版社，2009年，第624页。

目　录

上篇　秩序、规范篇

下篇　女性生活篇

绪 论

第一节 相关概念

从唐到宋，中国社会发生了若干变化。[1]其中一个重要的方面即宋代打破门第观念，士人阶层的队伍空前膨胀，与之相应的是，士人阶层女性群体的数量也随之扩大。本书将从秩序、规范与女性的实际生活入手，对宋代士人阶层女性展开研究。

一、“宋代士人阶层女性”释义

“宋代士人阶层女性”是本书的核心概念。要界定“宋代士人阶层女性”，先需厘清“士人阶层”这一概念。

在中国古代，士人之来源泛杂，出路不一，却始终作为一个特殊的阶层而存在。[2]关于中国古代士人阶层，学界业已作出了较为深入的研究。[3]余英时认为，“士”作为知识阶层，始于春秋战国之交的孔子时代。[4]阎步克指出，从战国时代士阶层诞生，此后有两汉儒生、中古士族，直到唐、宋、明、清由科举入仕的文人官僚。[5]包弼德（Peter K. Bol）对唐宋时代士的身份主体作了划分，他认为：“在7世纪，士是家世显赫的高门大族所左右的精英群体；在10和11世纪，士是官僚；最后，在南宋，士是为数更多而家世却不太显赫的地方精英家族。”[6]包氏的划分未必精确，[7]却揭示了唐宋时代士的社会转型，也即宋代打破门第观念的事实。

在宋代，任何社会阶层的人，只要读书为学，都有可能改换门第，成为士人。宋人陈襄云：“今天子三年一选士，虽山野贫贱之家所生子弟，苟有文学，必赐科名。”[8]柳永称：“学则庶人之子为公卿，不学则公卿之子为庶人。”[9]程颐称：“士之于学也，犹农夫之耕。”[10]周行己指出：“四民之长，莫贵乎士。士之所贵者，以学而已。”[11]朱熹《建康府学明道先生祠记》亦云，“立明道先生之祠于学”，其目的即在于“使此邦之为士者有以兴于其学”。[12]尽管宋代士子求学的目的主要在于科举入仕，但未能中举仕宦者，只要为学，也属于士人。[13]宋代还有许多以“学”为业，绝不入仕者，他们同样被看作士人。[14]如宋初三先生之一的孙复，早年“举进士不第”，遂隐居不仕，但以其学名重一时。[15]道学家胡宪，“绍兴中，以乡贡入太学，会伊洛学有禁”，遂“一意下学，不求人知。一旦，揖诸生归故山，力田卖药，以奉其亲。安国称其有隐君子之操。从游者日众，号籍溪先生，贤士大夫亦高仰之”。[16]王曾瑜先生指出：“士大夫一词沿用到宋代，其词义并无大的变化，看来与近代的知识分子一词有相近之处。一般说来，可以指有学问的读书人，也可以指官员中的某些文官。”[17]陶晋生先生亦认为：“在宋人的笔下，士人就是读书人。一般来说，做了官的和没有入仕的读书人都通称为士、士人、甚至士大夫。”[18]他还进一步强调：“如果一个读书的士人能够通过科举制度得到一官半职，他就向上流动，成为士大夫（官僚）的一分子。如果他的后代不能继续通过科举成为官僚，或不能得到做官父兄的庇荫而继续维持家业，这些人就向下流动，失去了士大夫的身份，成为一个士人，或者回乡务农，成为平民。”[19]黄宽重先生也指出：“在众多举子竞争中，只有少数资质优异、努力不懈或幸运者，才能中举入仕，成为官员。”[20]笔者赞成上述说法。本书认为，在宋代，凡业已仕宦或以治学为业的读书人，都可称为士人，均属士人阶层的范畴。

同男性社会阶层流动不同的是，在男性垄断入仕途径的传统社会中，女性无法依靠“学”来改变自己的身份属性，女性的身份属性是以“三从”的政治文化伦理为标准来确定的。《礼记·郊特牲》云：“妇人，从人者也：幼从父兄，嫁从夫，夫死从子。”[21]《仪礼·丧服》亦云：“妇人有三从之义，无专用之道，故未嫁从父，既嫁从夫，夫死从子。”[22]依照儒家经典，传统女性的身份属性随其生命周期的变化而发生变化。所以，出生于士人家中的女性，能够因其女儿的角色而归入士人阶层女性；本非出生于士人家中，但由于婚姻的流动而嫁入士人家中的女性，则其身份可以因其妻子的角色而归入士人阶层女性；如果女性本非出生于士人家中，其丈夫亦非士人，但其子辈通过努力向学而成为士人，则这一类女性因其母亲的角色仍然可以归为士人阶层女性。由此，本书即以上述三条标准来界定“宋代士人阶层女性”。简言之，士人的女儿、妻子或母亲均可归入士人阶层女性的范畴。本书中所涉及的女性，若无特殊说明，则均为该阶层的女性。

二、秩序与规范

秩序是一个历史范畴，它既包括自然秩序，也包括社会秩序，我们主要讨论社会秩序。通常认为，社会秩序是人与人之间关系的制度化和规范化，它在人的社会关系中生成，并推动着社会关系的正常运行。[23]马克斯·韦伯（Max Weber）强调：“只有当一种社会关系的内容是指向可决定的‘准则’才能被称为是一种‘秩序’。”[24]本书讨论的秩序不仅包括传统社会维护男女两性之间权力关系的社会性别秩序，还包括维护传统社会不同性别和同一性别内部不同辈分、不同身份、不同阶层之间的等级秩序等。本书从“秩序”而不仅仅是“性别秩序”的视角探讨宋代士人阶层女性生活，即源于此。

秩序与规范密不可分，社会秩序的建构与维持离不开社会规范，一定的社会秩序总是同相应的社会规范联系在一起。[25]通常认为，社会规范是人们共同遵守的、规定了在某种特定情况下应采取哪些适当的行为的条例或准则，规范规定了人们在某一社会的某些情况下“应该”有怎样的行为。[26]本书讨论的规范主要是指以维持传统社会性别秩序与等级秩序为核心的社会秩序的行为准则。具体在宋代士人阶层女性生活中，它既包括国家礼法制定的行为标准或准则，也包括社会约定俗成的行为模式，其目的在于指导、监督或调整社会成员的思想与行为，维护既定的社会秩序。

第二节　缘起与意义

一、选题缘起

本书将研究范围限定在宋代士人阶层女性群体中，着力考察宋代国家、士人社会、地方乡里以及士人家庭等对女性的规范，系统研究宋代士人阶层女性生活的实然，并试图从多角度、多层面发掘宋代社会秩序、规范与士人阶层女性生活之间的关系。本书的研究，主要基于以下思考。

首先，就妇女史的研究而言，传统研究大多停留在添加式或社会性别研究的范式中，[27]认为妇女史“可以有、事实上也存在着两种解释，一种是妇女群体生活与活动的历史，一种则是从女性性别立场与视角去观察和编纂的历史”[28]，将妇女史的研究局限在两种范式之中。这种研究模式，很容易将女性的历史与人类社会的历史发展相对立，造成人们理解和认识上的偏差，而过于强调“女性的视角”，实则也会限制妇女史研究的视角与领域，影响妇女史发展的前途。

事实上，就人类历史的发展而言，妇女史的研究至少还有第三种解释，那就是从历史的角度，[29]考察女性与社会互动发展的历史。就目前的研究来看，很少有专文系统研究女性与社会的互动，本书在运用社会性别研究的同时，也将突破社会性别研究的局限和不足，从多角度、多层面透视宋代士人阶层女性的生活，考察宋代士人阶层女性与国家、士人、民众以及家庭等之间的互动，从而更为深入与客观地认识宋代士人阶层女性生活的实然，把握当时社会的时代特色。

其次，就妇女史的研究而言，研究者在运用社会性别理论的同时，往往忽视了社会性别研究的局限性，也即它将男女两性抽象化，忽视了阶级、种族等因素的影响，在重视普遍经验的同时，忽视了个体或群体之间的差异性，忽视了历史发展的复杂性和多元性的特征。事实上，在中国传统社会中，不同阶层女性的生活环境、生活方式、人身体验等都会有所差异，社会对于不同阶层女性的价值期许与评判也会有所不同。即使在同一阶层内部，不同女性之间因辈分、身份及家庭环境等的差异，其人生经历、生命体验以及生活方式等也会有所差异。故我们在研究某一时代女性群体时，有必要对其进行分层研究。

就目前研究现状而言，学界对妇女史的研究大多采取通论性质，对女性群体的研究不作分层，抑或分层，也多集中在后妃、妓女或特殊女性如节妇烈女的群体中。[30]当然，对上述群体的研究是必要的，但上述女性在社会中的比例毕竟是少数，其生活方式、生命体验与占人口绝大多数的社会大众女性有很大差异，无法代表社会大众女性群体，因此，倘若我们过多地将关注焦点集中于上述几类女性，势必造成对传统社会女性形象认识上的偏差。诚如研究者所言："妇女史不应该放弃对这两类妇女（指后妃、妓女）的研究，但她们决不是中国古代妇女的代表，更不能成为主流，她们毕竟是极少数地位生活特殊的一群……若将注意力过多投入这里，未免舍本（对大众妇女的生活贡献地位的探讨）逐末（对个别上层妇女的过度渲染）。更重要的，不是这些人不应写，而是为什么写，怎样去写。这些都应很好考虑与研究。"[31]此外，过多地关注上述群体，也会造成研究成果的失衡，大量重复性的研究也多集中在对上述女性群体的研究中。

本书试图运用社会分层理论，将研究范围界定在宋代士人阶层女性群体中，并从秩序、规范与女性的实际生活入手，探讨宋代士人阶层女性的生活实然。从前文对宋代士人阶层女性所作界定可以看出，宋代打破门第观念，任何社会阶层的人，只要从师为学，都有可能为士，士人阶层的队伍空前膨胀，与之相应的是，宋代士人阶层女性群体的数量也空前膨胀，她们中的很大一部分便来源于社会庶民，通过婚姻或子辈而进入士人阶层女性群体中，从而扩大了这一群体的队伍。从这个意义上来说，研究士人阶层女性，不仅是对士人家族女性群体的研究，[32] 同时也是对许多通过社会流动上升为这一阶层而原本不属于该阶层的庶民女性的研究，她们之间的区别与共通之处，都值得我们作深入研究。同时研究士人阶层女性，也能让我们更为深刻地了解宋代社会士庶之间的关系与生活面貌，从而更为深刻地认识宋代社会。

社会生活涉及方方面面，为了避免学术研究的重复性工作，本书在研究宋代士人阶层女性生活时，不打算采取面面俱到的研究模式，例如婚姻问题、财产问题、不举子问题等，前人已有丰富的成果，[33] 因而在本书的研究中，对上述问题不拟作重复研究，而将研究力度用于女性研究较为薄弱或尚处空白的环节，例如有关士人阶层女性参预公领域的活动、士人阶层女性的阅读活动、士人阶层女性的休闲活动、士人阶层的夫妻关系与妻妾关系等问题上。此外，在传统社会中，书写历史者，几乎都是士人阶层的男性，他们对于女性的记载除了后妃、妓女以及节妇烈女之外，最多者则是士人阶层的女性，这一阶层的女性，或基于父辈，或基于夫族，或基于子孙，或基于个人，留下了较为丰富的史料，使得研究者有可能接近这一群体的生活。文献资料的相对丰富，有利于问题的深入研究，同时，研究成果的相对薄弱，使得本课题具有较大的开拓空间与较高的研究价值。

二、选题意义

研究本课题，主要有以下几方面的意义。

研究对象与内容具有一定的填补空白的学术意义。宋代士人阶层女性问题，是宋代妇女史乃至中国古代妇女史研究中的重要课题。目前学界对妇女史的研究大多采取从整体上笼统论述的方式，对女性群体的研究不作分层，抑或分层，也多集中在后妃、妓女或特殊女性如节妇烈女的群体中，而对作为一个特殊的阶层——士人阶层女性进行系统研究的论著则不多见。[34]本书明确界定“士人阶层女性”的涵义，并从秩序、规范与女性的实际生活入手，考察宋代士人阶层女性与国家、士人、地方乡里、家庭以及女性之间等多层面的互动，不仅有助于我们深入系统地把握特定时代某一阶层内部女性的生活面貌，同时也有助于我们更为深刻地了解宋代社会的文化特色与时代精神。另外，本书所选取的课题，如阴阳学说与宋代性别秩序的建构，宋代性越轨法律、旌表制度、社会舆论、士人家庭等对性别秩序的规范，宋代士人阶层女性的公领域活动、阅读活动、休闲活动，宋代士人阶层的夫妻关系与妻妾关系等问题，都是以往研究中涉及较少或尚处空白的内容。

对探索传统社会女性问题，提供新的视角和思考。无论在中国还是西方，妇女史研究的兴起，都与争取男女平等以及女性解放的思潮息息相关，因而对传统社会女性地位与权益问题的研究，也成为妇女史研究者的重要任务。在以往的研究中，对于中国史上妇女地位与权益的探索，主要反映在对女性婚姻和财产问题的研究上。笔者认为，考察传统社会女性的地位与权益问题非常复杂，婚姻和财产问题仅仅是其中的一个指标，衡量传统社会女性地位与权益的指标应该是多方面的，例如本书所涉及的阴阳学说、旌表制度、社会舆论、家训家规等宋代社会的价值评判问题；性与女性的人身权益问题；女性对公领域活动的参预情况；女性的阅读情况；女性的休闲情况以及女性与家庭成员的关系等，都与女性的地位与权益问题息息相关，它们都能为女性问题的研究提供新的视角和思考。

将妇女史的研究向纵深推进。多学科交叉研究的理路，是妇女史研究向纵深发展的必由之路。尽管研究者已经认识到，妇女史的研究必须走多学科交叉研究的理路，但在实际研究中，大多仍停留在添加式研究的范式中，较少有真正运用多学科的方法研究的论著。[35]本书在历史实证研究的基础上，运用历史学、社会学、法学等多学科交叉研究的方法，走多学科交叉研究的理路，力图将妇女史的研究向纵深推进。

第三节　学术史回顾

中国大陆妇女史的研究经历了两次热潮，第一次是在20世纪上半叶，而后一次热潮则自20世纪80年代以来延续至今。[36]

20世纪上半叶，伴随辛亥革命和新文化运动前后引发的社会革命和妇女解放的思想启蒙运动，妇女史的研究进入了拓荒阶段。这一时期的研究主要以通论性质居多，研究的重点主要集中在婚姻、家庭以及法律地位等问题中。如陈顾远《中国古代婚姻史》[37]，陈东原《中国妇女生活史》[38]，陶希圣《婚姻与家族》[39]等论著对传统社会女性的婚姻与家庭生活等作了拓荒性的研究。董家遵也于此期发表了大量有关婚姻问题的论文。[40]赵凤喈《中国妇女在法律上之地位》[41]是较早研究妇女法律问题的论著。瞿同祖《中国法律与中国社会》[42]一书中有专章讨论法律制度中的家庭、婚姻问题，至今依然是研究传统社会女性法律问题的重要参考书。此外，娼妓问题也成为研究者关注的课题。[43]

经历了三十年左右的沉寂之后，中国大陆妇女史的研究于20世纪80年代再次兴起，并出现了繁荣局面。20世纪80年代初至90年代，研究者主要从事恢复和填补的工作。臧健、董乃强主编《近百年中国妇女论著总目提要》[44]较为全面地收集了20世纪90年代中期以前近百年中国妇女史研究的学术成果目录，为妇女史的研究者提供了检索之便。

此期较有影响的通论性专著中，均有关于宋代女性问题的论述。通论性著作的局限性在于，大多停留于宽泛的印象，很难对某一时期的女性问题作深入系统的研究。此类著作所选课题主要集中在婚姻家庭、妇女生活、教育等问题中，特殊女性群体的研究则以名女、才女以及后妃、妓女为重点。[45] 不少低层次、重复性研究也多集中在此类选题中。

在断代妇女史研究论著中，陈寅恪先生《柳如是别传》[46] 的出版，无疑开启了此期断代妇女问题研究的先河。此后，陆续有学者出版了不同时段女性问题研究的论著，其中张邦炜《宋代皇亲与政治》[47] 对宋代宗室、后妃、外戚、宦官等问题作了较为深入的研究，苏者聪《宋代女性文学》[48] 主要集中于对宋代女作家及作品的研究。在一些教育史或社会史的论著中也有专门讨论妇女问题的章节，如苗春德主编《宋代教育》[49] 中，有专门研究宋代女性教育问题的章节。朱瑞熙、张邦炜、刘复生、蔡崇榜、王曾瑜合著《辽宋西夏金社会生活史》[50] 中也有关于女性生活的论述。此期单篇论文的研究课题主要集中在婚姻、财产、教育、产育及社会地位等问题中，后妃、烈女、才女、奴婢等群体是关注热点。[51]

1995 年世界妇女大会在北京召开以来，随着西方女性理论的传播以及妇女史研究的进一步深入，大陆妇女史的研究也逐步向纵深发展，主要体现在研究对象的拓展[52]、研究课题的多元[53]、研究方法的更新[54]等方面。

此期较有分量的成果主要集中在断代妇女史的研究中，[55] 通论性著作的研究课题仍主要集中在婚姻家庭与法律地位等问题中。[56] 与前一时期相比，此期宋代妇女史的研究有了进一步发展。从研究课题来看，研究者在继续从事婚姻、财产及社会地位等传统课题研究的同时，也在努力发掘新的研究领域。[57] 从研究对象来看，此期研究者除了从整体上关照宋代社会的女性之外，也开始关注除后妃、烈女等之外的女性群体。[58] 研究者还在“才女”现象、母教、后妃、产育等问题上作了进一步研究。[59] 近年来，宋代女性在闺闱之外“移动空间”的行旅生活也得到学者开拓研究。[60]

港台地区的妇女史研究发展较快，并已建立了一套较为完整的学科体系。[61] 从研究内容来看，主要以婚姻、产育、日常生活、社会地位等问题为主。如香港地区学者庞德新《宋代两京市民生活》[62] 有专章从社会地位、贞操观念、姬妾的命运、婢女的遭遇、娼妓问题以及妇女职业等方面对两京妇女生活予以论述。叶汉明、刘咏聪、蒲慕州、熊秉真等香港地区学者对妇女史的研究均做出了贡献。[63] 台湾地区学者鲍家麟主编《中国妇女史论集》自 1979 年起陆续出版，这套论集汇集了研究者有关妇女问题的部分论文，是一套记录妇女史发展历程的高水平的论文汇编。彭利芸《宋代婚俗研究》以翔实的史料对宋代婚姻礼俗作了深入论述。[64] 游惠远《宋代民妇的角色与地位》[65]《宋元之际妇女地位的变迁》[66] 从宋代妇女的婚姻、财产权、职业类别等方面考察了宋代妇女的角色与地位。刘静贞《不举子：宋人的生育问题》[67] 从宋代妇女的生育之苦，医学的治疗协助，政府的财政考量，伦理道德的社会评价以及亲子关系的社会意义等方面考察了宋代社会的不举子问题。陶晋生《北宋士族：家族・婚姻・生活》[68] 对北宋士人家族妇女婚姻、婚龄、教育、再嫁与改嫁等问题予以研究。单篇论文的研究主要集中在女性的家庭、社会地位、法律地位、财产、婚姻、妾、生育、女性形象以及宗教问题等多个方面。[69]

国外学者对宋代妇女史的研究以日本和美国为主。日本学者的研究主要集中在法律、财产权等问题的研究中。如滋贺秀三《中国家族法原理》[70] 涉及了女性在家族中的法律地位以及妾的法律地位等问题。大泽正昭《唐宋时代の家族・婚姻・女性——妇は强く》[71] 汇集了作者近年来有关唐宋时代女性问题的数篇论文，从中亦可见作者对唐宋时代女性财产、婚姻、家族等相关问题的深入研究。柳田节子《宋代妇女的离婚、再嫁与义绝》[72]《南宋时期家产分割中的“女承分”研究》[73] 对宋代妇女的离婚、再嫁、义绝与妇女财产权等问题作了深入研究。美国学者的论述集中在女性的财产权、社会生活以及文化生活等问题中。如白凯（Kathryn Bernhardt）《中国的妇女与财产：960—1949年》[74]从长时段考察了中国妇女的财产权问题。伊沛霞（Patricia Ebrey）《内闱：宋代的婚姻和妇女生活》[75]是西方学者研究宋代妇女问题的重要著作，全书围绕女性的婚姻及其相关问题作了深入浅出的论述。费侠莉（Charlotte Furth）《繁盛之阴——中国医学史中的性（960—1665）》[76]是一部重点探讨宋明时期中医妇科学的力作。戴仁柱（Richard L. Davis）《十三世纪中国政治与文化危机》[77]涉及了晚宋士人家庭女性的处境问题。法国学者谢和耐（Jacques Gernet）《蒙元入侵前夜的中国日常生活》[78]论述了晚宋婚姻与妇女地位等问题。近年来有关宋代才女李清照，[79]宋代地域社会女性[80]等研究颇受海外学界重视。

综上，我们在看到妇女史研究成绩的同时，也要看到妇女史研究还有不少有待拓展的空间，如有关宋代不同阶层、不同地域女性的生命历程，生存处境，生活方式等，仍然有较大发掘空间，有待学界进一步深入研究。

第四节　材料与方法

一、研究材料

无论是从考古发掘，还是从文献记载来看，人们对于女性问题的关注，几乎是与人类社会的发展同步并行的。就文献记载来看，对女性问题的记载几乎涵盖所有文献，从《周易》中的阴阳秩序、《诗经》中的两性描写，到刘向《列女传》、班昭《女诫》以及历代正史、文集、笔记、小说、墓志碑文、诗歌、图像等，可以说，伴随人类社会的发展，人们始终在寻找一种“理想”的，适合人类生存与发展的社会秩序，而性别秩序的建构与维系始终没有离开过人类的关注视野。

本书的资料主要来源于正史、政书、儒家经典、文集、笔记、墓志、碑刻、法典、家训、官箴、方志、类书、出土文献、图像等。

众所周知，历史研究以史料为基础。正如梁启超所云："史学较诸他种科学，其搜集资料与选择资料实最劳而最难。"[81]就中国妇女史研究而言，尤其如此。古代妇女史研究的一个很大困难来自史料。一方面是史料的搜集整理。历史上与女性问题相关的资料极其分散、碎化，搜集整理不易，而且，明代以前的资料，女性的诗文作品传世较少，保留女性自己声音的史料相对缺乏，方志中的女性资料也很缺乏，这为研究明代以前妇女史的学者造成了一定困难。

新史学兴起以来，尤其是后现代理论兴起以来，对史料的可信度的质疑，为学界带来了疑古与批判精神，同时也促使历史研究更加谨慎与科学。正如郭松义所说："深化妇女史及社会性别史的研究，既要加强理论方面的探讨，更要扎实地钻研史料，并把这两者结合起来，一步一个脚印地向前走。"[82]定宜庄亦指出："任何史料都是有局限的，对于像妇女史这样新兴的学科尤其是如此，所以在研究中，尽量开拓史料收集的范围是必要的，而以各种不同史料来互相参照，并对史料进行重新审视与解读，就比在传统史学的研究中更形重要。"[83]

就宋代妇女史的研究而言，在史料的运用上，以往研究者们多关注那些有关宋代妇女的相对集中的材料，如《宋史》的后妃传、列女传，《宋刑统》、《名公书判清明集》、《东京梦华录》等。近年来，学界开始重视对史料的开拓，例如墓志资料、考古资料、绘画资料，以及小说、诗歌、传闻资料等受到了前所未有的重视，产生了一批有分量的研究成果。[84]台湾地区还组织专门的墓志资料研读会，2003年10月，台湾东吴大学举办"宋代墓志史料的文本分析与实证运用"国际学术研讨会，与会者提交的论文中，涉及女性问题者即有七篇[85]，足见墓志资料在女性问题研究中的重要性。

事实上，在正史中没有普通女性传记的前提下，女性的墓志资料从某种意义上填补了女性无传的空白。墓志资料对于女性研究者的意义，无异于男性传记对于研究男性人物的价值。[86] 许多传记资料的来源本身就有很大一部分取材于墓志，故在女性资料相对缺乏的传统社会，女性墓志资料的价值，无疑是弥足珍贵的。当然，墓志书写者对死者多有溢美之词，而且大多站在男性的立场上书写他们看来符合儒家伦理道德的妇人美德，以起到道德教化的目的，使得墓志中所书写的女性大多具备柔顺、孝谨、贤慈、仁爱的形象。但由于墓志同时具有某种程度的写实功能，墓志的取材一般源自死者亲属所提供的行状，或书写者本身即为女性至亲，如丈夫、父亲或儿子，因而他们在记载中，还是为我们保留了许多其他史料难以取代的珍贵资料。倘若我们将关注的焦点从书写者所赋予的女性"美德"移向其中有限的事件的描述，则其利用价值依然是不可忽视的。

此外，若将女性墓志的书写者与国家正史传记的书写者作一比较，我们可以看出，他们同为掌握文字传播功能的士人，但事实上，书写正史的士大夫要受到国家力量的监控，而从事女性墓志书写的士大夫，可以有更多的自由与可发挥的空间，从这一角度来看，墓志中的女性资料无疑成为我们了解当时社会女性生活的重要史料。故本书在资料取材上，尽可能全面地收集了现有宋人文集中的女性墓志资料，兼及碑刻与考古发掘的女性墓志，以期与其他资料相参照，从中发掘、辨析当时女性的生活实然。

宋代女性资料还散见于正史、政书、儒家经典、文集、笔记、法典、家训、官箴、方志、类书、图像等资料中，上述资料在某种程度上可以弥补墓志溢美的不足，从多种角度为我们展示宋代社会理想性别秩序的建构以及女性生活的多元面貌。故本书在资料的收集过程中，也尽可能地收集了上述文献中的相关资料，并力图对不同类型的资料进行考辨、筛选，尽可能真实地再现宋代士人阶层女性的生活面貌。

二、研究方法

传统实证研究的方法。在具体论述过程中，传统史学实证研究的方法，将是本书自始至终予以贯彻的最基本的方法，本书的其他一切理论方法的运用，均是在实证研究的基础上进行的。事实上，实证研究也是历史研究的前提和基础，对于历史的研究者来说，无论进行何种研究，传统实证分析的方法都不能摒弃，都是我们必须秉承的方法。

“社会性别（Gender）”研究的方法。正如罗伯特·麦克艾文（Mcelvaine, R. S.）所言：“离开了对性别差异的认识，历史就不可能得到理解。”[87] 有关社会性别的理论渊源及其内涵，学者们已作了很多论述。[88] 社会性别（Gender）是与生物性别（Sex）相区别的一个概念，这种区别的内涵在于强调了影响男女两性发展的非生物因素（即社会和文化因素）的重要性，重申了西蒙娜·德·波伏娃（Simone de Beauvoir）著名的格言：女人不是天生的，而是塑造的。[89] 社会性别是组成以性别差异为基础的社会关系的成分，是区分权力关系的基本方式。[90] 在本书的研究中，则具体为中国传统社会维护男女两性权力关系，建构男女两性群体特征、角色定位、活动场域以及社会职责等的一整套从国家到社会到家庭的多层次的秩序、规范等。

多学科交叉研究的方法。多学科的交叉研究是本书的研究特色之一。本书以历史学的“实证研究”为基础，并在尝试运用“社会性别”研究理论的同时，借鉴社会学、法学等多学科的相关理论与方法，以期对宋代士人阶层女性作出深入系统的研究。

进入21世纪以来，越来越多的研究者已经认识到妇女史的研究必须要走多学科综合研究的理路，保守与封闭是无益于学科的发展与建设的。2001年6月，在北京大学召开的“唐宋妇女与历史学”国际学术研讨会上，学者们即呼吁妇女史的研究应该运用“跨学科的研究方法”。[91] 2002年5月，大连大学性别研究中心召开的“历史、史学与性别”圆桌座谈会中，“多学科的交流与沟通”也成为这次会议的一个特点。[92] 此外，研究者还以专著和论文的形式，强调了妇女史的发展，必须要走多学科交叉研究的理路。[93]诸种迹象表明，学科之间的交流互补已经成为新时期学术研究的趋势。多学科的交叉研究固然有一定的难度，然而它也是学术推陈出新、焕发生机的必然之途。故本书在运用传统史学实证研究的方法、妇女学研究中的“社会性别”理论的同时，结合社会学、法学等学科的理论和方法，以期将妇女史的研究向纵深推进。例如法学中的“霍菲尔德”理论[94]、“法文化”的理论[95]，将成为本书分析国家法律与女性生活的理论工具。社会学中的“社会控制”“社会分层”“社会流动”等理论[96]，也是本书所使用的基本理论。

社会控制这一概念，最初由美国社会学家爱德华·罗斯（Edward Alsworth Ross）提出，并成为社会学的一个重要范畴。1901年，罗斯集结自己若干以“社会控制”为题的论文出版成书。在该书中，作者分若干专题讨论了社会控制的依据、手段以及体系，并指出：“我试图确定我们所看到的所有关于我们的秩序，在多大程度上起因于从外部对男人和妇女所施加的影响。”[97]剑桥大学文化史教授彼得·伯克（Peter Burke）对罗斯的概念作了进一步的阐释。他认为，如果有一种社会共识，社会有一个中心，我们就可以把社会控制界定为贯彻社会对规范的共识，以及恢复遭到社会“越轨者”威胁的平衡。[98]

从上述解释可知，社会控制与贯彻社会规范密切相关，其目的在于维护既定的社会秩序。具体到女性生活中，则当指通过社会力量，试图使女性遵从社会规范，维护社会秩序的过程。[99]在本书的论述中将具体体现为阴阳学说与宋儒理想的性别秩序，国家、社会以及家庭的控制模式等内容，并进而发掘宋代士人阶层女性在社会控制的影响下，如何适应与寻找自己的生活空间，从而更为深入地考察宋代士人阶层女性的生活实态。

社会分层是社会学中的基本概念。正如美国社会学家索罗金（Sorokin, P. A.）所说：“要研究和理解群体现象，不能忽视作为其基本特征的分层结构”，“所谓社会分层是一个特定总体演变为等级上差别的群体。它起源于社会成员在权力、财产、责任及社会价值等方面的不平等分配”。[100]社会分层对于认识社会系统具有重要价值，它既显示了社会稳定性的原因，又表现出社会内在紧张或社会变革的原因。实际上，在社会分层得以接受的范围内，它表示的是一种既定的秩序，并意图使该秩序长期化。[101]社会分层是研究和理解社会群体的重要理论工具，我们在研究社会群体时，不能忽视社会分层的影响。

就妇女史的研究而言，倘若仅仅依靠社会性别理论，便很容易忽视不同阶层女性之间的差异性。事实上，在社会总体的性别权力秩序的架构中，不同阶层女性的生活环境、生活方式、人身体验等都会有所差异，社会对不同阶层女性的价值期许与评判也会有所不同。故我们在研究某一时代女性群体时，有必要对其进行分层研究，从而更为深入系统地把握同一时代不同阶层女性的生活实态。

社会流动是社会学中的又一基本概念。在社会学中，社会流动分为横向流动与纵向流动两种。横向流动，即从一种地位向同水平的另一种地位移动的可能性，有时也指迁移运动的可能性，这时人们并不特别关心社会等级的变化；纵向流动，即在等级的不同阶梯上上升或下降的可能性，即阶层变迁。[102]

在本书中，我们将关注女性一生中的社会流动，例如因婚姻关系的缔结而发生的社会流动；同时，我们将关注女性的身份属性随同后代的社会流动而产生的流动，这一流动主要源自子孙的努力；此外，我们也试图关注女性个人流动与群体流动之间的关系。[103]

第五节　研究思路

本书拟从秩序、规范与女性的实际生活入手，按照从社会到家庭、个人三个层面的逻辑顺序进行组织，以期从多角度、多层面透视宋代社会秩序、规范与士人阶层女性生活之间的关系，考察宋代士人阶层女性与国家、士人、民众以及家庭等之间的互动，从而更为深入与客观地认识宋代士人阶层女性的生活实然，把握当时社会的时代特色。

全书分上、下两篇撰写。

上篇："秩序、规范篇"。主要包括：第一章《阴阳学说与宋代性别秩序的建构》。宋儒以天地阴阳学说比附人伦秩序，试图建立一个稳固而又长久的社会秩序，因此，在规范性别秩序的过程中，阴阳学说成为宋儒所凭借的主要理论依据。本章即探讨宋儒凭借阴阳学说，诠释与建构理想性别秩序格局的过程。第二章《法律制度对宋代性别秩序的规范》，主要从国家制度的角度，考察宋代性越轨法律与旌表制度对性别秩序的规范。法律对性的规范问题，同当时社会的性别制度、秩序理念以及两性权力密切相关。从宋代法律对性行为的规范来看，有趋向进步与合理的一面。旌表是中国古代规范社会秩序的基本措施之一。宋代通过朝廷和地方两级，以多种方式，对孝行显著、节行突出、为地方和国家做出重要贡献的女性进行旌表。宋代国家旌表制度呈现多元特色，这也为女性生活方式的多元提供了制度支持。第三章《社会舆论对宋代性别秩序的规范》，从社会舆论的角度，重点探讨宋代士人舆论与乡评等对女性的规范。在性别秩序的建构与维护中，社会舆论起着重要作用。宋代士人舆论与乡评的多元价值评判体系，为士人阶层女性提供了一个相对宽松的生活空间；而女性活动本身，也在一定程度上影响了宋代社会多元舆论体系的形成。第四章《士人家庭对宋代性别秩序的规范》，主要从宋代家庭的角度，探讨家庭典范女性以及宋代士人家庭家法等对女性的规范。在宋代士人家庭中，典范女性通常会成为其他女性学习的楷模，具有较强的教化作用。宋代士人家庭中，家法对性别秩序的维护也起着重要的作用。宋代士人家庭的家法形式多样，内容丰富，传播途径多元，是宋人维护家庭与社会秩序的有效途径，为国家礼法向民间社会渗透提供了重要渠道。

下篇："女性生活篇"。主要包括：第五章《宋代士人阶层女性在公领域的活动》，在厘清公领域这一概念的基础上，重点从赈济社会的公益事业、对簿公堂的诉讼活动、参预夫与子的事业等层面，探讨宋代士人阶层女性在公领域的活动。在从事赈济活动的过程中，女性加强了自身与外部世界的联系，获得了一定的荣誉感与满足感。宋代士人阶层女性对簿公堂的诉讼活动主要集中在立嗣、财产、公务以及性问题等方面，其目的在于维护自身、家人甚至国家的利益。在实际生活中，女性还常常以"内助"或"母亲"的身份，参预丈夫或儿子的事业，也为自己介入公领域的活动提供了途径。第六章《宋代士人阶层女性的阅读活动》，主要从宋代士人阶层女性的阅读内容与阅读特点、士人阶层女性阅读的社会背景与影响等层面，探讨宋代士人阶层女性的阅读活动。在实际生活中，士人阶层女性读者往往能以自己的喜好较为自主地选择阅读书籍，她们阅读的内容较为广泛。宋代士人阶层女性的阅读与重文教的社会风气、书籍的普遍流通以及士人的提倡等密切相关。她们通过阅读学习知识，并以多种方式作用于社会，对于提高整个国民素质，传承文明均有积极意义。第七章《宋代士人阶层女性的休闲活动》，集中从宋代士人阶层女性节日与日常的游赏娱乐，随同夫、子的旅途生涯，士人阶层女性的交友聚会等层面，探讨宋代士人阶层女性的休闲活动。休闲活动不仅丰富了女性的精神生活，同时也为女性提供了相对广阔的自由空间，为女性增长识见，与外界沟通提供了机会，它在一定程度上也是女性对于内外空间区隔的超越与突破。第八章《宋代士人阶层的夫妻关系与妻妾关系》，以夫妻关系、妻妾关系等为重点，探讨宋代士人阶层女性的家庭关系。宋代士人阶层的夫妻关系主要包括夫主妇从的夫妻关系、伙伴型夫妻关系以及冲突型夫妻关系三种模式。宋代士人阶层的妻妾关系模式大体可以分为和平相处型与矛盾斗争型两类。

总之，在本书中，一方面我们试图从阴阳学说、国家制度、士人社会、地方乡里、士人家庭等层面，考察宋代秩序、规范如何对士人阶层女性的生活产生影响；另一方面，我们也试图揭示宋代社会秩序、规范对女性生活的影响程度。由于社会、家庭及女性自身等因素的影响，宋代士人阶层女性的生活大大超越了理想秩序规范的期许，呈现出丰富多元的特色。宋代士人阶层女性生活的多元面貌，不仅是历史与时代的产物，也是该阶层女性自身作用的结果。宋代社会文化规范与形塑着士人阶层女性，士人阶层女性也在一定程度上影响并缔造着宋代社会文化，二者之间是一种互动共生的关系。然而必须承认，由于传统文献的记载者大多是站在官方立场与男性立场书写历史的士大夫，从浩如烟海的男性书写的文献中寻找属于女性的声音，发掘资料背后的历史真实并非易事，加之女性资料本身的分散与碎化，故关于士人阶层女性与其他阶层女性的比照分析，本书尚无深入研究，我们相信，随着学术研究的进一步深化，未来此方面的研究还会不断深入。

注释：

1 关于唐宋社会的变化，始终是学术界争论的焦点之一，自日本学者内藤湖南1922年发表《概括的唐宋时代观》（载刘俊文主编，黄约瑟译：《日本学者研究中国史论著选译》第1卷，北京：中华书局，1992年，第10—18页）提出唐宋社会的显著差异以来，学术界即展开了关于“唐宋变革”说的研究与争论。李华瑞先生《20世纪中日“唐宋变革”观研究述评》（《史学理论研究》2003年第4期）、《“唐宋变革论”对国内宋史研究的影响》（《中国史研究》2010年第1期），张邦炜先生《“唐宋变革论”的首倡者及其他》（《中国史研究》2010年第1期），[日]宫泽知之《唐宋社会变革论》（《中国史研究动态》1999年第6期），柳立言《何谓“唐宋变革”？》（《中华文史论丛》总第81辑，上海古籍出版社，2006年，第125—171页）等文对此作了专门的学术回顾。

2 参见葛荃：《权力宰制理性——士人、传统政治文化与中国社会》，天津：南开大学出版社，2003年，第63页。

3 如吴晗、费孝通等《皇权与绅权》（上海观察社，1948年）；余英时《中国知识阶层史论（古代篇）》（台北：联经出版事业公司，1984年）、《士与中国文化》（上海人民出版社，2003年）、《朱熹的历史世界：宋代士大夫政治文化的研究》（北京：生活·读书·新知三联书店，2004年）；阎步克《士大夫政治演生史稿》（北京大学出版社，1996年）；刘泽华《先秦士人与社会》（天津人民出版社，2004年）；葛荃《权力宰制理性——士人、传统政治文化与中国社会》；等等。

4 《士与中国文化》，第4—52页。

5 《士大夫政治演生史稿》，第 1 页。

6 [美] 包弼德著，刘宁译：《斯文：唐宋思想的转型》，南京：江苏人民出版社，2001 年，第 4 页。

7 黄正建先生即指出，包弼德的定义不太精确，但同时亦认为，包氏指出“士”在不同时期有不同含义，是有启发意义的。参见黄正建：《唐代“士大夫”的特色及其变化——以两〈唐书〉用词为中心》，《中国史研究》2005 年第 3 期。

8 〔宋〕陈襄：《古灵先生文集》卷二〇《仙居劝学文》，《北京图书馆古籍珍本丛刊》第 87 册，北京：书目文献出版社，1988 年，第 173 页。

9 〔宋〕柳永：《劝学文》，《全宋文》第 27 册，上海辞书出版社、合肥：安徽教育出版社，2006 年，第 242 页。

10 〔宋〕程颢、程颐著，王孝鱼点校：《二程集 · 河南程氏遗书》卷一八，北京：中华书局，1981 年，第 189 页。

11 〔宋〕周行己：《浮沚集》卷六《劝学文》，《敬乡楼丛书》第 3 辑，1931 年。

12 〔宋〕朱熹：《晦庵先生朱文公文集》卷七八《建康府学明道先生祠记》，朱杰人等主编《朱子全书》第 24 册，上海古籍出版社、合肥：安徽教育出版社，2002 年，第 3732 页。

13 如《名公书判清明集》（以下简称《清明集》）卷三“学舍之士不应耕佃正将职田”一案中，胡石壁认为“李癸衣儒衣冠，名在学籍”，便是“士子”（北京：中华书局，1987 年，第 93 页）；同卷“士人讼试官有私考校有弊”一案中，上诉的士人显然也尚未中举，而时人同样认为他们是士人。王实斋判词云：“国家三年取士，欲其谋王断国，所系甚重。士子三年应举，盖欲荣身显亲，所系尤重……取士如此，何以免乡遂之疑，何以免士子之疑？”（第 98 页）可见以仕进为努力目标，但并未中举的读书人，在当时也被乡间与社会认同为士。甚至一些在地方上粗通文理者，亦被看作士人。张百廷《〈名公书判清明集〉中所见的宋代士人犯法问题》一文对此有详尽论述（宋代官箴研读会编：《宋代社会与法律——〈名公书判清明集〉讨论》，台北：东大图书股份有限公司，2001 年，第 47—65 页）。

14 正如马克斯 · 韦伯所言，在中国，士人阶层并非世袭或封闭性的，其社会地位及威望是基于书写与文献上的知识，有某些中国的士人，原则上绝不出仕，他们要求同样的身份荣誉，同时由于感觉自身为同构型的中国文化之惟一担纲者而结合起来。参见 [德] 马克斯 · 韦伯著，康乐、简惠美译：《中国的宗教》，桂林：广西师范大学出版社，2004 年，第 163—171 页。

15 〔元〕脱脱等：《宋史》卷四三二《孙复传》，北京：中华书局，1977 年，第 12832—12833 页。

16 《宋史》卷四五九《胡宪传》，第 13463—13464 页。

17 王曾瑜：《宋代社会结构》，收入《涓埃编》，保定：河北大学出版社，2008 年，第 179 页。

18 陶晋生：《北宋士族：家族 · 婚姻 · 生活》，台北：“中央”研究院历史语言研究所，2001 年，第 5 页。

19 《北宋士族：家族 · 婚姻 · 生活》序，第 1—2 页。

20 黄宽重：《从中央与地方关系互动看宋代基层社会演变》，《历史研究》2005 年第 4 期，第 112 页。

21 〔汉〕郑玄注，〔唐〕孔颖达疏：《礼记正义》卷二六，〔清〕阮元校刻《十三经注疏》，北京：中华书局，1980 年，第 1456 页。

22 〔汉〕郑玄注，〔唐〕贾公彦疏：《仪礼注疏》卷三〇，〔清〕阮元校刻《十三经注疏》，第 1106 页。

23 邢建国等：《秩序论》，北京：人民出版社，1993 年，第 3 页。

24 [德] 马克斯 · 韦伯著，顾忠华译：《社会学的基本概念》，桂林：广西师范大学出版社，2005 年，第 42 页。

25 《秩序论》，第 5 页。

26 [美] 伊恩 · 罗伯逊 (Ian Robertson) 著，黄育馥译：《社会学》，北京：商务印书馆，1990 年，第 74 页。

27 所谓“添加式”研究的范式，最初由西方学者提出，是指研究者将被传统史学所忽略的女性找出来，又以传统的研究方法来研究历史上的杰出女性、女性婚姻和女性地位，只能算是“添加妇女”(参见许曼：《中国大陆百年宋代妇女史研究回顾》，《宋史研究通讯》2001 年第 2 期，第 18 页)。“社会性别研究”的范式，源自于西方性别理论在妇女史研究中的广泛使用，自 20 世纪 90 年代西方性别理论在中国大陆的传播，研究者开始自觉使用社会性别理论，并将“社会性别 (Gender)”视为妇女史研究的核心概念 (参见刘文明：《“新妇女史”在中国大陆的兴起》，《史学理论研究》2003 年第 1 期，第 79 页)。

28 高世瑜：《妇女史研究三议》，《妇女研究论丛》1997 年第 3 期，第 14 页。

29 这里所说的“历史的角度”，并非传统社会由男性士人编撰的历史，而是客观反映人类社会发展轨迹的人类生存与发展的历史，它的视角应该是中立的，超越性别立场的。因为过分强调从男性抑或女性的性别立场与视角出发编撰的历史，都有可能造成书写的偏见。

30 据笔者检索，有关后妃、妓女的研究论著多达数百篇，而节妇烈女的研究则贯穿在诸多妇女史的专著或单篇论文中，因以上研究数量过多，兹不赘举。

31 杜芳琴：《研究主体对妇女史研究的影响——妇女史出版物十年回顾 (1981—1991)》，载《发现妇女的历史——中国妇女史论集》，天津社会科学院出版社，1996 年，第 17 页。

32 邓小南《宋代士人家族中的妇女——以苏州为例》一文将某一家族数代之内连续出现数名或进士或文职官员或以读书治学为业者，称为“士人家族”。《国学研究》第 5 卷，北京大学出版社，1998 年，第 519 页。

33 如张邦炜《婚姻与社会 (宋代)》(成都：四川人民出版社，1989 年)、《宋代婚姻家族史论》(北京：人民出版社，2003 年)；陈鹏《中国婚姻史稿》(北京：中华书局，1990 年)；董家遵著，卞恩才整理《中国古代婚姻史研究》(广州：广东人民出版社，1995 年)；祝瑞开《中国婚姻家庭史》(上海：学林出版社，1999 年)；彭利芸《宋代婚俗研究》(台北：新文丰出版股份有限公司,1988 年)；袁俐《宋代女性财产权述论》(《宋史研究集刊》第 2 辑，杭州：浙江省社联《探索》杂志社增刊，1988 年)；刘静贞《不举子：宋人的生育问题》(台北：稻香出版社，1998 年)；[日] 柳田节子《宋代女子の继承权》(《法政史学》1990 年第 42 卷)、《宋代妇女的离婚、再嫁与义绝》(田余庆主编《庆祝邓广铭教授九十华诞论文集》，石家庄：河北教育出版社，1997 年，第 290—297 页)、《南宋时期家产分割中的“女承分”研究》(《中国法制史考证》丙编第 3 卷《日本学者考证中国法制史重要成果选译》，北京：中国社会科学出版社，2003 年)；[日] 大泽正昭著，刘馨珺译《南宋的裁判与妇女财产权》(《大陆杂志》第 101 卷第 4 期，2000 年)；[美] 白凯《中国的妇女与财产：960—1949 年》(上海书店出版社,2003 年)；[美] 伊沛霞著，胡志宏译《内闱：宋代的婚姻和妇女生活》(南京：江苏人民出版社，2004 年)；等等。

34 许曼曾作过宋代区域社会士人家族妇女研究的综述，但事实上，所涉及者也仅限于数篇宗族研究的文章和少量以士人家族女性为研究对象的文章，如邓小南《宋代士人家族中的妇女——以苏州为例》(《国学研究》第 5 卷，北京大学出版社，1998 年)；郑必俊《儒学礼教的发展和中国妇女相夫教子的作用》(《中国典籍与文化》1994 年第 3 期)；Patricia Ebrey. *The Inner Quarters*：*Marriage and the Lives of Chinese Women in the Sung Period* (现已于 2004 年由江苏人民出版社翻译出版，见前揭《内闱：宋代的婚姻和妇女生活》，事实上，作者是从整体上观照宋代女性的婚姻与家庭生活，并非针对士人家族妇女而作)，最终得出“这方面的成果还相当少，研究还很不够”的结论。参见许曼：《近年来宋代区域社会士人家族妇女研究综述》，《宋史研究通讯》1999 年第 1 期，第 9 页。

35 正如裔昭印所指出的：“尽管妇女史学者努力进行跨学科的合作，尝试运用新的方法研究历史，但在实际研究过程中，往往容易沿用传统史学的方法。”参见裔昭印：《中西妇女史研究的回顾与展望》，《山西师大学报》2000 年第 4 期，第 78 页。

36 学界关于妇女史研究的回顾性文章已有不少，如臧健《中国妇女史研究的回顾》（《中国史研究动态》1993 年第 2 期）；卢建华《近十年来宋代妇女研究》（《史学月刊》1996 年第 1 期）；杜芳琴《七十年中国妇女史研究综述（1919—1989）》（载《发现妇女的历史——中国妇女史论集》）；郭松义《八十年代以来中国大陆婚姻、家庭史研究概述》（[日]《中国史学》第 6 卷，1996 年 12 月）；许曼《中国大陆百年宋代妇女史研究回顾》；裔昭印《中西妇女史研究的回顾与展望》、《妇女史研究的兴起与当代史学》（《学术月刊》2002 年第 3 期）；刘文明《“新妇女史”在中国大陆的兴起》（《史学理论研究》2003 年第 1 期）；岳岭、张爱华《近二十年秦汉妇女史研究综述》（《南都学坛》2005 年第 1 期）；高世瑜《从妇女史到妇女 / 性别史——新世纪妇女史学科的新发展》（《妇女研究论丛》2015 年第 5 期）；等等。

37 陈顾远：《中国古代婚姻史》，上海：商务印书馆，1929 年。

38 陈东原：《中国妇女生活史》，上海：商务印书馆，1937 年。

39 陶希圣：《婚姻与家族》，上海：商务印书馆，1947 年。

40 如《中国古代婚姻制度研究》《中国古代婚姻政策的检讨》《论中国古代婚姻的年龄》《历代节妇烈女的统计》《从汉到宋寡妇再嫁习俗考》《论汉唐时代的离婚》《汉唐时“七出”研究》《唐代婚姻研究》等，现均收入董家遵《中国古代婚姻史研究》一书中。

41 赵凤喈：《中国妇女在法律上之地位》，上海：商务印书馆，1937 年。

42 瞿同祖：《中国法律与中国社会》，上海：商务印书馆，1947 年。

43 如王书奴《中国娼妓史》（上海：生活书店，1934 年）对古代娼妓与娼妓制度进行了专门的研究。

44 臧健、董乃强主编：《近百年中国妇女论著总目提要》，北京：北方妇女儿童出版社，1996 年。

45 如陈鹏《中国婚姻史稿》（北京：中华书局，1990 年）；田家英《中国妇女生活史话》（北京：中国妇女出版社，1982 年）；孙晓《中国婚姻小史》（北京：光明日报出版社，1988 年）；史凤仪《中国古代的婚姻与家庭》（武汉：湖北人民出版社，1987 年）；姜跃滨《中国妻妾》（石家庄：河北人民出版社，1991 年）；石云、章义和《柔肠寸断愁千缕：中国古代妇女的贞节观》（西安：陕西人民教育出版社，1988 年）；杜芳琴《女性观念的衍变》（郑州：河南人民出版社，1988 年）；刘士圣《中国古代妇女史》（青岛：青岛出版社，1991 年）；陶毅、明欣《中国婚姻家庭制度史》（北京：东方出版社，1994 年）；郭兴文《中国传统婚姻风俗》（西安：陕西人民出版社，1994 年）；汪维玲、王定祥《中国古代妇女化妆》（西安：陕西人民出版社，1991 年）；周汛、高春明《中国历代妇女妆饰》（上海：学林出版社，1997 年）；王玉波《中国家长制家庭制度史》（天津社会科学院出版社，1989 年）；徐扬杰《中国家族制度史》（北京：人民出版社，1992 年）；闵家胤主编《阳刚与阴柔的变奏：两性关系和社会模式》（北京：中国社会科学出版社，1995 年）；赵建伟、张振军《女性的禁忌：中国古代妇女礼仪的文化审视》（北京：大众文艺出版社，1996 年）；曹大为《中国古代女子教育》（北京师范大学出版社，1996 年）；邵桂珍《中国历史上的著名妇女》（上海人民出版社，1988 年）；等等。

46 陈寅恪：《柳如是别传》，上海古籍出版社，1980 年。

47 张邦炜：《宋代皇亲与政治》，成都：四川人民出版社，1993 年。

48 苏者聪：《宋代女性文学》，武汉：武汉大学出版社，1997 年。

49 苗春德主编：《宋代教育》，开封：河南大学出版社，1992 年。

50 朱瑞熙等：《辽宋西夏金社会生活史》，北京：中国社会科学出版社，1998 年。

51 如张邦炜《试论宋代“婚姻不问阀阅”》（《历史研究》1985 年第 6 期）；方建新《宋代婚姻论财》（《历史研究》1986 年第 3 期）；朱瑞熙《宋代的婚姻礼仪》（《文史知识》1988 年第 12 期）；王曾瑜《宋朝的奴婢、人力、女使和金朝奴隶制》（《文史》第 29 辑，北京：中华书局，1988年）；邢铁《宋代的财产遗嘱继承问题》（《历史研究》1992年第6期）；郑必俊《儒学礼教与两宋妇女》（《国际宋代文化研讨会论文集》，成都：四川大学出版社，1991年）；陈广胜《宋代生子不育风俗的盛行及其原因》（《中国史研究》1989年第1期）；吴宝琪《试析宋代育婚丧俗的成因》（《北京师范大学学报》1989年第5期）；臧健《宋代南方农村“生子不举”现象之分析》（《中国史研究》1995年第4期）；肖建新《宋代的垂帘听政》（《文史杂志》1993年第5期）；杨果《宋代后妃参政述评》（《江汉论坛》1994年第4期）；朱瑞熙《宋代宫廷制度》（《学术月刊》1994年第4期）；吴旭霞《试论宋代宗室之婚姻》（《江西社会科学》1996年第4期）；宋东侠《宋代妇女改嫁盛行的原因》（《史学月刊》1996年第1期）；季晓燕《宋代烈女的特质》（《江西师范大学学报》1997年第2期）；赵齐平《李清照与赵明诚及其〈金石录〉》（《北京大学学报》1987年第5期）；缪钺《朱淑真生活年代考辨》（《文献》1991年第2期）；黄嫣梨《宋朱淑真咏史诗十首述评》（《江汉论坛》1992年第7期）；邓红梅《朱淑真事迹新考》（《文学遗产》1994年第2期）；等等。

52 如少数民族妇女或民族地区妇女得到研究，其中定宜庄《满族妇女生活与婚姻制度研究》（北京大学出版社，1999年）将满族的婚姻习俗与八旗制度相结合，对满族的婚姻制度以及在此制度影响下的妇女生活作了深入论述。沈海梅《明清云南妇女生活研究》（昆明：云南教育出版社，2001年）对明清云南各民族妇女的社会生活作了较为深入的探讨。

53 如婚姻问题的研究也从单一论述婚姻制度、婚俗等，拓展到关于婚龄、婚姻冲突等问题的论述中，其中郭松义《伦理与生活——清代的婚姻关系》（北京：商务印书馆，2000年）对清代婚姻社会圈、婚姻地域圈、婚龄、童养媳、男子入赘、妾、节妇烈女、寡妇再嫁以及婚外性行为等作了深入论述。王跃生《十八世纪中国婚姻家庭研究：建立在1781—1791年个案基础上的分析》（北京：法律出版社，2000年）利用档案资料对特定时期的婚姻家庭进行了系统研究。王跃生《清代中期婚姻冲突透析》（北京：社会科学文献出版社，2003年）对清代中期的婚姻冲突问题作了深入论述。此外，有关性问题的研究也登上学术研究的大雅之堂，如刘达临《性与中国文化》（北京：人民出版社，1999年）对中国古代性文化作了研讨。吴存存《明清社会性爱风气》（北京：人民文学出版社，2000年）对明清社会的性问题作了论述。

54 此期妇女史研究者开始自觉接受社会性别新理论，并将其运用到自己的研究中，使得妇女史研究逐渐向社会性别研究范式转变。

55 如陈筱芳《春秋婚姻礼俗与社会伦理》（成都：巴蜀书社，2000年）对春秋时期的婚姻形态、婚姻礼俗等作了论述。段塔丽《唐代妇女地位研究》（北京：人民出版社，2000年）对唐代妇女的社会地位、家庭地位等作了较为详细的论述。姚平《唐代妇女的生命历程》（上海古籍出版社，2004年）对唐代规范性观念对妇女生活的界定、妇女生活与唐代政治、社会、经济制度的关系，唐代妇女的自我标识以及影响她们角色认同的因素等作了论述。另外前揭郭松义、定宜庄、王跃生等人对明清妇女问题也作出了深入研究。

56 如史凤仪《中国古代的家族与身份》（北京：社会科学文献出版社，1999年），汪玢玲《中国婚姻史》（上海人民出版社，2001年），何俊萍《中国古代妇女与法律研究》（北京：宗教文化出版社，2001年）涉及婚姻家族、古代女性法律地位等问题。张国刚主编《家庭史研究的新视野》（北京：生活·读书·新知三联书店，2004年）涉及妇女婚姻、法律地位、家庭生活等。张国刚主编《中国家庭史》（该书2007年由广东人民出版社统一出版，全书五卷：第一卷《先秦至南北朝时期》，王利华著；第二卷《隋唐至五代时期》，张国刚著；第三卷《宋辽金元时期》，邢铁著；第四卷《明清时期》，余新忠著；第五卷《民国时期》，郑全红著）为我们呈现了不同时期女性婚姻家庭的多样形态。

57 如邓小南主编《唐宋女性与社会》（上海辞书出版社，2003年）汇集了中外学者高水平的论文三十四篇，内容涵盖思想史、书写史、艺术史、经济史、家族史、医疗史、宗教史等诸多层面，无论是在理路方法、研究视角或资料选择上，均有创新与突破，是进入21世纪以来学界研究唐宋妇女问题的代表性成果。舒红霞《女性·审美·文化——宋代女性文学研究》（北京：人民出版社，2004年）从美学的角度对宋代女性文学的审美主体、审美特征等作了论述。方燕《巫文化视域下的宋代女性——立足于女性生育、疾病的考察》（北京：中华书局，2008年）从巫术视角探讨宋代女性婚育、疾病等问题。

58 如邓小南《宋代士人家族中的妇女——以苏州为例》（《国学研究》第5卷，北京大学出版社，1998年）对苏州士人家族中的女性在家族中的角色、个人追求以及士人家族的联姻取向等问题作了论述。郑必俊《两宋官绅家族妇女——千篇墓志铭研究》（《国学研究》第6卷，北京大学出版社，1999年）重点考察了江西、浙江等南方地区的官绅家族妇女，认为官绅家族妇女有妇德与文化知识结合、相夫教子与科举仕宦结合、操持家务与经营管理结合、搞好人际关系与维护家族稳定结合的特点。

59 如杨果、廖寅《宋代"才女"现象初探》（载漆侠主编《宋史研究论文集：国际宋史研讨会暨中国宋史研究会第九届年会编刊》，保定：河北大学出版社，2002年）对"才女"的规模、构成与分布，"才女"成因以及成才途径等问题作了论述。臧健《对宋元家族制度、家法与女性的考察》（《山西师大学报》2000年第2期）以《郑氏规范》为中心，考察了宋元家族制度、家法与女性的关系。邓小南《从考古发掘资料看唐宋时期女性在门户内外的活动——以唐代吐鲁番、宋代白沙墓葬的发掘资料为例》（载李小江等《历史、史学与性别》，南京：江苏人民出版社，2002年）运用考古资料，对唐宋妇女在门户内外的活动作了深入论述。余贵林《宋代买卖妇女现象初探》（《中国史研究》2000年第3期）对宋代社会买卖妇女的现象作了探讨。粟品孝《宋代士人家庭教育中的母教》（载《宋史研究论文集：国际宋史研讨会暨中国宋史研究会第九届年会编刊》）对宋代士人家庭的母教问题作了论述。肖建新《宋代临朝听政新论》（《社会科学战线》2003第4期）认为宋代皇后临朝具有"合法"性，她们在听政时基本上是绍述先王，遵守成法，她们依靠的最基本统治力量主要是文臣，这也是前述宋代皇后合法听政、守成而治的根源。李伯重《堕胎、避孕与绝育：宋元明清时期江浙地区的节育方法及其运用与传播》（氏著《多视角看江南经济史（1250—1850）》，北京：生活·读书·新知三联书店，2003年，第177—212页）对宋元明清时期的节育方法、传播途径等问题作了深入论述。

60 如铁爱花、曾维刚《旅者与精魅：宋人行旅中情色精魅故事论析——以〈夷坚志〉为中心的探讨》（《中国史研究》2012年第1期），铁爱花《宋人行旅中情色诈骗问题探析》（《社会科学战线》2013年第7期）、《宋代女性行旅风险问题探析——以女性行旅遇劫为中心》（《浙江学刊》2015年第1期）、《宋代女性行旅风险问题续探》（《浙江学刊》2016年第4期）、《生计流动：一种宋代女性行旅活动的历史考察》（《苏州大学学报》2018年第3期）、《随亲宦游：一种宋代女性行旅活动的制度与实践考察》（《社会科学战线》2019年第6期）等文，探讨宋人行旅中可能遇到的情色问题以及宋代女性的行旅风险、生计流动、随亲宦游等问题，发现宋代社会流动性大，女性是行旅活动中不容忽视的社会群体，从一定角度反映出宋代女性行旅活动的广泛性与普遍性。

61 有关港台地区与国外中国妇女史研究的回顾性文章，可参看叶汉明：《文化史与香港妇女的研究》，《新史学》第2卷第4期，1991年12月；[美]罗溥洛（Paul Ropp）著，梁其姿译：《明清妇女研究：评介最近有关之英文著作》，《新史学》第2卷第4期，1991年12月；李贞德：《超越父系家族的藩篱——台湾地区"中国妇女史研究"（1945—1995）》，《新史学》第7卷第2期，1996年6月；[美]孙康宜：《西方性别理论在汉学研究中的运用和创新》，《台大历史学报》第28期，2001年12月；周兵：《美国妇女史研究的回顾与展望》，《史学理论研究》1999年第3期；[美]M. J. 博克瑟：《作为妇女史的女性研究》，《国外社会科学》2003年第5期等。

62 庞德新：《宋代两京市民生活》，香港：龙门书店有限公司，1974 年。

63 如叶汉明《主体的追寻——中国妇女史研究析论》（香港教育图书公司，1999 年），刘咏聪《性别视野中的中国历史新貌》（北京：社会科学文献出版社，2012 年），蒲慕州主编《礼法与信仰：中国古代女性研究论考》（香港：商务印书馆，2013 年），熊秉真《幼医与幼蒙：近世中国社会的绵延之道》（台北：联经出版事业股份有限公司，2018 年）等论著从不同角度研究中国历史上的女性问题。

64 彭利芸：《宋代婚俗研究》，台北：新文丰出版股份有限公司，1988 年。

65 游惠远：《宋代民妇的角色与地位》，台北：新文丰出版股份有限公司，1998 年。

66 游惠远：《宋元之际妇女地位的变迁》，台北：新文丰出版股份有限公司，2003 年。

67 刘静贞：《不举子：宋人的生育问题》，台北：稻香出版社，1998 年。

68 陶晋生：《北宋士族：家族・婚姻・生活》，台北："中央"研究院历史语言研究所，2001 年。

69 如柳立言《从法律纠纷看宋代的父权家长制——父母舅姑与子女媳妇相争》（《"中央"研究院历史语言研究所集刊》第 69 本第 3 分，1998 年 9 月）对宋代女性与家庭的关系问题作了论述。游惠远《从婚姻法比较宋金妇女地位的差异》（《中国历史学会史学集刊》第 33 期，2001 年 6 月）对妇女的法律地位问题作了深入探讨。袁俐《宋代女性财产权述论》（《宋史研究集刊》第 2 辑，杭州：浙江省社联《探索》杂志社增刊，1988 年）对宋代女性的财产权利问题作了深入论述。陶晋生《北宋妇女的再嫁与改嫁》（《新史学》第 6 卷第 3 期，1995 年 9 月）、柳立言《浅谈宋代妇女的守节与再嫁》（《新史学》第 2 卷第 4 期，1991 年 12 月）等探讨了宋代妇女守节与改嫁问题。陶晋生、鲍家麟《北宋的士族妇女》（《中国妇女史论集》第 4 集，台北：稻香出版社，1995 年）以欧阳修、司马光、范祖禹三家文集中的墓志资料为主，探讨了北宋士族妇女的婚姻、婚龄等问题。刘静贞《女无外事？——墓志碑铭中所见之北宋士大夫社会秩序理念》（《宋史研究集》第 25 辑，台北："国立"编译馆，1995 年）、《欧阳修笔下的宋代女性——对象、文类与书写期待》（《台大历史学报》第 32 期，2003 年 12 月）等则对宋代社会的女性形象问题作了论述。李玉珍《佛教譬喻文学中的男女美色与情欲——追求美丽的宗教意涵》（《新史学》第 10 卷第 4 期，1999 年 12 月）涉及了宗教中的性别角色问题。

70 [日]滋贺秀三著，张建国、李力译：《中国家族法原理》，北京：法律出版社，2003 年。

71 [日]大泽正昭：《唐宋时代の家族・婚姻・女性——妇は强く》，东京：明石书店，2005 年。

72 [日]柳田节子：《宋代妇女的离婚、再嫁与义绝》，田余庆主编《庆祝邓广铭教授九十华诞论文集》，石家庄：河北教育出版社，1997 年。

73 [日]柳田节子：《南宋时期家产分割中的"女承分"研究》，《中国法制史考证》丙编第 3 卷《日本学者考证中国法制史重要成果选译》，北京：中国社会科学出版社，2003 年。

74 [美]白凯：《中国的妇女与财产：960—1949 年》，上海书店出版社，2003 年。

75 [美]伊沛霞著，胡志宏译：《内闱：宋代的婚姻和妇女生活》，南京：江苏人民出版社，2004 年。

76 [美]费侠莉著，甄橙主译：《繁盛之阴——中国医学史中的性（960—1665）》，南京：江苏人民出版社，2006 年。

77 [美]戴仁柱著，刘晓译：《十三世纪中国政治与文化危机》，北京：中国广播电视出版社，2003 年。

78 [法]谢和耐著，刘东译：《蒙元入侵前夜的中国日常生活》，南京：江苏人民出版社，1998 年。

79 [美]艾朗诺（Ronald Egan）著，夏丽丽、赵惠俊译：《才女之累：李清照及其接受史》，上海古籍出版社，2017 年。

80 [美]许曼著，刘云军译：《跨越门间——宋代福建女性的日常生活》，上海古籍出版社，2019 年。

81 梁启超：《中国历史研究法》，上海古籍出版社，1998 年，第 41 页。

82 郭松义：《开展性别史研究需要做大量基础性工作》，《历史研究》2002 年第 6 期，第 143 页。

83 定宜庄：《妇女史与社会性别史研究的史料问题》，《历史研究》2002 年第 6 期，第 153 页。

84 其中邓小南主编的《唐宋女性与社会》，汇集了中外学者高水平的论文三十四篇，内容涵盖思想史、书写史、艺术史、经济史、家族史、医疗史、宗教史等诸多层面，充分体现了研究者在资料拓展方面所作的努力。

85 如黄繁光《宋代墓志铭中的报偿表述法——以士人仕宦际遇及妇女持家生涯为探讨中心》、刘静贞《北宋前期墓志书写活动初探》、蒋义斌《由墓志铭看宋代家庭的困境：分家及其相关问题》、[美]柏文莉（Beverly Bossler）《"Concubines" in Song and Yuan Funerary Inscriptions》、杨果《宋人墓志中的女性形象解读》、邱佳慧《由墓志铭看二程对妇女的书写》、张斐怡《从墓志碑传论元代蒙古色目女子的"汉化"及其相关问题》等。参见：http://www.scu.edu.tw/history/song/reportwhole.htm.

86 黄宽重先生指出，"墓志资料，记载人物的生平事迹，及所涉及的政治、社会事件，是研究当代人物、家族乃至政经现象的重要史料"。《宋史研究的重要史料——以大陆地区出土宋人墓志资料为例》，《新史学》第 9 卷第 2 期，1998 年 6 月，第 143 页。

87 [美]罗伯特·麦克艾文著，王祖哲译：《夏娃的种子：重读两性对抗的历史》，上海人民出版社，2005 年，第 13 页。

88 该理论最早由美国人类学者盖尔·卢宾（Gayle Rubin）于 1975 年提出，后经许多学者加以发挥和运用，已成为妇女史研究中使用最普遍的理论。如今这一理论也成为历史学、文学、社会学、哲学乃至法学等学科的研究者共同使用的理论分析工具。有关社会性别理论的论著非常丰富，如鲍晓兰主编《西方女性主义研究评介》（北京：生活·读书·新知三联书店，1995 年）；李银河主编《妇女：最漫长的革命：当代西方女权主义理论精选》（北京：生活·读书·新知三联书店，1997 年）；王政、杜芳琴主编《社会性别研究选译》（北京：生活·读书·新知三联书店，1998 年）；[英]坎迪达·马奇（Candida March）等著，社会性别意识资源小组译《社会性别分析框架指南》（香港乐施会，2000 年）；李小江等主编《批判与重建》（北京：生活·读书·新知三联书店，2000 年）；[美]史蒂文·塞德曼（Steve Seidman）编，吴世雄等译《后现代转向：社会理论的新视角》（沈阳：辽宁教育出版社，2001 年）；杜芳琴《妇女学和妇女史的本土探索——社会性别视角和跨学科视野》（天津人民出版社，2002 年）；[美]梅里·E. 威斯纳-汉克斯（Merry E. Wiesner-Hanks）著，何开松译《历史中的性别》（北京：东方出版社，2003 年）；李宏图、王加丰选编《表象的叙述——新社会文化史》（上海三联书店，2003 年）；李银河《女性主义》（济南：山东人民出版社，2005 年）等均有关于社会性别理论的译介或阐释。

89 参见[美]伊夫林·福克斯·凯勒（Evelyn Fox Keller）：《性别与科学：1990》，《妇女：最漫长的革命：当代西方女权主义理论精选》，第 178 页。

90 [美]琼·斯科特（Joan W. Scott）：《性别：历史分析中一个有效范畴》，《妇女：最漫长的革命：当代西方女权主义理论精选》，第 168 页。

91 邓小南：《前言》，《唐宋女性与社会》，上海辞书出版社，2003 年，第 3 页。

92 李小江：《前言》，《历史、史学与性别》，南京：江苏人民出版社，2002 年，第 2 页。

93 如杜芳琴《妇女学和妇女史的本土探索——社会性别视角和跨学科视野》一书即以"跨学科视野"命名，强调跨学科的社会性别研究不但应成为历史关注的一个维度，更应该是一种观察的视角和分析的方法（天津人民出版社，2002 年，第 213—214 页）。高世瑜《关于妇女史的几点思考》一文指出，妇女史的"研究对象、角度、理论、方法都应该是多元的"（《历史研究》2002 年第 6 期，第 145 页）。裔昭印《妇女史研究的兴起与当代史学》一文亦强调："从多种视角，运用多种理论、方法和范畴，来研究人类丰富多彩的过去，整合人类复杂的历史经验，是历史学家的责任"（《学术月刊》2002 年第 3 期，第 89 页）。

94 “‘霍菲尔德’理论的前提是，所有法律关系皆发生于人与人之间。所谓法律问题，即是两人之间关于物之一种关系问题，此问题仅存在于有关当事人之间的关系中。”梁治平：《清代习惯法：社会与国家》，北京：中国政法大学出版社，1996年，第48—49页。

95 “法文化”概念，最初由美国学者格雷·多西(Gray Lonkford Dorsey)提出，这一概念乃是为了以一种特定方式，即通过“安排秩序观念”（ordering ideas）去理解法律。认为法律是组织和维护人类合作诸事例中安排秩序的方面，是文化的一部分〔转引自[美]亚伯拉罕·艾德尔(Abraham Edel)、伊丽莎白·弗罗尔（Elizabth Flower）著，梁治平译：《关于法文化概念的若干思考》，载梁治平编《法律的文化解释》，北京：生活·读书·新知三联书店，1998年，第268—271页〕。梁治平指出：“作为一种文化现象，法律被认为是人生活于其中的人造世界的一个部分，它不但能够被用来解决‘问题’，同时也可以传达意义。由此，把法律简单归结为解决纠纷的手段和技术就是不可取的了。法律也是‘符号’，它在任何时候都体现价值，都与目的相关。”〔梁治平：《法律文化：方法还是其他（代序）》，载《法律的文化解释》，第4页〕在《清代习惯法：社会与国家》一书中，他也强调：“法律上的分类不只是单纯的技术，同时也是一系列文化价值的表现”（第43页）。本书在论述国家法律与女性生活的关系时，将运用“法文化”的理论，发掘宋代国家通过法律控制性别秩序中的深层文化内涵。

96 如今历史研究越来越重视运用社会学的理论。2004年10月9日，北京大学中古史研究中心曾专门召开“社会流动、社会秩序与唐宋历史问题”的研讨会，充分说明历史学界对社会学理论的重视。

97 [美]爱德华·罗斯著，秦志勇、毛永政译：《社会控制·序言》，北京：华夏出版社，1989年，第1页。

98 [英]彼得·伯克著，姚朋等译：《历史学与社会理论》，上海人民出版社，2001年，第102页。

99 我们之所以说维护“社会秩序”而非“社会性别秩序”，其原因在于传统社会对女性的控制目的不仅在于维护既定的性别权利秩序，还有维护政治稳定、经济发展等目的。此外，不同辈分、不同身份、不同阶层之间的女性也有等级上的差异，因而对于不同阶层女性的控制，还有维护等级制度的目的。

100 刘玉安主编：《西方社会学史》，济南：山东大学出版社，1993年，第290页。

101 [法]让·卡泽纳弗（Jean Cazeneuve）著，杨捷译：《社会学十大概念》，上海人民出版社，2003年，第122页。

102 《社会学十大概念》，第176页。

103 上述思考，受益于英国学者彼得·伯克的启发。他强调，在社会流动中我们应该关注三个区别：第一个是沿社会阶梯向上的流动与向下的流动之间的区别；第二个是个人一生中（如社会学家所说的“intragenerational”）的流动和延续好几代（“intergenerational”）的流动之间的区别；第三个是个体流动和群体流动之间的区别。参见《历史学与社会理论》，第77页。

上篇

秩序、规范篇

〔宋〕佚名《荷亭婴戏图》（波士顿艺术博物馆藏）

第一章　乾道坤道：阴阳学说与宋代性别秩序

罗伯特·麦克艾文指出："迄今存在的全部社会历史，是建筑在我们这个物种分化为两性这个基础之上的斗争历史。"[1] 这一观点同样适用于中国社会。[2] 在中国传统社会，有关社会性别秩序的问题，历来受到士人重视。在士人的论述脉络中，男女两性权力关系的秩序格局，不仅关系到家庭与社会的稳定，而且关乎国家兴衰。如何有效地规范两性行为，维护家国秩序，始终是士人社会关注的话题。阴阳学说是传统社会士人诠释自然秩序与社会秩序的基本范畴。在社会性别层面，阴阳学说也成为儒家学者诠释男权社会性别秩序的理论基础。[3] 本章将着力从阴阳学说与性别秩序的关系中，探究宋代建构理想性别秩序的理论基础。

第一节　阴阳学说与性别尊卑秩序的建构

"阴阳"是"中国古代哲学的一个重要概念和范畴，反映了古代哲人在当时科学水平下，对天地万物的精妙思考"。[4]"阴阳学说"是"中国哲学中最早出现也最为根本的学说"，[5] 它的形成，经历了漫长的历史演变过程。在这一过程中，阴阳从最初的自然现象，逐步被视为天地间两种不同之气，进而上升为对等级、权力、性别等社会秩序的诠释，从而赋予其伦理哲学的意义。

一、宋代以前的阴阳学说及其性别象征意义

关于阴阳学说的起源及其发展演变，学界已有不少讨论。一般认为，“阴阳”二字，由“侌昜”二字孳乳而来，原义只是以有无日光作基准所形成的自然现象，其本身并非独立性之实物，与性别更无联系。《诗经》时代虽进一步以气候言阴阳，但阴阳仅表示气候变化中的一种现象，或气候给予人的感觉，如寒暖之类，其本身依然不是一种独立的实物存在，亦未上升为指代性别的涵义。春秋时代，阴阳则演变为天所发生的两种气体，与风雨晦明四者并列为六气。六气中，因阴阳二气较之风雨晦明四气稍微抽象，更适合于人们合理的想象，所以它开始从六气中突出，而与其他更多的事物或现象发生关联，尤其是，它开始作为男性女性的象征，这对于此后的发展具有相当的意义。不过此时尚缺少明确的理路，还是模模糊糊的。[6]

战国时期，道家的创始人老子发展了春秋时代的阴阳说，以阴阳为哲学范畴，解释天地万物的性质。《老子》四十二章：“道生一，一生二，二生三，三生万物。万物负阴而抱阳，冲气以为和。”[7]其所谓阴阳，也指阴阳二气，但认为二气相交则生万物，所以万物都具有阴阳两方面的性质。战国中后期，齐国稷下学者邹衍以阴阳观念为核心，创立了阴阳五行学派。道家和阴阳家的阴阳说，共同点在于以阴阳二气的消长说明万物变化的过程。此种观点为易学家吸收，用来解释《周易》和筮法中的变化法则。[8]此时成书的《易传》[9]，就是以阴阳变易的观念来解释《周易》六十四卦和宇宙万物的原理，这对以阴阳象征性别意义重大。朱伯崑即指出，阴阳学说并非来自儒家传统，《易经》中并无阴阳辞句，其以阴阳观念解释《周易》是受春秋时期的阴阳说和战国前期老子学说的影响。[10]徐复观亦认为，不仅《易》的卦辞、爻辞无阴阳观念，即在《左传》《国语》中的筮辞中，还是用各卦所象征的具体事物之相互关联，

来作吉凶判断的解释。《易传》用阴阳观念解释《周易》，这才完全转变了《周易》的卜筮迷信性质，而赋予其哲学性质的构造。[11] 庞朴亦认为，八卦最初并不以阴阳表示，卦爻辞中亦无阴阳观念，《易传》的阴阳思想是外加于《易》的。[12] 李宗焜亦强调，《周易》的古本原是经传分开的，汉魏解经家才把传杂入经文。如果把经传分开来看，所谓阴阳学说几乎都出现在传，而不在经文。易经中的“⚋”“⚊”，或许本身就代表多种相对的意义，到阴阳学说大盛之后，“阴阳”取得绝对优势，卦爻也以阴阳爻指称。[13] 上述观点均可说明，《周易》中的阴阳思想，是经过长期历史积淀的产物。《易传》以“阴爻”“阳爻”来指称《易经》的基本符号“⚋”“⚊”，这种指称本身即为阴阳学说兴盛之后的产物。

《易传》以阴阳学说解《易》，阴阳遂被广泛用于诠释男女等相对的关系。如《坤》（䷁坤下坤上）卦《文言》曰：“坤至柔而动也刚，至静而德方……阴虽有美，含之以从王事，弗敢成也。地道也，妻道也，臣道也。”[14] 这里实际已把阴柔与妻道、臣道联系在了一起。《咸》（䷞艮下兑上）卦《彖》曰：“咸，感也。柔上而刚下，二气感应以相与。止而说。男下女，是以‘亨，利贞’，‘取女吉’也。天地感而万物化生。”[15] 这里把刚柔、男女、天地相联系，以此来表示宇宙万物的化生。《家人》（䷤离下巽上）卦《彖》曰：“家人，女正位乎内，男正位乎外，男女正，天地之大义也。”[16] 此处将男女与内外相联系，并将其提升至天地大义的高度，这也成为后世诠释男女空间区隔的经典依据。《系辞上》曰：“天尊地卑，乾坤定矣；卑高以陈，贵贱位矣；动静有常，刚柔断矣……乾道成男，坤道成女。”[17]《系辞下》曰：“乾，阳物也；坤，阴物也，阴阳合德而刚柔有体。”[18] 此二处已将天地、乾坤、阴阳、尊卑、贵贱、动静、刚柔与男女并列，并由天到人，逐步形成有机的体系。《说卦》曰：“立天之道曰阴与阳，立地之道曰柔与刚……乾天也，故称乎父；坤地也，故称乎母。”[19]《序卦》曰：“有天地，然后有万物；有万物，然后有男女；有男女，然后有夫妇；有夫妇，然后有父子；有父子，然后有君臣；有君臣，然后有上下；有上下，然后礼义有所错。”[20]进一步明确了天地、阴阳、男女的关系，并由此推演社会人伦秩序。总之，《易传》已将阴阳与天地、男女、君臣等事物密切联系，尤其是《系辞》中“天尊地卑”的定位，使阳尊阴卑的思想初露端倪，对后世诠释男尊女卑的性别伦常秩序产生了深远影响。

使阴阳与性别的联系更为直接、系统者，是汉代的董仲舒。《汉书·五行志叙》云：“汉兴，承秦灭学之后，景、武之世，董仲舒治《公羊春秋》，始推阴阳，为儒者宗。”[21]《易传》中阳尊阴卑的观念尚不显著，至董仲舒，则明确强调此意。董仲舒《春秋繁露》[22]即著《阳尊阴卑》一篇，以此诠释男尊女卑的社会性别秩序，认为：“丈夫虽贱皆为阳，妇人虽贵皆为阴。”[23]《基义》篇又云：

> 阳兼于阴，阴兼于阳；夫兼于妻，妻兼于夫；父兼于子，子兼于父；君兼于臣，臣兼于君。君臣，父子，夫妇之义，皆取诸阴阳之道。君为阳，臣为阴，父为阳，子为阴，夫为阳，妻为阴。阴道无所独行，其始也，不得专起；其终也，不得分功，有所兼之义。是故臣兼功于君，子兼功于父，妻兼功于夫，阴兼功于阳，地兼功于天……天为君而覆露之，地为臣而持载之，阳为夫而生之，阴为妇而助之，春为父而生之，夏为子而养之，秋为死而棺之，冬为痛而丧之。王道之三纲，可求于天。[24]

董氏把君臣、父子、夫妇等人伦关系，均配入阴阳学说中，并由阳尊阴卑入手，以立三纲之道，认为王道之三纲“可求于天”，这也是儒家伦理思想在汉代的重大发展，对汉代乃至后世影响深远。

董氏之后，汉儒进一步以阴阳比附男女，强化阳尊阴卑、男尊女卑的性别伦常秩序。如宣帝时，谏大夫王吉上疏：“使男事女，夫屈于妇，逆阴阳之位，故多女乱。”[25]成帝时，刘向强调：

周易正義　卷四

用拯馬而壯吉也不垂其翼然後乃免也疏正義曰明夷夷于左股者左股被傷行不能壯六二以柔居中用夷其明不行剛壯之事者也故曰明夷夷于左股莊氏云言左者取其傷小則比夷右未爲切也夷于左股明避難不壯不爲闇主所疑猶得處位不至懷懼而行然後徐徐用馬以自拯濟而獲其壯吉也故曰用拯馬壯吉也象曰六二之吉順以則也。順之以則故不見疑疏正義曰順以則也者言順闇主之則不同初九殊類過甚故不爲闇主所疑故得拯馬之吉也九三明夷于南狩得其大首不可疾貞。處下體之上居文明之極上爲至晦入地之物也故夷其明以獲南狩得大首也南狩者發其明也既誅其主將正其民民之迷也其日固已久矣化宜以漸不可速正故曰不可疾貞疏九三明夷于南狩至不可疾貞○正義曰南方文明之所狩者征伐之類大首謂闇君明夷于南狩得其大首者初藏明而往託狩而行至南方而發其明也九三應於上六是明夷之臣發明以征闇君而得其大首故曰明夷于南狩得其大首也不可疾貞者既誅其主將正其民民迷日久不可卒正宜化之以漸故曰不可疾貞象曰南狩之志乃得大也。去闇主也疏正義曰志欲除闇乃得大首是其志大得也六四入于左腹獲明夷之心于出門庭。左者取其順也入于左腹得其心意故雖近不危隨時辟難門庭而已能不逆忤也疏正義曰入于左腹獲明夷之心者凡右爲用事也從其左不從其右是卑順不逆也腹者事情之地六四體柔處坤與上六相近是能執卑順入于左腹獲明夷之心意也于出門庭者既得其意雖近不危隨時避難門庭而已故曰于出門庭象

曰入于左腹獲心意也疏正義曰獲心意者心有所存既不逆忤能順其旨故曰獲心意也六五箕子之明夷利貞。最近於晦與難爲比險莫如茲而在斯中猶闇不能沒明不可息正不憂危故利貞也疏正義曰箕子之明夷者六五最比闇君似箕子之近殷紂故曰箕子之明夷也利貞者箕子執志不回闇不能沒明不可息正不憂危故曰利貞象曰箕子之貞明不可息也疏正義曰明不可息也息滅也象稱明不可滅者明箕子能保其貞卒以全身爲武王師也上六不明晦初登于天後入于地。處明夷之極是至晦者也本其初也在乎光照轉至於晦遂入于地疏正義曰不明晦者上六居明夷之極是至闇之主故曰不明而晦本其初也其意在於光照四國其後由乎不明遂入於地謂見誅滅也象曰初登于天照四國也後入于地失則也疏正義曰失則者由失法則故誅滅也

☲☴離下巽上家人利女貞。家人之義各自脩一家之道不能知家外他人之事也統而論之非元亨利君子之貞故利女貞其正在家內而已疏正義曰家人者卦名也明家內之道正一家之人故謂之家人利女貞者既修家內之道不能知家外他人之事統而論之非君子丈夫之正故但言利女貞彖曰家人女正位乎內。謂二也男正位乎外。謂五也家人之義以內爲本故先說女也疏彖曰至男正位乎外○正義曰此因二五得正以釋家人之義并明女貞之旨家人之道必須女主於內男主於外然後家道

〔魏〕王弼注，〔唐〕孔颖达疏《周易正义》书影（〔清〕阮元校刻《十三经注疏》本）

阳者，阴之长也。其在鸟则雄为阳，雌为阴；其在兽则牡为阳，而牝为阴；其在民则夫为阳，而妇为阴；其在家则父为阳，而子为阴；其在国则君为阳，而臣为阴。故阳贵而阴贱，阳尊而阴卑，天之道也。[26]

在刘向看来，“阳贵而阴贱，阳尊而阴卑”实乃天道使然。东汉班固进一步倡明三纲之说，强调人伦尊卑之序，指出：“三纲者，何谓也？谓君臣、父子、夫妇也……故君为臣纲，父为子纲，夫为妻纲。”[27] 并云：

妇人无爵何？阴卑无外事，是以有三从之义。[28]

庶人称匹夫者，匹，偶也，与其妻为偶，阴阳相成之义也。[29]

地之承天，犹妻之事夫，臣之事君也，其位卑。[30]

阴卑不得自专，就阳而成之。故《传》曰：阳倡阴和，男行女随。[31]

由此推理，则女性处于阴卑之位，阴卑无外事，故女性不予外事，不能受爵，臣服于男性，男尊女卑也自然天经地义，合理合法。班固之妹班昭（曹大家）在其所著《女诫》中，亦以阳尊阴卑、阳刚阴柔之说论证男强女弱的合理性，强调：

阴阳殊性，男女异行。阳以刚为德，阴以柔为用。男以强为贵，女以弱为美。故鄙谚有云：生男如狼，犹恐其尫；生女如鼠，犹恐其虎。然则修身莫若敬，避强莫若顺。故曰：敬顺之道，妇之大礼也。[32]

上述可知，阴阳学说发展至汉代，与性别的联系已非常密切。至此，阳尊阴卑，阳贵阴贱，夫为阳，妻为阴，夫尊妻卑也已成为传统社会性别伦常秩序的重要基础，女性在理论上的“阴卑”地位，也因之奠定。后世无论怎样演变，这种阳尊阴卑、男尊女卑的秩序格局始终未能彻底改变。

魏晋南北朝至隋唐，胡风浸染，礼法松弛，汉代所形成的阳尊阴卑、男尊女卑的学说受到一定冲击，明确以阴阳学说诠释性别秩序的言论不甚普遍，但它仍在根本上影响着社会的性别秩序格局。[33]可以说，阴阳与性别的联姻，经易学家的诠释至两汉儒者的巩固与发展，不仅成为后世诠释性别秩序的理论依据，也为女性在传统社会性别与政治文化中整体的劣势处境奠定了基础。

二、北宋儒者关于阴阳学说与男女尊卑的诠释

宋初统治者以崇文抑武，“与士大夫治天下”[34]为基本国策，为士人提供了较大的参预政治的空间。北宋的士大夫，认为宋朝应以唐为鉴，唐代不重伦理道德，有女主窃国，有外戚干政，有藩镇、宦官、朋党之祸国，更有叛臣大盗之称兵作乱，终亡社稷，都是宋朝应当严防的前车之鉴。[35]故宋儒以复兴儒学为己任，试图重建一个理想的人间秩序。[36]在宋儒看来，“国家之所以存亡者，在道德之浅深，不在乎强与弱；历数之所以长短者，在风俗之薄厚，不在乎富与贫”。[37]故重建理想人间秩序的前提，实在于道德人心及社会性别伦常秩序的重构。[38]张君劢先生即云：“宋学家自心性之微处，以求人之所以行己立身，与夫治国平天下之道。”[39]陈荣捷先生亦云：“新儒学在十一世纪之兴起，固由于儒学攻击汉代经典注疏之学及唐代文学之研求。而佛学发展以来与夫宋代建国以来社会与政治改革之迫切，其势俱需要在观念研讨上，有所转移。因之，经籍中之《春秋》与《易经》在当时蔚为钻研兴趣之热潮……前者探讨政府治平之原理，后者示以待人接物之方与实务。就儒学历史而言，此一运动之创新，实由于在各方面均已远离汉唐儒家之学风。”[40]因此，诚如邓广铭先生所云，宋代的学者，大都趋向于义理的探索，而视名物训诂为破碎琐屑。[41]漆侠先生亦认为，疑经是宋学的一个主要特点，宋儒对儒经提出了大胆怀疑，对儒经的注疏更加不信任，宋儒把对经学

的研究同社会现实生活联系起来，以实现“内圣外王之道”这一最高理想。[42]对儒家经典的重新诠释，亦因之成为宋儒重建理想社会秩序的理论基础。

宋代“大儒辈出，阐发精义，既广且深”。[43]在宋儒的论述脉络中，治家是治天下的基础，因而重整纲常，重建理想的社会性别秩序，始终受到儒者重视。宋代解《易》之风大盛，《易经》六十四卦卦体，除《乾》（☰）卦与《坤》（☷）卦由纯阳和纯阴组成之外，其他卦体均由阳爻（⚊）与阴爻（⚋）混合而成，《易传》则有丰富的阴阳思想，故以阴阳学说重解《周易》经传等儒家经典，并以此阐释阳尊阴卑，男尊女卑的性别话语，亦成为宋代儒者以阴阳学说诠释理想性别秩序的理论依据。

宋初三先生之一的胡瑗，致力于《周易》等儒家经典的讲授与诠释，在其所著《周易口义》中，胡瑗说：

> 夫柔者，子也、臣也、妇也、女也，至贱也；刚者，父也、君也、夫也、男也，至贵也。贵上贱下，人之常道也。[44]
>
> 天以纯阳在上，故为乾，地以纯阴在下，故为坤。乾主乎刚健，坤主夫柔顺。乾自然而为男，则为君、为父、为长、为上；坤自然而为女，则为臣、为子、为妇、为少。乾居于上则为尊，坤居于下则为卑，二气交感，以生万物，故有男女之象。[45]
>
> 天尊地卑者，何也？夫天是纯阳之气，积于上而为尊；地以积阴之气，居于下而为卑，刚阳居上而有尊高之象，柔阴居下而有卑下之分……天地尊卑既分，则乾坤之位因而可以制定也。[46]
>
> 天地卑高既定，则人事万物之情皆在其中。故六十四卦、三百八十四爻各有贵贱高卑之位，是以君臣、父子、夫妇、长幼皆有其分位矣。若卑不处卑，高不处高，上下错乱，则贵贱、尊卑、君臣、父子、夫妇、长幼不得其序。[47]

这里胡瑗将性别伦常秩序与政治秩序密切联系，认为天阳地阴，乾阳坤阴；乾为男、为尊，其性刚健，坤为女、为卑，其性柔顺；刚阳居上为尊、为贵，柔阴居下为卑、为贱，高下、尊卑、贵贱之序不可乱，故君臣、父子、夫妇、长幼不得失序，君臣关系不能颠倒，性别伦常秩序不可错乱。胡瑗的言论在宋代影响很大，蔡襄为其所作墓志云："(胡瑗)学徒千数，日月括劘，为文章皆傅经义，必以理胜。信其师说，敦尚行实。后为大学，四方归之。庠舍不能容，旁拓步军居署以广之。五经异论，弟子记之，自为《胡氏口义》。"[48]蔡襄在自己的奏议中亦曾说："阳者，君象也；阴者，臣下也，夷狄也，妇女也"[49]，可见其性别观念中以女性为卑的思想。

庆历改革的领导者范仲淹"为文章，论说必本于仁义"。[50]《高平学案》云："先生泛通六经，尤长于《易》，学者多从质问，为执经讲解无所倦。"[51]在诠释《恒》(䷟)卦时，范仲淹以天地阴阳尊卑之说比附儒家纲常伦理，认为男女关系与君臣关系一致，符合阳尊阴卑之理。他说：

> 阳动阴顺，刚上柔下，上下各得其常之时也。天尊地卑，道之常矣。君处上，臣处下，理之常矣。男在外，女在内，义之常矣。天地、君臣、男女各得其正，常莫大焉。[52]

"北宋五子"[53]之一的张载深受范仲淹影响，吕大临为张载所撰行状云："康定用兵时，(张载)年十八，慨然以功名自许，上书谒范文正公。公一见，知其远器，欲成就之，乃责之曰：'儒者自有名教，何事于兵！'因劝读《中庸》。"[54]张载遂弃武修文，专意于儒学，"其学以《易》为宗，以《中庸》为的，以《礼》为体，以孔、孟为极"[55]。在其影响深远的《西铭》一文中，[56]张载云：

> 天阳也，以至健而位乎上，父道也。地阴也，以至顺而位乎下，

母道也。[57]

乾阳坤阴，此天地之气塞乎两间，而人物之所资以为体者也。[58]

乾道成男，坤道成女，二气交感，化生万物……盖以乾为父，以坤为母，有生之类，无物不然，所谓理一也。[59]

从而将天地阴阳之说与性别秩序联系在一起。

邵雍亦指出“乾，奇也，阳也，健也，故天下之健莫如天。坤，偶也，阴也，顺也，故天下之顺莫如地”，他又强调“在人则乾道成男，坤道成女；在物则乾道成阳，坤道成阴”，“阳上而阴下，尊卑之位也”。[60]依照这种逻辑，男尊女卑的学说自然符合阴阳乾坤大义。

二程与张载、邵雍同为理学的奠基者，他们对宋代儒学的深远影响，已被各种哲学与史学书籍所记载。程颐非常重视以阴阳学说诠释男尊女卑的社会性别秩序。在对《蛊》（䷑）卦的阐释中，程颐强调：“阳刚，尊而在上……阴柔，卑而在下……男虽少而居上，女虽长而在下，尊卑得正，上下顺理，治蛊之道也。”[61]程颐还认为，阴不可以居尊位，而在诸阴之中，妇人尤其不能居于尊位，否则便是非常之变，他说：

阴者，臣道也，妇道也。臣居尊位，羿、莽是也，犹可言也。妇居尊位，女娲氏、武氏是也，非常之变，不可言也，故有黄裳之戒而不尽言也。或疑在革，汤、武之事犹尽言之，独于此不言，何也？曰：废兴，理之常也；以阴居尊位，非常之变也。[62]

与二程同时代的苏轼也非常重视阴阳与人事的关系。包弼德认为：“在11世纪50年代的舞台上，出现了两个人：苏轼和程颐，他们将成为他们那一代最重要的知识分子。”[63]苏轼诠释《系辞》时说：“得乾道者自成男，得坤道者自成女”[64]，“‘乾道成男，坤道成女’，未尝杂也，故曰：‘阴阳合德而刚柔有体。’”[65]显然，在苏轼的理念中，性别秩序是与阴阳乾坤之义密切相连的。

司马光对宋代政治文化产生过深远影响，漆侠先生即云："'元祐更化'之际，温公废除全部新法，要比他在史学和经学上的影响大得多。实际上，温公在经学上的成就足以成家，对宋学的发展也产生了重要的作用。"[66]司马光在诠释《周易》时云："《易》者阴阳之变也，五行之化也，出于天，施于人，被于物，莫不有阴阳五行之道焉。"[67]又云："天地男女，皆一阴一阳。"[68]在其所著《家范》中，司马光亦强调：

> 夫天也，妻地也；夫日也，妻月也；夫阳也，妻阴也。天尊而处上，地卑而处下；日无盈亏，月有圆缺；阳唱而生物，阴和而成物，故妇人专以柔顺为德，不以强辨为美也。[69]

在司马光看来，天地男女与阴阳一理，性别秩序与阴阳学说密切相连，天尊而地卑，阳唱而阴和，故男尊而女卑，夫强而妇顺。北宋晚期的儒者陈瓘在诠释《周易》时，亦将阴阳学说与性别秩序联系在一起，认为：

> 天乾地坤，其事则同；男阳女阴，其志则通；大小多少，其物则类。名其同曰事，总其情曰志，合其散曰类，天同而地类，志行乎其中，推而行之，是以通也。[70]

总之，自赵宋王朝创建以来至南渡前夕，宋儒始终没有停止过有关阴阳与人间秩序关系的论说。尽管在学术史的脉络中，北宋儒者所秉持的理念不尽相同，但在关于阴阳与性别秩序的关系中，他们却表现出了惊人的相似，即大都以阳尊阴卑的理论诠释男尊女卑的两性权力关系，共同为巩固男权社会秩序提供理论支持。北宋儒者的学说也为宋室南渡之后士人社会秩序理念的重构奠定了基础。

三、南宋儒者关于阴阳学说与男女尊卑的诠释

宋室南渡之初，金人屡次南侵，各地群盗蜂起，经济残破，人心涣散，社会秩序遭到严重破坏。如同田浩 (Hoyt Cleveland Tillman) 所说：

“北宋的沦亡以及中原文化地区的丧失震撼知识分子和朝廷大臣，儒家知识分子为那些没有保持忠贞节操，甚至投靠‘蛮夷’的士大夫感到特别的羞耻。这些变化使人对儒家教育的效果提出质疑，同时也加深他们对儒家行为和价值观的忧虑。”[71]在这种情况下，“致力于改变旧有的道德涣散局面，重新塑造一个充满道德活力的新秩序”[72]的士人，再次承担了重建理想社会秩序的使命。艾周思（Josoph A. Adler）即指出：“北宋政治改革的失败，北方少数民族的军事威胁，使朱熹和他的许多同时代的人认识到，解决北宋问题的先决条件在于知识阶层内在的德性修养。”[73]故加强对于社会性别伦常秩序的规范，以确保南宋政治领域与社会生活的有序也成为儒者的重要任务。在规范性别秩序的过程中，阴阳学说依然是南宋儒者所凭借的主要理论依据。

南渡初年，学者朱震在其所作《汉上易传》中，以阴阳乾坤之理论证传统社会尊卑贵贱等级秩序的合理性，认为男尊女卑同君臣、父子关系一样不可改变。他说：

> 《周易》尊乾卑坤，其体乃定。见于卦则上体乾也，下体坤也。道虽屡迁，上下不易。君尊臣卑，父尊子卑，夫尊妇卑，谓之三纲。三纲不正，天地反复，高者贵，卑者贱，则贵贱之位分矣。阳为贵，乾也；阴为贱，坤也。高者，乾之位也；卑者，坤之位也。[74]

在这里朱震明确指出君臣、父子、夫妇三纲不正，即会造成“天地反复”的后果，强调乾为阳为贵，居于高位，坤为阴为贱，居于卑位，乾坤阴阳之位不可颠倒，性别伦常秩序不可紊乱，具有明显的时代色彩。

南渡朝臣李光因忤秦桧贬谪岭南，作《读易详说》，自号“读易老人”。[75]他在诠释《周易》时亦强调：“天尊而地卑，阳尊而阴卑，君尊而臣卑，夫尊而妇卑，此天下之常理而不可易。”[76]显然，在李光看来，男尊女卑的思想，如同天地阴阳之不可改变一样，是无法动摇的。

在南宋学者中，有关阴阳学说与性别秩序关系的论说最具影响力与代表性的学者无疑当属朱熹。正如钱穆先生所说："朱子崛起南宋，不仅能集北宋以来理学之大成，并亦可谓其乃集孔子以下学术思想之大成。"[77] 朱熹诠释《周易》经传认为："天地者，阴阳形气之实体；乾、坤者，《易》中纯阴纯阳之卦名也。卑高者，天地万物上下之位；贵贱者，《易》中卦爻上下之位也。动者阳之常；静者阴之常；刚柔者，《易》中卦爻阴阳之称也。"[78] 从而为阴阳各自的属性作了定位。在此基础上，他指出：

> 乾坤阴阳，以位相对而言，固只一般。然以分言，乾尊坤卑，阳尊阴卑，不可并也。以一家言之，父母固皆尊，母终不可以并乎父。兼一家亦只容有一个尊长，不容并，所谓"尊无二上"也。[79]

在朱熹的理念中，一家之中，相对子女而言虽然父母皆尊，但母亲始终不能与父亲处于同等地位，乾尊坤卑，阳尊阴卑，故相对父亲而言，母亲始终处于阴卑的地位。

张栻与朱熹齐名，[80] 朱熹曾评价其"天资甚高，闻道甚蚤，其学之所就，既足以名于一世"[81]。张栻也以乾坤阴阳之理论述男女尊卑之道，他说：

> 夫乾，天也，故称乎父，所以成男。坤，地也，故称乎母，所以成女。[82]
>
> 老阳为父，故乾为父；老阴为母，故坤为母。[83]
>
> 乾也为君，为父道之尊也。为玉，为金，德之贵也……坤为地者，言其隤然下载，上承于天也。为母者，亲而不尊。[84]

彭龟年受教于朱熹、张栻，"读书能解大义，及长，得《程氏易》读之，至忘寝食，从朱熹、张栻质疑，而学益明"。[85] 光宗朝，李皇后"性妒悍"，帝不能制。[86] 绍熙二年（1191）春，雷电交作，有旨访时政阙失，时为太学博士的彭龟年上疏论雷雪之异，疏中以自然之变比附人事，他说：

> 自一家而言，则男为阳，而女为阴；自一朝而言，则君为阳，而臣为阴；自群臣而言，则君子为阳，而小人为阴；自天下而言，则中国为阳，而四裔为阴。阴或侵阳，故为此变。[87]

殿中侍御史林大中的上疏中亦强调：

> 仲春雷电，大雪继作，以类求之，则阴胜阳之明验也。盖男为阳，而女为阴；君子为阳，而小人为阴。当辨邪正，毋使小人得以间君子，当思正始之道，毋使女谒之得行。[88]

二者的奏疏均认为天变乃阴阳失序，阴侵于阳所致，反映出宋代士人对于阳尊阴卑、男尊女卑观念的认同实则是为了维护男权与君权独尊的社会秩序。

杨万里诠释《系辞》指出：

> "天尊地卑，乾坤定矣。"何谓也？曰：《易》之未作，乾坤在天地；《易》之既作，天地在乾坤。"卑高以陈，贵贱位矣。"何谓也？曰：地之位卑，臣道也，子道也，妇道也。地既隤然示人以卑，则二者臣位也，安得不自卑而位于贱。天之位高，君道也，父道也，夫道也。天既隆然示人以高，则五者君位也，安得不惟尊而位于贵。[89]

杨万里将天地阴阳尊卑的理论与人事相结合，认为臣、子、妇处于地之卑位，故应该自卑而位于贱；君、父、夫处于天之尊位，则当惟尊而位于贵。

袁甫认为阴阳与人事相同，人伦之中的一切关系均逃不出阴阳二字。他说：

> 太极之妙，阴阳具焉。分阴分阳，万物生焉。故格物乃可言致

知，知阴阳乃可言格物，人亦万物中一物耳，明乎天之阴阳，则通之于人。凡刚柔缓急轻重杂然不齐者，一阴阳也。而知人特余事耳，非特知人也，人伦之中曲折万变，皆不能逃乎阴阳二字。[90]

南宋末年儒者丁易东亦认为男女关系符合阴阳之理，指出：

阳为男，阴为女也，盖以造化言之。震、坎、艮，皆乾之气，巽、离、兑，皆坤之气，所谓乾道成男，坤道成女也。[91]

由上可见，宋儒在诠释男女尊卑关系时，往往依托阴阳学说为自己的解释提供理论根据。在天地阴阳大义的支配下，几乎没有人对这一制度的不合理性提出质疑。故而终两宋之世，阴阳学说始终是宋儒诠释男权社会性别伦常秩序与政治秩序的理论基础。阳尊阴卑、男尊女卑、君尊臣卑、父尊子卑的思想也成为宋儒的共识。

第二节　阴阳学说与性别内外的生活空间及职事分工

《周易·家人》(䷤) 卦“女正位乎内，男正位乎外”的彖辞，对于传统社会两性的生活空间和角色分工的影响无疑是最为直接与持久的。学界对这一问题的研究方兴未艾。[92] 本节在前人研究的基础上，着力于从阴阳学说的角度，考察宋儒理想期许中男女的空间区隔及职事分工。

一、关于内与外

在中国传统社会，士人关于男女内外关系的论说本源于《周易·家人》卦中“女正位乎内，男正位乎外”的彖辞。在宋儒的理念中，《家人》卦中的内外当包含两层涵义。其一为空间意义上的内和外，目的在于区隔男女两性生活空间，以起到男女之防的效果。其二则是权力秩序层面的内外区隔，目的在于规范男女两性职事分工，维护男性在公领域的特权，巩固男权制的社会秩序。

（一）空间意义上的内与外

空间意义上内和外的区隔，不仅体现在儒家的规范中，同时也体现在传统建筑设计的理念中。宋代士人对于男女生活空间的规范，以司马光的论述最为典型。司马光曾多处引用《礼记·内则》中的规定，并加以自己的阐释，对男女的生活空间作了严格的区隔。在其所著《家范》中强调：

> 外内不共井，不共湢浴，不通寝席，不通乞假，男子入内，不啸不指，夜行以烛，无烛则止（注：啸读为叱。叱，嫌有隐使也）。女子出门，必拥蔽其面，夜行以烛，无烛则止（注：拥，犹障也）。道路，男子由右，女子由左（注：地道尊右）。子生七年，男女不同席，不共食（注：厚其别也）。男子十年出就外傅，居宿于外（注：外傅教学之师），女子十年不出（注：恒居内也）。又妇人送迎不出门，见兄弟不逾阈（注：阈限也）。[93]

在《书仪》中，司马光亦强调：

> 凡为宫室，必辨内外。深宫固门，内外不共井，不共浴堂，不共厕。男治外事，女治内事。男子昼无故不处私室，妇人无故不窥中门。有故出中门，必拥蔽其面（如盖头面帽之类）。男子夜行以烛，男仆非有缮修，及有大故（大故谓水火盗贼之类），亦必以袖遮其面，女仆无故不出中门（盖小婢亦然），有故出中门，亦必拥蔽其面。铃下苍头但主通内外之言，传致内外之物，毋得辄升堂室，入庖厨。[94]

朱震则认为男女内外空间的区隔主要在于防止奸滥，他说：

> 外内不共井，不共湢浴，不通寝席，不通乞假，男女不通衣裳，

> 内言不出，外言不入，防渎乱也。[95]

朱熹同样重视空间的区隔在男女规范中的重要性，在其所作《家礼》中，朱熹对男女内外区隔的防范更加严密。他说：

> 凡为宫室，必辨内外。深宫固门，内外不共井，不共浴室，不共厕。男治外事，女治内事。男子昼无故不处私室，妇人无故不窥中门。男子夜行以烛，妇人有故出中门，必拥蔽其面（如盖头、面帽之类）。男仆非有缮修及有大故（谓水火盗贼之类），不入中门，入中门，妇人必避之，不可避（亦谓如水火盗贼之类），亦必以袖遮其面。女仆无故不出中门，有故出中门，亦必拥蔽其面（虽小婢亦然）。[96]

与司马光《书仪》有所区别之处在于，朱熹在男女内外空间区隔问题上，增加了男仆“不入中门，入中门，妇人必避之，不可避（亦谓如水火盗贼之类），亦必以袖遮其面”一则，可见朱熹对于女性和男仆的区隔更加严格了。

从上述宋儒的论述中可见，对于男女内外空间区隔最为关键的地方在于“中门”，“中门”成为男女之间无故不可逾越的障碍。以“中门”为限，女性的生活空间被限定在了“中门”以内，甚至规定“无故不窥中门”。“男子十年出就外傅，居宿于外，女子十年不出。”对于年幼的男女而言，他们的生活空间并没有严格限定。“男子昼无故不处私室”，显然是对已婚男性而言。尤其值得注意的是，在这一规定中，对女性的防范明显更加严苛，如司马光强调，“妇人送迎不出门，见兄弟不逾阈”，对女性的防范甚至包括自己兄弟。朱熹所增加的男仆“入中门，妇人必避之，不可避（亦谓如水火盗贼之类），亦必以袖遮其面”一则亦说明，即使女性在遇到水火盗贼之类危及生命的紧急情况，也被限定要以袖遮面，更加凸现了对女性防范的严苛。从上述事实可见，以“中门”区隔男女，其主要目的是为了防范奸情的发生，在这一过程中，士人显然将防范的责任与重点主要放在了女性身上，这种规范实则也是传统社会男尊女卑的不平等体现。

此外，空间意义上的内外区隔，还可以从有关考古发掘以及房屋建筑的设计理念中找到佐证。在考古发掘中，我们亦可看出门户对于男女的区隔。在现今出土宋墓中，白沙宋墓“妇人启门”的壁画非常典型地揭示出女性与门的关系。[97]邓小南先生曾深刻分析了白沙宋墓等墓葬中“妇人启门”画面中所反映的门户对于男女两性的区隔，[98]此不赘述。

在房屋建筑设计中，同样贯彻了内外区隔的理念。如宋人李诫奉敕编修的《营造法式》，也体现了男女有别、男尊女卑的思想。陈振孙《直斋书录解题》记载该书：

> 将作少监李诫编修……前二卷为《总释》，其后曰《制度》、曰《功限》、曰《料例》、曰《图样》，而壕寨石作，大小木雕镞锯作，泥瓦、彩画刷饰，又各分类，匠事备矣。[99]

四库馆臣称：

> 《营造法式》至元祐六年成书，绍圣四年，以所修之本只是料状，别无变造制度，难以行用，命诫别加撰辑。诫乃考究群书，并与人匠讲说，分立类例，以元符三年奏上之，崇宁二年，复请用小字镂版颁行。[100]

显然，朝廷在命李诫撰修该书时，不仅关注料状本身，更重视制度问题。这也说明在宋人的理念中，建筑本身与人事是密切相关的。在《营造法式》中，李诫援引诸书对于建筑结构中防男女的思想作了论述。他首先强调“墙”在区隔男女中的作用，认为：

> 宫墙之高，足以别男女之礼。[101]

白沙宋墓第一号墓后室北壁（宿白《白沙宋墓》图版七，北京：文物出版社，2002 年）

又云：

> 《易》系辞：上古穴居而野处，后世圣人易之以宫室，上栋下宇，以待风雨……《礼》：儒一亩之宫，环堵之室。《尔雅》：宫谓之室，室谓之宫……《风俗通义》：自古宫室一也，汉来尊者以为号，下乃避之也。[102]

则此处“宫墙”可作“室墙”解，在房屋建筑的设计理念中，墙的作用不仅用于避风寒，实则还有区隔男女之意。此外，在建筑理念中也贯彻了男尊女卑的思想，如李诫强调：

城上垣谓之睥睨，言于孔中睥睨非常也。亦曰陴，言陴助城之高也。亦曰女墙，言其卑小，比之于城，若女子之于丈夫也。[103]

石介则认为：

男女之有别而不可杂也……宫室之有高卑而不可逾也。[104]

真德秀亦强调：

古者为宫室，辨内外，男子居外，凡阃外之事属焉；女子居内，凡阃内之事属焉。各有攸主，不相侵紊。自士庶人以上皆然。[105]

可见在古代房屋建筑的结构中，也体现着男女内外区隔的理念。

（二）权力秩序层面的内与外

与空间层面的内外区隔相对应的则是权力秩序层面的内外区隔。权力层面的内外区隔主要体现在男女职事分工中。此处的“外”是同“家”和“私”领域的“内”相对应的。邓小南先生即指出：“内、外本来是一组空间概念，而它一旦与男、女对应起来，便涉及到观念中对于内外的判别，彰显出了一层道德文化的含义。”[106]在传统社会的理念中，女性的职事范围被限制在“家内”，士人以各种方式维护男性在公领域的特权，限制女性对于外事的介入。《礼记·内则》对女性的职责范围作了规范，强调女性的职责为：

执麻枲，治丝茧，织纴组紃，学女事以共衣服，观于祭祀，纳酒浆笾豆菹醢，礼相助奠。[107]

班昭《女诫》认为“女有四行：一曰妇德，二曰妇言，三曰妇容，四曰妇功”。[108]其中女性职事的内容以妇功为主，认为：

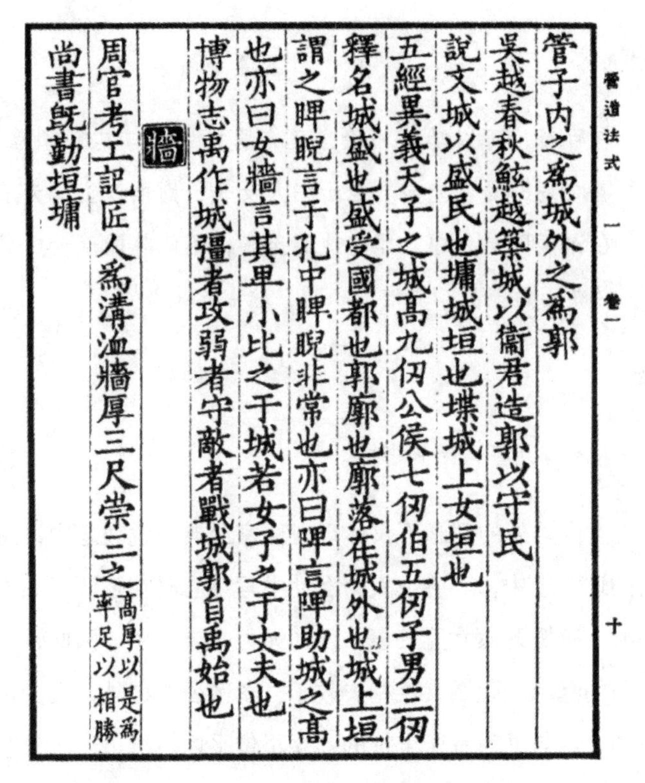
營造法式 一 卷一 十

管子内之爲城外之爲郭
吴越春秋鯀築城以衛君造郭以守民
說文城以盛民也墉城垣也堞城上女垣也
五經異義天子之城高九仞公侯七仞伯五仞子男三仞
釋名城盛也盛受國都也郭廓也廓落在城外也城上垣
謂之睥睨言于孔中睥睨非常也亦曰陴言陴助城之高
也亦曰女牆言其卑小比之于城若女子之于丈夫也
博物志禹作城彊者攻弱者守敵者戰城郭自禹始也

牆

周官考工記匠人爲溝洫牆厚三尺崇三之高厚以是爲率足以相勝
尚書既勤垣墉

〔宋〕李诫《营造法式》书影（上海：商务印书馆，1933 年）

专心纺绩，不好戏笑，洁齐酒食，以奉宾客，是谓妇功。[109]

男女内外职事分工的理念不仅体现在儒家经典的说教中，同时也渗透在士人的观念里。宋儒对于女性职事的规范大都以《礼记》和《女诫》中的规范为主，并予以强化。[110]宋儒关于男女职事分工的论述以“妇人无外事”的理念最为典型。司马光始终秉持“妇人无外事”的理念，在其妻死后，他甚至不愿为亡妻作墓志，仅书写叙文以示对于社会的教化。他说：

近世墓皆有志，刻石摹其文以遗人。余以为妇人无外事，有善不出闺门，故止叙其事，存于家，庶使后世为妇者有所矜式耳。[111]

陆佃也认为：

> 士有百行，可以功过相除，又有朋友故旧与其宾客为之誉叹，故其积善在躬，易以光显。至于妇人女子，则惟以贞信为节，又无外事，在深闺隐屏之中，非有纯德至善，不能著闻于世。譬如玉烟珠气，必久而后能见，其潜光养晦，非一日也。[112]

李新则感慨：

> 妇人不与外事，无可书志。[113]

总之，女内男外的理念不仅体现在儒家经典的说教之中，同时也渗透进士人的理念之中，一些士人为女性书写墓志时在强调“妇人不与外事”的同时，感慨既然女无外事，便“无可书志”了。因此，许多士人为女性书写的墓志在强调女性相夫教子、孝敬公婆之外，很少写到女性的其他活动，这与书写者所秉持的“女正位乎内，男正位乎外”的理念密切相关。在这一理念的支配下，书写者本人对墓主事迹的主观取舍，也是造成妇人无外事的原因之一。此类事例不胜枚举，本书将在以后章节中予以专门论述。

二、北宋儒者关于阴阳学说与男女正位的阐释

在诠释女内男外的秩序理念时，阴阳学说也成为宋儒所凭借的主要理论依据。在宋儒的理念中，女内男外的生活空间区隔与职事分工符合天地阴阳大义，故也是不可动摇的。与此相一致，在宋儒看来，《周易·家人》（䷤）卦中“女正位乎内，男正位乎外”的彖辞不仅关系到男女本身的“正位”问题，更为重要的是，它还关系到“家道正”与“天下正”的问题，因此也是男女关系中极为重要的一对范畴。

石介以阴阳学说的理论论证了男外女内的合理性，并将史上女性干

政视为阴阳失序、男女乱职，从而将男女正位提到了关乎国家兴衰的高度，强调了男女正位的重要性。他认为：

> 男正位乎外，女正位乎内，天子听男教，后听女教；天子理阳道，后理阴德；天子听外治，后听内治，三代不易之道也。秦襄王太后出闺闼而临轩户，以女子而朝群臣，男女之职，秦襄王乱之也。男女之职乱，则阴阳之序失。阴阳之序失，则日月逆行而天地反复矣。[114]

与石介相一致，胡瑗也以阴阳之理比附男女正位的必要性，他说：

> 日月相代，而成昼夜；阴阳相荡，而成风雨雷霆，此皆刚柔交错天之文也……君圣臣贤，上行下化，仁义礼乐著于天下，是国之文也。父义母慈，兄友弟恭，男正位乎外，女正位乎内，闺门之内和谐肃穆，是家之文也。[115]

诠释《恒》(䷟) 卦《象》传时，胡瑗还以阳刚阴柔，刚贵柔贱之理比附男外女内的合理性，他说：

> 《震》上为刚，至贵也。《巽》下为柔，至贱也。贵贱有别，尊卑有序，而常道已成。言之一家，则男正位乎外，女正位乎内。言之一国，则君以尊而位乎上，臣以卑而处其下。内外上下之分定，故国家之道成矣。[116]

对于女性的职事，胡瑗强调：

> 妇人之事，虽治于闺门之内，皆禀命而行也。今六二以阴居阴处，内卦之中履得其正，是妇人之得正者也。但处于内而无所自专，故云无攸遂也。在中馈，贞吉者。夫自古以来，上至天子之后妃，下逮庶人之妻妾，其所职之事，不过于奉祭祀、馈饮食而已……

六二处内，任妇职而无所专。[117]

至于《家人》卦为何以女正开始，胡瑗则以女性天性即有缺陷为由，强调正家之道必须先要正女。他解释说：

夫《家人》之道，以女正为始，何则？夫女子之性柔弱无常，而好恶随人，故凡君子欲治其家，必正其身，以正其女，以正其闺闱之内，父子之列，尊卑长幼之序，各得其正。家既正，然后施之为治天下，皆可得而正也。故大学曰：欲治其国，先齐其家。然则治家之道，在女正为始也。[118]

可见胡瑗非常重视男女正位问题，并从方方面面予以诠释，以此强化男外女内的秩序格局，巩固男权社会的性别秩序格局。

范仲淹以《恒》卦诠释男女正位的关系，他说："阳动阴顺，刚上柔下，上下各得其常之时也。天尊地卑，道之常矣。君处上，臣处下，理之常矣。男在外，女在内，义之常矣。天地、君臣、男女各得其正，常莫大焉。"[119] 在诠释《家人》卦时，范仲淹也以阴阳理论强调了男女正位以及家正与国正的关系，认为：

《家人》阳正于外，阴正于内，阴阳正而男女得位。君子理家之时也，明乎其内，礼则著焉。顺乎其外，孝悌形焉。礼则著而家道正，孝悌形而家道成。成必正也，正必成也。圣人将成其国，必正其家，一人之家正，然后天下之家正，天下之家正，然后孝悌大兴焉。[120]

张载诠释《家人》卦时也说：

家道之始，始诸饮食烹饪，故曰风自火出。《家人》道在于烹爨，一家之政，乐不乐、平不平，皆系乎此。[121]

可见张载很重视对于妇职的规范，在他看来，家道正的关键在于女性恪守妇职，其终极意义则在于天下定，因而意义重大。

范祖禹将男女正位的问题提高到天地之义、阴阳之分的高度，以阴阳理论诠释男女正位的合理性，他认为：

> 《家人》之道，以内为主。女正，则家正矣。故其利在女之正。彖曰：《家人》，女正位乎内，谓六二也；男正位乎外，谓九五也。六二以柔得位而居中，九五以刚得位而居尊。男子居外，女子居内；男不言内，女不言外，男女之正，莫大于此。此天地之义，阴阳之分也。[122]

元祐五年（1090）十一月十九日，范祖禹上宣仁皇后疏中也以阴阳之理论证了男女内外职事的分工。他说：

> 臣闻天子之与后，犹天之与地，日之与月，阴之与阳，相须而后成者也。礼曰：天子听男教，后听女顺，天子理阳道，后治阴德，教顺成俗，内外和顺，国家理治，此之谓盛德。[123]

总之，北宋士人非常重视对于女内男外性别秩序的重建与维护，以防范女性对于国家权力的介入，维护男权独尊的社会秩序。在士人的理念中，男女内外区隔的目的不仅在于维护一家的秩序，更在于维护一国的秩序，王安石即云："王者之治，始之于家，家之序，本于夫妇正，夫妇正者，在求有德之淑女为后妃以配君子也。故始之以《关雎》。夫淑女所以有德者，其在家本于女工之事也。"[124] 认为家庭秩序的稳定与否，最主要的因素在于夫妇关系的正位。程颐亦称："《家人》者，家内之道；父子之亲，夫妇之义，尊卑长幼之序，正伦理，笃恩义，家人之道也"，"《家人》之道，利在女正，女正则家道正矣。夫夫妇妇而家道正，独云利女贞者，夫正者身正也，女正者家正也。女正则男正可知矣"。[125] 亦可见宋儒对于男外女内的区隔，主要在于对女性的规范，而重构理想的性别秩序，始终是宋儒念兹在兹的任务。

三、南宋儒者关于阴阳学说与男女正位的阐释

为稳固南渡政权，重新恢复宋政府的统治地位，南宋士人在继承北宋诸儒关于男女正位问题论述的基础上，更加重视士人修身、齐家的重要性，进一步强化了对于男女内外区隔的规范。

李光《读易详说》以天地阴阳之义诠释男女正位的必要性，他说：

> 女正位乎内，谓六二也。男正位乎外，谓九五也。六二、九五得阴位阳位之正，二爻正，应在五，男女各得其正。如天地处上下之位而不可乱也。家有严君，则上下内外莫不肃治，父母虽以恩为主，然于辨内外、别上下，尤以威严为贵，故通谓之严君焉。父子、兄弟、夫妇，此三者皆人伦之大端也。上下内外之分严，则家道正而天下定也。[126]

张浚强调了男女正位与阴阳的关系，他说："男女正位，阴阳各得位相。"[127]他尤其重视对于女性的控制，并列举了女性僭越外事的危害，将国家兴亡归咎于女正与否，认为男女正位符合天地大义，可以美风化，厚人伦，以此强化女内男外的秩序格局。故又云：

> 自古家国兴亡，莫不一本于女。《礼》以大婚为正，女贞则无往不正也。故《家人》以女贞为利。《序卦》曰：明夷伤也，伤于外，必反于家。夫治乱自家始，家治自女贞始，明夷之伤当求之家，以复其伤。纣之不明晦妲己惑之，而已惑于色而慢于礼，纣之所以亡也……《家人》又有互离体，二阴居离中，而四阳悉当其位，曰："女正位乎内，男正位乎外。"夫天地正位，化功遂成。男女分正，德配天地，风化之美，可使天下各安其性命之情，生育之功茂矣。[128]

朱熹非常重视修身齐家的重要性，将家视为国之根本，认为家道兴衰均始自阃内，而男女正位是齐家所必需的条件。他说：

臣闻天下之本在国，国之本在家。故人主之家齐，则天下无不治；人主之家不齐，则未有能治其天下者也。是以三代之盛，圣贤之君能修其政者，莫不本于齐家。盖男正位乎外，女正位乎内，而夫妇之别严者，家之齐也。妻齐体于上，妾接承于下，而嫡庶之分定者，家之齐也。采有德，戒声色，近严敬，远技能者，家之齐也。内言不出，外言不入，苞苴不达，请谒不行者，家之齐也。[129]

杨万里亦云：

正莫易于天下，而莫难于一家，莫易于一家之父子兄弟，而莫难于一妇。一妇正，一家正；一家正，天下定矣……女正者，女非自正也，盖有正之者。孰正之？男也。[130]

妇无遂事，必有尊也，言有夫也。妇职馈祀，必有敬也，言有先也。妇而遂事则僭，僭则家不齐，时有牝鸡鸣晨之祸。妇而不职则傲，傲则家必堕，时则有腐木为柱之祸。[131]

在杨万里看来，正家的关键在于正女，男性担负正女的职责，女正则家正，男女正位乃天地之大义。若男女易位，不仅会败乱名分，还会引起家堕之祸。女性尤其不能职掌外事，否则便会有“牝鸡鸣晨”或“腐木为柱”之祸。

杨简在诠释《周易》时，强调男阳女阴、男外女内的性别秩序的重要性，以此巩固男性主导外事的统治地位，彰显正家道在整个社会秩序中的重要地位。《杨氏易传》云：

卦辞唯言利女贞，深明家道之乱，多由女祸，此万世之通，患治家者，不可不念，不可不谨，谨之之道，莫尚乎礼。女正位乎内，男正位乎外，女不可游庭，出必拥面，牝鸡无晨，牝鸡之晨，惟家之索。男女之正，天地之大义也。男阳为天，女阴为地，斯义岂不昭然。[132]

李中正诠释《家人》卦亦认为，男女正位乃天地之大义，故而不可颠倒：

《家人》卦先言女正位乎内，而后言男正位乎外，盖女不正位乎内则不足以为家……故男女正，非特在人者为然，实天地之大义。[133]

真德秀以阴阳理论诠释《易》经《家人》卦中男女正位之理，并以阳健阴顺的理论诠释男女内外分工的合理性。他说：

《家人》一卦，皆言治家之道。二以阴爻居内卦之中，女正位乎内之象也。五以阳爻居外卦之中，男正位乎外之象也。[134]

天阳为健，主生覆于上；地阴为顺，主形载于下，此天地之正理也。男以刚健为德，而所职者断制；女以柔顺为德，而所职者奉承。男女各得其正，则合乎天地之理矣，一失其正，则悖乎天地之理矣。[135]

赵汝楳在诠释男女正位时也以阴阳学说予以佐证，认为：

阴当位于内，阳当位于外，有家人之象，故卦名《家人》。丈夫生而愿为之有室，女子生而愿为之有家，男未授室，家政未立，迨其配耦，则鹊巢鸠居，主家政于内者，女也，故利于女正。女正则家道正，不正，则家道乖。[136]

俞琰诠释《家人》卦时亦强调：

女正位乎内，男正位乎外。先女而后及男，家人以内为本也。然天尊地卑，男尊女卑，一定而不可易。故又曰："男女正，天地之大义也"。[137]

上述事实可见，宋儒以天地阴阳学说比附人伦秩序，试图建立一个稳固而又长久的社会性别秩序。在男女内外区隔问题上，宋人之所以将“家”的位置摆在与“国”相同的位置上，原因即在于其所奉行的“修、齐、治、平”理念。在宋儒看来，无法齐家之人是没有资格治理国家的。故宋代士大夫非常重视家庭内部的稳定，这也是衡量士人自身能力的尺度之一。在齐家问题上，男女内外职事的分工显得尤为重要，在宋儒的理念中，男外女内的职事分工不仅关系到家道之正，同时也顺应天地阴阳之理，因而不可僭越，从而将女性屈从和居内的地位合理化。在宋儒的论述中，他们更为强调对于女性职事的限制，如范祖禹认为：“《家人》之道，以内为主。女正则家正。”[138]程颐云：“《家人》之道，利在女正，女正则家道正……女正则男正可知矣。”[139]朱震强调：“女正位乎内，然后男正位乎外。女不正，而能正其外者，无有也。”[140]故在强调男女正位的同时，宋儒实则更为重视对于女性职责的规范。[141]尽管宋儒以各种方式论证内外区隔的必要性与合理性，但在实际生活中，女性大都以各种途径参预外事，发挥自己的主观能动性，而一些宋儒面对女性参预外事的事实，也以灵活变通的方式予以阐释。本书将在以后章节中专门论述。

第三节　阴阳学说与理想夫妻关系模式

夫妻关系在传统社会性别秩序中显得尤为重要。[142]在强调男尊女卑、男外女内性别秩序的基础上，建构理想的夫妻关系模式始终备受宋人关注。李觏云：“夫妇之道，天地之象，人之大伦。”[143]程颐称：“天地万物之本，夫妇人伦之始。”[144]王安石曰：“王者之治，始之于家，家之序，本于夫妇正。”[145]朱熹强调：“天下之本在国，国之本在家……而夫妇之别严者，家之齐也。”[146]真德秀云：“正家之本，由于夫妇之各正。”[147]魏了翁也指出：“人道之兴，必由夫妇。”[148]可见在宋人的理念中，夫妻关系被视为人伦之始与正家之本，夫妻关系的正位不仅在于维护一家的秩序，亦在于维护一国的秩序。如何有效地规范夫妻关系，维护家庭与社会的稳定，始终是宋人关注的话题。阴阳学说是宋儒规范夫妻关系的重要理论依据。本节拟从阴阳学说的角度，考察宋代关于理想夫妻关系模式的建构。

一、阴阳学说与夫妇主从之理

夫主妇从是传统社会规范夫妻关系的重要方面。《礼记·郊特牲》云："妇人，从人者也：幼从父兄，嫁从夫，夫死从子……夫也者，以知帅人者也。"[149]《仪礼·丧服》亦云："妇人有三从之义，无专用之道。故未嫁从父，既嫁从夫，夫死从子……夫者，妻之天也。"[150]《白虎通·五行》强调："地之承天，犹妻之事夫，臣之事君也，谓其位卑。"[151]依照儒家经典，妻子服从丈夫乃天经地义，这就从礼法上规范了夫妻之间的主从关系。

宋人以天地阴阳之理，规范夫妻主从关系。在宋人的理念中，丈夫居于阳尊之位，其气质是刚健的，在夫妻关系中居于主导地位，妻子处于阴卑之位，其气质是柔顺的，在夫妻关系中居于从属地位。夫妻之间尊卑有序，主从分明，并非对等关系。如胡瑗以阳刚阴柔之说比附夫妇人伦秩序，他说："刚者阳也，柔者阴也"[152]，"阳主刚明而有生成之德，故其德大；阴主柔顺而有消剥之行，故其德小"[153]。与阳刚阴柔的理论相对应，胡瑗认为：

> 夫柔者，子也，臣也，妇也，女也，至贱也。刚者，父也，君也，夫也，男也，至贵也……妇事夫，臣事君，皆常久不易之道也。[154]
>
> 乾为君，为父，为夫；坤为臣，为子，为妇。言其分，则君倡而臣和，父作而子述，夫行而妇从。若臣先君而倡，子先父而作，妇先夫而行，则是乱常道也。若能处其后，而顺行其事，不为事先，

则得其主守，而不失为臣、为子、为妇之道。[155]

由此丈夫处于阳刚与至贵之位，妻子处于阴柔与至贱之位，夫妻与君臣、父子同理，妇事夫，臣事君，君倡而臣和，父作而子述，夫行而妇从，合乎阴阳乾坤大义，故而不可违背。在诠释《恒》（䷟）卦象传时，胡瑗还以《震》（☳）、《巽》（☴）二卦卦体比附夫妇、君臣关系，他说：

上体《震》,《震》为动；下体《巽》,《巽》为顺。以《巽》而动，是犹夫义而妇听，君义而臣忠，常久不已，以成其道也……亦犹妇事夫，臣事君，皆常久不易之道也。[156]

则夫妻如同君臣、父子，妻子听从与侍奉丈夫如同臣子听从与侍奉国君，故而不可改变，不容僭越。在这套学说的作用之下，一切人伦秩序都有天地阴阳大义作支持，从而使君臣、父子、夫妇之间尊卑、主从的等级秩序合理化。

张载以阴阳刚柔之理比附人事，认为父道以至健而位于上，母道以至顺而位于下，则夫主妇从自然合理。他说："阴阳刚柔，仁义性命之理也"[157]；"天阳也，以至健而位乎上，父道也；地阴也，以至顺而位乎下，母道也……然不曰天地，而曰乾坤者，天地其形体也，乾坤其性情也。乾者健而无息之谓，万物之所资以始者也；坤者顺而有常之谓，万物之所资以生者也"[158]。

程颐指出："阴，从阳者也，待唱而和。"[159]"居阴者，尚柔也。"[160]在对《归妹》（䷵）卦的诠释中，他说：

一阴一阳之谓道。阴阳交感，男女配合，天地之常理也。《归妹》，女归于男也，故云天地之大义也。男在女上，阴从阳动，故为女归之象。[161]

《归妹》者，女之归也。妹，少女之称。为卦，震上兑下，以少女从长男也。男动而女说，又以说而动，皆男说女，女从男之义。

> 卦有男女配合之义者四：《咸》《恒》《渐》《归妹》也。《咸》，男女之相感也，男下女，二气感应，止而说，男女之情相感之象。《恒》，常也，男上女下，巽顺而动，阴阳皆相应，是男女居室，夫妇倡随之常道。《渐》，女归之得其正也，男下女，而各得正位，止静而巽顺，其进有渐，男女配合，得其道也。《归妹》，女之嫁归也。男上女下，女从男也。[162]

则程颐以阴阳交感之义诠释夫唱妇随之理。在程颐看来，夫唱妇随有两层涵义，一方面，从婚姻角度而言，女性嫁归男方，有从夫之意；另一方面，从权力等级秩序的角度而言，女性居于从属与卑贱的地位，应该顺从丈夫的意志。

邵雍认为“阳上而阴下，尊卑之位也”[163]，“在人则乾道成男，坤道成女；在物则乾道成阳，坤道成阴”[164]。他又强调：“《乾》，奇也、阳也、健也，故天下之健莫如天；《坤》，偶也、阴也、顺也，故天下之顺莫如地。”[165]依照这种逻辑，夫妇之间的主从关系自然不容置疑。

司马光以天地阴阳之说比附夫妇之间的主从关系，他说：

> 夫妇之际，人道之大伦也。礼之用，唯婚姻为兢兢，夫乐调而四时和，阴阳之变，万物之统也，可不慎欤？为人妻者，其德有六，一曰柔顺，二曰清洁，三曰不妒，四曰俭约，五曰恭谨，六曰勤劳。夫天也，妻地也；夫日也，妻月也；夫阳也，妻阴也。天尊而处上，地卑而处下，日无盈亏，月有圆缺，阳唱而生物，阴和而成物，故妇人专以柔顺为德，不以强辨为美也。[166]

在司马光看来，男女关系如同日月，日无盈亏，而月有圆缺，人类无法改变自然界的阴阳秩序，因而也不能动摇人间的性别秩序。这套理论的预设前提在于，女性天生就有缺陷，处于劣势，故女性应以柔顺为美德，女性处于卑顺地位是上天的安排，不能抗拒。“阳唱而生物，阴和而成物”，故夫妇之间应该是夫唱妇随的关系。

朱长文诠释《咸》（䷞）卦象传时亦强调夫主妇从之重要，谓：“婚姻之义皆男先女而女应之，人道之正也。”[167]

宋室南渡之后，儒家学者进一步强化了夫妇主从关系，以巩固性别伦常秩序。如朱震以天地阴阳之义，论证夫主妇从之理，认为：

> 男下女，则天地之义明，女从男，则天地之位定。[168]
>
> 君子《乾》之象，柔顺《坤》之德……阳先阴后，柔顺承乾，乃得坤正。则柔顺者利于承乾，以为正也。[169]

李光从阴阳学说的角度，论证了妻子对于丈夫的从属关系，指出：

> 《咸》之相感，必继以《恒》。盖男下女，则阴阳之义明；女从男，则尊卑之位定。所以存鉴戒也。[170]
>
> 女之适人，犹士之事君，必有求焉而后往。九以阳刚而寓阴柔之位，上无正应，此贤贞之女屏处幽闲，未遇良匹而不苟，然以从人者，虽过期而不悔也。[171]

张浚认为夫妇之道如同父子、君臣之义，夫唱妇随合乎天地阴阳之理，他说：

> 阳者，乾道也，天道也，君道也，父道也，夫道也。阴者，坤道也，地道也，臣道也，子道也，妇道也……是以阳贵刚、贵健、贵唱；阴贵柔、贵顺、贵和。[172]

林栗也以阴阳乾坤之理强调女性顺从地位的合理性，认为：“柔下而刚上，以明女从男之义也。”[173]又强调：

> 夫妇之道，男先女，女乃从之。君臣之义，君先下士，士乃应之。[174]

《震》为长男，有天子象；《坤》为臣妾，有诸侯万民之象。方屯之初，婚媾未定，男不下女，无以得妻；君不下士，无以得臣。初九以阳下阴，以贵下贱，卑势而尊贤，先人而后已，民之归之，如水之就下。是故初体乎，《震》不得不上行；四体乎，《坎》不得不就下；上体乎，《坤》不得不顺服。[175]

则林栗所说的夫妇唱随有两层涵义，一方面从两性结合的角度强调女性嫁归男方，男主女从；另一方面则从权利义务的角度强调女性对丈夫的顺从关系。

朱熹认为在阴阳乾坤的关系方面，"乾坤只是卦名。乾只是个健，坤只是个顺。纯是阳，所以健；纯是阴，所以顺。至健者惟天，至顺者惟地。所以后来取象，乾便为天，坤便为地"。[176] 以此为理论依据，朱熹将顺从作为一项基本的女德，并以此规范女性。

吕祖谦也认为：

妇人尊卑本无定位，随其夫之尊卑耳。[177]

杨万里在诠释《咸》《恒》二卦时论证了夫尊妇卑、夫唱妇随的儒家理想夫妇关系，他说：

《咸》以少男下少女，此男女之新婚。《恒》以长女下长男，此夫妇之偕老。男下女则女随，女下男则男尊。男尊女卑，尊卑定位，然后天地、日月、春秋、君臣、父子、长幼之常分正矣。正则可久，久则可恒。故曰：利贞。[178]

杨万里还说："臣从君，如女从夫，女之从夫，聘则渐，奔则速，渐则正，速则邪，正则妻，邪则妾。"[179] 亦可见他所强调的夫妇唱随之理，既包括夫妇之间权力义务的从属关系，也包括婚姻关系中妻子出嫁从夫之意。

杨简强调：

> 妻道不可遂事，未嫁从父，已嫁从夫，礼也……妻道虽柔顺，不可失正，非一于柔从，而不问邪正也。故曰：贞吉，顺以巽者，妻道之正也。为夫则制义，为妻则顺正一也。[180]

在杨简看来，妻道虽主柔顺，但并非不问丈夫邪正，故丈夫行为也应合乎礼义，妻子自然顺正。这一提法虽依然以丈夫为主导，但相较单纯强调妻子顺从则有一定进步。

宋儒在强调夫唱妇随理论的同时，也论证了夫妻之间不对等的性权力，如冯椅云："一阴不可以遇二阳，亦不容于上进也。"[181]郑汝谐则说："一阴不可以贲二阳，一阳则可受二阴之贲。"[182]从而为纳妾制提供了理论依据。

要言之，在宋儒的理念中，丈夫因其阳刚的属性，在夫妻关系中居于主导地位，妻子则以阴卑的属性，在夫妻关系中居于从属地位。在宋儒看来，夫主妇从有两层涵义：其一，从婚姻角度而言，女性嫁归男方，有从夫之意；其二，从权力等级秩序的角度而言，女性居于从属与卑贱的地位，应该顺从丈夫的意志。可见宋儒强调阳刚阴柔、夫主妇从的目的，实则是为巩固男权制服务。

二、阴阳学说与夫妇长久之道

儒家经典强调夫妻关系的长久与稳定。《周易·序卦》云："夫妇之道不可以不久也，故受之以《恒》。《恒》者，久也。"[183]《礼记·郊特牲》云："夫婚礼，万世之始也……一与之齐，终身不改。"[184]

宋儒依据儒家经典，强调夫妻关系的长久之道。在宋儒看来，夫妇长久之道既包括夫妻关系时间上的长久，又包括夫妻之间性别伦常秩序的长久与稳固，夫妇关系的长久与稳定是家道稳定与繁荣的基本要义。故宋儒以阴阳学说诠释夫妇关系时，大都强调夫妻之间关系的长久。如胡瑗非常重视夫妇长久之义，认为“夫妇之道，必自阴阳为本始也”，“夫妇之道不可不久，以须常久，然后可以成室家之道”[185]，并认为夫妇与君臣一理，夫妇之道必须长久，以此来稳固家国秩序。他说：

《咸》《恒》首明夫妇之道，人伦之本，故为下经之首也。有天地，然后有万物者，此广明夫妇之道，必自阴阳为本始也。夫天地交错而生万物，而有男女。男女既成，则有夫妇。夫妇既正，则有父子。父子既立，则有君臣。君臣既正，则有上下。既有上下，则礼义之道有所注错，此正天下，治邦国，人伦之大本也。夫妇之道不可以不久也，故受之以《恒》。《恒》者，久也。[186]

《恒》，常久也。言男下于女，故能成夫妇之道。夫妇之道既成，则能成家。君下于臣，故能成君臣之道。君臣之道既成，则能成国。国家既成，不可不久，故受之以《恒》也。然谓之《恒》者，巽为长女，震为长男，二长相与，故恒久不息，以成家也。然《咸》以二少，《恒》以二长者，盖始则所感之道贵于速，故以二少言之。男女既别，夫妇既成，则不可不久，故以长言之，取长久之义，故曰《恒》。[187]

胡瑗还以风雷相遇之理，比附夫妇长久之道，认为：

雷风相与者，夫雷得风则益威，风得雷则愈盛，二者相资，故能助天地生成之功也。以人事言之，则犹夫妇相与而人伦正，君臣相与而教化成，盖取其相资益而成长久之道也。[188]

故胡瑗所强调的夫妇长久之道，既包括夫妻关系的长久与稳定，同时也包括夫妇之间伦常秩序的长久与不可改变，其寓意颇为丰富。

程颐以《咸》《恒》二卦诠释夫妇长久之义，认为夫妇应当终身不变。程颐还举出夫妇反目的反面事例，告诫夫妇当有永终之义。他说：

《咸》，夫妇之道。夫妇终身不变者也，故《咸》之后受之以《恒》也。《咸》，少男在少女之下，以男下女，是男女交感之义。《恒》，长男在长女之上，男尊女卑，夫妇居室之常道也。论交感之情，则少为亲切，论尊卑之序，则长当谨正。[189]

君子观男女配合，生息相续之象，而以永其终，知有敝也。永终谓生息嗣续，永久其传也。知敝，谓知物有敝坏，而为相继之道也。女归则有生息，故有永终之义。又夫妇之道当常永有终，必知其有敝坏之理而戒慎之。敝坏谓离隙，《归妹》，说以动者也，异乎《恒》之巽而动，《渐》之止而巽也。少女之说情之感动，动则失正，非夫妇正而可常之道，久必敝坏。知其必敝，则当思永其终也。天下之反目者，皆不能永终者也。不独夫妇之道，天下之事莫不有终有敝，莫不有可继可久之道，观《归妹》，则当思永终之戒也。[190]

从程颐的论述中我们可看出，程颐所强调的夫妇长久之道，既包括夫妻关系时间上的长久，又包括夫妻之间的尊卑贵贱等级伦常秩序的长久与稳固。在以《归妹》卦告诫夫妇不应当反目之时，亦可看出，他所强调的永终之义重点在于告诫女性。

王令也强调夫妇长久之道，他说：

《易》自《乾》《坤》以及《未济》，皆人道之始终，圣贤君子之出处事业，至于次第配类，莫不伦理……“夫妇之道，不可以不久也，故受之以《恒》。”“主器莫若长子，故受之以《震》。”又其下则曰：“《渐》，女归待男行也；《归妹》，女之终也。”而皆不若浮图氏弃绝君臣，拂灭父子，断除夫妇之说。[191]

司马光则认为，夫妇之道关系天地大义，风化本原，当取长久之义。他强调：

夫妇之道，天地之大义，风化之本原也，可不重欤？《易》艮

> 下兑上，《咸》。彖曰：止而说，男下女，故娶女吉也。巽下震上，《恒》。彖曰：刚上而柔下，雷风相与，盖久常之道也。[192]

朱震认为，《恒》卦象征夫妇居室之道，因而取长久之义。他说：

> 《咸》以男下女，男女交感之情也。《恒》，男上女下，夫妇居室之道也。交感之情少，则情深；居室之道长，则分严。故取象如此。《恒》，常久也。[193]

则朱震所说的夫妇长久之道，主要是指夫妇之间的纲常伦理应当长久不变。

张栻在对《恒》卦的诠释中，还明确强调夫妇不应该有华落色衰之弃，他说：

> 夫妇偕老，而无华落色衰之弃，此夫妇之道所以贵于恒而久也。此《咸》而受之以《恒》，而《恒》为久也。[194]

张栻所云之长久，实则是指夫妻关系的长久不变。张栻此说有助于夫妻关系的稳固与长久，也有助于稳固妻子在家庭中的地位。

李中正诠释《恒》卦则曰：

> 《恒》者久也，恒久之道始乎辨分，分定则可恒矣。震为长男，刚者在上，巽为长女，柔者在下，男女居室，人之大伦，大伦既明，斯可恒久。[195]

显然，在李中正看来，《恒》卦长久之意，在于规范夫妇居室长久之道。

林栗也认为夫妇应当长久，他说：

> 《恒》之言久也。夫妇居室，长久之道，是以谓之恒也。男动乎外，女巽乎内，家之恒也。君动于上，臣巽于下，国之恒也。[196]

真德秀则强调夫妇之道符合阴阳大义，应当终身不变。他说：

> 夫妇之道，阴阳之义也。[197]
>
> 夫妇之道，不可以不久也，故受之以《恒》。《恒》，久也；《咸》，夫妇之道。夫妇终身不变者也，故《咸》之后，受之以《恒》也。《咸》，少男在少女之下，以男下女，是男女交感之义。《恒》，长男在长女之上，男尊女卑，夫妇居室之常道也。论交感之情，则至为深切；论尊卑之叙，则长当谨正。[198]

在真德秀看来，《咸》卦意味着男居尊位、女处卑位的不平等的关系，而这种尊卑分明的男女关系是不能被改变的，否则就会不吉利。与此同时，男女由于性的结合而产生情感，因而真德秀言“论交感之情，则至为深切”。尽管如此，男尊女卑的关系却不能因此而发生变化，因而又言：“论尊卑之叙，则长当谨正。”可见真德秀在此处所强调的“道”，实则是指夫尊妇卑之道，也就是说，夫尊妇卑是夫妇之间应该恪守的长久之道。

总之，在宋儒的解释中，夫妻之间应当遵循长久之道，然而在对于长久之道的诠释中，宋儒又有不同的理解。但统而观之，宋儒所强调的夫妇长久的理念既包括了时间意义上夫妻之间关系的长久与不可改变，又包括了道德伦理层面夫妻之间尊卑贵贱等人伦秩序的长久与稳固。故我们在理解宋儒理想的夫妇关系模式时，对于其所强调的长久之道，应当从不同层面进行把握。

三、阴阳学说与妒妇悍妻之祸

宋儒在诠释阳刚阴柔、男健女顺的同时，也从反面强调了妒妇、悍妻的祸患，对不守规矩的妒妇、悍妻给男权社会造成的威胁作了阐释，认为这种现象并非常态，是非常有害的。

程颐指出：

> 男女有尊卑之序，夫妇有唱随之礼，此常理也，如《恒》是也。苟不由常正之道，徇情肆欲，惟说是动，则夫妇渎乱，男牵欲而失其刚，妇狃说而忘其顺，如归妹之乘刚是也，所以凶无所往而利也。夫阴阳之配，合男女之交媾，理之常也。然从欲而流放，不由义理，则淫邪无所不至，伤身败德，岂人理哉？[199]

在程颐看来，男尊女卑、夫唱妇随是夫妇之间的正常秩序，反之则会伤身败德，祸乱人伦。

彭汝砺以阴阳之理告诫妒妇、悍妻之祸。史载哲宗绍圣元年(1094)春正月，驸马都尉韩嘉彦因擅宿外第，对长公主不逊而遭贬职。吏部侍郎彭汝砺即上书云：

> 臣闻治国者自家始，治家者自夫妇始。夫夫妇妇，天地之道也，阴阳之义也……夫妇、父子、君臣，其义一也。今嘉彦以不能下长公主而废，是妇得以胜其夫矣。妇得以胜其夫，是子可以胜父，臣可以胜君。其源一开，其流有至于不可塞。此不可不慎。[200]

依照此论，夫妇与君臣、父子同理，夫强妇弱，夫主妇从合乎天地阴阳大义，即使贵为公主，面对丈夫不轨之举，也应弱于其夫，忍受顺从。

朱震指出听从妇人的祸患，认为：

> 坤顺也……以顺为正者，妇人之德……从妇则凶之道，故曰：从妇凶也。[201]

李光以阴阳乾坤之理论证了妒妇、悍妻的祸患，认为：

> 乾健而坤顺，阳尊而阴卑，此天地之大义也……刚者，柔之所承也，而反乘之乘者，妇陵其夫之象也。卦体兑本在下，于理为顺，而爻六皆乘九，是以阴而乘阳。失尊卑之序，内无柔顺之道，外失

阳刚之德，则害于而家，凶于而国，何所利哉？夫成家之道，必资于妇顺，故妇顺备，而后内和理，内和理，而后家可长久也。《恒》之六五曰《恒》，其德贞，妇人吉，夫子凶。象曰：妇人之吉，从一而终也，夫子制义，从妇凶也。《恒》者，夫妇之正也，故其戒如此。然则阴之乘阳，柔之乘刚，岂非逆德也哉！世之悍妇以制夫为能，使不得措其手足，是犹强臣擅命，威福自专，反制其君也。[202]

显然，在李光看来，阳刚阴柔，夫主妇从，若阴胜阳，妇制夫，则悖理逆德，害于家而凶于国。李光还强调：

妇人以贞顺为恒，故《孟子》曰："无违夫子，以顺为正者，妾妇之道也。"故妇人则吉也。丈夫则当从权制变，操纵在我。若委曲循物，而为妇人之行，则失其刚阳之才，反蹈于凶祸矣。《象》曰："妇人贞吉，从一而终也。夫子制义，从妇凶也。"……盖妇人以幽闲柔静为德，守志厉操，不践二庭，故贞而获吉。丈夫制义，有权有变，适于义而已，义苟不可，虽君父之命有不得而从者，若反从妇人之行，则凶矣。抑妇人当以从夫为正，夫而从妇，则牝鸡司晨，家道乱矣。[203]

则在夫妻关系中，丈夫因其阳刚之才，应该处于"从权制变，操纵在我"的地位，而妻子应以贞顺为正，顺从夫意，夫主妇从，否则会有牝鸡司晨、家道败亡之祸。

郑刚中《周易窥余》也认为女性应以柔顺为美，并强调了妒悍之女的危害性，将此类女性归入"壮女"的类别，他说：

妇人之德，以柔顺为恒者也，今弃柔顺而为淫悍，则夫不能容其妇矣。故曰：不恒其德，无所容也。[204]

阴阳不可偏，男女不可无偶，而曰：勿用取女，何也？曰：勿取者，谓女壮也，不以柔静为德，而反以刚健外向，此之谓壮女。

取壮女，则阳消矣。一阴始生，五阳在上，女固未强，而曰壮女者，盖一阴生则壮之，所由圣人之所切戒也。合二体论之，女位乎内，而以刚健出外，壮之所由也；分二体论，巽虽一阴，实为长女，阴向长则干阳向消，此不可永久之道，而可与之长处乎？方阴之未生午，犹阳之位也，阴生于午则出，而与阳遇矣，故卦名妒。又曰：柔遇刚也，男求女则可，女苟出而求男，不良也，遇刚者，谓阴出而遇阳，势复滋长，此壮女所以不可亲。[205]

考虑到夫妇之间的情感因素，郑刚中还告诫："夫妇以情感，常患于不正，不正，则夫妇之道坏。"[206]可见他试图从不同层面防范女性妒悍的可能性，以维护男权社会秩序的稳固。

宋儒还将天象的异常也归结为夫妻关系的失序。在宋儒的论述中，如果妻妾强于丈夫，则被认为是阴盛阳微，如同日月之食，是不符合常态的。如仁宗嘉祐四年春正月丙申朔，出现日食，右正言吴及上书云：

日食者，阴阳之戒，在人事则臣陵君，妻乘夫，四夷侵中国。[207]

王宗传《童溪易传》亦云：

阴阳之义配日月也……若夫月望则与日并，阴盛则与阳敌，此女娲吕武所以乱天下也，其祸可胜言哉。[208]

真德秀也认为：

先儒之论，以为日月之食虽有常度，然王者修德行政，用贤去奸，能使阳盛足以胜阴，阴衰不能侵阳，则日月之行虽或当食，而不食焉。若国无政不用善，臣子背君父，妾妇乘其夫，小人陵君子，夷狄侵中国，则阴盛阳微，当食必食，虽曰：行有常度，而实为非常之变矣。[209]

上述事实可见，宋儒对于儒经中阴阳学说的诠释，实则是为建构理想人间秩序提供理论根据。宋儒认为："三纲既正，则人伦厚，教化美，而风俗移矣。"[210] 故宋儒借助阴阳学说诠释社会性别伦常秩序，实则是要维护以男尊女卑为主导的性别伦常秩序的合理性与永久性，从而建立起一个稳定的社会性别秩序与国家权力秩序。宋儒在强化夫尊妻卑、夫主妻从、夫外妻内、夫妻长久为核心的理想稳定的夫妻关系模式的同时，试图剥夺女性的自主权力，对于不遵循儒家理想性别秩序的女性，宋儒则持丑化与贬抑的态度。在宋儒的理想观念中，女性所能彰显的美德，便是顺从夫意，恪守妇德，男性则恰恰相反，他们是夫妻关系中的主宰者，更不用听从妇人的安排，否则就会有家道败乱之祸。这种规制，使得丈夫对妻子的主宰合情合理，然而夫妻之间的实际生活方式又是怎样呢？我们将会在以后的章节中集中论述。

注释：

1 《夏娃的种子：重读两性对抗的历史》，第 13 页。

2 在传统中国社会中，掌控历史书写特权的男性士人，为维护男权社会的统治秩序，从来就不曾停止对女性的规制，而传统社会的女性也始终没有放弃同男权的斗争及对自身权益的争取。

3 鲍家麟《阴阳学说与妇女地位》（载《汉学研究》第 5 卷第 2 期，1987 年 12 月）一文概括了自战国至清末民初阴阳学说与妇女地位的关系，然该文论述过于简略，亦未就阴阳学说如何与性别伦常秩序发生关系追本溯源。

4 王曾瑜：《文天祥事迹四题》，原载《河北学刊》1992 年第 1 期，现据《丝毫编》，第 256 页。

5 成中英：《论中西哲学精神》，北京：东方出版中心，1991 年，第 137 页。

6 参见徐复观《阴阳五行及其有关文献的研究》（载徐复观《中国思想史论集续篇》，上海书店出版社，2004 年，第 11—15 页），徐氏在该文中指出，《左传・昭公元年》中有"女阳物而晦时"，这是开始以阴阳比拟男女，犹之当时以水火比拟男女一样，这是演变出的新倾向，是非常值得注意的。学界相关研究也有类似看法，如庞朴认为，阴阳本意指的是自然现象，最先是天文现象，而后推广到与天文现象相关之地理现象，即地势的向阳和背阴。阴阳从具体的象升格为天地之气，其说最先见于《国语・周语上》："阳气俱蒸，土膏其动。"《管子・形势下》也有："春者，阳气始上……秋者，阴气始下。"《庄子・田子方》中："至阴肃肃，至阳赫赫。肃肃出乎天，赫赫发乎地。两者交通成和，而物生焉。"阴、阳分别从天、地出发，然后碰到一起，生成万物。那时思想家的共识，即，阳乃土之气，发乎地；阴为天之气，出乎天。这种阴天阳地，阴上阳下的说法，同后来的观念正好相反。阴阳颠倒的时间，在文献上留下痕迹，似乎始见于《左传·昭公元年》医和为晋侯看病时的对话："天有六气，降生五味，发为五色，征为五声，淫生六疾。六气，曰阴阳风雨晦明也，分为四时，序为五节，过则为灾。阴淫寒疾，阳淫热疾，风淫末疾，雨淫腹疾，晦淫惑疾，明淫心疾。女阳物而晦时，淫则生内热惑蛊之疾。今君不节不时，能无及此乎。"值得注意的是，阴阳从具体的象升格为气时，便成为了两种不同凡响的气（参见庞朴著，刘贻群编：《庞朴文集》第四卷《一分为三》，济南：山东大学出版社，2005 年，第 241—243 页）。侯宏堂《阴阳学说的发展历程及其思想意蕴》一文亦认为，殷周时期阴阳的用法均属该词的本意，即"阳"为阳光照耀，"阴"为阳光遮蔽。西周晚期至春秋中期，阴阳观念广泛流行，并开始与"气"观念结合，阴阳概念被赋予"天地之气"的新含义。当时的思想家们已经广泛地运用天地阴阳二气的相互关系和运动变化来解释自然现象，并逐渐波及社会领域。至此，可以说阴阳学说的初期形态已基本形成（见《国学研究》第 13 卷，北京大学出版社，2004 年，第 261 页）。

7 朱谦之：《老子校释》，北京：中华书局，1984 年，第 174—175 页。

8 参见朱伯崑：《易学哲学史》第一卷，北京：华夏出版社，1995 年，第 34—38 页。

9 《易传》共七种十篇：《彖》上下、《象》上下、《文言》、《系辞》上下、《说卦》、《序卦》、《杂卦》。此十篇，也被称为"十翼"。"翼"为辅助之意，表示用来解释《易经》的。关于《易传》的成书年代，学界长期争议不定，但大体都围绕战国前期与战国后期二说。据李学勤先生考证，《周易》经文的形成，可能在周初，不会晚于西周中叶；《易传》的成书不会晚于战国中期。参见李学勤：《周易溯源》，成都：巴蜀书社，2006 年，第 18—128 页。

10 《易学哲学史》第一卷，第 36—41 页。

11 《阴阳五行及其有关文献的研究》，载《中国思想史论集续篇》，第 42—45 页。

12 《阴阳五行探源》，载《庞朴文集》第一卷《六家浅说》，第 341—342 页。

13 李宗焜：《数字卦与阴阳爻》，《"中央"研究院历史语言研究所集刊》第 77 本第 2 分，2006 年 6 月，第 298—299 页。

14 〔魏〕王弼注，〔唐〕孔颖达疏：《周易正义》卷一，〔清〕阮元校刻《十三经注疏》，北京：中华书局，1980 年，第 17—18 页。

15 《周易正义》卷四，《十三经注疏》，第 46 页。

16 同上书，第 50 页。

17 《周易正义》卷七，《十三经注疏》，第 75—76 页。

18 《周易正义》卷八，《十三经注疏》，第 89 页。

19 《周易正义》卷九，《十三经注疏》，第 93—94 页。

20 同上书，第 96 页。

21 〔汉〕班固：《汉书》卷二七上《五行志》七上，北京：中华书局，1962 年，第 1317 页。

22 《春秋繁露》承战国中叶以来阴阳五行的思想，而以儒家结合阴阳家的理论，重新建立一套宇宙秩序，以贯彻董氏的尊阳卑阴、尊君卑臣思想，而其理论基础之一，即在于阴阳的关系与五行的秩序。参见郑吉雄：《论易道主刚》，《台大中文学报》第 26 期，2007 年 6 月，第 101 页。

23 〔汉〕董仲舒：《春秋繁露》卷一一《阳尊阴卑第四十三》，北京：中华书局，1991 年，第 180 页。

24 《春秋繁露》卷一二《基义第五十三》，第 199—200 页。

25 〔宋〕司马光：《资治通鉴》卷二六《汉纪十八》，北京：中华书局，1956 年，第 844 页。

26 〔汉〕刘向：《说苑》卷一八《辨物》，四部丛刊初编本。

27 〔汉〕班固等：《白虎通》卷三下《三纲六纪》，上海：商务印书馆，1936 年，第 203 页。

28 《白虎通》卷一上《爵》，第 9 页。

29 同上书，第 10 页。

30 《白虎通》卷二上《五行》，第 81 页。

31 《白虎通》卷四上《嫁娶》，第 250 页。

32 〔汉〕班昭：《女诫》，〔元〕陶宗仪等编《说郛三种》（宛委山堂本）卷七〇下，上海古籍出版社，1988 年，第 3295—3296 页。

33 徐秉愉在《正位于内——传统社会的妇女》一文中即云，魏晋南北朝数百年间，朝代更迭频仍，缺乏一个稳定的中央政府来推行教化；再加上胡人占据北方，胡人风气也使得传统礼法的重要性更为减低，在思想方面，越名教而任自然的风气逐渐盛行。这种风气所及，在父子之间、夫妻之间都有以亲密情感而代替严峻礼法之趋势。但决定妇女地位的基本原则和理想——男尊女卑、男外女内——并未动摇。唐代承北朝遗绪，胡化仍深，唐初社会因胡风输入所带来之活泼、勇健的精神，对向来以阴柔为典则的妇女生活无疑是一股新的活力。但这种影响似乎也有其限制，唐人所吸收的胡俗多偏向娱乐享受方面，对帝室、王公之家以外的妇女影响不深。尤其在安史之乱以后，夷夏之防的观念转严，另一方面又有儒学复兴的运动，胡风的影响自然更受限制。唐代社会对妇女的期望仍然是保守而符合传统观念的。见杜正胜主编：《吾土与吾民》，台北：联经出版事业公司，1982 年，第 156—169 页。

34 〔宋〕李焘：《续资治通鉴长编》（以下简称《长编》）卷二二一，神宗熙宁四年三月戊子，北京：中华书局，1995 年，第 5370 页。

35 参见王德毅：《宋代士大夫的道德观》，《宋史研究集》第 28 辑，台北："国立"编译馆，1998 年，第 5 页。

36 余英时先生指出，在宋代，无论是古文运动的倡导者、改革运动的支持者还是道学士人群体，三者之间始终贯穿着一条主线，即儒家要求重建一个合理的人间秩序。参见《朱熹的历史世界：宋代士大夫政治文化的研究》，第 5—47 页。

37 《宋史》卷三三八《苏轼传》，第 10806 页。

38 王德毅先生在《宋代士大夫的道德观》一文中即强调宋代享三百二十年之国祚，三代以下仅次于汉朝，比晋、唐、明、清皆远过之，其重要原因即在于宋代重视道德建设，敦风厚俗，使社会和谐。载《宋史研究集》第 28 辑，第 3—4 页。

39 张君劢：《中国学术史上汉宋两派之长短得失》，《宋史研究集》第 3 辑，台北："国立"编译馆，1966 年，第 77 页。

40 陈荣捷著，万先法译：《朱熹集新儒学之大成》，《宋史研究集》第 13 辑，台北："国立"编译馆，1981 年，第 2—3 页。

41 邓广铭：《略谈宋学——附说当前国内宋史研究情况》，邓广铭、徐规等主编《宋史研究论文集：一九八四年年会编刊》，杭州：浙江人民出版社，1987 年，第 3 页。宋晞先生也有类似看法，他指出："宋代学者治经学，异乎汉唐，不重章句注疏，而讲求义理。"参见《南宋浙东的史学》，《宋史研究集》第 14 辑，台北："国立"编译馆，1983 年，第 9 页。

42 漆侠：《宋学的发展和演变》，石家庄：河北人民出版社，2002 年，第 8—16 页。

43 王德毅：《宋朝士大夫的仁义观——为纪念文天祥诞辰七百七十周年而作》，《台大历史学报》第 38 期，2006 年 12 月，第 4 页。

44 〔宋〕胡瑗：《周易口义》卷六《下经》，《影印文渊阁四库全书》第 8 册，台北：台湾商务印书馆，1986 年，第 315 页。

45 《周易口义・系辞上》，《影印文渊阁四库全书》第 8 册，第 453 页。

46 同上书，第 450 页。

47 同上书，第 450—451 页。

48 〔宋〕蔡襄：《宋端明殿学士蔡忠惠公文集》卷三三《太常博士致仕胡君墓志》，《宋集珍本丛刊》第 8 册，北京：线装书局，2004 年，第 227 页。

49 《宋端明殿学士蔡忠惠公文集》卷二三《别疏》，《宋集珍本丛刊》第 8 册，第 126 页。

50 〔宋〕欧阳修著，李逸安点校：《欧阳修全集》卷二一《资政殿学士户部侍郎文正范公神道碑铭》，北京：中华书局，2001 年，第 332 页。

51 〔清〕黄宗羲著，全祖望补修，陈金生、梁运华点校：《宋元学案》卷三《高平学案 · 文正范希文先生仲淹》，北京：中华书局，1986 年，第 137 页。

52 〔宋〕范仲淹著，李勇先、王蓉贵点校：《范仲淹全集 · 范文正公文集》卷七《易义》，北京：中华书局，2001 年，第 142 页。

53 张载与邵雍、周敦颐、二程在南宋时被称为"北宋五子"，他们共同被确认为伊洛之学的渊源。参见陈来：《宋明理学》，上海：华东师范大学出版社，2004 年，第 98 页。

54 〔宋〕张载：《张子全书》卷一五《行状》，上海：商务印书馆，1935 年，第 312 页。

55 《宋元学案》卷一七《横渠学案》，第 663 页。

56 余英时先生对张载《西铭》一文的影响作了如下评价："从二程到朱熹、张栻等，理学家对《西铭》热情有增无减，这一事实不但说明他们认同《西铭》为人间秩序所提供的精神依据，而且也证实了秩序重建确是他们追求的最大目标。"见《朱熹的历史世界：宋代士大夫政治文化的研究》，第 123 页。

57 《张子全书》卷一《西铭》，第 1 页。

58 同上书，第 2 页。

59 同上书，第 8 页。

60 〔宋〕邵雍：《皇极经世书》卷一三《观物外篇上》，《影印文渊阁四库全书》第 803 册，第 1064—1067 页。

61 《二程集 · 周易程氏传》卷二，第 789 页。

62 《二程集 · 周易程氏传》卷一，第 710 页。

63 《斯文：唐宋思想的转型》，第 211 页。

64 〔宋〕苏轼：《苏氏易传》卷七《系辞传上》，曾枣庄、舒大刚主编《三苏全书》第 1 册，北京：语文出版社，2001 年，第 345 页。

65 《苏氏易传》卷八《系辞传下》，《三苏全书》第 1 册，第 381 页。

66 《宋学的发展和演变》，第 366 页。

67 〔宋〕司马光：《易说 · 总论》，上海：商务印书馆，1936 年，第 1 页。

68 《易说》卷六《系辞下》，第 138 页。

69 〔宋〕司马光：《家范》卷八《妻上》，《影印文渊阁四库全书》第 696 册，第 708 页。

70 〔宋〕陈瓘：《了斋易说》，《影印文渊阁四库全书》第 9 册，第 439—440 页。

71 [美]田浩：《朱熹的思维世界》，西安：陕西师范大学出版社，2002 年，第 17 页。

72 《十三世纪中国政治与文化危机》，第 31 页。

73 [美]艾周思：《朱熹与卜筮》，见[美]田浩编，杨立华、吴艳红等译《宋代思想史论》，北京：社会科学文献出版社，2003 年，第 305 页。

74 〔宋〕朱震：《汉上易传》卷七《周易系辞上传》，四部丛刊续编本。

75 〔宋〕冯椅：《厚斋易学》附录一《先儒著述上》，《影印文渊阁四库全书》第 16 册，第 834 页。

76 〔宋〕李光：《读易详说》卷六，《影印文渊阁四库全书》第 10 册，第 358—359 页。

77 钱穆：《朱子新学案》，成都：巴蜀书社，1986 年，第 1 页。

78 〔宋〕朱熹：《周易本义》卷五《周易系辞上传》，《朱子全书》第 1 册，第 123 页。

79 〔宋〕黎靖德编，王星贤点校：《朱子语类》卷六八《易四 · 乾上》，北京：中华书局，1986 年，第 1683 页。

80 参见侯外庐等主编：《宋明理学史》，北京：人民出版社，1984 年，第 318 页。

81 《晦庵先生朱文公文集》卷七六《张南轩文集序》，《朱子全书》第 24 册，第 3661 页。
82 〔宋〕张栻著，杨世文、王蓉贵点校：《张栻全集·南轩易说》卷三《序卦》，长春出版社，1999 年，第 56 页。
83 《张栻全集·南轩易说》卷三《说卦》，第 49 页。
84 同上。
85 《宋史》卷三九三《彭龟年传》，第 11995 页。
86 《宋史》卷二四三《光宗慈懿李皇后传》，第 8654 页。
87 〔明〕黄淮、杨士奇等编：《历代名臣奏议》卷三〇八《灾祥》，台北：学生书局，1985 年，第 4006 页。
88 《历代名臣奏议》卷三〇八《灾祥》，第 4002 页。
89 〔宋〕杨万里：《诚斋易传》卷一七《系辞上》，上海：商务印书馆，1935 年，第 245—246 页。
90 〔宋〕袁甫：《蒙斋中庸讲义》卷三，《影印文渊阁四库全书》第 199 册，第 588 页。
91 〔宋〕丁易东：《易象义》卷一六《说卦传》，《影印文渊阁四库全书》第 21 册，第 771 页。
92 有代表性的研究如邓小南《“内外”之际与“秩序”格局：兼谈宋代士大夫对于〈周易·家人〉的阐发》（《唐宋女性与社会》，第 97—124 页）、《从考古发掘资料看唐宋时期女性在门户内外的活动——以唐代吐鲁番、宋代白沙墓葬的发掘资料为例》（《历史、史学与性别》，第 113—127 页）；刘静贞《女无外事？——墓志碑铭中所见之北宋士大夫社会秩序理念》（《宋史研究集》第 25 辑，第 95—142 页）。
93 《家范》卷一《治家》，《影印文渊阁四库全书》第 696 册，第 660 页。
94 〔宋〕司马光：《司马氏书仪》卷四《居家杂仪》，上海：商务印书馆，1936 年，第 43 页。
95 《汉上易传》卷四《周易下经咸传》。
96 〔宋〕朱熹：《家礼》卷一，《朱子全书》第 7 册，第 883—884 页。
97 参见宿白：《白沙宋墓》，北京：文物出版社，2002 年。另外，在考古发掘的河南温县西关宋墓中也有关于妇人启门的壁画，参见罗火金、王再建：《河南温县西关宋墓》，《华夏考古》1996 年第 1 期。
98 参见《从考古发掘资料看唐宋时期女性在门户内外的活动——以唐代吐鲁番、宋代白沙墓葬的发掘资料为例》，《历史、史学与性别》，第 127 页。
99 〔宋〕陈振孙撰，徐小蛮、顾美华点校：《直斋书录解题》卷七，上海古籍出版社，1987 年，第 225—226 页。
100 〔清〕永瑢等：《四库全书总目》卷八二《营造法式提要》，北京：中华书局，1965 年，第 712 页。
101 〔宋〕李诫：《营造法式》卷一《总释上》，上海：商务印书馆，1933 年，第 3 页。
102 《营造法式》卷一《总释上》，第 2—4 页。
103 同上书，第 10 页。
104 〔宋〕石介著，陈植锷点校：《徂徕石先生文集》卷六《复古制》，北京：中华书局，1984 年，第 69—70 页。
105 〔宋〕真德秀：《大学衍义》卷一，济南：山东友谊书社，1991 年，第 60 页。
106 《“内外”之际与“秩序”格局：兼谈宋代士大夫对于〈周易·家人〉的阐发》，《唐宋女性与社会》，第 98 页。
107 《礼记正义》卷二八，《十三经注疏》，第 1471 页。
108 《女诫》，《说郛三种》（宛委山堂本）卷七〇下，第 3296 页。
109 同上。
110 司马光、朱熹、卫湜等均对“妇功”作了诠释。如司马光《家范》卷六《女》（《影印文渊阁四库全书》第 696 册，第 691 页），朱熹《仪礼经传通解》卷二《昏义第四·家礼二之下》

(《朱子全书》第2册，第115—134页)、《仪礼经传通解》卷四《内治第六·家礼四》(《朱子全书》第2册，第179—199页)，卫湜《礼记集说》卷七二(《影印文渊阁四库全书》第118册，第511—528页)中均有对于“妇功”的诠释。

111 〔宋〕司马光：《司马文正公传家集》卷七八《叙清河郡君》，上海：商务印书馆，1937年，第969页。

112 〔宋〕陆佃：《陶山集》卷一五《长寿县太君陈氏墓志铭》，上海：商务印书馆，1935年，第167页。

113 〔宋〕李新：《跨鳌集》卷二九《郭孺人墓志铭》，《影印文渊阁四库全书》第1124册，第645页。

114 《徂徕石先生文集》卷五《原乱》，第65页。

115 《周易口义》卷四《上经》，《影印文渊阁四库全书》第8册，第281页。

116 《周易口义》卷六《下经》，《影印文渊阁四库全书》第8册，第319页。

117 同上书，第337页。

118 同上。

119 《范仲淹全集·范文正公文集》卷七《易义》，第142页。

120 同上书，第144页。

121 《张子全书》卷一〇《易说中》，第187页。

122 〔宋〕范祖禹：《太史范公文集》卷二三《家人卦》，《宋集珍本丛刊》第24册，第283页。

123 《太史范公文集》卷二〇《奏议·论上太皇太后疏》，《宋集珍本丛刊》第24册，第265页。

124 〔宋〕王安石著，唐武标校：《王文公文集》卷三〇《论议周南诗次解》，上海人民出版社，1974年，第325页。

125 《二程集·周易程氏传》卷三，第884页。

126 《读易详说》卷六，《影印文渊阁四库全书》第10册，第371页。

127 〔宋〕张浚：《紫岩易传》卷四，《影印文渊阁四库全书》第10册，第118页。

128 同上书，第116页。

129 《晦庵先生朱文公文集》卷一二《己酉拟上封事》，《朱子全书》第20册，第619—620页。

130 《诚斋易传》卷一〇，第135—136页。

131 同上书，第137页。

132 〔宋〕杨简：《杨氏易传》卷一二，《影印文渊阁四库全书》第14册，第133—134页。

133 〔宋〕李中正：《泰轩易传》卷四，《续修四库全书》第2册，上海古籍出版社，2002年，第142页。

134 《大学衍义》卷一，第60页。

135 同上书，第61页。

136 〔宋〕赵汝楳：《周易辑闻》卷四，《影印文渊阁四库全书》第19册，第183页。

137 〔宋〕俞琰：《周易集说》卷一七，《影印文渊阁四库全书》第21册，第168—169页。

138 《太史范公文集》卷二三《家人卦》，《宋集珍本丛刊》第24册，第283页。

139 《二程集·周易程氏传》卷三，第884页。

140 《汉上易传》卷四《周易下经咸传》。

141 诚如邓小南先生所说：“儒家学者们通过对于《家人》的阐发，组接出了一条理想形态下的链条：女正——家道正——天下正。而当付诸实践时，这组链条的作用形式实际上是：正女——正家——正天下”。《“内外”之际与“秩序”格局：兼谈宋代士大夫对于〈周易·家人〉的阐发》，《唐宋女性与社会》，第108页。

142 在传统家国同构，家国一理的社会中，家是构成社会的基本结构，家庭秩序的稳定与国家兴衰密切相关，作为人伦之始的夫妻关系自然备受士人关注。美国学者艾梅兰(Maram Epstein)

即称："儒家的解释学传统一贯看重夫妻的性别关系，把它当作其他等级关系的一种隐喻，特别是在政治领域"（[美]艾梅兰著，罗琳译：《竞争的话语：明清小说中的正统性、本真性及所生成之意义》，南京：江苏人民出版社，2005年，第26页）。

143 〔宋〕李觏著，王国轩校点：《李觏集》卷五《周礼致太平论五十一篇·内治第六》，北京：中华书局，1981年，第73页。

144 《二程集·周易程氏传》卷三，第854页。

145 《王文公文集》卷三〇《论议周南诗次解》，第325页。

146 《晦庵先生朱文公文集》卷一二《已酉拟上封事》，《朱子全书》第20册，第619—620页。

147 〔宋〕真德秀：《西山读书记》卷一三《夫妇》，《影印文渊阁四库全书》第705册，第410页。

148 〔宋〕魏了翁：《周易要义·序》，四部丛刊续编本。

149 《礼记正义》卷二六，《十三经注疏》，第1456页。

150 《仪礼注疏》卷三〇，《十三经注疏》，第11106页。

151 《白虎通》卷二上《五行》，第81页。

152 《周易口义·系辞下》，《影印文渊阁四库全书》第8册，第508页。

153 同上书，第460页。

154 《周易口义》卷六《下经》，《影印文渊阁四库全书》第8册，第315页。

155 《周易口义》卷一《上经》，《影印文渊阁四库全书》第8册，第193页。

156 《周易口义》卷六《下经》，《影印文渊阁四库全书》第8册，第319页。

157 《张子全书》卷一一《易说上·系辞上》，第223页。

158 《张子全书》卷一《西铭》，第1页。

159 《二程集·周易程氏传》卷一，第706页。

160 《二程集·周易程氏传》卷四，第944页。

161 同上书，第978页。

162 《二程集·周易程氏传》卷三，第977—978页。

163 《皇极经世书》卷一三《观物外篇上》，《影印文渊阁四库全书》第803册，第1064页。

164 同上书，第1066—1067页。

165 同上书，第1067页。

166 《家范》卷八《妻上》，《影印文渊阁四库全书》第696册，第708页。

167 〔宋〕朱长文：《易经解》，《续修四库全书》第1册，上海古籍出版社，2002年，第544页。

168 《汉上易传》卷五《周易下经夬传》。

169 《汉上易传》卷一《周易上经乾传》。

170 《读易详说》卷九《下经》，《影印文渊阁四库全书》第10册，第425页。

171 同上书，第427页。

172 《紫岩易传》卷八《系辞下》，《影印文渊阁四库全书》第10册，第223页。

173 〔宋〕林栗：《周易经传集解·咸恒》卷一六，《影印文渊阁四库全书》第12册，第220页。

174 《周易经传集解》卷二，《影印文渊阁四库全书》第12册，第33页。

175 同上。

176 《朱子语类》卷六八《易四·乾上》，第1683页。

177 〔宋〕吕祖谦：《东莱吕太史别集》卷一《家范一》，黄灵庚、吴战垒主编《吕祖谦全集》第1册，杭州：浙江古籍出版社，2008年，第281页。

178 《诚斋易传》卷九，第120页。

179 《诚斋易传》卷一四，第195页。

180 《杨氏易传》卷一二，《影印文渊阁四库全书》第14册，第134页。

181 《厚斋易学》卷二二《易辑传第十八》，《影印文渊阁四库全书》第16册，第427页。

182 〔宋〕郑汝谐:《易翼传·上经下》,《影印文渊阁四库全书》第18册,第344页。
183 《周易正义·序卦》,《十三经注疏》,第294页。
184 《礼记正义》卷二六,《十三经注疏》,第1456页。
185 《周易口义·序卦》,《影印文渊阁四库全书》第8册,第558页。
186 同上书,第558页。
187 《周易口义》卷六《下经》,《影印文渊阁四库全书》第8册,第318页。
188 同上书,第319页。
189 《二程集·周易程氏传》卷三,第860页。
190 《二程集·周易程氏传》卷四,第979—980页。
191 〔宋〕王令著,沈文倬校点:《王令集》卷二四《代韩退之答柳子厚示浩初序书》,上海古籍出版社,1980年,第282—283页。
192 《家范》卷七《夫》,《影印文渊阁四库全书》第696册,第705页。
193 《汉上易传》卷四《周易下经咸传》。
194 《张栻全集·南轩易说》卷三《序卦》,第57页。
195 《泰轩易传》卷四,《续修四库全书》第2册,第132页。
196 《周易经传集解·咸恒》卷一六,《影印文渊阁四库全书》第12册,第220—221页。
197 《西山读书记》卷三九《日月星辰》,《影印文渊阁四库全书》第706册,第387页。
198 《西山读书记》卷一三《夫妇》,《影印文渊阁四库全书》第705册,第378页。
199 《二程集·周易程氏传》卷四,第979页。
200 〔宋〕赵汝愚编:《宋朝诸臣奏议》卷三三《帝系门·公主·上哲宗论罢黜韩嘉彦》,上海古籍出版社,1999年,第325—326页。
201 《汉上易传》卷一《周易上经乾传》。
202 《读易详说》卷九《下经》,《影印文渊阁四库全书》第10册,第426页。
203 《读易详说》卷六,《影印文渊阁四库全书》第10册,第361页。
204 〔宋〕郑刚中:《周易窥余》卷八,《影印文渊阁四库全书》第11册,第494页。
205 《周易窥余》卷一〇《下经》,《影印文渊阁四库全书》第11册,第499页。
206 《周易窥余》卷八《下经》,《影印文渊阁四库全书》第11册,第527页。
207 《长编》卷一八九,仁宗嘉祐四年春正月丙申,第4546页。
208 〔宋〕王宗传:《童溪易传》卷二四,《影印文渊阁四库全书》第17册,第280页。
209 《大学衍义》卷二九,第831—832页。
210 《西山读书记》卷二三《诗要指》,《影印文渊阁四库全书》第705册,第709页。

第二章　奖惩之间：法律、旌表制度与宋代性别秩序

上一章我们主要从阴阳学说的角度探讨了宋儒理想的性别秩序，本章则主要从国家制度的层面，探讨宋代性越轨法律与旌表制度对性别秩序的规范。在论述之初，我们首先要对本章所拟研究的问题、切入的角度等作一初步说明。

法律是社会的产物，任何社会的法律都是为了维护并巩固其社会制度和社会秩序而制定。[1]就宋代国家法律制度而言，与性别秩序相关的内容主要集中在婚姻、财产以及性问题等诸多层面。从目前的研究来看，有关婚姻和财产问题的研究已较为深入，[2]而法律对性问题的规范却鲜有人涉及，限于学力以及前人研究成果的积累，本章仅探讨宋代性越轨法律对于性别秩序的规范。

旌表是中国古代国家制定的一套自上而下的道德表彰制度，是传统社会规范社会秩序的基本措施之一。[3]宋代旌表诏令或“义夫、节妇、孝子、顺孙”连称，或“忠臣、孝子、义夫、节妇”并举，可见女性是宋代国家旌表规范中的重要一环。那么，在实际的旌表活动中，宋代国家旌表女性的类型、程序、方式有哪些？旌表女性在规范性别秩序，维护儒家纲常伦理等方面具有怎样的作用？此类问题均值得深入探讨。故

本章拟分两节，分别探讨性越轨法律与旌表制度对宋代性别秩序的规范。

第一节　性越轨法律与宋代性别秩序

从历史上看，与女性密切相关的性（Sex）问题，不但涉及私人生活、贞洁观念，而且同当时社会的性别制度、秩序理念以及两性权力密切相关。因此任何时代都把对男女性行为的规范放在十分重要的位置上，并为此制定了相应的法规和必须遵行的道德约束。在由男女两性共同构建的性秩序（Sexual order）格局中，考察社会对于性行为的规范，一个最为直接的视角是法律文本和司法实践。本节着重从性越轨（Sexual aberration）法律的角度，探讨宋代社会对于性别秩序的规范。同时，历代均有对于性越轨行为的法律规制，问题的关键并非规制本身，而是规制的实质内容究竟在宋代产生了何种变化？这种变化对于社会性别秩序的影响何在？故在论述方法上，我们将以前代法律作参照，并在此基础上，对宋代性越轨法律所彰显的两性权力关系做出正确的历史定位。因"旧律现存者，以唐律为最古"[4]，故本节在探讨宋代性越轨法律对于性别秩序的规范过程中，将唐律亦纳入考察的范围，以期更加全面深入地认识这一问题。

一、概念的界定与法律文本的选择

从古至今，性不仅是私人生活不可或缺的一部分，它还是一种社会行为，关系到家庭与社会的稳定，所以任何时代都把对男女性行为的规范放在十分重要的位置上，并为此制定了相应的法规和必须遵行的道德约束。就法律而言，尽管不同时代对于性行为的规制有所不同，但通常意义上，都是针对该社会性行为的越轨而制定的。"越轨"一词，在现代社会学中是一个重要的范畴[5]，然古已有之。"轨"，本义为"车辙也”[6]，在中国古代，它兼有伦理规范与法制规范的双重含义。例如，《管子》云：“是故有道之君，上有五官以牧其民，则众不敢逾轨而行矣。”[7]《后汉书》云：“越轨则礼亡，虽圣人不得全其道矣。”[8]《汉书》云：“楚孝恶疾，东平失轨”，颜师古注：“轨，法则也。”[9]《佩文韵府》亦云：“轨，法也，车迹也。”[10]可见在中国古代社会中，越轨是指背离法则或伦理规范的行为。本节所指的“性越轨”，专指刑事法律意义上背离社会规范的性行为，亦即非法律许可之性行为。性越轨行为属于历史的范畴，不同时代的法律有其不同的界定与规制。对性越轨行为的法律规制，其目的则在于规范男女两性行为，维护社会性别伦常秩序。

唐、宋法律有关性越轨的内容主要集中在“犯奸罪”的条文中。“奸”，《说文解字》释为：“犯淫也”，段注进一步明确：“此字谓犯奸淫之罪”。[11]“犯奸罪”是针对男女性越轨而设的罪名，主要包括“强奸”“和奸”以及“乱伦”等。“强奸”是指男性使用暴力，强行与女性发生性关系的越轨行为。“和奸”谓“彼此和同者”[12]，是指在女性同意前提下发生的性越轨行为。“乱伦”是指亲属间的违背伦常的性越轨行为。在现存宋代法律文本中，对性越轨的规范，集中体现在《宋刑统》以及《庆元条法事类》对犯奸罪的判罚条文中。

唐代法典有律、令、格、式四种，“凡律以正刑定罪，令以设范立制，格以禁违正邪，式以轨物程事”[13]。至今传世者仅《唐律疏议》和《唐六典》，余皆亡佚。《唐六典》是唐玄宗时编订的行政管理制度方面的法规；《唐律疏议》则是唐代“正刑定罪”的刑事法典，也是终唐之世最主要的法律依据。《新唐书》云：“令者，尊卑贵贱之等数，国家之制度也；格者，百官有司之所常行之事也；式者，其所常守之法也。凡邦国之政，必从事于此三者。其有所违及人之为恶而入于罪戾者，一断以律。”[14]《旧唐书》亦称唐代“断狱者皆引疏分析之”[15]。

宋初依唐律修订《刑统》，虽然学界不赞成《宋刑统》为唐律之翻版说，[16]但其内容基本上沿袭唐律之旧，不少条文与宋代社会现状脱节。[17]《宋刑统》颁行后，很快便不能适应宋代社会的发展要求，[18]因而不断有朝臣建议重修宋律。如仁宗时夏竦即认为，《刑统》律文“未契皇朝好生之化，有辜陛下恤刑之德，诚宜具刑宪之书，求献议之士，诏择能臣，督其详订”。[19]夏竦的建议虽然未被仁宗采纳，却反映了《宋刑统》已不适应宋代社会需要的事实。在这种情况下，从宋初开始，统治者便不得不运用大量敕令来补充律之未备，变通律之僵化。

敕是皇帝在特定时间对特定人或事临时发布的诏令，通常谓之“散敕”，并不具备普遍的法律效力，《唐律疏议》卷三〇《断狱》规定：“诸制敕断罪，临时处分，不为永格者，不得引为后比。若辄引，致罪有出入者以故失论。”[20]要使散敕上升为一般的法律形式，还须经过编修程序，即对积年的各种散敕删其重复，去其抵牾，存其可为常法者，汇编后加以颁行。宋初编敕，皆取与刑名无关的敕令“准律分十二门”[21]，至仁宗朝，编敕始有“丽于法者”[22]，即开始附有刑名。编敕体例的这一变化，打破了以往编敕不附刑名的旧制，形成律外有律的局面，为后来的以敕代律作了准备。神宗时，则明确规定：“律不足以周事情，凡律所不载者，一断以敕，乃更其目曰：敕、令、格、式。”[23]从此，“敕”正式取代了“律”的地位，使“律存乎敕之外”。[24]如朱熹所说：“律是《刑统》……今世却不用律，只用敕令。”[25]所以，与《刑统》相比，宋朝历代敕、令、格、式更直接地反映了宋代社会的实际生活。

宋代几乎每一朝都有新编敕问世，“到南宋孝宗朝时，于编敕之外又编撰条法事类”[26]，条法事类乃取“敕、令、格、式及申明五书”[27]分门修撰。现存《庆元条法事类》（残本）修成于宁宗嘉泰二年（1202）八月，嘉泰三年（1203）七月诏颁于天下。《庆元条法事类》产生时，宋代社会已历时二百四十余年，此时宋代社会的典章制度已经成熟，尽管该条法不能反映宋代社会生活的全部，但就存世法律文本而言，其内容“包括早自建炎三年（1129），晚至嘉泰元年（1201），七十二年间所颁布的政令。甚至在卷七十三中尚引到元祐七年（1092）七月六日尚书省的劄子”，它是现存最能反映宋代尤其是南宋社会生活的一部法律文本，“其史料价值极高”，“是研究宋代法制史的重要文献”。[28]因此，我们对宋代社会性越轨法律的考察，即以《庆元条法事类》作为主要分析文本，并参照《唐律疏议》与《宋刑统》，从法律条文的变化来探寻唐、宋性越轨法律演变的轨迹，从而更为深入地考察宋代性越轨法律对于性别秩序的规范。

二、法律对同一阶层之内性越轨行为的规范

法律是统治阶级意志的体现，也是文化的一部分。[29]“法律与社会的关系极为密切”[30]，法律的立场，实则与该社会的价值取向、秩序理念以及文明程度直接相关。同样，法律条文的增删，并不仅仅是为应付突发事件而作的暂时考虑，或简单的文字调整，它所反映的是更深层次的不同时代秩序理念的变革。

（一）关于“和奸”与“强奸”

和奸是在女性同意前提下发生的非婚性行为，其性质为男女两性共同违背社会道德伦理、家庭秩序，男女属于共犯。强奸性质则不同，是男性使用暴力，强行与女性发生性关系，在这一过程中，女性是被动的受害者，因此强奸惩处法的保护对象明确为女性，所以，对和奸罪与强奸罪的规范力度的变化，能够体现社会性别秩序中女性人身权益的差异。我们将对唐、宋法律中有关强奸与和奸的判罚进行比照，从而考察其中的变化，以期更为深入与系统地把握宋代性越轨法律对于性别秩序的规范。

唐宋法律对强奸罪与和奸罪的重视程度明显不同。兹摘录相关条文，列表比照如表2–1。

表 2-1　唐、宋有关“和奸”“强奸”的法律条文简表

朝代	条文内容	出处
唐	诸奸者，徒一年半；有夫者，徒两年……强者，各加一等。折伤者，各加斗折伤罪一等。 【疏】议曰：和奸者，男女各徒一年半；有夫者，徒两年。妻、妾罪等。 【疏】议曰：“折伤者”，谓折齿或折指以上；“各加斗折伤一等”，谓良人从凡斗上加。	《唐律疏议》卷二六《杂律》
	十曰内乱。谓奸小功以上亲、父祖妾及与和者。 【疏】议曰：“及与和者”，谓妇人共男子和奸者，并入“内乱”。若被强奸，后遂和可者，亦是。	《唐律疏议》卷一《名例》
北宋	(与唐律内容相同。此略) 准周广顺三年二月三日敕节文，应有夫妇人被强奸者，男子决杀，妇人不坐罪。其犯和奸及诸色犯奸，并准律处分。	《宋刑统》卷二六《杂律·诸色犯奸》
南宋	诸强奸者，女十岁以下虽和亦同，流三千里，配远恶州。未成，配五百里。折伤者，绞。先强后和，男从强法，妇女减和一等。既因盗而强奸者，绞。会恩既未成，配千里。 诸因奸而过失杀伤人者，论如因盗过失律。因强奸者，以故杀伤论。 诸妻犯奸从夫捕。	《庆元条法事类》卷八〇《杂门·诸色犯奸》

表 2-1 可见，唐律对和奸罪的重视程度高于强奸罪，《唐律疏议》于犯奸罪的首条便规定了对和奸的惩罚，而且对有夫之妇的惩罚重于他人，规定“诸奸者，徒一年半；有夫者，徒两年”。【疏】议曰：“和奸者，男女各徒一年半；有夫者，徒两年。妻、妾罪等”。对有夫妇女惩罚的加重，说明唐代社会对已婚妇女的人身约束比对未婚女子严厉，因为已婚妇女犯奸被看作是对丈夫权益的侵犯，同时其性行为关系到家族子嗣血统的纯洁。反之，唐律对强奸罪的惩罚很轻，只不过在和奸的基础上“各加一等”而已，而且仅以寥寥数字附在和奸罪之后。即使男性在强奸女性的过程中，因暴力而造成女性“折伤者”，也只不过再“加斗折伤罪一等”而已；而且律疏明确界定，所谓“折伤者，谓折齿或折

指以上”[31]，言下之意便是，对女性造成身体上的其他伤害则不算折伤。这种忽视强奸、重视和奸、对已婚妇女的惩罚重于男子的现象，看似违反常理，实则体现了唐代性别制度的秩序格局，在这一格局中，女性仅以男性附庸的面貌出现，其人身权益得不到应有的重视。

《宋刑统》承袭唐律，没有对上述法律做出修订，但是，《刑统》在唐律基础上增加了后周广顺敕文，加重了对于强奸“有夫妇人”男子的判罚力度。可见自宋初起，国家已经开始重视对于强奸罪的规范。《庆元条法事类》对强奸罪的重视程度远远超过了和奸罪。主要体现在以下几方面。

其一，在法律条文的先后设置与判罚力度上。《庆元条法事类》对强奸的判罚置于“诸色犯奸”诸条之首，而且其判罚力度远远重于唐律和《刑统》，规定诸强奸者，“流三千里，配远恶州”，即使强奸未遂者，也要“配五百里”。若男性因暴力而造成女性身体受伤，则要处以绞刑。

其二，明确区分“先强后和”的情况。《庆元条法事类》强调“先强后和，男从强法，妇女减和一等”。[32]而唐律并非没有注意到“先强后和”的情况。唐律在规定“奸小功以上亲、父祖妾及与和者”入“内乱”时提到先强后和的情况，但并没有因为先强后和而加重对男性的惩罚或减轻对女性的惩罚，而是将“先强后和”以和奸罪判罚。律疏强调，“妇人共男子和奸者，并入‘内乱’。若被强奸，后遂和可者，亦是”[33]。显然，唐律对于伤害女性的犯奸者判罚力度不够，而对于女性则过于苛刻。

其三，唐律对有夫之妇和奸的惩罚重于他人，而《庆元条法事类》取消了对已婚妇女和奸加重处罚的条文，同时规定“诸妻犯奸从夫捕”[34]，这是唐律所没有的内容。正如宋人所言“捕必从夫，法有深意”[35]，妻子犯奸，若丈夫未揭发，那么法律便不追究妻子的责任。这种规定，一方面反映出法律对于夫权的维护，在妻子犯奸的案例中，告发与否主动权取决于丈夫；但另一方面，该法律有利于维护家庭的稳定以及夫妻关系的和谐，较为有效地防止了社会上他人对夫妻之间情感的干预，也不至于听信他人对妻子的诬告。《名公书判清明集》卷一二《因奸射射》一案中，黄渐与妻阿朱“乔寓永福，依于陶氏之家”，主人陶岑与寺僧妙成交讼，“遂及其妻，因谓有奸”。该案在初判中，执法者违背法意，判决黄渐、陶岑与妙成各杖六十，阿朱则射充军妻。范西堂重新审理此案，依据“诸妻犯奸从夫捕”以及“离与不离听从夫意”两条法律，判定原判无效，并对原判执行吏人张荫、刘松“各从杖一百”，改判阿朱“付元夫交领”，但因牵涉奸事，“不许再过永福”，寺僧妙成“押下灵川交管”。[36] 倘若宋代法律没有上述“捕必从夫”的条文，那么，阿朱就不可能得到较为宽松的判决并与丈夫团聚。上述变化，并非仅是刑罚轻重或有无的问题，而是一方面说明宋代法律对性秩序的高度重视，另一方面也反映出与唐代相比，宋代社会加大了对于男性非法性行为的约束力度，同时也增强了对女性人身权益的法律保护力度。

此外，《庆元条法事类》明确规定了诱奸十岁以下女童，罪等于强奸，“诸强奸者，女十岁以下虽和亦同”。[37] 在唐律和《刑统》中没有这类罪名，这不仅仅是立法者的疏漏，[38] 而是在一定程度上反映了社会对性秩序重视不够，特别是对未成年女性人身权益的漠视。自《庆元条法事类》首惩奸污幼女的罪行以来，后世诸朝均相沿此例，在犯奸罪中加入强奸幼女“虽和同强”的法律，只是年龄限定稍有不同。如元代规定为十岁以下，[39] 而明清则为十二岁以下。[40]

（二）关于“犯奸未遂”

《唐律疏议》与《宋刑统》中没有犯奸未遂的条文，反映出唐代以及宋初对奸罪的认定以是否成奸为准，而对未遂者不予惩罚。而在《庆元条法事类》中则明确规定了对犯奸未遂者的惩罚。亦可看出，宋代社会更加重视对性越轨问题的规范。《庆元条法事类》卷八〇《杂门·诸色犯奸》规定：

诸奸未成者，减已成罪一等。诱虐者，杖八十。妇女非和同者，止坐男子。

诸奸同居以上缌麻亲及缌麻以上亲之妻者，虽未成，男子勒出别居。

被夫同居亲强奸，虽未成，而妻愿离者，亦听。

犯奸未遂的罪名也贯彻在宋代司法实践中。《名公书判清明集》卷九《将已嫁之女背后再嫁》一案中，“胡千三戏谑子妇，虽未成奸，然举措悖理甚矣，阿吴固难再归其家”，因而蔡久轩判决阿吴“再行改嫁”，“胡千三未经勘正，难以加罪。如再有词，仰本县送狱勘正其悖理之罪，重作施行，以为为舅而举措谬乱者之戒”。[41] 尽管司法官员对此类案件的判罚并不一致，但可以肯定的是，“犯奸未遂”罪的设立，在一定程度上有利于维护女性的人身权益。

（三）关于“奸生子女”的归属

《唐律疏议》中没有涉及因奸所生子女的归属问题，宋代立法者则注意到了这一问题。《宋刑统》卷二六《杂律·诸色犯奸》：“准户令，诸良人相奸，所生男女随父。”《庆元条法事类》在《刑统》的基础上进一步明确，女性有权抚养自己的非婚生子女，卷八〇《杂门·诸色犯奸》：“诸因奸生子者，随父。其母愿自抚养者，听。妻被离出所生子小，而愿自将带抚养者同。”《庆元条法事类》规定，非婚生子女“随父”，这使得男性不能逃脱抚养子女的责任；在这一法律前提下，如果女性愿意，则允许女性抚养自己的非婚生子女。这一规定保障了女性作为奸生子女母亲的权益，反映出宋代社会在性越轨问题上比较重视女性的权益。

（四）关于“乱伦”

“乱伦”是指亲属之间违背伦常的性越轨行为。在传统社会中，亲属间违礼乱伦的行为，伤风败俗，对社会秩序危害很大。由于乱伦行为涉及不同辈分家庭成员之间的性越轨，因而对于乱伦行为的规范，不仅可以看出国家对性越轨行为的规范力度，还可以看出国家对于尊卑等级秩序的维护，对于尊长和卑幼的态度。如表 2–2 所示。

表 2–2 唐、宋有关“乱伦”的法律条文简表

朝代	条文内容	出处
唐	十曰内乱。谓奸小功以上亲、父祖妾及与和者。 【疏】议曰：“及与和者”，谓妇人共男子和奸者，并入“内乱”。若被强奸，后遂和可者，亦是。	《唐律疏议》卷一《名例》
	诸奸缌麻以上亲及缌麻以上亲之妻，若妻前夫之女及同母异父姊妹者，徒三年；强者，流二千里；折伤者，绞。妾，减一等。余条奸妾，准此。 诸奸从祖祖母姑、从祖伯叔母姑、从祖姊妹、从母及兄弟妻、兄弟子妻者，流二千里；强者，绞。 诸奸父祖妾（谓曾经有父祖子者）、伯叔母、姑、姊妹、子孙之妇、兄弟之女者，绞。即奸父祖所幸婢，减二等。	《唐律疏议》卷二六《杂律》
北宋	（同上。略）	《宋刑统》卷二六《杂律·诸色犯奸》
南宋	诸奸同宗缌麻以上亲者入内乱。 诸奸父祖女使徒三年，非所幸者，杖一百。曾经有子以妾论。罪至死者奏裁。 诸奸本宗异居缌麻以上亲，听依同籍捕格法。诸奸同居缌麻以上亲及缌麻以上亲之妻者，虽未成，男子勒出别居。 诸妇人犯奸，非义绝，并与夫之缌麻以上亲奸，未成，离与不离听从夫义。被夫同居亲强奸，虽未成，而妻愿离者，亦听。	《庆元条法事类》卷八〇《杂门·诸色犯奸》

表 2–2 可见，在重视礼法与伦常的中国古代社会，法律对于亲属之间违礼乱伦的犯奸行为一律科以重罪，而且妾的地位明显低于家庭内部其他成员，唐、宋法律对于奸妾的惩罚明显轻于对其他家庭成员。所不同者在于，唐律重在维护尊卑、伦常秩序，宋代法律则更为重视家庭关系的敦睦和谐，妻子在这一法律体系中获得了较多的权利。《庆元条法

事类》云："诸妇人犯奸，非义绝，并与夫之缌麻以上亲奸，未成，离与不离听从夫意。"[42]这是以前所没有的内容。妻子犯奸，只要不在"义绝"[43]之列，离婚与否由丈夫决定；另外，妻子与亲属相奸未成者，离与不离亦由丈夫决定。这种规定，一方面反映出法律对于夫权的维护，在妻子犯奸的案例中，离婚与否的主动权取决于丈夫；但另一方面，它也反映出该法律有利于维护家庭的稳定以及夫妻关系的和谐，较为有效地防止了社会上他人对夫妻之间情感的干预。此外，"被夫同居亲强奸，虽未成，而妻愿离者，亦听"的法律条文，扩大了妻子的离婚自主权，使妻子不至于陷入家庭内部其他成员性骚扰的被动局面。上述法律规范的变化可以看出，在维护人伦秩序的过程中，宋代社会开始关注妻子的权益，逐渐重视夫妻关系的稳定与和谐，以维护整个社会的稳定。

三、法律对不同阶层之间性越轨行为的规范

正如陈寅恪先生所论，"考吾国社会风习，如关于男女礼法等问题，唐宋两代实有不同"，"唐代当时士大夫风习，极轻视社会阶级低下之女子"，所以"元微之于莺莺传极夸其自身始乱终弃之事，而不以为惭疚。其友朋亦视其为当然，而不非议"。[44]宋代社会不同，较为重视对士大夫性行为的规范，[45]下层女子的法律地位也呈现出与唐代不同的面貌。

（一）关于下层女性等级地位的法律界定

本节所指下层女性，限于唐宋性越轨法律中涉及的唐代的官私奴婢、部曲妻、杂户、官户妇女，[46]宋代的奴婢和女使。由于唐宋时娼妓制度合法化，狎妓不被视为法律意义上的性越轨，因而处在社会下层的各类娼妓不在本节讨论范围。

对于下层女性身份地位的法律界定，是不同阶层之间性越轨法律规范的前提和基础。在这方面，无论是法律文本还是司法案例，都可以看到宋代社会体现出前所未有的"平民的四肢"[47]的特色。

唐律严格界定"良贱"等级，奴婢属于贱民，他们"身系于主"[48]，

"同于资财"[49]，"律比畜产"[50]。《唐律疏议·户婚》："奴婢既同资财，即合由主处分。"[51] 买卖奴婢不仅合法，而且与牛马同列，规定："买奴婢、牛马驼骡驴等，依令并市券。"[52] 唐代"官私奴婢地位最低，唐律根本不承认他们有独立的人格"[53]，更遑论其人身权益。

宋代法律对于奴婢身份地位的界定与唐代有较大差异。宋代奴婢属于良人，早在窦仪等人编修《宋刑统》时即已提出："奴婢诸条，虽不同良人，应冲支证，亦同良人例。"[54] 宋人罗愿称："今世所云奴婢，一概本出良家。"[55] 自宋初以来，朝廷屡下诏书明令不许买卖奴婢，如开宝四年（971）诏："应广南诸郡民家有收买到男女为奴婢，转将佣雇，以输其利者，今后并令放免，敢不如诏旨者，决杖配流。"淳化二年（991）诏："陕西沿边诸郡先岁饥，贫民以男女卖与戎人，宜遣使者与本道转运使，分以官财物赎还其父母。"至道二年（996）诏："江南、两浙、福建州军，贫人负富人息钱无以偿，没入男女为奴婢者，限诏到并令检勘，还其父母，敢隐匿者，治罪。"真宗咸平元年（998）诏："川陕路理逋欠官物，不得估其家奴婢价以偿。"天禧三年（1019）诏："自今掠卖人口入契丹界者，首领并处死，诱致者同罪；未过界者，决杖黥配。"[56] 对于掠卖奴婢，"宋朝法律一直是禁止"的。[57] 在宋代，"略人之法，最为严重"，"略人为奴婢者，绞"。[58]《庆元条法事类》还规定："诸于人力、女使、佃客称主者，谓同居应有财分者。称女使者，乳母同。"[59] 可见宋代下层女性的社会地位比唐代有较大提高。与此相应，宋代法律对于不同阶层之间性越轨的规制也与唐律有所不同，从中可见对下层女性的人身权益较为重视。

（二）关于"以下犯上"的法律规制

不同阶层之间的性越轨法律规范包括"以下犯上"与"以上犯下"两种。

表 2–3 唐宋有关“以下犯上”的法律条文简表

朝代	条文内容	出处
唐	部曲、杂户、官户而奸良人者，并加良人相奸罪一等。 诸奴奸良人者，徒两年半；强者，流；折伤者，绞。 部曲及奴奸主及主之期亲，若期亲之妻者绞，妇女减一等；强者，斩。即奸主之缌麻以上亲之妻者，流；强者，绞。	《唐律疏议》卷二六《杂律》
北宋	(与唐律内容相同。此略) 准户令……杂户、官户、部曲奸良人者，所生男女各听为良。其部曲及奴奸主缌麻以上亲之妻者，若奴奸良人者，所生男女各合没官。	《宋刑统》卷二六《杂律·诸色犯奸》
南宋	诸人力奸主，品官之家，绞。未成，配千里。强者，斩。未成，配广南。民庶之家，加凡人三等，配五百里。未成，配临州。强者，绞。未成，配三千里。 诸旧人力奸主者，品官之家，加凡奸贰等。民庶之家，加一等。即佃客奸主，各加贰等。以上妇女……各以凡论。	《庆元条法事类》卷八〇《杂门·诸色犯奸》

表 2–3 可见，在维护尊卑贵贱等级秩序的唐宋社会中，对于“以下犯上”的性越轨行为，惩罚均很严厉。所不同者在于，唐律中的部曲、杂户、官户，在宋初编修《宋刑统》时依然沿用；而在《庆元条法事类》中，“以下犯上”则改变为“佃客”“人力”以及“旧人力”奸主的类型。唐代的“官户”“杂户”属于贱民中的“官贱”，“部曲”属于“私贱”，其与主人的关系属于终身隶属关系；“佃客”一词没有在《唐律疏议》中出现。宋代的“佃客”原则上必须编入国家户籍，作为编户齐民，这是租佃关系以外根本性的身份提高。[60]“人力”一般为契约制下的雇佣者，他们与主人的人身依附关系较为松散，从制度上说仅是一种租佃契约关系，契约期满，依附即自然结束。“旧人力”的称谓突出反映了这一点。而且，从惩罚力度来看，法律对于“旧人力”奸主的判罚轻于对“人力”和“佃客”，原因就在于“旧人力”已经脱离了同主

人的隶属关系。

（三）关于“以上犯下”的法律规制

对“以上犯下”的法律规范，宋代也较为严格。兹列表比照如下：

表 2–4　唐宋有关“以上犯下”的法律条文简表

朝代	条文内容	出处
唐	【疏】议曰……良人奸官私婢者，杖九十。 奸他人部曲妻，杂户、官户妇女者，杖一百。 【疏】议曰：“奸他人部曲妻”，明奸己家部曲妻及客女各不坐。	《唐律疏议》卷二六《杂律》
北宋	（与唐律内容相同。此略）	《宋刑统》卷二六《杂律·诸色犯奸》
南宋	旧主与女使奸者，各以凡论。 诸受人欲雇者，若受人欲贩者相犯及奸，并同凡人。奸欲雇、欲贩妇女者，止坐男子。	《庆元条法事类》卷八〇《杂门·诸色犯奸》

表 2–4 可见，唐律中，主人强奸自己的家贱不会受到任何惩罚，唐律甚至暗示主人强奸家贱是合法的，律疏明确规定“奸己家部曲妻及客女各不坐”。由于奴婢贱人被视为主人的财产，侵犯他人奴婢仅仅被视同为对他人财产的侵犯，因而唐律同时规定：“奸官私婢者，杖九十”，“奸他人部曲妻、杂户、官户妇女者，杖一百”。[61]《宋刑统》对唐律的上述规定没有变动，但在《庆元条法事类》中，对于以上犯下的性越轨法律进行了重新界定，增加了若干条文。如旧主与原女使犯奸者，“各以凡论”，从法律上保证了同主人解除契约关系的下层女子，免受原主人的侵犯；对奸欲雇女性的判罚，法律同于“凡人”；“奸欲雇、欲贩妇女者，止坐男子”，这些都反映出宋代性越轨法律对于下层女子的人身权益较为重视，它与宋代下层女性法律地位的提高是相一致的。

通过上述分析，可以看到宋代性越轨法律对于性别秩序的规范有进步与趋向合理化的一面。然而我们在看到上述进步时，也应该认识到相对法律规范而言，司法实践的情况却很复杂。一方面，儒家的恤刑宽仁精神，使得宋代司法官员在审理涉及性问题的案件时，一般都会从轻量刑，在事涉暧昧案件时，往往以道德说教为主，而以刑罚为辅。同时，敦亲睦族，大兴教化，厚风俗，美人伦，成为宋代士大夫审理司法案件时的基本职责。真德秀甚至将道德教化上升到“为政之本”的高度，提出“为政之本，风化是先”。[62] 加之宋代社会对士大夫的优待，司法官员在处理士人犯奸的案例时，总会偏袒士人。当然，尽管在宋代司法审判的过程中，往往出现法意与人情相背离的情况，但司法官员在审理案件及做出判决的过程中，仍然必须以法律为依据，人情只能参酌而不能左右法律。因此，法律条文本身是否有利于维护女性人身权益，这一点至关重要。另一方面，中国古代法制以儒家思想与家族主义为宗旨，家族既是伦常主义的中心，又是个人生活的归属。[63] 尊尊、亲亲、长长的思想贯彻在法律中，使得法律在维护女性权益方面不可能有真正意义上的公正。如《庆元条法事类》规定：“诸同籍若本宗异居缌麻以上尊长与人和奸，不许告、捕。”[64] 由此造成的后果之一是尊长可以肆意妄为，卑幼却不得告发。这对于维护女性，尤其是家庭中儿媳等辈分较低的女性的人身权益极为不利。[65] 这不能不说是由于儒家盲目“尊尊”思想所致，体现了等级制度与家族主义统摄下的法律与性别制度的不合理性，在这样的社会中，女性无法从整体上逃脱劣势的处境，她们的人身权益不可能得到真正的维护。有关宋代士人阶层女性如何应对实际生活中的性越轨行为，本书将在以后章节中专门论述。

第二节 旌表制度与宋代性别秩序

上一节我们主要从国家法律的角度考察了宋代性越轨法律对于性别秩序的规范，本节则主要从国家旌表制度的层面，论述宋代旌表制度对性别秩序的规范。

一、关于旌表制度

旌表制度自古已有，一般说来，所谓旌表制度，是指由国家制定的一套自上而下的道德表彰制度，其目的在于通过对被旌表者的奖励和称颂，以起到敦厚人伦，教化风俗，巩固社会秩序的作用。

《易》经中已有“象曰：火在天上，大有君子，以遏恶扬善，顺天休命”之语，宋儒陈襄诠释云：

> 天本刚健而高明，火又文明而在其上，此乃明盛之极，至所以为大有也。夫天道之至明，惟其福善祸淫而已，君子法此卦体。居大有明盛之时，天下之臣民万物既已富有，宜何所为哉？惟当遏恶扬善，旌别淑慝。遏其恶者，扬其善者，以顺天休美之命也。夫恶者遏止之，则天下之恶莫不去恶悛矣，善者称扬之，则天下之为善者莫不勉劝，使民日迁善远罪，而归于至治矣。夫大有之德无尚于此也。[66]

林栗亦诠释云：

> 火者离也，天者乾也，火在天上，为日为电，惟其高明，下烛群物，斯无所不见矣。君子体之，以旌别淑慝，恶者以遏，善者以扬，所以顺天之休命也。[67]

宋儒中的更多人则将旌表制度追溯至周之迁殷，如苏轼云：

> 周公迁殷顽民于洛，不必迁旧人以宅新民也。洛人在内，殷人在郊，理必然也。分正者，《毕命》所谓“旌别淑慝，表厥宅里”，“殊厥井疆，俾克畏慕”也。[68]

张九成认为，周之迁殷时：

旌别淑慝，表厥宅里，使知为善者如是而尊荣；弗率训典，则殊厥井疆，使知为恶者如是而黜辱。[69]

林之奇亦云：

周之迁殷，顽民式化，厥训亦不过曰：旌别淑慝，表厥宅里，彰善瘅恶，树之风声，弗率训典，殊厥井疆，俾克畏慕。[70]

在宋儒看来，早在周代，国家已开始将旌表作为道德教化的手段，在国家权力的作用下，通过对德行殊异者的公开表彰与称颂，国家将个体的行为树立为世人学习与效仿的典范，个体的行为便会升华为社会的行为，以此起到劝勉与教化世人的作用。

在对本朝旌表制度的论述中，宋儒认为旌表制度在敦厚人伦，教化风俗方面起着不容低估的作用。欧阳修即很重视旌表对于社会风俗的教化作用，他认为"旌一士之行"，可以起到"劝一乡之人"的效果，其意义不容低估，他说：

臣伏见朝廷之议，常患方今士人名节不立，民俗礼义不修，所以取士多滥而浮伪难明，愚民无知而冒犯者众。盖由设教不笃，而奖善无方也……旌一士之行，劝一乡之人。伏以古今致理，先于孝子，劝赏最勤，今孝悌之科，久废不举，旌表之礼，久阙不行。欲乞今后应有孝行著闻、累被荐举者，与一本州官，令自化其乡里，仍乞著为永式。[71]

王禹偁也强调旌表制度在地方上的施行，可以起到移风易俗的功效，谓：

有力田，有孝悌，有义夫，有节妇，在乎助令长申举之，礼厚之，旌别之，则百里之人，知劝而易其俗矣。[72]

崔敦礼将社会风习的好坏上升为关系天下治乱之事，并上书朝廷，希望国家能重视旌表制度，以起到移风易俗，教化民众的作用。他强调：

> 臣闻民俗之厚薄，关于天下之治乱。尧舜之民比屋皆可封也，所以为治朝；桀纣之民比屋皆可诛也，所以为乱世。自昔圣帝明王所以移风易俗，以寿天下之脉，知夫不可以法防而禁止，于是一以教化为先……然而比年以来，民俗日薄，闾阎之内，田野之间，习喧嚣顽庸之态，扇乖争陵犯之风，以疾视为常情，以仇杀为美事，及其极弊，至于灭人情，绝天理，不可胜言……臣伏望睿慈发德音，下明诏，俾四方长吏颇以教化为务，乡射食飨之礼，可举者举之，孝友睦姻之俗，可旌者旌之，要不专于法禁，而务以移风易俗，使民回心而乡道，兹至治之本也。[73]

朱熹也很重视地方对于民众的旌表，他提倡：

> 同保之人今仰互相劝戒：孝顺父母，恭敬长上；和睦宗姻，周恤邻里；各依本分，修本业，莫作奸盗，莫纵饮博，莫相斗打，莫相论诉，莫相侵夺，莫相瞒昧；爱身忍事，畏惧王法。保内如有孝子顺孙、义夫节妇事迹显著，即仰具申，当依条旌赏。其不率教者，亦仰申举，依法究治。[74]

综上可知，在宋儒看来，旌表制度的实质在于惩恶扬善，以教化风俗。旌表制度的意义不仅仅在于受旌者本人，更为重要的是旌表所起到的社会教化作用。国家通过对个体行为的道德或物质的公开奖赏与称颂，个体的行为得以扩散传播，升华为集体的道德规范，从而起到劝勉与教化世人，维护社会秩序的作用。宋儒不仅重视国家旌表制度的施行，宋代士人在地方为官期间，也很重视通过旌表劝谕教化地方风俗，从官方的立场提出旌赏与惩戒的措施，来维护社会秩序。如王安石在地方为官期间，曾亲自访察义夫节妇，《嘉祐杂志》载：“王介甫知鄞县日，奉行赦书节文，访义夫节妇，得三人。”[75] 朱熹知漳州期间曾作《劝谕榜》指出："孝子顺孙、义夫节妇事迹显著，即仰具申，当依条格旌赏。"[76]真德秀出守潭州时云："民间有孝行纯至、友爱著闻者，采访得实，具申本州，当与优加旌赏，以为风俗之劝。"[77]在其出守泉州时亦谓："凡尔良民，首当加勉，家家孝友，人人雍和，息事省争，安分循理。"[78]可见在宋儒的理念中，旌表制度在维护社会秩序方面起着非常重要的作用。宋代士大夫以劝谕文的形式，将官方立场传达到民间社会，必然会对民间社会的秩序理念形成一定程度的影响，这也是官方主流思想自上而下渗透到民间社会的途径之一。

二、宋代国家旌表制度的历史沿革

自宋初以来，旌表制度便受到国家的重视。太祖开宝七年（974），陈州项城民常真父母死，"庐墓终丧，负土成坟，不茹荤血，诏旌表门闾"。[79]太宗朝更为重视旌表的作用，《宋会要辑稿》所载太宗朝旌表事例即有十三例，其中所旌表类型大都为孝行显著者或累世同居的义门，而国家在对于个体的旌表措施中，除了旌表门闾外，大都会优免差役。[80]可见至少自太宗朝始，对于个体的表彰，除了道德奖励外，还会获得实际的利益。真宗朝在承袭祖宗旧制的同时，明确规定，被旌表者除了受到道德的表彰外，也会享受优免差役的特权：

> （大中祥符元年）八月，诏旌表门闾人自今税外，免其杂差役。[81]
>
> 天禧四年二月，诏诸州旌表门闾户与免户下色役，自余合差丁夫科配，即准例施行。[82]

英宗也下诏明令访求德行殊异之人，以教化世风：

> 英宗治平三年十二月二十三日，诏应天下义夫、节妇、孝子、顺孙，事状灼然，为众所推者，委逐处长吏按验闻奏，当与旌表门闾。[83]

神宗朝还规定：

> 诸旌表门间有敕书及前代帝王子孙于法有荫者，所出役钱依官户法；赐号处士非因技术授者，准此。[84]

至徽宗崇宁四年（1105）诏："今后如有似此为祖父母、父母割肝，乞遍下诸路依割股条支赏。"[85] 此令一出，便有很多乞请旌表割股疗亲、取肝救母之事者，社会风气为之大坏，致使朝臣上书言其弊端，朝廷也不得不取消崇宁四年的敕令：

> （大观）三年七月九日权知兖州王诏言：检准崇宁四年十二月二十六日敕节文，今后如有为祖父母割肝之人，支绢五匹，米面各一石，酒二斗。窃见本州诸县累申诸色人割肝，官司验视多见肋胁间微有瘢痕，若果伤脏腑，理无生全，缘愚民无知利于给赐，妄自伤残，欲乞朝廷详酌删去上条，杜绝伪冒之弊。诏崇宁四年十二月二十六日指挥更不施行。[86]

徽宗宣和七年（1125），朝廷下令对曾经被旌表门间之家，重新依式建立，以此强化政府对于旌表的重视，起到劝勉与教化民众的作用：

> （宣和七年）十一月十九日南郊制，如有曾被旌表门间者，仍依式建立，以示激劝。[87]

南宋政府在承袭北宋旌表制度的基础上，在政策上持续着对旌表制度的重视。高宗一朝即屡下诏书，明确对于旌表制度的施行。高宗即位初年，下诏明令地方访求德行显著之人，常加抚恤，以此激励世风：

> （高宗建炎三年）十一月三日德音，应天下义夫、节妇、孝子、顺孙，委所在长吏常加存恤，事状显著者，具名奏闻。[88]

绍兴十年（1140），应臣僚之请，政府对于旌表制度的施行程式有所改变，对士庶之家的旌表加以区别对待，对德行显著的士人予以提拔重用，对民庶之家则旌表门闾，厚加赏赐，从而使得不同阶层之人所受奖励有所区别，也更能适应不同阶层民众的需求。史载：

（绍兴十年五月）十三日，臣僚言：乞仿汉及国朝故事，诏诸路州县长吏精加察举，所部内有孝行殊异，卓然为重所推服者，皆以名闻，士人擢用，民庶表其门闾，厚加赐予，以旌别之。或有其人而不举，或举非其人者，皆罚之，庶几中外务式钦爱之风，无愧前古。从之。[89]

在宋代旌表制度中，国家不但重视对于个体行为的旌表作用，同时也很重视旌表象征物在社会教化以及维护道德秩序中的作用。如真宗朝在强化旌表制度重要性的同时，对于前代德行殊异者的坟墓、碑碣等，国家也有明确的保护措施，并将其上升至法律层面，以国家法律的方式，强制百姓遵守。真宗景德元年（1004）诏书中规定：

前代帝王陵寝，名臣贤士、义夫、节妇坟垄，并禁樵采，摧毁者官为修筑；无主者碑碣、石兽之类，敢有坏者论如律。仍每岁首所在举行此令。[90]

光宗绍熙二年（1191）也规定：

应忠臣，孝子，义夫，节妇坟墓所在，仰州县检照图经验实，量加封护，不得侵损。如有曾被旌表门闾者，仍依式建立，以示激劝。[91]

宋人罗愿也曾云：

惟国家每三岁，常诏有司崇古丘墓而显孝子、顺孙、正妇，此祠之设，一动而二义附焉。[92]

此外，在宋代旌表制度中，遇到朝廷重大庆典或祭祀等活动时，国家也会重申旌表制度的重要性，下诏访求德行显著之人，予以旌表；对于前代德行显著之人的坟墓、祠庙等象征性建筑也会予以封护。周必大即曾云：

国家凡肆大眚，必曰：义夫、节妇、孝子、顺孙，长吏常切存恤，事状显著，具名以闻。又曰：忠臣、孝子坟墓，所在州县量加封护，曾被旌表，依式重立。[93]

类似上述政策在宋代屡见不鲜：

淳熙二年十二月十七日庆寿赦，应录孝行节义著于乡闾者，令长吏保明以闻，当议旌。[94]

（淳熙）三年十一月十二日南郊赦，应义夫，节妇，孝子，顺孙，委所在长吏常切存恤，事状显著者，具名以闻（六年九月明堂赦同）。[95]

（淳熙）十六年二月四日登极赦，应孝子，顺孙，义夫，节妇，所宜旌表，以厚人伦，事状显著者，仰长吏保明来上。其间孝行卓异之士，别项保奏。[96]

绍熙二年十一月二十七日南郊赦，应义夫，节妇，孝子，顺孙，委所在长吏常切存恤，事状显著者，具名以闻。[97]

绍熙五年七月七日登极赦，应义夫，节妇，孝子，顺孙，所宜旌表，以厚人伦，事状显著者，仰长吏保明来上。其间孝行卓异之士，别项保奏。[98]

综上可见，在宋代，旌表制度受到国家的高度重视。政府在执行政策的过程中，以各种途径强化对旌表制度的实施。在旌表的具体程式中，国家会派专人到民间访求德行显著之人，核实其行为后，便会予以道德或物质的奖励，以起到敦厚人伦，教化风俗的作用。真德秀即云：“若民间有孝行纯至，友爱著闻，与夫协和亲族，周济乡间，为众所推者，请采访其实，以上于州，当优加褒劝。”[99]在宋代旌表制度中，对于前代曾经受到旌表之人的坟墓、碑碣等也会予以封护，以强化其道德教化的功效。此外，在宋代旌表诏书中，忠臣、孝子、义夫、节妇往往并举，亦可见宋代官方价值理念对于上述德行的肯定与提倡。那么从性别秩序的角度而言，宋代国家对女性的旌表又有怎样的特性？以下我们将从宋代国家旌表女性的类型、程序与方式等方面入手，探讨这一制度对于性别秩序的影响。

三、宋代旌表女性的类型、程序与方式

宋代旌表诏令或“义夫、节妇、孝子、顺孙”连称，或“忠臣、孝子、义夫、节妇”并举，可见女性是宋代国家旌表中的重要一环。那么，在实际的旌表活动中，宋代国家对女性的旌表是否仅限于节孝？宋代国家旌表女性的类型、程序与方式又是怎样？国家旌表对于维护宋代性别秩序所起的作用如何？我们将以表2–5为例，并结合宋代其他文献对上述问题予以论证。

表2–5 《宋会要辑稿》所载宋代国家旌表女性事例

姓名	身份	旌表时间	旌表原因	旌表方式	资料出处
崔氏	士人妻	元祐元年（1086）四月	节行著于乡里。	旌表门闾。	《宋会要辑稿》礼六一之三
吴氏	士人妻	元祐七年（1092）三月	每岁农隙，躬率田夫数千人治陂水灌田，利及一方，邑人服其教令。	赐绢一十匹、米一十石。	《宋会要辑稿》礼六一之三

姓名	身份	旌表时间	旌表原因	旌表方式	资料出处
王氏	不详	绍圣元年（1094）十二月	自誓守节，奉养舅姑无失，教育训子有方，乡人称之。	赐米十斛、绢十匹。	《宋会要辑稿》礼六一之四
王氏	士人妻	政和三年（1113）三月	自誓守节。居母萧氏丧，哀毁过制，宗族称叹。治闺门有法，不妄笑语，内外整肃。	朝廷特赐旌表，加之封号。	《宋会要辑稿》礼六一之六
项氏	不详	政和六年（1116）八月	以强民胁迫不从，断指而死，故旌之。	诏赠孺人。	《宋会要辑稿》礼六一之七
王氏	不详	宣和四年（1122）五月	剪发自誓守节，邻里不识面，节义卓然。	特封孺人。	《宋会要辑稿》礼六一之七至八
汤氏	不详	宣和五年（1123）二月	以守臣言其节操正洁，强暴不能侵凌，故旌之。	特封赠孺人，赐帛十匹。	《宋会要辑稿》礼六一之八
郭氏	士人母	绍兴五年（1135）十月	杨珪母太宜人郭氏在伪齐，独令男珪归正，不从伪命，拘留伪地，死于国事，忠义可嘉。	特赠郡夫人。	《宋会要辑稿》礼六一之九
李氏	民妻	绍兴七年（1137）五月	税户罗纪妻李氏在姑王氏墓侧结苑诵经，日负土积坟者三，昼夜号泣，孝道彰闻，远近钦叹。	诏令本军量赐粟帛，仍常切存恤。	《宋会要辑稿》礼六一之九
刘氏二女	民女	乾道五年（1169）四月	刮肝割股疗母疾。	诏刘氏本家赐旌表门闾。	《宋会要辑稿》礼六一之一二

（一）旌表类型

结合表2–5可见，宋代国家旌表的女性主要有以下几类。

1. 孝行显著型

中国传统社会自古即非常重视孝道。《孝经·开宗明义章》云：“夫孝，德之本。”[100]郑氏《女孝经》曰：“淑女之以孝治上下。”[101]宋代以儒立国，对孝道非常推崇。王禹偁云：“非孝悌不足以敦本。”[102]张知白曰：“德教之大，莫若孝悌……故宜旌劝孝悌，以厚风俗。”[103]蔡戡称：“父母，子之天地。父母生育之，天地覆载之，父母之恩，天地等耳。”[104]

真德秀谓："人道所先，莫如孝弟。"[105] 史能之修《咸淳毗陵志·旌表》亦谓："孝弟，人心之天，移风易俗莫此焉。"[106] 宋代国家诏令亦明确强调："厚人伦者莫大于孝慈。"[107]

在重视孝道风气的影响下，女性孝行显著成为宋代国家旌表的重要类型。表2–5所载因孝行显著而受旌表的女性有两例。《宋史·列女传》记载受旌表的女性有十四人，因孝行显著而受旌表者即有六人，分别为越州朱娥、洪州彭列女、罗江张氏、泉州吕良子及妹细良、鄞县童八娜等。宋代其他文献记载的此类女性也不少。如昌化县民章钦儿媳盛氏，事舅姑以孝闻，政和六年（1116），"姑病剧"，盛氏"取肝为常膳以进，长姒潘氏亦刲股焉"，朝廷诏旌表门闾。[108] 孝宗朝进士陈敏政祖母王氏，"在家事舅姑尽孝，教子及孙皆笃学有闻，节操行义著于宗族乡闾，乡人不敢以其氏呼之，皆呼之曰'堂前'"，其子孙亦遵循"王氏遗训"，"五世同居，并以孝友信义著闻"，朝廷"特赐旌表门闾"。[109] 潼川府中江县进士杨榆嫡母贾氏，事舅姑以孝闻，"舅姑皆年九十余，无疾而终"，淳熙六年（1179），诏旌表门闾。[110]

要言之，宋代对孝行显著女性的旌表主要在于"褒孝义，励风俗"[111]，国家通过自上而下的旌表，在社会中树立孝女的典范形象，从而使典范女性个体的行为升华为集体的道德规范，起到劝勉与教化世人，维护社会秩序的作用。这也是宋代国家自上而下实行社会控制的方式之一。

2. 贞节烈女

在中国古代，对节妇的称颂与旌表，始终是国家推行教化，巩固社会秩序的一种途径。在宋人看来，贞节烈女形象的树立，不仅在于规范女性，还在于激励士风。王安石即感慨："俗之坏久矣。自学士大夫多不能终其节，况女子乎？"[112] 魏了翁强调："饥寒之事小，而失节之罪大，此岂妇人之责也，抑为士也之戒。"[113] 刘克庄作《李节妇墓志铭》亦云："昔欧公书断臂妇人，以愧五代之为臣者，余录李氏之事，抑扬反复，非止可为内则，学士大夫览之，亦足以自儆。”[114]

在崇尚节烈的影响下，宋代国家很重视旌表贞节烈女。表2–5所载受旌表的贞节烈女共有六例。《宋史·列女传》记载因贞节而受旌表的女性亦有六人，分别为鄂州江夏民妇张氏、吉州吉水人项氏、汝州王氏二妇、汉州雒县王氏、临海王贞妇等。宋代其他文献也记载有不少此类旌表事例，如鲁有仪妻孟氏，“夫亡守志，能葬夫之亲属凡七丧”，元祐元年（1086）八月，“诏特封旌德县君”。[115]余祐之祖母顾氏“自誓不嫁，鞠育祐之，乡父老上其节行于朝”，绍兴五年（1135），诏封孺人。[116]节妇余氏，溧水州银林市人，淳熙十年（1183），“乡恶少景佐欲污之，至于持刃逼胁，余氏义不辱，甘受白刃。知县王衎鞠勘具案，解府嘉其正洁，改市为节妇里，旌表门闾，仍给赐钱米酒帛，及免本户三年应干官租”。[117]

宋代一些士大夫还会作诗文来称颂因守节而获旌表的女性。如陈著作《女兄归萧氏夫死誓守柏舟郡闻于朝赐旌表褒节》诗，称颂因守节而获朝廷旌表的姐姐：

> 终身坚白表重闱，一粹真如玉不痕。能使齐侯归吊室，自应沛相奏题门。青天有眼临霜节，黄壤知心妥夜魂。不见鄞江八行史，叶夫人德长儿孙。[118]

从国家旌表以及士人的书写可见，在传统社会中，守节女性通常会受到国家与地方民众的尊重与拥戴，乡间还会自发请求朝廷表彰节妇。可见节妇负载着传统社会的节烈美德，对节妇的旌表与称颂，也成为国家与社会教化女性，维护男权社会秩序的一种途径。

3. 惠及乡里，为地方做出重要贡献的女性

在宋代国家旌表事例中，特别值得提及的一类女性是惠及乡里，为地方做出重要贡献的女性。其中，以表2–5中所载王令妻吴氏的事迹最为典型。王令之侄王云为吴氏所作墓志称：

> 夫人吴氏，抚州临川人。广陵先生元城王公之妻……家始来唐，唐多旷土，熙宁中，诏募民蓄垦治废陂，复召信臣、杜诗之迹，众惮其役之大，懵于方略，睨莫敢举。夫人因其兄占田陂旁，慨然谓众曰："我非徒自谋，陂兴，实一州之利。当如是作，如是成。"乃辟污莱，均灌溉，身任其劳，筑环堤以潴水，疏斗门以泄水，壤化为膏腴，民饮粳稻，而其家资亦累巨万。夫人一毫不私，服用之俭犹昔也，方且汲汲振穷乏，周疾丧，贷不能偿，则为焚券，德声日闻，远迩信服。讼不诣官，决于一言，久之，四境无复凶岁，民深德夫人之惠，相与列言于州，州闻于朝，优赐米帛，而乡人矜以为荣。迹其泽被一方，功昭于时。[119]

可见乡民拥戴吴氏并乞请朝廷旌表吴氏，其原因主要在于吴氏为地方做出了突出贡献。《吴夫人传》亦云："（吴氏）今在本县黄池陂独居，掌治陂事，每岁农隙，躬率农夫数千余人，修治堤堰，蓄水灌田，利及一方。一方之人循禀教令，子弟有不率者，自携槚楚，以求治之罪……诏赐绢一十匹，米一十石。"[120]则吴氏不仅以守节闻名，她还具备领导地方事务的能力。在移居唐州黄池陂之后，吴氏亲自招募百姓，治理废陂，领导兴修水利，造福一方，一方百姓皆遵从吴氏教导。吴氏的能力及其对地方所做的贡献，使她不仅赢得了地方民众的拥戴，同时也获得官方的肯定与旌表。田承宽妻王氏为维护地方安定，"常遣家丁自备粮饷，助官军讨贼"，提刑司上其事于朝，绍兴四年（1134），朝廷特封王氏为宜人。[121]夫人晏氏有勇有谋，自发组织民众抗贼，保护地方利益。史载绍定三年（1230），地方贼寇猖獗，"宁化管下诸堡寨皆陷于寇"，晏氏"合亲族田丁据守山寨，倾家资廪饷。贼攻围寨，晏氏选壮丁百人为先锋，亲挝鼓督战，捐首饰金宝等物赏用命者。贼屡攻不能下……卒能保护一乡。招讨使陈公韡闻于朝，封恭人，仍官其一子"。[122]上述事实可以看出，在宋代，惠及乡里，为地方做出重要贡献的女性，不仅会受到乡民拥戴，也有可能获得朝廷旌表。

4. 忠义爱国，为国家做出特殊贡献的女性

在宋代国家的旌表事例中，朝廷对于忠义爱国，为国家做出特殊贡献的女性也会予以旌表。如表2–5所载杨珪母太宜人郭氏便是一位忠义爱国的女性，她坚持让儿子归宋，而自己却因不服从刘豫伪齐政权的命令而死于国事，朝廷因而加封郭氏为郡夫人。另如宝元二年（1039），刘怀忠与西夏交战，“其妻黄赏怡率兵来援，多所俘获”，朝廷“封赏怡永宁县君”。[123]绍兴三十一年（1161），金人败盟侵宋，司徒氏“密语诸子：‘汝父常谓敌必败盟，今事急矣，我守节教汝曹，正为今日。’乃相与自拔归。惧陆行不免，密与忠义家五十余人航海而南，朝廷嘉之”。[124]开庆元年（1259），蒙古军“分道攻江南，围长沙、武昌，掠龙兴，东南大扰，时（谢）枋得以进士调官家居，不忍视其国之危，率邓、傅二社壮士二千余人举义”，枋得妻李氏“悉家资奁产助军，朝廷嘉之”。[125]

上述事实可见，在国家危难之际，忠义爱国，关心国事的女性也会受到朝廷的嘉奖。事实上，国家对于忠义女性的旌表实则也有激励士风的目的。如李纲即对士风大为不满，希望朝廷旌表忠义之人，以易士风。他说，旌表“应以忠义为贼所杀，如李若水等，皆追赠而优恤其家。则善者知劝，恶者知戒，天下之士风丕变矣。夫节义者，天下之大闲也。近年以来，士知利而不知义，故平居无事之时，惟以保家谋身为得策；而一经变故，坐视君父如行路之人。自非一振国威，大变其风，天下未易理也。伏望陛下断而行之，以扶持节义之教，天下幸甚”。[126]在这种情况下，国家对于忠义女性的旌表，其目的也在于激励士风，巩固政权统治。尽管如此，国家对于上述女性事迹的公开肯定与表彰，大大鼓舞了女性爱国的热情，也为女性走出家门，参预外事提供了理由。尤其在战争时期，女性以不同形式参预抗敌活动，而士人也会不遗余力地记载此类女子，让我们看到了传统社会女性生活的多元特色。关于忠义女性的事迹，本书将在以后章节中专门论述。

（二）旌表程序

宋代国家对女性的旌表主要有朝廷和地方两级。

1. 朝廷的旌表程序

宋代朝廷旌表女性，有一套较为严密的程序，其流程通常是先由地方乡里举荐于县，县上达州府，州府上达转运司，转运司按验核实后，上达尚书省礼部，礼部奏明皇帝，最后由皇帝下诏旌表。在整个旌表过程中，须经乡民及各级官吏的层层保举，共同承担旌表的责任。如临海县贡士朱伯履妻陈氏节孝显著，淳熙元年（1174），临海县“士民凡百一十有七人”合词上其行于台州，守臣詹仪之“遣吏按验如状”，乞请朝廷旌表，礼部未报。淳熙二年（1175），“守臣尤袤申前奏，上嘉其节。明年三月壬戌，有旨特封安人，旌表门闾，仍宣付史馆”。[127]马廷鸾《书张母陈氏礼部符后》记载夫人陈氏闺仪妇节卓异，“宗族乡党合词以闻于州，州上尚书，礼部应诏，礼部复下郡国考实，将行霈恩，而郡事倥偬，吏文迁延……讫不克拜恩”。[128]上述记载可见宋代朝廷旌表女性从申报、核实到审批的过程，同时也可看出，宋代亦存在因官吏拖延公文，而致使朝廷旌表不果的情况。

2. 地方政府的旌表程序

宋代实行路、州府军监、县三级地方行政管理制度。“诸府置知府事一人，州、军、监亦如之。掌总理郡政，宣布条教，导民以善而纠其奸慝；岁时劝课农桑，旌别孝悌。”[129]则宋代地方政府往往也对辖区内德行显著的女性施行表彰，以教化乡民，巩固地方社会秩序。如朱熹知漳州时作《劝谕榜》云：“孝子、顺孙、义夫、节妇，事迹显著，即仰具申，当依条格旌赏。”[130]真德秀出守潭州时作《谕俗文》亦云：“民间有孝行纯至、友爱著闻者，采访得实，具申本州，当与优加旌赏，以为风俗之劝。”[131]

宋代地方政府旌表女性的程序相对简单，一般而言，经乡民举荐，州县核实者，即可受到地方政府的表彰。如凌大渊妻刘氏，夫亡守志，

“宝祐间，县令吕沆闻而嘉之，为表其居曰‘烈女坊’”。[132]这是县一级的表彰。绵州罗江士人女张氏不惧酷刑，保其母杨氏清白，以至含冤而死，“郡牓其所居曰‘孝感坊’。”[133]这是州一级的表彰。泉州晋江人吕仲洙病危，其女良子“焚香祝天，请以身代，刲股为粥以进”，“守真德秀嘉之，表其居曰‘懿孝’”。[134]这也是州一级的表彰。

总之，宋代旌表德行殊异的女性，目的在于厚风俗，美人伦，巩固社会秩序，而对女性德行的判定与表彰，须经周围人群的举荐和国家的考察方可认定。

（三）旌表方式

从表 2–5 以及相关文献记载可以看出，宋代国家对于女性的旌表方式主要包括以下几类。

1. 旌表门闾

旌表门闾是宋代国家旌表女性的方式之一，它不仅是对女性个体的褒扬，更是整个家族光耀门庭、泽被后世的荣耀。旌表门闾多用于表彰孝道显著或节行殊异的女性。如表 2–5 所载包僖妻崔氏节行著于乡里，元祐元年（1086），诏旌表门闾。刘氏二女刳肝割股以疗母疾，乾道五年（1169），诏刘氏本家赐旌表门闾。另如前揭朝廷对孝妇盛氏、杨榆嫡母贾氏等的表彰，也采取旌表门闾的方式。宋代旌表门闾的具体形式，通常是朝廷下诏，在“其居前建所谓绰楔门，门外左右以土筑台，高下广狭至于赤白之饰，即皆如敕之格”。[135]宋代所敕之格，基本沿袭五代后晋天福制，即“度地之宜，高其外门，门施绰楔，左右筑台高一丈二尺，广狭方正称焉，圬以白而赤其四角”。[136]朝廷通过“大书其门以褒劝旌异”[137]，使典范女性的道德得到公开的肯定与称颂，从而能起到劝诫一地百姓的作用。

要言之，国家以旌表门闾的方式对女性个体行为予以表彰，一方面个人的行为通过官方的旌表上升为整个家族的荣耀，并且通过旌表门闾，女性的道德得到公开的肯定与称颂，从而强化了旌表女性在家庭中道德权威的地位，女性个人的行为便会成为家族成员效仿的对象，起到了维护一家秩序的作用。另一方面，国家通过旌表门闾的方式，传播个体女性的德行，受旌女性个人的行为也会赢得地方民众的认可与称颂，甚至很多旌表事例本身便由乡闾自发乞请，在这种道德表彰的作用下，旌表一家之门闾也会起到敦厚风俗、劝诫一地百姓的作用。

2. 赐予封号

赐予封号是宋代国家旌表女性的又一方式。赐予封号虽然只是荣誉奖励，但因其为国家旌表赐封，也足以使受旌表之家引以为荣，并吸引周围人倾慕效仿。如表2–5所载夫人项氏以强民胁迫不从，断指而死，政和六年（1116），诏赠孺人。王氏剪发自誓守节，宣和四年（1122），特封孺人。前揭故承信郎田承宽妻王氏，遣家丁自备粮饷，助官军讨贼，朝廷特封宜人。故大理寺丞鲁有仪妻孟氏，因自誓守节，朝廷不仅旌表门闾，而且特封旌德县君。夫人晏氏也因其组织并领导地方百姓奋勇抗贼，维护地方利益，朝廷特赐恭人封号。另如蒋弘谨妻史氏：

> 生子五岁而寡，时年二十有二，誓不嫁，诲子以学，孙堂仕显，封庆国夫人。初居漏湖，窭甚，育鹅自给，朝纵去，暮揭旗于岸则毕集焉。颖叔尝赋诗云：凌风泛浪白于云，野放湖中晓至昏，一举招旗毕来集，至今人号养鹅墩。[138]

刘当可母王氏劝勉其子为国效力，蒙古军“屠兴元，王氏义不辱，大骂，投江而死”，绍定三年（1230），“诏赠和义郡太夫人”。[139] 司马梦求母程氏，“夫死，誓不他适”，朝廷旌其母曰“节妇”。[140]

上述受到朝廷特赐命妇封号的女性大都为士人家中的女性。在宋代士人家庭中，女性获得朝廷赐封是非常荣耀之事，许多士大夫都会为祖母、母亲或妻妾等乞请朝廷赐封，但朝廷对于命妇的赐封与旌表制度中对女性赐封命妇封号有所不同，旌表赐封女性封号，必须是该女性德行显著，符合国家旌表资格方能获封；而士大夫乞请朝廷赐封的妻母等命妇封号，则主要依赖于士大夫本身的官品高下。[141]当然，二者之间也有共通之处。旌表赐封一方面在于表彰女性德行，另一方面在于树立行为楷模教化社会；朝廷依士人官品而赐封命妇，在激励士人励精图治，为国效力的同时，也有对赐封女性进行道德褒奖与规范的意图，它对于男女两性均有激励作用。男子努力争取功名，以有资格荫补家人为荣，而女性则注意自己的德行，以获得封号为荣。此外士大夫为祖母、母亲或妻妾等请封号时所写的制，也有道德褒奖与规诫作用，如南渡士人张扩"为中书舍人时所作制词尤夥"[142]，仅举一例亦可见制词中明显的道德表彰与规范的内容：

> 敕：夫妇有相成之道，兹本人伦。室家申燕喜之私，莫逾国宠。具官妻某氏，柔嘉有礼，恭顺而慈。洁苹藻之羞，克承祭祀。服箴图之训，能肃闺门。有嘉内助之贤，宜受既多之祉，改封大国，用侈新恩，服我方来之荣，益思长守之戒。[143]

受封制词虽有流于固定书写程式的特点，但其中士人书写的有关道德风范的辞藻，对于士大夫家族的女性无疑具有道德规诫作用。由此亦可见，朝廷为士大夫母妻及旌表女性所赐封号，均有推行道德教化，规范社会秩序的作用。

3. 赏赐实物与蠲免赋役

赏赐实物与蠲免赋役也是宋代旌表女性的重要方式。国家对女性的这种旌表，使得被旌表者除了产生道德荣耀感之外，还会获得实际的物质奖励。表 2–5 所载旌表事例中，有四例获得国家的物质奖励。前揭沈宣与妻高氏因孝行显著，亦获朝廷诏赐粟帛。另如洪州分宁彭氏女"从父泰入山伐薪，父遇虎，将不脱，女拔刀斫虎，夺其父而还。事闻，诏赐粟帛，敕州县岁时存问"。[144]郑寿妻"因姑患消渴日久，遂割股肉供食"，元符元年（1098），"诏赐绢百匹、羊十口、酒十瓶、面十石"。[145]严州建德县慈顺乡徐五娘，事母尤孝，咸淳六年（1270），其母抱病，五娘与弟徐大发割股奉亲，“本县审实，申府支给，仍免户役”。[146]

总之，在物质生活相对匮乏的传统社会，国家对于德行显著女性的实物赏赐，无疑具有激励百姓效仿的目的，在道德表彰与实物赏赐双重作用下，道德教化与劝勉的目的是显而易见的。国家的诸种努力，实则都是为了达到劝勉风俗，教化人伦，重构儒家理想社会秩序的目的。

4. 设祠、立碑、表墓等

宋代国家很重视象征性建筑物所能产生的超越时空的社会教化效应，还以设祠、立碑、表墓等方式，对本朝或前代德行显著的女性予以旌表。前揭宋代国家旌表制度中，朝廷屡次下诏封护被旌表人的坟墓、碑碣、祠庙等便是这一类旌表方式的制度依据。宋代对女性设祠、立碑、表墓等形式的旌表，通常都是在本人亡殁之后进行。如鄂州江夏民妇张氏为保贞节遭里中恶少残杀，嘉祐三年（1058），朝廷诏封其为“旌德县君，表其墓曰‘烈女’，敕州县致奠，赐其家酒帛”。[147]越州朱娥因救祖母遭里人杀害，“会稽令董皆为娥立像于曹娥庙，岁时配享”。[148]鄞县孝女童八娜因救母而遭虎食，地方官林栗“以闻于朝，祠祀之”。[149]

此外，国家为前代或本朝德行显著之人修整或重建祠庙、碑碣等时，士人大都会以文字书写的方式予以褒扬。如绍兴二十五年（1155），诏封夫人冯冼庙额，李光任职昌化军时，即作《儋耳庙碑》纪念冯冼。[150]会稽县重修孝女曹娥庙时，王十朋作《与陆会稽修曹娥旌忠庙》。[151]宋代地方官还会将访求德行显著之人作为自己为政的一项政绩，并通过封护旌表之人的祠庙、碑碣、坟墓等教化当地百姓。如罗愿清楚地认识到为烈妇建立祠堂、修建坟墓等所具有的超越时空的道德教化意义，在他到鄂州之后，即访求鄂州江夏县民妻张烈女之墓，并与通判刘清之商议立烈女祠，罗愿为之撰《鄂州张烈女祠堂碑》，以表彰烈女，教化地方百姓：

> 此祠之设，一动而二义附焉。使方来之人过而问其故，察彼柔弱之质，犹能以礼自终，况为男子，何忍触情从欲，自弃于不义。而其妇人女子，观而化者，思彼当事之变，独为其所难，则凡平居修饬，毋失身于苟贱，乃事之易者，皆可以自警。[152]

可见在宋代，国家以设祠、立碑、表墓等方式对本朝或前代德行显著的女性进行表彰的过程中，士人所起的作用不容忽视，正如王十朋所云："修庙崇祀，以劝风俗……自非吾儒，孰肯留意于此？"[153] 在士人的提倡以及国家制度的作用下，通过为德行显著的女性设祠、立碑、表墓等，历史和现实中的典范女性的行为再次得以重申，人们在瞻仰、膜拜上述象征性建筑实体时，无疑会回想起典范的行为，而正是上述象征性物体所传递的超越时空的道德精神与价值理念，在潜移默化中深入人心，从而起到教化人心、巩固人伦的作用。

总之，通过以上分析我们可以看出，宋代国家旌表制度呈现多元包容的特色，例如对女性的旌表，便不限于节妇烈女，对于在地方上做出贡献的女性，或对国家做出贡献的女性，同样会予以旌表，这也为女性生活方式的多元提供了制度支持。那么，从社会舆论层面而言，情况又是如何呢？下一章我们将考察宋代社会舆论对性别秩序的规范。

注释：

1 参见瞿同祖：《中国法律与中国社会·导论》，北京：中华书局，2003 年，第 1 页。本书《导言》部分提到上海商务印书馆 1947 年出版的瞿同祖《中国法律与中国社会》，该书后经修订，由中华书局重印出版，本书参引据中华书局版。

2 如陈鹏《中国婚姻史稿》一书中多处论述了法律中的婚姻问题。张邦炜《婚姻与社会（宋代）》有专章论述宋代婚姻制度问题，得出宋代禁止族际婚，提倡中表婚，反对异辈婚以及废置收继婚的结论。郭东旭《宋代法制研究》（保定：河北大学出版社，2000 年）有专章论述宋代婚姻家庭法与财产继承法。台湾学者游惠远《宋代民妇的角色与地位》一书对于宋代婚姻、财产法律也有专门的论述。袁俐《宋代女性财产权述论》一文从法律和事实两个方面对宋代女性财产权利问题作了深入论述。美国学者伊霈霞《内闱：宋代的婚姻和妇女生活》

也有相关法律问题的论述。白凯《中国的妇女与财产：960—1949年》论述了宋至民国长时段中女性财产权利的变迁。

3 如台湾学者费丝言《由典范到规范：从明代贞节烈女的辨识与流传看贞节观念的严格化》（台北：台大出版委员会，1998年）一书有专节论述明代国家对于贞节问题的旌表，在作者的分析论述中，我们可以看到明代国家贞节表扬制度对于社会的规范与教化作用。

4 程树德：《九朝律考·凡例》，北京：中华书局，2003年，第2页。

5 现代社会学因流派纷杂，对"越轨"的界定不完全相同，但简单地说，则包括违反法律、规章制度、道德规范和社会习俗的所有行为。参见[美]杰克·D.道格拉斯（J. D. Douglas）等著，张宁等译：《越轨社会学概论》，石家庄：河北人民出版社，1987年，第9—14页。

6 〔汉〕许慎撰，〔清〕段玉裁注：《说文解字注》卷二七《十四篇上·车部》，杭州：浙江古籍出版社，1998年，第728页。

7 黎翔凤撰，梁运华整理：《管子校注》卷一〇《君臣上第三十》，北京：中华书局，2004年，第559页。

8 〔南朝宋〕范晔撰，〔唐〕李贤等注：《后汉书》卷六二，北京：中华书局，1965年，第2059页。

9 《汉书》卷一〇〇下《叙传》七〇下，第4263页。

10 〔清〕张玉书等编：《佩文韵府》卷三四上《上声·四纸韵》，上海：商务印书馆，1937年，第1546页。

11 《说文解字注》卷二四《十二篇下·女部》，第625页。

12 〔唐〕长孙无忌等撰，刘俊文点校：《唐律疏议》卷二六《杂律》，北京：中华书局，1983年，第496页。

13 〔唐〕李林甫等撰，陈仲夫点校：《唐六典》卷六《尚书刑部》，北京：中华书局，1992年，第185页。

14 〔宋〕欧阳修、宋祁：《新唐书》卷五六《刑法志》，北京：中华书局，1975年，第1407页。

15 〔后晋〕刘昫等：《旧唐书》卷五〇《刑法志》，北京：中华书局，1975年，第2141页。

16 参见徐道邻：《宋朝的刑书》，《宋史研究集》第8辑，台北："国立"编译馆，1976年，第313—346页；薛梅卿：《宋刑统研究》，北京：法律出版社，1997年。上述论著从《宋刑统》与《唐律疏议》内容与体例等方面的差异，说明《宋刑统》并非唐律的翻版。

17 王曾瑜先生即曾指出："宋初《重详订刑统》基本照抄唐律，正如一些宋人所指出，其中不少条文已与宋代社会现状脱节。"《宋朝的奴婢、人力、女使和金朝奴隶制》，《文史》第29辑，第207页。

18 郭东旭先生指出："《宋刑统》只是北宋中前期的现行法，并非终宋的常法。"《宋代法制研究》，第24页。

19 《历代名臣奏议》卷二一〇《法令》，第2776页。

20 《唐律疏议》卷三〇《断狱》，第562页。

21 《长编》卷四三，真宗咸平元年十二月，第923页。

22 《宋史》卷一九九《刑法志》，第4963页。

23 同上。

24 〔元〕马端临：《文献通考》卷一六七《刑六》，北京：中华书局，1986年，第1453页。

25 《朱子语类》卷一二八《本朝二·法制》，第3081—3082页。

26 〔宋〕谢深甫等纂修，戴建国点校：《庆元条法事类·点校说明》，杨一凡、田涛主编《中国珍稀法律典籍续编（第一册）》，哈尔滨：黑龙江人民出版社，2002年。

27 〔宋〕李心传撰，徐规点校：《建炎以来朝野杂记·甲集》卷四，北京：中华书局，2000年，第111页。

28 王德毅：《关于〈庆元条法事类〉》，《庆元条法事类》，台北：新文丰出版股份有限公司，1976年，第4—5页。
29 美国学者格雷·多西提出“法文化”的观点，认为法律是组织和维护人类合作诸事例中安排秩序的方面，是文化的一部分。见《法律的文化解释》，第268—271页。
30 《中国法律与中国社会·导论》，第1页。
31 以上引文见《唐律疏议》卷二六《杂律》，第493页。
32 以上引文见《庆元条法事类》卷八〇《杂门·诸色犯奸》，第611页。
33 《唐律疏议》卷一《名例》，第16页。
34 《庆元条法事类》卷八〇《杂门·诸色犯奸》，第612页。
35 《清明集》卷一二《因奸射射》，第448页。
36 以上引文见《清明集》卷一二《因奸射射》，第448—449页。
37 《庆元条法事类》卷八〇《杂门·诸色犯奸》，第611页。
38 钱大群《唐律研究》一书认为，唐律无强奸幼女之条文，这是“唐代立法者的疏漏和不周”。北京：法律出版社，2000年，第275页。
39 〔明〕宋濂等修：《元史》卷一〇四《刑法志》第五二《刑法三》，北京：中华书局，1976年，第2654页。
40 〔明〕申时行、赵用贤等纂修：《大明会典》卷一七四《刑部十六·罪名二》，明万历间司礼监刻本。〔清〕唐绍祖等纂：《大清律例》卷三三《刑律·犯奸》，乾隆三十三年刻本。
41 《清明集》卷九《将已嫁之女背后再嫁》，第343页。
42 《庆元条法事类》卷八〇《杂门·诸色犯奸》，第613页。
43 所谓“义绝”，指“殴妻之祖父母、父母，及杀妻外祖父母、伯叔父母、兄弟、姑、姊妹，若夫妻祖父母、父母、外祖父母、伯叔父母、兄弟、姑、姊妹自相杀及妻殴詈夫之祖父母、父母，杀伤夫外祖父母、伯叔父母、兄弟、姑、姊妹及与夫之缌麻以上亲、若妻母奸及欲害夫者，虽会赦皆为义绝。”见《唐律疏议》卷一四《户婚》，第267页。
44 陈寅恪：《元白诗笺证稿》，北京：生活·读书·新知三联书店，2001年，第53—54页。
45 例如，士大夫的“暧昧”事件频频遭到台谏官的弹劾，“内则言事官，外则按察官，多发人闺门暧昧，年岁深远，累经赦宥之事”（《长编》卷一六三，仁宗庆历八年二月甲寅，第3929页）。地方官若放荡淫狎，也会遭到惩罚。《清明集》中有不少这类案例，见是书卷二《知县淫秽贪酷且与对移》等。
46 唐代贱民分为官贱与私贱两类，官贱有奴婢、官户、杂户、工乐户、太常音声人五种，私贱有奴婢及部曲两种。见戴炎辉：《中国法制史》，台北：三民书局，1966年，第46页。
47 刘子健著，赵冬梅译：《中国转向内在——两宋之际的文化内向》，南京：江苏人民出版社，2002年，第2页。
48 《唐律疏议》卷一七《贼盗》，第334页。
49 《唐律疏议》卷四《名例》，第88页。
50 《唐律疏议》卷一七《贼盗》，第132页。
51 《唐律疏议》卷一四《户婚》，第270页。
52 《唐律疏议》卷二六《杂律》，第501页。
53 刘俊文：《唐律疏议笺解·序论》，北京：中华书局，1996年，第38页。
54 〔宋〕窦仪等撰，吴翊如点校：《宋刑统》卷六《名例律·杂条》，北京：中华书局，1984年，第105页。
55 〔宋〕罗愿：《鄂州小集》卷五《鄂州到任五事札子》，上海：商务印书馆，1935年，第56页。
56 以上引文见《文献通考》卷一一《户口考二》，第120—121页。
57 王曾瑜：《宋朝的奴婢、人力、女使和金朝奴隶制》，《文史》第29辑，第201页。

58 〔清〕徐松：《宋会要辑稿》食货六九之六九，北京：中华书局，1957年，第6364页。
59 《庆元条法事类》卷八〇《杂门·诸色犯奸》，第614页。
60 参见王曾瑜：《宋朝阶级结构》（增订版），北京：中国人民大学出版社，2010年，第164页。
61 《唐律疏议》卷二六《杂律》，第493页。
62 《清明集》卷一《咨目呈两通判及职曹官》，第1页。
63 参见陈顾远：《中国法制史》，北京：商务印书馆，1959年，第52—74页。
64 《庆元条法事类》卷八〇《杂门·诸色犯奸》，第612页。
65 《清明集》中执法者在处理公公侵犯儿媳的案例时，几乎无一例外的是牺牲儿媳的利益，袒护尊长权威，儿子上告，还要受到惩罚（见《清明集》卷一〇《妻背夫悖舅断罪听离》《妇以恶名加其舅以图免罪》《子妄以奸事诬父》，第379、378—388、388页）。
66 《古灵先生文集》卷二二《易讲义》，《北京图书馆古籍珍本丛刊》第87册，第183页。
67 《周易经传集解·同人大有》卷七，《影印文渊阁四库全书》第12册，第102页。
68 〔宋〕苏轼：《东坡书传》卷一六《周书》，《三苏全书》第2册，第192页。
69 〔宋〕张九成：《横浦集》卷一一《书传统论·毕命论》，《影印文渊阁四库全书》第1138册，第362页。
70 〔宋〕林之奇：《尚书全解》卷三，济南：山东友谊书社，1992年，第197页。
71 《欧阳修全集》卷一〇九《荐张立之状》，第1654—1655页。
72 〔宋〕王禹偁：《小畜集》卷一六《单州成武县主簿厅记》，上海：商务印书馆，1937年，第222页。
73 〔宋〕崔敦礼：《宫教集》卷五《奏论教化札子》，《宋集珍本丛刊》第56册，第403—404页。
74 《晦庵先生朱文公文集》卷一〇〇《揭示古灵先生劝谕文》，《朱子全书》第25册，第4620页。
75 〔宋〕江休复：《嘉祐杂志》，《影印文渊阁四库全书》第1036册，第567页。
76 《晦庵先生朱文公文集》卷一〇〇《劝谕榜》，《朱子全书》第25册，第4620—4621页。
77 〔宋〕真德秀：《西山先生真文忠公文集》卷四〇《潭州谕俗文》，四部丛刊初编本。
78 《西山先生真文忠公文集》卷四〇《再守泉州劝谕文》。
79 《宋会要辑稿》礼六一之一，第1687页。
80 《宋会要辑稿》礼六一之一至二，第1687—1688页。
81 《宋会要辑稿》礼六一之二，第1688页。《长编》与《宋会要辑稿》中记载的时间有差别，《长编》记载真宗大中祥符二年八月丙申诏："旌表门闾人，自今二税外免其诸杂差役。"李心传作按语云："按先朝旌表人，即云二税外免其他役，不知何故今乃有是诏也。"可见太宗朝的确曾下诏优免旌表人的差役。（见《长编》卷七二，真宗大中祥符二年八月丙申，第1630页）。《长编》与《宋会要辑稿》中记载的时间的差别，有可能是清人抄录过程中造成的错误。
82 《宋会要辑稿》礼六一之二，第1688页。
83 《宋会要辑稿》礼六一之三，第1688页。
84 《长编》卷二五六，神宗熙宁七年九月壬子，第6255页。
85 《宋会要辑稿》礼六一之四，第1689页。
86 《宋会要辑稿》礼六一之五至六，第1689—1690页。
87 《宋会要辑稿》礼六一之八，第1691页。
88 《宋会要辑稿》礼六一之八，第1691页。
89 《宋会要辑稿》礼六一之一〇，第1692页。
90 《宋史》卷一五〇《礼志》，第2559页。
91 《宋会要辑稿》礼六一之一三，第1693页。
92 《鄂州小集》卷四《鄂州张烈女祠堂碑》，第42页。

93 〔宋〕周必大：《周益公文集》卷一八《跋临江军廖节妇碑》，《宋集珍本丛刊》第48册，第678页。
94 《宋会要辑稿》礼六一之一二，第1693页。
95 《宋会要辑稿》礼六一之一二至一三，第1693页。
96 《宋会要辑稿》礼六一之一三，第1693页。
97 同上。
98 同上。
99 《清明集》卷一《咨目呈两通判及职曹官》，第1—2页。
100 〔唐〕李隆基注，〔宋〕邢昺疏：《孝经注疏》，〔清〕阮元校刻《十三经注疏》，北京：中华书局，1980年，第2545页。
101 〔唐〕郑氏：《女孝经》，〔元〕陶宗仪等编《说郛三种》（宛委山堂本）卷七〇下，上海古籍出版社，1988年，第3287页。
102 《小畜集》卷一九《诸朝贤寄题洪州义门胡氏华林书斋序》，第271—272页。
103 《长编》卷五三，真宗咸平五年冬十一月庚申，第1167页。
104 〔宋〕蔡戡：《定斋集》卷五《乞皇帝过宫札子》，《影印文渊阁四库全书》第1157册，第617页。
105 《清明集》卷一《劝谕事件于后》，第9页。
106 〔宋〕史能之纂修：《咸淳毗陵志》卷一九，《宋元方志丛刊》第3册，北京：中华书局，1990年，第3127页。
107 《宋大诏令集》卷一九八《禁西川山南诸道祖父母父母在别籍异财诏》，北京：中华书局，1962年，第730页。
108 〔宋〕潜说友：《咸淳临安志》卷六八《人物九・孝妇盛氏》，《宋元方志丛刊》第4册，第3977—3978页。
109 《宋史全文》卷二五下《孝宗四》，《影印文渊阁四库全书》第331册，第382页。
110 《皇宋中兴两朝圣政》卷五七，台北：文海出版社，1967年，第2170页。
111 〔宋〕张淏纂修：《宝庆会稽续志》卷七《杂记・真宗旌表裘氏门閭》，《宋元方志丛刊》第7册，第7175页。
112 《王文公文集》卷九九《仙居县太君魏氏墓志铭》，第1008页。
113 〔宋〕魏了翁：《鹤山先生大全文集》卷七三《顾夫人墓志铭》，四部丛刊初编本。
114 〔宋〕刘克庄：《后村先生大全集》卷一四九《墓志铭・李节妇》，四部丛刊初编本。
115 《长编》卷三八五，哲宗元祐元年八月己亥，第9382页。
116 〔宋〕李心传：《建炎以来系年要录》卷八九，绍兴五年五月乙亥，北京：中华书局，1956年，第1479页。
117 〔元〕张铉纂修：《至正金陵新志》，《宋元方志丛刊》第6册，第5882页。
118 〔宋〕陈著：《本堂集》卷二三《女兄归萧氏夫死誓守柏舟郡闻于朝赐旌表褒节》，《影印文渊阁四库全书》第1185册，第113页。
119 〔宋〕王云：《节妇夫人吴氏墓碣铭》，《王令集・附录》，第406页。
120 《吴夫人传》，《王令集・附录》，第405页。
121 《建炎以来系年要录》卷七七，绍兴四年六月己亥，第1268页。
122 《临汀志》，马蓉等点校《永乐大典方志辑佚》第2册，北京：中华书局，2004年，第1440页。
123 《长编》卷一二五，仁宗宝元二年十二月乙丑，第2945页。
124 《周益公文集》卷七六《太恭人司徒氏墓志铭》，《宋集珍本丛刊》第49册，第393—394页。
125 《至正金陵新志》卷一三，《宋元方志丛刊》第6册，第5881页。
126 〔宋〕李纲著，王瑞明点校：《李纲全集》卷五八《议伪命》，长沙：岳麓书社，2004年，第

640 页。

127 〔宋〕吴芾：《朱氏旌表门闾碑》，〔宋〕林表民编《赤城集》卷一四，《影印文渊阁四库全书》第 1356 册，第 741 页。

128 〔宋〕马廷鸾：《碧梧玩芳集》卷一六，《影印文渊阁四库全书》第 1187 册，第 112 页。

129 《宋史》卷一六七《职官志》，第 3973 页。

130 《晦庵先生朱文公文集》卷一〇〇，第 4620—4621 页。

131 《西山先生真文忠公文集》卷四〇《潭州谕俗文》。

132 《咸淳临安志》卷六八《人物九·凌大渊妻刘氏》，《宋元方志丛刊》第 4 册，第 3978 页。

133 《宋史》卷四六〇《列女传》，第 13484 页。

134 同上书，第 13491 页。

135 《宝庆会稽续志》卷七《神宗旌表刘氏门闾》，《宋元方志丛刊》第 7 册，第 7175 页。

136 〔宋〕沈作宾修，施宿等纂：《嘉泰会稽志》卷一三《义门》，《宋元方志丛刊》第 7 册，第 6952 页。

137 〔宋〕林光朝：《艾轩先生文集》卷五《郭氏旌表门闾记》，《宋集珍本丛刊》第 44 册，第 804 页。

138 《咸淳毗陵志》卷三〇，《宋元方志丛刊》第 3 册，第 3210 页。

139 《宋史》卷四六〇《列女传》，第 13486 页。

140 《宋史》卷四五二《司马梦求传》，第 13309 页。

141 《枫窗小牍》卷上记载："国朝妇人封，自执政以上封夫人，尚书以上封淑人，侍郎以上封硕人，太中大夫以上封令人，中散大夫以上封恭人，朝奉大夫以上封宜人，朝奉郎以上封安人，通直郎以上封孺人。然夫人有国、郡之异，而武臣一准文阶。其后三公大将封带王爵者，妾亦受封，特视正妻减阶耳。"《影印文渊阁四库全书》第 1038 册，第 213—214 页。

142 《四库全书总目》卷一五六《东窗集提要》，第 1348 页。

143 〔宋〕张扩：《东窗集》卷一一《妻魏氏封镇国夫人制》，《影印文渊阁四库全书》第 1129 册，第 109 页。

144 《宋史》卷四六〇《列女传》，第 13478 页。

145 《长编》卷四九六，哲宗元符元年三月戊辰，第 11806 页。

146 〔宋〕钱可责修，郑瑶、方仁荣纂：《景定严州续志》卷五《建德县·孝行记》，《宋元方志丛刊》第 5 册，第 4392 页。

147 《长编》卷一八七，仁宗嘉祐三年春正月甲申，第 4501 页。

148 《宋史》卷四六〇《列女传》，第 13478 页。

149 同上书，第 13491 页。

150 〔宋〕李光：《庄简集》卷一六《儋耳庙碑》，《宋集珍本丛刊》第 34 册，第 20 页。

151 〔宋〕王十朋：《宋王忠文公文集》卷二二《与陆会稽修曹娥旌忠庙》，《宋集珍本丛刊》第 44 册，第 136 页。

152 《鄂州小集》卷四《鄂州张烈女祠堂碑》，第 40—42 页。

153 《宋王忠文公文集》卷二二《与陆会稽修曹娥旌忠庙》，《宋集珍本丛刊》第 44 册，第 136 页。

第三章　话语力量：士人舆论、乡评与宋代性别秩序

在规范社会秩序的过程中，社会舆论的作用不容忽视。社会舆论并非个体的好恶，它必须成为社会某一群体中多数人的共识，形成一种公共的话语力量，并在此基础上影响他人行为，起到规范社会秩序的作用。[1]在社会舆论的作用下，个体的行为通常会受其影响，以获取舆论的认可与肯定，也是在这一基础上，社会舆论扮演了规范社会秩序的角色。本章将从宋代社会舆论的角度探讨其对性别秩序的影响。

第一节　士人的舆论导向

宋代开国者虽以武将出身，却非常重视崇儒重教，以文治国。宋太祖明确提出“宰相须用读书人”[2]。宋太宗亦致力于“以文化成天下”[3]。在时代需求和历代统治者的提倡之下，宋代儒学逐渐复兴和发展，士人阶层亦随之壮大。诚如余英时先生所说：“宋代的‘士’不但以文化主体自居，而且也发展了高度的政治主体意识；‘以天下为己任’便是其最显著的标帜。”[4]邓小南先生亦认为，宋初文治导向的确立，使得士人们开始在国家政治与制度运转方面有所作为，在政坛上有了自己的声

音；亦振奋起“读书人”指点江山、激扬文字的锐气。[5]在宋代，士人承担着建构理想社会秩序的使命。在社会性别领域，宋代士人不仅始终履行着美风俗、厚人伦的教化使命，而且成为儒家伦理规范的传播者，而士人阶层女性因其特殊的身份属性，使她们成为最直接与士人交流的女性群体。与之相一致，在性别秩序的规范中，士人阶层女性也成为最直接受到士人舆论影响的群体。

在性别秩序的建构与维护中，宋代士人对于女性的品评起着重要的作用。士人对于女性的道德评判，往往成为社会衡量女性德行的尺度，若能赢得士大夫们的称颂，则说明该女性德行显著，符合士人的理想期许，是当时社会其他女性效仿的典范。如李兑妻钱氏品行出众，“虽不出闺门，而士大夫交口称之”。[6]同样，士人对女性的称颂，也包含着深厚的教化期许。从文献记载来看，宋代士人所称颂的女性美德大体可分为以下几类。

一、柔顺

柔顺是中国传统社会对于妇德的基本要求，《礼记 · 内则》云：“姆教婉娩听从。”[7]班昭作《女诫》七篇，“卑弱第一”。[8]

在宋代士人的品评中，柔顺贤淑成为士人所称颂的一项女性美德。如李觏认为柔顺是女性的一种美德，应该予以提倡并传播，他强调：“妇顺备而内和理，内和理而家可长久也。”[9]李觏为亡妻书写墓志时，称颂亡妻“卑柔静正，亡世俗妇女之态”[10]，将妻子的卑顺，作为值得炫耀的美德予以书写传播，并将其与世俗妇女之态相比照，以凸现其妻的美德。欧阳修也极力称赞女性的柔顺之美，他称颂谢绛妻高氏“以柔顺事其夫为贤妻”。[11]韩琦称赞尚书比部员外郎韩正彦妻王氏“柔顺之道，终始不懈”。[12]司马光亦谓：“妇人柔顺足以睦其族，智能足以齐其家，斯已贤矣。”[13]郑獬为郑州原武县主簿冯期妻朱氏所书墓志中称赞“荆楚间言家行者，数冯氏，繇夫人能将顺于内也”。[14]邹浩赞美葛氏“谨约柔顺，不啻寒家子”。[15] 杨时为李夔妻吴氏所书墓志云：“夫人生大家，而李公起寒素，夫人事之尽妇顺，能以清约自将，无骄矜气，柔明端静，人不见其喜愠。”[16] 王之道称赞亡妻孙氏“温柔静恭，承顺舅姑，兢兢然惟恐不及。事无巨细，必禀而后敢为，未尝自专”。[17] 朱熹在为李光妻管氏书写的墓志中也说：“妇德之美，维顺以柔。”[18] 刘克庄亦称赞曾坚妻王氏“事夫之重亲，尤谨以柔顺”。[19]

类似上述称赞女性柔顺美德的事例在宋代不胜枚举。可见宋代士人对于女性的品评中，柔顺无疑成为女性的一项重要美德。士人在称颂女性柔顺美德的同时，实际上也将此种价值评判标准传播于社会大众，在士人社会的舆论影响下，无疑能起到道德教化，维护性别秩序的作用。

二、孝恭勤俭

孝恭勤俭是传统社会对于女性妇德的基本要求，班昭《女诫》云：“生女三日，卧之床下，弄之瓦砖，而斋告焉……弄之瓦砖，明其习劳，主执勤也。”[20] 郑氏《女孝经》亦谓：“淑女之以孝治上下也。”[21]

在对女性美德的称颂中，孝恭勤俭也成为宋代士人共同赞誉的女性美德。如徐铉赞美夫人周氏“雅性谦谨，率由礼经，至于苹藻之严，佩环之节，浣濯之俭，织纴之勤，必以身先”。[22] 韩琦称赞殿中丞韩公彦妻张氏“素淳约，能内为之助，治家无一横费，故用度自给，而俸常有余。时俗所尚，于妇人服玩，尤变易不常，工人每高其直，以相诱炫，往往捐故所有，甘心而趋之，惟恐其后也。而张氏目之淡然，未尝为之少动，实闺壶之难能也”。[23] 王安石也赞美蒋氏，“自其嫁至于老，中馈之事亲之惟谨。自其老至于没，纫缝之劳犹不废。子妇尝谏止之，曰：‘吾为妇，此固其职也。’子妇化服，循其法。呜呼！不流于时俗，而乐尽其行己之道，穷通荣辱之接乎身，而不失其常心，今学士大夫之所难，而以女子能之，是尤难也”。[24] 司马光赞誉苏轼、苏辙母程夫人曰：“程氏富而苏氏极贫，夫人入门，执妇职，孝恭勤俭，族人环视之，无丝毫鞅鞅骄倨可讥诃状。由是共贤之。”[25]刘攽称赞秘书省集贤校理孙洙母庄氏“俭约不华，事舅姑饮食衣服，必手调饪缝纫之，未尝以委他人”。[26]王庭珪赞美王氏“天性俭简，屏内静严，服玩无纤靡之饰。姑穷居二十有八年，病风疡，凡饮食卧起必须人，而夫人朝夕候伺，靡不顺适其意”。[27]朱熹称赞潘氏“为人简静庄重，恭俭信实，于妇功不少懈，然不务为纂组华靡之习。所以谨嫌微、安贫约，又有人所难者”。[28]陈亮为其妻祖母王氏所写祭文中也感慨：“呜呼，一妇不织，天下必有受其寒者，夫人之勤，始终若一，岂徒以起家之不可安乎！室无妄用，则男子无苟取之心，夫人之俭不间于有无，岂徒以贫富之不可常乎……天下之为人妇、为人母，标行义以自见者，比夫人盖犹未足以为贤也。”[29]此类事例很多，本节不再赘举。

要言之，孝恭勤俭始终是宋代士人理想的女性美德，在士人社会的提倡下，宋代许多女性也将其内化为自己的职责，并且终身奉行。

三、知书达理而不自显

知书达理也是宋代士人社会对于女性美德的期许。在传统社会中，女性担负着延续子嗣、相夫教子的任务，故宋代士人在赞美女性柔顺与孝恭勤俭美德的同时，还主张女性应该知书达理，以便更好地履行教育后代、协助丈夫的职责。但与此同时，为维护男性士人自身的文化地位，宋代士人在强调女性知书达理美德的同时，又希望女性不彰显自己的才华。

在宋代士人社会的舆论中，塑造了许多知书达理而不自显的女性形象。如韩琦称颂其母崔氏“善书札，体法甚老，殊无妇人气格。好读诸史氏书，盖知历代兴亡治乱之事。时作篇章，有理致，然以为非妇人之事，虽至亲不得见也”。[30]王安石赞誉齐氏“虽时为诗，然未尝以视人，及终，乃得五十四篇，其言高洁旷远，非近世妇人女子之所能为”。[31]程颐将其母侯氏“好读书史，博知古今”，“好文，而不为辞章，见世之妇女以文章笔札传于人者，深以为非。平生所为诗，不过三十篇，皆不存”[32]作为美德而书写入传。范祖禹也赞美李氏“善书札，通音律，笃志于女功。既嫁，以书札音律非妇事，绝不复为”[33]的美德。郑侠强调说：

> 予常怪世之人，生子女不知教，豚彘畜之肥其躯干，而不美以德，其知名教之为有益于世者，亦不过以教男子，而女子独不教，曰：妇人之职，无非无仪，惟酒食是议。曾不思古之人所以能尽为妇之道，而至于是诗者，孰非学之力哉。若男子出入闾巷，交际士友，尚可见而识焉；若女子者，深闺内閟，无所闻见，可不使知书哉？是则教子之所宜急，莫若女子之为甚，乃置而不教，此悍妇戾妻，骄奢淫泆，狼狈不可制者，所以比比，而家道不正。[34]

则郑侠竭力主张女子读书识字的目的主要在于教化女子，以防止女性成为不懂礼教的“悍妇戾妻”而败乱家道。文同赞誉杨氏“知书达理道，不若寻常妇人女子之所为”。[35]孙觌称赞王氏“学书有楷法，每教子，辄书数十字，随手涂灭，不以示人，于古文章能通其读”。[36]王庭珪记载吉州安福县老儒王遵道之女王氏“知古今而识道理”，“夫人长子曰思文，始就外学，日诵千言，夫人夜具短檠，手自缝纫而勉之，诵声琅然，响彻邻壁，县僚闻而叹羡，常语于家，以激励其子弟，而称夫人之贤也”。显然当时士人不仅推崇知书达理的女性，而且将知书达理、教子有方的女性奉为闺阃楷模，但与此同时，王氏虽“能为小诗”，其夫却“未尝以示人，独于余（王庭珪）厚善，时得观之，其意亦谓此非妇人女子之所当急，诗一传于人，则争相腾播，卒掩其内行”。可见在士人的理念中，女性的才华以不外显为美，但在私人生活中，丈夫却以妻子有才华而骄傲，并时常将妻子的诗作交给友人王庭珪看，王庭珪也认为“妇人之知书识翰墨，又以教其子孙，非贤能若是乎？”由于社会大环境以女子主内为美德，使得女性的才华很难彰显于外，以致王庭珪为其所作铭文中言：“妇德之贤，弗暴于外，良史不书，惟铭可载。”[37]这也体现了

“内外”秩序理念对于宋人的影响。周必大称赞亡妻王氏“聪敏高洁，女工儒业下至书算无不洞晓，然非所好，惟以孝友静顺为心”。[38]周必大一方面书写自己妻子的才学，但同时又强调这些并非妻子的所好，其所关注的仅仅是“孝友静顺”而已，似乎只有这样才能更加突出妻子的贤行。叶适则赞美虞氏“英悟夙成，劲画丽语不学而能，诗书古文，有若素习。既归其夫，则屏抑聪明，不使衒露，曰：‘以文成名，子之责也，我无预焉。’凡一家粗重，昼夜辛苦无所厌，忽而高笔雅韵，常在事外”。[39]叶适在叙述虞氏高笔雅韵的同时，又强调虞氏的这些文字书写“常在事外”，显然在叶适看来，文字之事并非女性分内之事。

综上可见，对于有才华的女性，宋代士人大都予以敬重，有才华而不自显的女性，更成为士人赞誉的对象。宋代士人在提倡女性知书达理的同时，往往以不彰显才学为女性的美德。在宋代士人的理念中，女性有才华是一件值得书写与称道的事，但儒家妇德要求女性以主内为职责，故士人在肯定女性才华的同时，又以不自显作为女性的美德。在士人舆论的影响下，士人家庭往往较为重视对于女儿的教育，士人阶层女性读书识字成为比较普遍的现象，但同时，女性的才华也多被历史所湮没，这与士人社会的舆论导向当有一定关系。

四、果断刚毅

宋代士人对于女性美德的认可，并非止于柔顺与主中馈而已，那些处事果断刚毅，有主动精神，有能力和责任意识的女性，不仅能获得士人的高度认可，甚至会被奉为闺中的楷模，受到士人的敬仰与称颂。如韩琦在为母亲崔氏所作行状中称颂：“（崔氏）临事取舍剖断，有刚毅大丈夫所不能为者。尝曰：‘我遇小事则胆薄多惊，若处大事，知义所在，虽死不怖也。’”[40]朱熹称赞李光妻管氏“逢世之纷，蹈险若夷。维其坚刚，以一其度。俾易其艰，以燕以誉”。[41]朱熹称赞江琦妻虞氏“资禀高明，器宇恢廓，凛然有烈丈夫之操”。[42]周必大称赞伯姐尚氏夫人“及临事，果断不惑，凛然有烈丈夫之风。处大利害，略不动声色，平居言弗妄发，至论事成否，语逆顺莫不中理”。[43] 陆游称赞东阳进士吕友德妻“处事明果，虽吕君有不能回者。诸子献疑，亦坚守初意不为变，曰：‘后当如是。’及事定，一如夫人言，人人叹服”。[44] 杨万里称赞董氏“事有是非，立语可决，人有善，为之喜跃；不善，多面折之，有烈丈夫所不如者”。[45] 楼钥称赞蒋氏“处事善断，几烈丈夫之所不能”。[46] 在楼钥为其母汪氏亲撰的墓志中亦称：“（汪氏）容德广大，孝敬淳笃，高明谅直，慈祥清粹，曲尽人情，而动依大义。非惟闺阃之贤妇所不能及，有烈丈夫、名荐绅之所难能者。”[47] 黄榦则感慨：“予尝嗟夫世之称妇德者，必曰柔静，然非刚严方正以济之，则昏愚庸弱之败人家者多矣。”[48] 袁燮亦谓：“诗称，‘无非无仪，惟酒食是议。’此言妇人之职，不过乎中馈而止，非若伟丈夫，经营于外，以才能自表见也。呜呼！是则然矣，不曰‘厘尔女士’乎。盖所谓女士者，女子而有贤士之行也，其识高，其虑远，其于义理甚精，而不移于流俗，闺阃楷模于是乎在，岂独惟中馈是供乎？”[49] 真德秀则曰：“易以坤为妻道，人知一于柔顺而已，先儒发之曰：‘非健无以配乾也。’故古之贤妇，虽以婉懿淑惠为本，至其所立，有烈丈夫不能为者，非刚与明，其孰能之？”[50]

上述可见，在宋代士人的言论中，对那些果断刚毅的女性，士人的赞誉力度甚至远高于对柔顺俭约女性的赞誉，亦可知宋代士人对女性的价值评判体系，是灵活、变通与多元的。士人舆论对于有烈丈夫之行女性的赞誉与认可，也为宋代士人阶层女性提供了一个相对宽松与自主能动的空间。同时，此类果断刚毅女性群体的存在，也影响了社会对女性的评价机制。此外，女性在道德实践中能表现出让士大夫汗颜的品格，而整日接受诗书礼仪之教，承载着伦理教化使命的男性士人，在道德上却逊色于闺门之内的女子，这种矛盾不能不引起一些士人的重视。故士人用“有烈丈夫之行”或“烈丈夫所不能”的话语褒扬女性，并不仅仅在于激励女性，更在于劝诫士风，体现了士人对于士风的焦虑与关切。

当然，也正是这种多元变通的价值评判体系，为宋代女性的自主能动提供了社会舆论的支持，使得宋代女性的生活空间呈现出多元的特色，关于这一问题，本书将在以后章节中专门探讨。

五、宽容不妒

在宋代士人社会的舆论中，宽容不妒也是士人称颂的女性美德。宋儒以无忌妒心或有鸤鸠均一之德来赞美女性宽容不妒的美德，以此教化社会风俗。如范祖禹赞美石氏“性不妒忌”。[51] 他在为吴氏所作墓志中亦称赞吴氏“无妒忌之行”。[52] 陈襄赞誉窦氏“资性仁厚，而笃于慈爱，有均一之德，遇事容纳”。[53] 邹浩称颂葛氏有“柔顺均一”[54] 之美。司马光亦将妻子张氏“御婢妾宽而知其劳苦，无妒忌心”[55] 作为美德予以书写。赵鼎臣称赞伯姐“不妒忌，他人视妾御或迫于不得已，至吾姊，则坦然与夷出于至诚，人人怀归，莫不顺爱”。[56] 胡宏则云：“妇人之恶妒忌为大”，又云：“周南之义，教训万世后妃专以无妒忌为大美也，其意深且远矣！”[57] 洪适亦云：“《诗》本二南，以不妒忌为孅德。”他还曾亲自搜罗群书，并旁采目见耳闻之事，编成一书，名之曰：《壶邮》，专记前代和当时妒妇、悍妻之事，以达到“惩恶”的目的，并强调：“不直云《妒记》者，微其文所以深贬之也……抑使中人之性知恶之不可蹈也，惧后有汗青者不吾置，则洗然知所新，所谓抉凶魂于腐壤，启懿行于将来。”[58] 楼钥在为赵氏所书祭文中称赞其“天予淑质，婉嫕和柔，不虐不妒，不忮不求”。[59] 杨简也强调不妒的美德，认为“不忌不妒之心即道心，即天地之心，鬼神之心，百圣之心”。[60] 袁燮也赞美了夫人潘氏不妒的美德，他说：“妇人之不妒，男子之无欲，自古所难，今君妇选择妾媵，奉承君子，确乎无妒忌之行。”[61] 在为戴氏所书墓志中，袁燮亦称赞戴氏“于妾媵不妒，处事必度于义，待物宁过于厚。宽而明，爱而公，其德美，未易于悉数”。[62]

要言之，在宋代士人的言论中，宽容不妒是女性的一项重要美德。

士人在书写女性宽容不妒的美德之时，实则是试图通过道德话语的力量，来协调家庭内部夫妻以及妻妾之间的紧张关系，目的在于维护男权制下性别伦常秩序的稳定。

六、忠义节烈

传统史家习惯于用“节烈”一词来形容女性美德，而“忠义”通常被用来指称男性士人的品格，很少将其与女性的美德联系在一起。[63] 罗大经《鹤林玉露》记载：“朱文公尝病《女戒》鄙浅，欲别集古语成一书。立篇目曰‘正静’、曰‘卑弱’、曰‘孝爱’、曰‘和睦’、曰‘俭质’、曰‘宽惠’、曰‘讲学’。且言如杜诗云：‘嗟汝未嫁女，秉心郁忡忡，防身动如律，竭力机杼中。’”[64] 显然，在通常情况下，士人并不会将女性与“忠义”联系在一起。但在特定历史时期，宋儒也会将忠义与女性联系在一起，如陈振孙《直斋书录解题》记载，宋人龚颐正撰《中兴忠义录》三卷，其内容包括“自建炎至绍兴辛巳，上自李若水、刘韐贵臣、名士，下及一妇人、卒伍之微，皆录之”。[65] 可见在特定历史时期，宋儒在著录忠义事迹时，也会将女性包括在内。本节所说的“忠义节烈”实则应该指如下两类女性群体。

其一，为国家民族大义忠义不屈，甚至为此献出生命的女性。此类女性大多出现在国家危难时期。关于宋代士人阶层女性的忠义事迹，我们可以表 3–1 中的事例为参考。

表 3–1 宋代士人阶层女性忠义节烈事迹示例

时间	人物	史实	出处
靖康之际	吕氏	靖康间，戎事起，所至艰梗。夫人（吕氏）偕其家避地来南属，渡汉沔，而溃兵有以讥禁为名，因而卤掠其间，无所不至者，夫人猝遇之，惧不免焉，自投于水，以誓义不污贼。贼相顾骇愕，因解去，旁舟亦赖以全，相与感夫人之义，毕力图救，竟以得活。	汪应辰《文定集》卷二三《枢密院计议钱君嫔夫人吕氏墓志铭》

时间	人物	史实	出处
靖康年间	丁氏	张晋卿妻丁氏，郑州新郑人，参知政事度五世孙也。靖康中，与晋卿避金兵于大隗山。金兵入山，为所得，挟之鞍上，丁自投于地，戟手大骂，连呼曰："我死即死耳，誓不受辱于尔辈。"复挟上马，再三骂不已，卒乃忽然举梃纵击，遂死杖下。	《宋史》卷四六〇《列女传》
建炎初	师氏	师氏，彭州永丰人，父骥，政和二年省试第一，宣和中为右正言，十余日凡七八疏，论权幸及廉访使者之害而去，女适范世雍子孝纯。建炎初，还蜀，至唐州方城县，会贼朱显终掠方城，孝纯先被害，贼执师氏，欲强之，许以不死。师骂曰："我中朝言官女，岂可受贼辱？吾夫已死，宜速杀我。"贼知不可屈，遂害之。	《宋史》卷四六〇《列女传》
建炎二年	荣氏	是日，张遇陷镇江府……将作监主簿马元颖妻荣氏为贼所得。荣氏厉声骂贼，为所害。荣氏，薿女弟也。	《建炎以来系年要录》卷一二
建炎二年	王氏	刘公彦，字彦辅，密人，家金坛，少读书，宣和六年，客海州通判……期以忠义取功名，故陷贼者再，而不屈。妻王氏，同陷贼营，亦以死自誓。	《京口耆旧传》卷一
建炎三年	晏氏	金人驰往瓜州……南阳尉晏孝广女，年十五，有美色，为金兵所得，欲妻之。晏氏即刎缢求死，居彼中二十年，卒不能犯。金人皆义之。孝广，殊曾孙也。	《建炎以来系年要录》卷二〇
建炎三年	蒋氏	金人分兵侵江阴。至夏港，距城八里而近。守臣胡纺遣统制官王换等拒敌，且谓承事郎签书判官厅公事李易曰："吾曹有死城郭之义，公宜勉之，毋少避。"易归告其母蒋氏。蒋氏曰："我去则汝决不肯坚守。愿与汝同死生。"闻者感泣。既而金人以潮生有备，亦引去。	《建炎以来系年要录》卷二〇
建炎三年	徐氏	徐氏，和州人，闳中女也，适同郡张弼。建炎三年春，金人犯维扬，官军望风奔溃，多肆虏掠，执徐欲污之，徐瞋目大骂曰："朝廷蓄汝辈以备缓急，今敌犯行在，既不能赴难，又乘时为盗，我恨一女子不能引剑断汝头，以快众愤，肯为汝辱以苟活耶！第速杀我。"贼惭恚，以刃刺杀之，投江中而去。	《宋史》卷四六〇《列女传》
建炎四年	梁氏	金人至镇江府，浙西制置使韩世忠已屯焦山寺以邀之，降其将铁爪鹰李选，选者，江淮宣抚司溃卒也。完颜宗弼遣使通问，世忠亦遣使臣石皋报之，约日会战……世忠妻和国夫人梁氏在行间，亲执桴鼓。敌终不得济。	《建炎以来系年要录》卷三二

时间	人物	史实	出处
绍兴三年	廖氏	廖氏，临江军贡士欧阳希文之妻也。绍兴三年春，盗起建昌……贼执廖氏，廖正色叱之，贼知不可屈，挥刃断其耳与臂，廖犹谓贼曰："尔辈叛逆至此，我即死，尔辈亦不久屠戮。"语绝而仆。乡人义而葬之，号廖节妇墓。	《宋史》卷四六〇《列女传》
绍兴四年	王氏	故承信郎田承宽妻王氏，特封宜人。承宽本归明，寓居广右，王氏常遣家丁自备粮饷，助官军讨贼，破之。故特封。	《建炎以来系年要录》卷七七
绍兴五年	谭氏	真阳县观音山盗起，攻剽乡落。举人吴琪窜去。琪妻谭氏与邻妇数人俱被执。谭在众中颇洁白，盗欲妻之。谭诟之曰："尔辈贼也，官军旦夕将至，将为齑粉。我良家女，何肯为汝妇？"盗强之不已，至于捶击，愈极口肆骂。为所杀。	《建炎以来系年要录》卷八六
绍兴三十一年	司徒氏	金人败盟侵宋，"太恭人（司徒氏）闻之，密语诸子：'汝父常谓敌必败盟，今事急矣，我守节教汝曹，正为今日。'乃相与自拔归。惧陆行不免，密与忠义家五十余人航海而南，朝廷嘉之。"	周必大《周益公文集》卷七六《太恭人司徒氏墓志铭》
绍定三年	王氏	王氏，利州路提举常平司干办公事刘当可之母也。绍定三年就养兴元，大元兵破蜀，提刑庞授檄当可诣行司议事，当可捧檄白母，王氏毅然勉之曰："汝食君禄，岂可辞难。"当可行。大元军屠兴元，王氏义不辱，大骂，投江而死。	《宋史》卷四六〇《列女传》
开庆元年	韩氏	韩氏女，字希孟，巴陵人，或曰丞相琦之裔，少明慧，知读书。开庆元年，大元兵至岳阳，女年十有八，为卒所掠，将挟以献其主将，女知必不免，竟赴水死。越三日，得其尸，于练裙带有诗，曰："我质本瑚琏，宗庙供苹蘩。一朝婴祸难，失身戎马间。宁当血刃死，不作衽席完。汉上有王猛，江南无谢安。长号赴洪流，激烈摧心肝。"	《宋史》卷四六〇《列女传》
不详	林氏	刘仝子妻林氏，福州福清人……仝子亡命自经死，有司执其妻，具反状，林叱曰："林刘二族世为宋臣，欲以忠义报国，事不成，天也，何为反乎，汝知去岁有以血书壁而死者乎？是吾兄也，吾与兄忠义之心则一也。死且求治汝于地下，可生为汝等凌辱耶。"遂遇害。	《宋史》卷四六〇《列女传》

其二，传统观念所认可的为夫守节的女性。前揭旌表一节中亦可看出，士人对于守节自立的女性非常敬重。之所以将二者放在一起来讨论，原因在于：首先，在士人的论述脉络中，通常会将二者混为一谈，甚至以"节烈"的话语消解女性"忠义"行为的意义。其次，她们之间

有共同之处，二者都有“义”与“烈”的特点，前者是为国家民族大义忠义不屈，后者则是为个人或家庭守身自立。如周渭妻莫荃在丈夫生死未卜的情况下，自誓守志，“翰林朱昂尝撰莫节妇传，大为人伦之劝”。[66]王安石为魏氏所书墓志在感慨“俗之坏久矣。自学士大夫，多不能终其节，况女子乎”的现状的同时，更加凸现魏氏“抱数岁之孤，专屋而闲居，躬为桑麻以取衣食。穷苦困厄久矣，而无变志。卒就其子以能有家，受封于朝，而为里贤母”[67]的节烈美德。周必大记载，绍兴三十一年，金人败盟侵宋，宋金之间再起战事，“太恭人（司徒氏）闻之，密语诸子：‘汝父常谓敌必败盟，今事急矣，我守节教汝曹，正为今日。’乃相与自拔归。惧陆行不免，密与忠义家五十余人航海而南，朝廷嘉之”。这是一则典型的女性忠义事件，从周必大的记载来看，朝廷对于此类女性非常重视，司徒氏的行为获得了朝廷的旌表，而士大夫对于此类女性也往往交口称颂。周必大居临安，不仅常听“北来朝士盛言高司农有贤母”，他自身也称赞司徒氏之行为“烈士之所难，何夫人之能充。表而出之，可以继烈女而传无穷矣。”[68]从士人的舆论中可以看出时人对于司徒氏的敬重。洪迈亦云：“妇人女子，婉娈闺房，以柔顺静专为德，其遇哀而悲，临事而惑，蹈死而惧，盖所当然尔。至于能以义断恩，以智决策，斡旋大事，视死如归，则烈丈夫矣。”[69]很显然，洪迈对于有勇有谋、忠义节烈的女性非常敬重，并以“几于烈丈夫”来评价此类女性。魏了翁非常看重女性节烈的品格，在为进士蒋重珍母顾氏所书墓志中，他强调：“先儒有言，妇适不再，妇适而再，饥寒之害，然饥寒之事小，而失节之罪大，此岂妇人之责也，抑为士也之戒。”并称颂顾氏守节自立的品格：“重珍之父南式，资方严，为学该赡，不事举子业，其卒也，重珍方生十年，顾夫人持家教子有仪法，读书至男子由右，妇人由左，诵之尤喜，言李氏断臂事，以为妇人义当若此。所居虽容膝，而检防内外，凛不可越。”[70]刘克庄也曾为莆田士人王孝曾妻李氏作墓志铭称颂李氏的节烈美德，并云：“昔欧公书断臂妇人，以愧五代之为臣者，余录李氏之事，抑扬反复，非止可为内则，学士大夫览之，亦足以自儆也。彼其闺房婉娈，所立之卓如此，使为男子，逢世变故，必能抗夷齐之志，受人托付，必能任婴臼之事。呜呼！可敬也。”[71]

从表 3-1 以及上述事实可见，宋代士人虽然不愿将“忠义”的美德与女性联系在一起，但在现实生活中，却存在女性“以义断恩，以智决策，斡旋大事，视死如归”的忠义节烈的事实。对于忠义的女性，士人并非视而不见，也有一些士人公开称颂并传播女性的忠义事迹；但从总体上来看，士人大都是站在男性立场上评价女性行为的，如《陶朱新录》所载陈之胥妻不愿与贼人为伍，英勇就义的行为，即被书写者评价为“保其贞洁而不惧死，虽古烈女不为过也”。[72] 显然，书写者并没有从女性自身去探求女性之所以不愿受辱的深层原因，甚至有意回避事件中女性行为所彰显的其他意义与价值。这种评价明显在于维护男权社会的性别秩序和伦理价值规范，将整个事件的中心从女性行为本身，转换成了以男性为中心，将女性忠义行为的意义转换到了为丈夫守贞上来，事实上无疑消解了女性行为本身的个体价值。女性的行为被按照士大夫的伦理价值规范重新形塑，传播者将女性忠义的事实重新叙述，从而造成了整个事件意义与重心的转换。也就是说，女性本身的行为所传递的深层文化意义被消解，甚至改变了。事实上，如果我们从女性的性别立场出发去看待整个事件，则其中传递出的意义与价值远远超出了守贞本身。对于节烈女性而言，她们在选择死亡之前的抉择远远不止守贞那样简单，许多女性的死亡事实上有更加丰富与深刻的内涵，比如为了国家和民族的大义，为了维护自己的身份等级和尊严荣誉等。但这些在以男性自我为中心的士人笔下大都不会被凸现出来。故我们在面对此类史料时，也应予以重新思考。

总之，宋儒试图通过舆论的力量来规范社会性别秩序，在士人社会的舆论中，女性的行为应该以不危及男权社会的统治秩序为前提；从总体上来看，在有利于维护男权社会秩序的前提下，宋代士人对于女性行为的品评是较为多元的，例如“果断刚毅”和“忠义”通常是被用来形容男性的品格，但在宋代，也有一些士人以此赞誉女性，试图通过对女性的赞誉，达到激励士风，砥砺风俗的作用。虽然士人的评价依然会站在男性的立场，以男性为中心，但从客观上来说，宋代士人社会多元的价值评判机制，对于女性生活，尤其是生活在士人周围的士人阶层女性的生活，无疑会提供一个相对宽松的氛围与较为自主的生活空间。

第二节　乡评对女性的规范

士人阶层女性除了受到士人社会舆论的影响之外，乡评的影响也至关重要。宋人吕大忠即云：“人之所赖于邻里乡党者，犹身有手足，家有兄弟，善恶利害皆与之同，不可一日而无之。”[73]真德秀亦云：“邻里乡党，虽比宗族为疏，然其有无相资，缓急相倚，患难相救，疾病相扶，情义所关，亦为甚重。”[74]吕本中则曰：“天下之公论，不能尽隐，不行于上，必传于乡党闾里。”[75]与之相应，乡评在规范个体行为，维护社会秩序中具有不容忽视的作用。上一节我们主要从士人社会的角度考察了士人舆论导向对于性别秩序的规范，本节则主要从乡闾和亲族的角度，考察宋代乡评认可的女性及其对于性别秩序的规范。

一、关于乡评

所谓乡评，是指乡党对特定人、事等品评意见的集合，是民间舆论的一种重要形式。宋人章如愚《群书考索》“乡评”条云：“人之实行能掩于人之所不知，而不能逃乎乡党之公议。”[76]林駉《古今源流至论》亦列“乡评”一目云：“甚哉！乡党公论所自出也。盖人之行义，能掩于人之所不知，而不能逃乎众议。”[77]在民间社会中，乡间的品评，成为社会衡量个人道德的重要标准。乡间在臧否人物的同时，也以舆论的力量规范着个体的行为，若能赢得“亲族信之，乡党敬之，其在世也岂不乐哉？”若被谴责为“不协于亲族，不齿于乡党”之人，则是极为可耻的。[78]《台州金石录》收《宋规约残碑》载：“乡论不齿者，同志共摒之。”[79]朱熹《增损吕氏乡约》云：

> 凡乡之约四。一曰德业相劝，二曰过失相规，三曰礼俗相交，四曰患难相恤。众推有齿德者一人为都约正，有学行者二人副之。约中月轮一人为直月（都副正不与），置三籍，凡愿入约者书于一籍，德业可劝者书于一籍，过失可规者书于一籍。直月掌之，月终则以告于约正。[80]

在乡约中，“有齿德者”担任最为重要的“约正”一职，“约正”总掌一乡之民的德行情况，负有规劝教化乡民之责，亦可见有威望的父老的品评，在民间社会中起着重要作用。陈亮亦云：

> 往时义乌何茂恭以文称，乡人之欲铭其墓者，必属笔于茂恭。余犹记乾道初，余就姻茂恭家，见茂恭铭其从母王夫人之墓，其文工甚，茂恭口诵一二过，余能随记其文，复为客道之，茂恭抚掌欢笑：“世有强记如此者。”[81]

在这里，茂公作为乡间中有威望的父老的代表，成了乡间社会的道德评定者。所谓盖棺定论，一个人一生的好恶都在茂公的笔下论定，同时也因茂公的评定而决定着后人对于墓主好恶的认同。故茂公的品评，其意义不仅在于死者，更在于警戒后人规范自己的行为，以获得乡间的好评，从而一方面能够不辱没祖先，另一方面也能使自己的美名传布于后世。可见乡间中有威望的父老的道德品评，对于个人和社会而言都很重要，它不仅影响个人在乡人心中的地位，还起着扬善惩恶，维护社会秩序的作用。

此外，乡评也是沟通官方与民间的舆论通道。在宋代，士大夫负有“布宣德化，导迪人心”[82]的责任，而乡间父老能起到协助士大夫敦厚风俗、教化人心的作用，故宋代士人在地方任职为官期间，必须仰赖地方乡间的支持，地方有威望的父老也成为官方教化旨意的下达者，而这种通过乡间父老传播官方教化旨意的手段，往往能起到显著的劝谕教化乡民的功效，如张镃记载：

> 四明俞伟仲宽宰剑之顺昌，作《戒杀子文》，召诸乡父老为人所信服者，列坐庑下，以俸置醪醴，亲酌而侑之，出其文，使归谕劝其乡人，无得杀子。岁月间，活者以千计。故生子多以俞为小字。转运判官曹辅上其事，朝廷嘉之。[83]

据此，官方教化民间的方式，往往通过乡间父老“为人所信服者”之口，而父老的教化通常也会起到很好的社会效果。嘉定十五年（1222）真德秀以宝谟阁待制湖南安抚使知潭州，[84]尝作《谕俗榜文》云：

> 太守此来，欲以义理训民，未免预陈劝戒，已行下州城十二县，自今民间有孝行纯至，友爱著闻，采访得实，具申本州，当与优加旌赏，以为风俗之劝。或其间有昧于礼法之人，为不孝不弟之行，乡里父老其以太守之言，曲加诲谕，令其悛改……若上违太守之训言，下拒父老之忠告，则是败常乱俗之民，王法所加，将有不容已者……邻里乡党，虽比宗族为疏，然其有无相资，缓急相倚，患难相救，疾病相扶持，情义所关，亦为甚重……今请逐处老成贤德之士，交相劝率，崇宗族之爱，厚邻里之欢，时节往来，恩爱浃洽，小小乖忤，务相涵容，不可轻启讼端，以致结成怨隙。若能和叶亲族，周济里闾，为众论所推，亦当特加褒异。[85]

教化风俗、敦厚人伦是宋代州县长官的重要职责。对于地方官而言，官方主流价值理念，需要通过乡里父老之口，传布于民间，而乡里“老成贤德”父老的劝谕教化，也能起到协助官方敦厚人伦、教化风俗、平息讼端、维系社会秩序的功效。正是在这一层面上，宋代乡评便成为沟通民间与官方主流社会的媒介，乡评在民间社会中具有非官方的权威作用，因而也受到士人社会的高度重视。

二、乡评认可的女性

舆论学研究指出，公众对模范人物的肯定，是一种褒扬性舆论。[86]褒扬性舆论通过对典范人物的认可与称颂，在社会中树立榜样，引导世人效仿，具有一定的社会教化作用。在宋代，女性的言行也并非仅为闺闱内事，还时常受到乡人关注，成为乡间谈论品评的话题。在宋人看来，乡评是判定女性德行非常重要的依据。乡评对女性德行的认可与称颂，也是乡间树立典范女性形象，推行社会教化，建构与维护社会秩序的重要途径。在宋代文献中，士人大都会用“乡里贤之”“内外称之”或“人无间言”等方式来凸现女性的美德。如黄榦在记载进士林松妻方氏守节持家的事迹时云：

> 使夫人于祸变摧折之余，而不能保其身，以全其寿，其生也不为乡闾之所称，其殁也亦将泯泯而无闻矣，此余于夫人方氏之事为之三叹者，盖不但为夫人叹也。[87]

在士人看来，“乡闾之所称”具有重要意义，它是女性价值被认可的重要标志。一些士人为女性书写的墓志中，还会从墓主死后乡间的言论与态度中评判墓主生前的德行，如欧阳修为蔡襄母卢氏所作墓志中称：

> 其亡也，柩自余杭至，里闾、亲戚哭之，往往有过乎哀者，问之，皆曰夫人于我有德，而人人各有述焉。呜呼，可谓贤也已！[88]

陈造为居士缪昭妻王氏所作墓志中亦云：

> （王氏）殁之日，不惟子孙戚属摧毁攀慕，而乡邻挥涕，咸兴胡不百年之悲。是何从致？德之所感，而人怀慕有不能忘，自然也。[89]

度正为乡先生王安世女王氏所书墓志中则称：

> 夫人婴疾，奔走省视者络绎于道，有乞灵祠以祈延年者矣。至是，复持楮币哭柩前，且醵力命浮屠荐冥福。呜呼，与夫狼戾不恤，生而万口欲其速死者大异矣。[90]

刘克庄为其妻林氏所书墓志中亦称：

> （林氏）既亟，父老荮炬环匝县门，膜拜所谓佛者，为君祈安；既逝，邑人相吊如丧亲戚；既讣，乡之贤士大夫皆唁。[91]

显然，士人非常重视乡间对女性的看法，在士人看来，能获得乡间的认可，便是对女性美德很具说服力的肯定，乡评的称赞也会成为个人价值的一部分，故士人往往通过对乡评的书写，来凸现女性的美德。总之，在士人看来，乡评能起到树立典范女性、敦厚人伦、教化风俗的作用，在维护性别秩序中具有重要意义。

宋代乡评认可的女性主要有以下几类。

（一）女德妇道兼备的女性

女德妇道兼备的女性是传统社会理想的女性形象。在宋代乡间的品评中，女性若能在生命周期的不同阶段扮演好自己的社会角色，往往会成为乡间、亲族交相称颂的典范。

韩琦为比部员外郎韩正彦妻王氏所书墓志中云：

> （王氏）自幼已稔习其门法，婉嫕之行，不教而修。既归韩氏，以淳约之性，职我内事。能持己，不自厚，而遇众以均。从正彦崎岖小官，虽浣衣薄食，未尝有不满之色，和睦内外，怡怡如也，宗党贤之。[92]

欧阳修为蔡襄母卢氏所作墓志中称：

夫人在父母家，奉其亲以孝。其归于蔡氏也，其舅姑老，事之如其亲，其归宁于父母也，能使其舅姑不见三日必涕泣而思。其事长慈幼，既俭且勤，久而宗族和，乡党化。[93]

吕南公为陈处士妻叶氏所作墓志中亦云：

（叶氏）为女慧，为妇顺，为母慈以明，内外称之。[94]

吕陶为宣义郎常构妻李氏所作墓志中亦云：

（李氏）勤俭以修妇职，慈恤以敦母道，损口体之奉以丰滫瀡，完缯缊之敝以备袂襦，养足于老，爱隆于幼，三十年间，闺阃雍睦，人无间言，可谓贤矣。[95]

刘挚为谏议大夫黄珙妻许氏所书墓志则称：

（许氏）为女，善事其父母，为妇，又善事其舅姑，睦其族姻，内外无间言。[96]

刘弇为寿安县君张氏所作墓志中亦云：

（张氏）性孝谨，方尚少，嶷然有立志，而柔闲静庄，有足以式闺阃、仪文士。不独其父母异之，虽父母之族姻皆曰："女子如是，难于为傅姆者。"及归姚氏也，用所以事父母者事其舅姑，而妇道之成，有加于为子道时。在中馈，朝夕羞以进，惟谨，旁无佽助，能不怠以止，不独其舅姑材之，虽舅姑之党皆曰："为妇如是，难于为娣姒者。"其夫曰："吾配顺以有正，是能君子我者也。"其子曰："吾母慈而节，是能成人我者也。"于是出乎其里闬从其夫子游，且有旧者皆道夫人之能，及他子妇母女，或争慕之，或叹不及。[97]

邹浩记载承议郎李竞妻高氏：

自为妇，至为母、为姑，上下内外翕然宜之，无间言。[98]

慕容彦逢为常州宜兴儒家女单氏所书墓志载：

（单氏）少孤，事其母田夫人尽子道，既嫁，事其姑裴夫人尽妇道，而所以相夫者，又如此，故里之人施衿结帨以训其女，必以夫人为法。[99]

王十朋为亡妻所作祭文中称其妻：

身为命妇，绩纴是专，勤俭之风，乡闾所传。[100]

洪适为伯父洪昭妻赵氏所书墓志载：

（赵氏）有淑行驯德，诣于上下，人不见其愠容，予群从兄弟三十人，君为丘嫂，合贵贱，指三千，誉之一口，姻表州里，闻者皆贤之。[101]

周必大为右文林郎曾光庭妻刘氏所书墓志载：

（刘氏）幼服姆训，长闲妇道，事舅姑孝，待宗族敬，内外交誉，间言弗闻。[102]

上述事实可见，宋代士人很重视乡评的作用，故在为女性书写墓志时，往往会用乡间的认可来凸现女性的美德。在乡评以及士人的书写中，女性在生命周期的不同阶段中，应该适应并胜任不同的社会角色。简言之，女德妇道兼备的女性通常会受到乡间的好评，赢得社会的认可。

（二）教子、持家有方的女性

在宋代重文教风气的影响下，乡间对于重视文教，教子有方的女性非常敬重，而许多母亲不仅重视孩子的教育，其自身也知书能文，对这一类母亲，乡间似乎更为看重。此外，对于那些孀居之后能独立支撑门户，持家自立，督促其子向学的女性，闾里宗族也会予以褒扬，并树立为楷模。

吕陶为进士费琦母魏氏所书墓志云：

寺丞君（魏氏之夫）之亡，屯田君（费琦）之幼也，名声未闻，生事困约，夫人殊无他忧，务择师友，磨砺其业，至于起家得禄，板舆就养，士论推以为荣，宗亲党巷指以为楷范。[103]

陈襄为大理寺丞钱访妻吴氏所作墓志载：

夫人始三十七岁而大理君早世，家益困，诸孤累然，二子长文、长卿尚稚，未有所识，夫人攻苦食淡，躬自诲之，损资币使就学，暮归必考其业，而验其记诵之精否。平居督戒不得妄与人游，常所往来必一时闻人，每客至，夫人从户窥之，信贤欤，为亲具酒食，数延见不厌也；一有非是，立诫以绝。故二子稍长，皆好学而文，吴中多以夫人教子为法。[104]

晁补之为丹阳进士吴盘妻穆氏所作墓志载：

夫人少，庄靓惠和，年二十有一归于吴君，二十有八而吴君没，服丧以礼，纲纪其家事甚饰，顾其子敏修始六岁矣，藐然吊影，或勉以再行，夫人辄泣曰："自吾父没，吾母惟我一女子，尚能老。今置是儿何地，且吾用为吾母女。"自尔屏不与姻党接，日夜诵佛书，躬针缕以杜外事，而吴氏尚饶于资，敏修之诸父求异籍，夫人愀然不能止，既教敏修惟诸父所与乃取，乡人异之。间览书传，至阴阳数术无不总，益训敏修于学，敏修遂以好文修洁称，四方之游士豪杰至者，必见焉。夫人常躬视食饮舍馆以厚其子，使与客处切磋成名，于是乡人亦以夫人为贤。[105]

刘弇母周氏在丈夫死后：

> 未问生业，收书万卷，以授诸子，使毕力于学。男女之分，择当而止，不泰奢侈，下之人有过，不惩而治，门内百索，区处若无事，远近士族叹之。[106]

刘跂为居士慕容宗古妻李氏所作墓志载：

> 居士殁，夫人持门户，纂组自力，节逾厉，不以贫故少贬，使其子从事学问，二子举进士，数不利礼部，无以当夫人意，愧戚不自安，夫人曰："得失命也，吾固知之，奚戚为？"其子乃感服自安。乡人称焉。[107]

葛胜仲记载王氏督勉三子力学，在家境贫寒之时，她凭借回忆亲自抄录书籍以教其子，坚持让三子读书，最终她的三个儿子均中举仕宦，州县为此曾旌表其门间。王氏的行为赢得乡间的高度认可，并成为乡间学习的典范：

> 初，太安人子众而贫窭无资，未尝以婴虑，尽使努力，为诸生以旧所忆众书，手抄教督，夜分犹课厉众子，严惮若师。既久居，益贫，或劝其变业征利者，第笑不应。无几何，子皆明习经学，轩然著名字。监察公繇州里首送擢第，又举词学兼茂科中之。大观初，三子复同榜以上舍入仕。州将表其间曰椿桂，太安人御安舆从子之官，辙环数郡。夫妇华发，同享击鲜柔滑之奉……凡州间称德善之报，及母子之德以为可愿，必指太安人之家云。[108]

洪皓妻沈氏，在洪皓出使金廷的十三年间，独自承担了教育子女，支撑门户的重任。其子洪适为沈氏所作墓志称：

> 生理既薄，所仰以给者，唯先君奉入，衣服饮食取财足至，诸

子买书，或捐钱数万，不靳训之曰：“尔父以儒学起家，尔曹能一人趾美，我不恨。”尝为之迎师千里，外虽隆寒盛暑，不使辍……盛德著于闺庭，放乎乡党，远近戚疏识与不识，讲太夫人贤，以为口实。[109]

杨万里为进士邹敦礼女邹氏所作墓志称：

夫人经纪家事，井井不紊，逮子之长，训诲尤力，好学之士愿与子游者，悉招延之，故其子学以成，每母子尊俎，谈笑间，时以姬《女诫》，及今古《列女传》反复评论，听者忘倦，乡里之为妇为女者，是则是式。[110]

陆游记载故通直郎黄齐妻陆氏在丈夫死后：

持家教子有法度，庙享宾燕合礼，嫁娶不苟，里中多称之。[111]

陈造记载隐士刘宜之的妻子徐氏：

能植立门户，为持家者表式，其遇子若孙，严毅而不失爱，诲诱而不云渎，择贤师儒，授以诗书，里之可教而无力者，馆赡之，为子孙友，逮今庭兰侁侁，仪观伟甚，儒业有闻，皆夫人启其源。自幼至老，德日以茂，誉望随之，乡人诲其女必曰：盍法是第。其族姓必曰：刘氏有敬姜焉。见贪啬者，必嗤之曰：不愧徐夫人乎？[112]

上述事实可见，能维持家业，重视儒业，教子成才的女性，通常会获得乡间和亲族的称道。那些孀居之后自立门户，重视儒业，教子成才的女性，更会成为乡间和亲族心中的典范，此类女性获得乡间好评的原因不仅在于其能守节，更重要者在于这些女性都能自立自强，维持家业，成就孩子的事业，担负起支撑家业的重任，因而她们在乡间心目中才会成为值得尊重与敬仰的对象。由此，我们对于孀居女性不能仅仅以守节本身作为评判的标准，更应该看到这些女性独立自强，以及值得他人赞誉的一面。

（三）富于才智，处事果敢的女性

在宋代，富于才智，处事果敢的女性，也会受到乡评称誉。如江琦妻虞氏：

> 性喜观书，读《易》《论语》得其大意。下至练养医药、卜筮数术，无不通晓。平居处事详练缜密，与人言，必依于孝弟忠信。词甚简而理无不足。族姻内外咸高其行，服其言，有疑必就咨焉。事有难平者，众口方讙呶不解，有告曰“夫人之言如是”，则往往翕然以定。[113]

虞氏受人称道，显然因其才智过人，处事练达，能以理服人，化解他人疑难和纠纷。另如绍兴三十一年（1161）冬，金人南侵，淮阴张生与妻卓氏逃奔扬州，不久金人至，卓被金人一头目所掠，为骗取头目信任，遂称夫有蓄银，并偕头目逼张交银，头目“以为卓氏慕己”，所获珠宝尽付于卓，相处如夫妇。后金人战败，卓寻机手刃头目，携财物访张，张欲与之绝，卓曰：“当时不设此计，渠必不肯信付我。今日之获，乃张本于逼银耳。”于是“闻者交称焉”。[114]卓氏临危不乱，以智杀敌，最终赢得时人称道。可见在日常生活抑或危难时刻，富于才智、处事果敢的女性，也会为乡评所认可。

（四）惠及乡里，造福地方的女性

惠及乡里的女性，与儒家“不预外事”的理想女性形象似乎难以联系在一起，但因造福乡里，往往受到乡评称颂。如柴炳妻茹氏“好施与”，“人皆重之”。[115]田仔母赵氏，治家有法，亲族邻里“有疾病急难，必力以济”，“内外称之”。[116]张汝楫妻宣氏“周亲戚，恤贫苦，每乡间有以匮乏告者，即罄箱箧以予之”，赢得乡里敬重，及其殁，“追感德意，恸哭者多矣”。[117]程濈妻谭氏“乐赈乏绝”，每逢灾荒，必劝其夫发廪济饥，乡人誉之为“吾乡之贤妇人”。[118]

宋代也有女性主动担当维护地方公共设施的责任，赢得乡评称颂。如缪昭妻王氏，轻财好施，远近之人多受其惠，乡间有灌渠，“岸善颓，业田者病之”，王氏“岁任修筑，有田之家坐享全利”，王氏因此为乡里称道，及其卒，“乡邻挥涕，咸兴胡不百年之悲”。[119]王令妻吴氏，于其夫卒后，携子移居唐州黄池陂：

> 家始来唐，唐多旷土……乃辟污莱，均灌溉，身任其劳，筑环堤以潴水，疏斗门以泄水，壤化为膏腴，民饭粳稻，而其家资亦累巨万。夫人一毫不私，服用之俭犹昔也。方且汲汲振穷乏，周疾丧，贷不能偿，则为焚券，德声日闻，远迩信服。讼不诣官，决于一言，久之四境无复凶岁，民深德夫人之惠，相与列言于州，州闻于朝，优赐米帛，而乡人矜以为荣。迹其泽被一方，功昭于时。[120]

吴氏移居唐州后，亲自招募百姓治理废陂，兴修水利，造福乡里，及家产丰饶，则赈贫助困，赢得乡人拥戴，乡人甚至乞请朝廷旌表吴氏，并以吴氏为荣，可见吴氏在乡里的声望。

宋代还有女性因教书育人，造福乡里子弟，而为乡评称誉者。如许益之妻刘氏，博览书传，益之卒后，刘氏“合聚闾巷亲族良家儿女之稚齿者，授训诫，教书字，逾十年。获所遗以给朝夕，仅取足，不营于他”，赢得乡人敬重称颂，“万口一词，谓绝伦类”。[121]

（五）忠义爱国的女性

忠义爱国的女性，也可能赢得乡评称道。如王信妻郭氏，其夫使金，“人多危之”，郭氏则认为“臣将君命，当以不辱为念，不当怀他虑”，又劝其夫“勉力国事，勿以家为念”，宗族乡人“多道硕人（郭氏）之贤”。[122]

上述事实可见，在宋代，不仅传统儒家所认可的孝行显著、敦亲睦族、守节持家、教子有方的女性为乡评称道，富于才智、处事果敢、惠及乡里、忠义爱国的女性，同样能获得乡评认可，甚至成为乡里楷模，体现出宋代民间社会多元的价值取向与评判尺度。在乡评和士人舆论的影响下，士人阶层女性会受到社会舆论的规范，同时，相对宽松的舆论氛围，也为该阶层女性提供了相对多元与宽松的生活空间。本书将在以后章节中论述宋代士人阶层女性生活的实然面貌。

三、乡评诋斥的女性

社会认可构成了一种强有力的奖赏，而被社会拒绝则构成了一种强有力的惩罚，意味着自己无法获得社会归属与社会激励（social affiliation and stimulation）这两种人类基本需要的满足。[123] 在宋代，乡里不仅通过褒扬性舆论，树立典范女性形象，也以诋斥的方式，对一些不为乡人所齿的女性进行否定。对女性而言，一旦遭到乡评诋斥，就可能在乡人心中形成某种难以消除的负面印象。故乡评对女性的诋斥，也成为宋代民间规诫教化世人，维护社会秩序的一种途径。就文献记载来看，宋代乡评诋斥的士人阶层女性，主要有以下一些类型。

（一）悍妒不驯的女性

刘向《古列女传》引鲍苏妻之言："七去之道，妒正为首。"[124] 宋人胡宏亦曰："妇人之恶，以妒忌为大。"[125] 洪适编《壶邮》一书，专记前代和本朝妒妇悍妻之事，"抑使中人之性知恶之不可蹈也"。[126]

在宋代，悍妒不驯的女性会为乡评诋斥。如孙沔"喜宴游女色"，妻边氏"悍妒，为一时所传"。[127] 陈慥"喜畜声妓"，其妻柳氏"绝凶妒"，声名"彰著于外"。[128] 沈括晚年娶张氏，张悍虐，括"不能制，时被箠骂"，后张因病而死，人皆为沈括称贺。[129] 显然，宋代乡评对悍妒的女性颇为不齿。

（二）狠戾不慈的女性

宋代狠戾不慈的女性，亦可能遭到乡评诋斥。如张克公妻刘氏"御婢妾少恩，每瞋恚，辄闭诸空室，不与食"，刘晚年"不能饮啖，十日共食米一升，销瘦骨立乃卒。人以为业报”。[130]蜀人安自牧，买妾柔奴，付以家政。柔奴“恃主人宠嬖，恣横颇甚”，家中有婢女，生一子，方满月，柔奴杀其子，且逐婢。后柔奴“感水蛊疾，岁余而死”，人“咸以为积恶之报”。[131]

（三）贪贿不廉的女性

宋代官场存在的贪贿之风，[132]使得有些官吏家眷亦涉及贪贿问题，败坏社会风气。[133]因此贪贿不廉的女性，也成为宋代乡评诋斥的对象。如高宗朝右朝奉大夫陈良翰“阿附秦桧，戕害良善，持节江东，公行贿赂。其妻内通关节，人谓之‘女提刑’”。[134]可见时人对陈妻的不满。

（四）愚昧不知变通的女性

宋人有云：“妇人女子，虽以幽闲静专为德，而尸居块然，懵不知事，如土木偶人，则为愚妇。”[135]在宋代，愚昧不知变通的女性，也可能遭到乡评谴责。如赵鼎臣堂姐，嫁于相貌丑陋、品行不端的武氏，武“尽坏其家之产，日日饮博”，赵父母不堪其女受辱，劝女离异，赵不听，“里闾见者莫不太息”，谴责赵氏“甘身困辱则非智，屈意于苟贱则无勇”。当鼎臣辩称其姐为贤妇时，乡人则“笑其言之过”。[136]可见赵氏因甘受困辱，不知变通，而为乡评诋斥。

总之，就文献记载而言，正史列女传与官修方志重在树立贞节烈女等典范女性形象，以教化世人。女性资料相对集中的墓志碑铭，又因亲属“一欲褒扬其亲”，“书其恶焉，则人情之所不得”，[137]故而基于伦常、情谊的考量，撰写者对墓主的评述，往往流于褒多于贬的情况。[138]这种隐恶扬善的书写原则，使得士人阶层女性为乡评诋斥的内容，在上述文献记载中几近绝迹。加之不少反面女性虽见诸一些文献记载，又往往缺乏乡评的内容。上述诸多因素，也使文献记载中乡评诋斥的女性，明显少于乡评认可的女性。但值得注意的是，这并不表明乡评对女性也会隐恶不彰。上述考察亦可说明这一问题。

四、乡评规范女性的影响

社会秩序的建构与维护离不开一定的规范，规范规定了人们在某一社会的某些情况下“应该”有怎样的行为。[139]在宋代，乡评作为民间舆论的重要形式，在认可称颂或诋斥谴责女性的过程中，凝聚群体共识，营造舆论氛围，从而以观念的力量规范女性，不仅对被评价女性本身具有直接的影响，对周围女性群体、地方社会乃至后世也会产生深远影响。

（一）对被评价女性自身的影响

在宋代民间社会中，乡人以彼此言说、谈论品评的方式，使女性个体的事迹得以辗转相传。对那些受到乡评认可的女性而言，乡里的褒扬性舆论，除了能对女性自身起到道德激励的作用，还可能为其人生带来积极影响。

首先，乡评对女性婚配具有一定程度的影响。在传统社会中，指导婚姻行为的重点，不是男女个人的爱情和幸福，而是对上孝事父母尊长，再就是繁衍教养子女。[140]故而女德的养成至为重要。在宋代，乡评是人们判定女性德行的重要依据，乡评认可的女性，往往成为众人求偶的目标，有的女性也因此觅得佳婿。如李之仪母田氏“事事益理，邦人贤之，而愿委命者相踵。久之，得沧州无棣李君讳颀以归”。[141]绥德贺氏自幼贞顺孝谨，笃于女工，“宗党闾里莫不敬爱”，时李潮“以乡邦甲门，兼之武略票健，一时塞上之人罕有出其右者”，闻贺氏之贤，求以为妻。[142]

其次，乡评能为女性提供流芳于世的机会。如前述各类乡评认可的女性，其事迹若非乡人的关注、品评与传布，则很难为世人知晓。而那些德行殊异的女性，通常也要经乡民举荐，“为众所推”这一环节，方可能受到朝廷或地方官府的表彰。就连亲党戚旧为女性撰写墓铭，往往也以“乡里贤之”“内外称之”“人无间言”等方式，彰显女性德行，或通过墓主死后乡闾的态度与言论判定墓主德行，以此昭德于世。

反之，宋代那些遭乡评诋斥谴责的女性，不仅难以消除其在人们心目中的负面印象，甚至还会因此陷入不利的人生处境。如前述沈括悍妻张氏、张克公戾妇刘氏等，生前为人不齿，死后亦难脱恶名。

（二）对周围女性群体、地方社会乃至后世的影响

社会心理学研究指出，当人们认为群体成员是正确的，并且希望被群体所喜欢和接受时，就会更加倾向从众于群体的行为。[143] 在宋代，乡评作为“公议”“公论”或“众议”，反映着民间社会普遍的价值观念与道德期许，对人们的行为具有导向作用。

首先，乡评以认可称颂的方式，树立典范女性形象，吸引周围女性效仿学习。而那些遭到乡评诋斥谴责的女性，则以反面事例，对女性群体起到警示规诫的效果。在乡评营造的舆论氛围影响下，乡里女性通常会自觉或不自觉地效仿典范女性的行为，以获得社会的认同与接受，免遭乡人诋斥。如程节妻沈氏，事舅姑“尊而亲”，相夫“严而顺”，训诸女“皆有法”，“为妇为母，一乡皆矜式焉”。[144] 曾德贤妻邹氏，敦亲睦族，持家教子有方，“同室千指，俱无间言”，“乡里之为妇为女者，是则是式”。[145]

其次，宋代乡评对女性德行的认可与传布，也能敦风厚俗，影响地方社会。如林概母黄氏，事舅姑及祖姑至孝，后夫子皆亡，黄自持门户，携诸孙客居吴地，训诲诸孙力学，诸孙为进士而成名者数人，宗族称之曰“孝妇”，州闾号之曰“烈妻”，士大夫传之为“贤母”，“岁久，吴人服而化之”。[146] 刘宜之妻徐氏“治生不贪，予人不靳”，“里之可教而无力者，馆赡之”，故“德日以茂，誉望随之”，乡人见贪啬者，必嗤之曰：“不愧徐夫人乎？”[147] 可见徐氏对当地风气的影响。另如前揭绥德贺氏，在其夫李潮抵御西夏阵亡后，抚恤诸孤，训之以义，地方“开宗望姓治家教子，无不以夫人为法”。[148] 蔡襄母卢氏“事长慈幼，既俭且勤”，赢得乡闾称颂，“久而宗族和，乡党化”。[149]

此外，宋代乡评对女性德行的传布，还可超越时空，影响后世。如蒋弘谨妻史氏，孀居守节，养鹅自给，赢得乡人敬重，乡人因此命名该地为“养鹅墩”。[150]地名承载着乡人的集体记忆，显然能超越时空，产生久远的影响。而那些被乡评称誉并为士人书写的女性，其事迹随文字传播，对后世也有深远影响。如陈之奇母丁氏，其兄丁谓“欲官二甥”，丁氏“固辞，俾自以学术进”，之奇兄弟相继登科，“乡里传县君（丁氏）之贤”，胡瑗著《丁氏贤惠录》，苏舜钦为之书。[151]丁氏事迹也随之传播，影响后世。胥偃妻刁氏，与子胥元衡妻韩氏、孙胥茂谌妻谢氏，皆寡居丹阳，闺门有法，其事迹传于当地，影响后世。[152]

综上所述，在宋代，乡评作为民间舆论的重要形式，反映着民间社会普遍的价值观念与道德期许。就其表现形态而言，它虽不像儒家纲常伦理、国家法律诏令那样明确、条理，却通过营造舆论氛围，在日常的生活和观念的深层，对社会秩序的建构与维护起着不容忽视的作用。上述研究发现，乡评作为一种民间舆论的力量，与官方主流规范对女性的期许具有很大程度的一致性。如乡评所称道的女德妇道兼备的女性，教子、持家有方的女性，正好也符合儒家礼法对女性的规范期许。而乡评诋斥谴责的悍妒不驯、狠戾不慈的女性，也是违背儒家礼法的类型。但另一方面，在日常生活中，也存在诸多不在官方理念规范之内，却为乡评认可或诋斥的女性。如富于才智、处事果敢、惠及乡里、忠义爱国的女性，也能赢得乡评认可，甚至成为乡里典范。而对贪贿不廉、愚昧不知变通的女性，儒家礼法虽未见规制，但乡评也会诋斥谴责。总之，在宋代，乡评作为一种民间舆论的力量，参预了性别秩序的建构，在乡评和士人舆论的影响下，宋代士人阶层女性会受到社会舆论的规范，但与此同时，相对宽松的舆论氛围，也能为该阶层女性提供较为多元的生活空间。

注释：

1 早在20世纪初，美国社会学家爱德华·罗斯即已指出，社会舆论在维护社会秩序中起着重要作用。参见《社会控制》，第68—80页。
2 《长编》卷七，太祖乾德四年五月甲戌，第171页。
3 《周益公文集》卷五五《文苑英华序》，《宋集珍本丛刊》第49册，第242页。
4 《朱熹的历史世界：宋代士大夫政治文化的研究·总序》，第3页。
5 邓小南：《祖宗之法：北宋前期政治述略》，北京：生活·读书·新知三联书店，2006年，第182页。
6 《太史范公文集》卷三八《工部尚书致仕李庄公许昌郡夫人钱氏墓志铭》，《宋集珍本丛刊》第24册，第389页。
7 《礼记正义》卷二八，《十三经注疏》，第1471页。
8 《女诫》，《说郛三种》（宛委山堂本）卷七〇下，第3295页。
9 《李觏集》卷五《周礼致太平论五十一篇·内治第六》，第73页。
10 《李觏集》卷三一《亡室墓志》，第360页。
11 《欧阳修全集》卷三六《渤海县太君高氏墓碣》，第537页。
12 〔宋〕韩琦撰，李之亮、徐正英笺注：《安阳集编年笺注》卷四八《故寿安县君王氏墓志铭》，成都：巴蜀书社，2000年，第1511页。
13 《司马文正公传家集》卷七八《程夫人墓志铭》，第968页。
14 〔宋〕郑獬：《郧溪集》卷二二《朱夫人墓志铭》，《宋集珍本丛刊》第15册，第204页。
15 〔宋〕邹浩：《道乡先生邹忠公文集》卷三七《夫人葛氏墓志铭》，《宋集珍本丛刊》第31册，第280页。
16 〔宋〕杨时：《龟山先生全集》卷三二《令人吴氏墓志铭》，《宋集珍本丛刊》第29册，第533页。
17 〔宋〕王之道：《相山集》卷二九《孙宜人墓志》，《宋集珍本丛刊》第40册，第543页。
18 《晦庵先生朱文公文集》卷九一《荣国夫人管氏墓志铭》，《朱子全书》第25册，第4248页。
19 《后村先生大全集》卷一五一《墓志铭·王孺人》。
20 《女诫》，《说郛三种》（宛委山堂本）卷七〇下，第3295页。
21 《女孝经》，《说郛三种》（宛委山堂本）卷七〇下，第3287页。
22 〔宋〕徐铉：《徐骑省集》卷三〇《故汝南县太君周氏夫人墓志铭》，上海：商务印书馆，1937年，第292页。
23 《安阳集编年笺注》卷四八《故仁寿县君张氏墓志铭》，第1510页。
24 《王文公文集》卷九九《永安县太君蒋氏墓志铭》，第1007页。
25 《司马文正公传家集》卷七八《程夫人墓志铭》，第967页。
26 〔宋〕刘攽：《彭城集》卷三九《孙氏母庄夫人墓碣并铭》，上海：商务印书馆，1935年，第154页。
27 〔宋〕王庭珪：《卢溪先生文集》卷四三《故王氏墓志铭》，《宋集珍本丛刊》第34册，第708页。
28 《晦庵先生朱文公文集》卷九二《潘氏妇墓志铭》，《朱子全书》第25册，第4271页。
29 〔宋〕陈亮著，邓广铭点校：《陈亮集》卷二五《祭妻祖母夫人王氏文》，北京：中华书局，1987年，第375页。
30 《安阳集编年笺注》卷四六《录夫人崔氏事迹与崔殿丞请为行状》，第1433页。
31 《王文公文集》卷九八《故高阳郡君齐氏墓志铭》，第1001页。

32 《二程集·河南程氏文集》卷一二《上谷郡君家传》，第 653—655 页。
33 《太史范公文集》卷五一《右班殿直妻李氏墓志铭》，《宋集珍本丛刊》第 24 册，第 470 页。
34 〔宋〕郑侠：《西塘先生文集》卷四《谢夫人墓表》，《宋集珍本丛刊》第 24 册，第 546 页。
35 〔宋〕文同：《新刻石室先生丹渊集》卷四〇《华阳县君杨氏墓志铭》，《宋集珍本丛刊》第 9 册，第 324 页。
36 〔宋〕孙觌：《南兰陵孙尚书大全文集》卷六四《宋故秦国夫人王氏墓志铭》，《宋集珍本丛刊》第 35 册，第 748 页。
37 以上引文见《卢溪先生文集》卷四四《故王氏夫人墓志铭》，《宋集珍本丛刊》第 34 册，第 714—715 页。
38 《周益公文集》卷七六《益国夫人墓志铭》，《宋集珍本丛刊》第 49 册，第 392 页。
39 〔宋〕叶适著，刘公纯等点校：《叶适集·水心文集》卷二〇《虞夫人墓志铭》，北京：中华书局，1961 年，第 392 页。
40 《安阳集编年笺注》卷四六《录夫人崔氏事迹与崔殿丞请为行状》，第 1433 页。
41 《晦庵先生朱文公文集》卷九二《荣国夫人管氏墓志铭》，《朱子全书》第 25 册，第 4248 页。
42 《晦庵先生朱文公文集》卷九二《夫人虞氏墓志铭》，《朱子全书》第 25 册，第 4253 页。
43 《周益公文集》卷三六《亡姊尚氏夫人墓志》，《宋集珍本丛刊》第 49 册，第 63 页。
44 〔宋〕陆游：《陆游集·渭南文集》卷三六《夫人陈氏墓志铭》，北京：中华书局，1976 年，第 2338 页。
45 〔宋〕杨万里：《诚斋集》卷一三一《太恭人董氏墓志铭》，四部丛刊初编本。
46 〔宋〕楼钥：《攻媿集》卷一五〇《太孺人蒋氏墓志铭》，上海：商务印书馆，1935 年，第 1489 页。
47 《攻媿集》卷八五《亡妣安康郡太夫人行状》，第 1156 页。
48 〔宋〕黄榦：《勉斋先生黄文肃公文集》卷三五《郭夫人墓志铭》，《北京图书馆古籍珍本丛刊》第 90 册，第 723 页。
49 〔宋〕袁燮：《絜斋集》卷二一《何夫人宣氏墓志铭》，上海：商务印书馆，1935 年，第 348—349 页。
50 《西山先生真文忠公文集》卷四五《夫人蔡氏墓志铭》。
51 《太史范公文集》卷四八《右监门卫大将军妻崇安县君石氏墓志铭》，《宋集珍本丛刊》第 24 册，第 450 页。
52 《太史范公文集》卷四八《随州观察使汉东侯妻陈留郡君吴氏墓志铭》，《宋集珍本丛刊》第 24 册，第 449 页。
53 《古灵先生文集》卷二五《秦国太夫人窦氏墓志铭》，《北京图书馆古籍珍本丛刊》第 87 册，第 220 页。
54 《道乡先生邹忠公文集》卷三七《夫人葛氏墓志铭》，《宋集珍本丛刊》第 31 册，第 280 页。
55 《司马文正公传家集》卷七八《叙清河郡君》，第 969 页。
56 〔宋〕赵鼎臣：《竹隐畸士集》卷一九《伯姊墓志铭》，《影印文渊阁四库全书》第 1124 册，第 258 页。
57 〔宋〕胡宏著，吴仁华点校：《胡宏集》卷四《皇王大纪论·诗始周南》，北京：中华书局，1987 年，第 246 页。
58 〔宋〕洪适：《盘洲文集》卷三四《壶邮序》，《宋集珍本丛刊》第 45 册，第 250—251 页。
59 《攻媿集》卷八四《祭赵恭人》，第 1142 页。
60 〔宋〕杨简：《慈湖诗传》卷一，《影印文渊阁四库全书》第 73 册，第 6 页。
61 《絜斋集》卷二一《蒋安人潘氏墓志铭》，第 347 页。
62 《絜斋集》卷二一《太夫人戴氏圹志》，第 353 页。

63 美国学者戴仁柱先生也注意到这一现象，他在《十三世纪中国政治与文化危机》一书中，亦涉及了晚宋女性的忠义行为。
64 〔宋〕罗大经著，王瑞来点校：《鹤林玉露・乙编》卷五《女戒》，北京：中华书局，1983年，第210页。
65 《直斋书录解题》卷七，第220页。
66 〔宋〕江少虞：《宋朝事实类苑》卷五五《忠孝节义・莫节妇》，上海古籍出版社，1981年，第697页。
67 《王文公文集》卷九九《仙居县太君魏氏墓志铭》，第1008页。
68 以上引文见《周益公文集》卷七六《太恭人司徒氏墓志铭》，《宋集珍本丛刊》第49册，第393—394页。
69 〔宋〕洪迈：《容斋随笔・续笔》卷一二《妇人英烈》，上海古籍出版社，1978年，第355页。
70 《鹤山先生大全文集》卷七三《顾夫人墓志铭》。
71 《后村先生大全集》卷一四九《墓志铭・李节妇》。
72 〔宋〕马纯：《陶朱新录》，《影印文渊阁四库全书》第1047册，第209页。
73 〔宋〕吕大钧：《吕氏乡约》，《续修四库全书》第934册，上海古籍出版社，2002年，第252页。
74 《西山先生真文忠公文集》卷四〇《潭州谕俗文》。
75 〔宋〕吕祖谦：《大事记解题》卷一〇，《吕祖谦全集》第8册，第665页。
76 〔宋〕章如愚：《群书考索》续集卷三八，北京：书目文献出版社，1992年，第1144页。
77 〔宋〕林駉：《古今源流至论》前集卷三《乡评》，上海古籍出版社，1992年，第38—39页。
78 〔宋〕应俊辑补：《琴堂谕俗编》卷下《崇忠信》，《影印文渊阁四库全书》第865册，第242页。
79 〔清〕黄瑞：《台州金石录》卷一一《宋规约残碑》，《宋代石刻文献全编》第2册，北京图书馆出版社，2003年，第129页。
80 《晦庵先生朱文公文集》卷七四《增损吕氏乡约》，《朱子全书》第24册，第3594—3595页。
81 《陈亮集》卷二九《喻夫人王氏改葬墓志铭》，第432页。
82 〔宋〕真德秀：《政经・谕俗榜文》，《影印文渊阁四库全书》第706册，第456页。
83 〔宋〕张镃：《仕学规范》卷二九，《影印文渊阁四库全书》第875册，第146页。
84 《宋史》卷四三七《真德秀传》，第12960页。
85 《政经・谕俗榜文》，《影印文渊阁四库全书》第706册，第456页。
86 参见刘建明等：《舆论学概论》，北京：中国传媒大学出版社，2009年，第93页。
87 《勉斋先生黄文肃公文集》卷三五《方夫人墓志铭》，《北京图书馆古籍珍本丛刊》第90册，第709页。
88 《欧阳修全集》卷三六《长安郡太君卢氏墓志铭》，第539页。
89 〔宋〕陈造：《江湖长翁文集》卷三五《太孺人王氏墓志铭》，《宋集珍本丛刊》第60册，第732页。
90 〔宋〕度正：《性善堂稿》卷一四《故太原王夫人墓志铭》，《影印文渊阁四库全书》第1170册，第260页。
91 《后村先生大全集》卷一四八《墓志铭・亡室》。
92 《安阳集编年笺注》卷四八《故寿安县君王氏墓志铭》，第1511页。
93 《欧阳修全集》卷三六《长安郡太君卢氏墓志铭》，第539页。
94 〔宋〕吕南公：《灌园集》卷二〇《陈处士妻叶氏墓志铭》，《影印文渊阁四库全书》第1123册，第190页。
95 〔宋〕吕陶：《净德集》卷二七《李夫人墓志铭》，上海：商务印书馆，1935年，第294页。

96 〔宋〕刘挚撰，裴汝诚、陈晓平点校：《忠肃集》卷一四《寿安许夫人墓志铭》，北京：中华书局，2002 年，第 205 页。

97 〔宋〕刘弇：《龙云集》卷三二《寿安县君张氏墓志铭》，《影印文渊阁四库全书》第 1119 册，第 330 页。

98 《道乡先生邹忠公文集》卷三七《长寿县君高氏墓志铭》，《宋集珍本丛刊》第 31 册，第 276 页。

99 〔宋〕慕容彦逢：《摘文堂集》卷一五《单氏夫人墓志铭》，《影印文渊阁四库全书》第 1123 册，第 480 页。

100 《宋王忠文公文集》卷一七《祭令人文》，《宋集珍本丛刊》第 44 册，第 103 页。

101 《盘洲文集》卷七五《赵孺人墓铭》，《宋集珍本丛刊》第 45 册，第 496 页。

102 《周益公文集》卷三六《曾监酒母孺人刘氏墓志铭》，《宋集珍本丛刊》第 49 册，第 65 页。

103 《净德集》卷二七《仁寿县太君魏氏墓志铭》，第 292 页。

104 《古灵先生文集》卷二五《夫人吴氏墓志铭》，《北京图书馆古籍珍本丛刊》第 87 册，第 210 页。

105 〔宋〕晁补之：《鸡肋集》卷六五《穆氏墓志铭》，四部丛刊初编本。

106 《龙云集》附录《周夫人墓志铭》，《影印文渊阁四库全书》第 1119 册，第 335 页。

107 〔宋〕刘跂：《学易集》卷八《夫人李氏墓志铭》，《影印文渊阁四库全书》第 1121 册，第 616—617 页。

108 〔宋〕葛胜仲：《丹阳集》卷一四《张太安人王氏墓志铭》，《宋集珍本丛刊》第 32 册，第 637 页。

109 《盘洲文集》卷七七《慈茔石表》，《宋集珍本丛刊》第 45 册，第 505 页。

110 《诚斋集》卷一三〇《夫人邹氏墓志铭》。

111 《陆游集·渭南文集》卷三七《夫人陆氏墓志铭》，第 2353 页。

112 《江湖长翁文集》卷三五《徐氏墓志铭》，《宋集珍本丛刊》第 60 册，第 728 页。

113 《晦庵先生朱文公文集》卷九二《夫人虞氏墓志铭》，《朱子全书》第 25 册，第 4252 页。

114 〔宋〕洪迈撰，何卓点校：《夷坚志》支丁卷九《淮阴张生妻》，北京：中华书局，1981 年，第 1039 页。

115 《宋故夫人茹氏墓记》，中国文物研究所、陕西省古籍整理办公室编《新中国出土墓志·陕西(壹)》，北京：文物出版社，2000 年，第 158 页。

116 〔宋〕杨杰：《无为集》卷一四《故庐江田府君夫人赵氏墓志铭》，《宋集珍本丛刊》第 15 册，第 348—349 页。

117 〔清〕杜春生：《越中金石记》卷四《宣氏圹记》，《宋代石刻文献全编》第 4 册，第 171 页。

118 〔宋〕姚勉：《雪坡舍人集》卷五〇《谭氏孺人墓志铭》，《宋集珍本丛刊》第 86 册，第 522 页。

119 《江湖长翁文集》卷三五《太孺人王氏墓志铭》，《宋集珍本丛刊》第 60 册，第 731—732 页。

120 《节妇夫人吴氏墓碣铭》，《王令集·附录》，第 406 页。

121 《新刻石室先生丹渊集》卷四〇《文安县君刘氏墓志铭》，《宋集珍本丛刊》第 9 册，第 321 页。

122 〔清〕李遇孙：《栝苍金石志》卷六《硕人郭氏墓志铭》，《宋代石刻文献全编》第 3 册，第 832—833 页。

123 参见 [美] 菲利普·津巴多 (Zimbardo, P. G.)、迈克尔·利佩 (Leippe, M. R.) 著，邓羽等译：《态度改变与社会影响》，北京：人民邮电出版社，2008 年，第 47 页。

124 〔汉〕刘向：《古列女传》，上海：商务印书馆，1936 年，第 44 页。

125 《胡宏集》卷四《皇王大纪论·诗始周南》，第 246 页。

126 《盘洲文集》卷三四《壶邮序》，《宋集珍本丛刊》第 45 册，第 250—251 页。

127 《宋史》卷二八八《孙沔传》，第 9690 页。
128 《容斋随笔·三笔》卷三《陈季常》，第 457 页。
129 〔宋〕朱彧撰，李伟国点校：《萍洲可谈》卷三，北京：中华书局，2007 年，第 168 页。
130 《夷坚志》丁志卷一三，第 650 页。
131 《夷坚志》支丁卷二，第 978—979 页。
132 关于这一问题，可参看王曾瑜：《宋朝阶级结构》(增订版)，第 234—236 页。
133 如韩侂胄有四妾十婢，均受宠。有人献北珠冠四枚，侂胄分赐四妾，十婢不满，“侂胄患之”。时赵师择守临安，出资十万缗买北珠冠十枚，以献十婢，十婢“大喜，分持以去”。赵也因贿赂侂胄十婢，进官工部侍郎。参见〔宋〕佚名编，汝企和点校：《续编两朝纲目备要》卷五，北京：中华书局，1995 年，第 84 页；又见〔明〕田汝成：《西湖游览志余》卷四《佞幸盘荒》，上海古籍出版社，1980 年，第 76—77 页。
134 《建炎以来系年要录》卷一八五，绍兴三十年八月甲子，第 3133 页。
135 《南兰陵孙尚书大全文集》卷六〇《恭人杨氏墓志铭》，《宋集珍本丛刊》第 35 册，第 724 页。
136 《竹隐畸士集》卷一四《武氏姊传》，《影印文渊阁四库全书》第 1124 册，第 225 页。
137 〔宋〕曾巩撰，陈杏珍、晁继周点校：《曾巩集》卷一六《寄欧阳舍人书》，北京：中华书局，1984 年，第 253 页。
138 参见黄宽重：《宋史研究的重要史料——以大陆地区出土宋人墓志资料为例》，《新史学》第 9 卷第 2 期，第 146 页。他的《宋代的家族与社会》第 1 篇之第 2 章《墓志史料的价值与限制——以两件宋代墓志资料为例》(北京：国家图书馆出版社，2009 年，第 47—59 页）对墓志资料的价值及局限也有深入阐述。
139 《社会学》，第 74 页。
140 参见郭松义：《伦理与生活——清代的婚姻关系》，第 1 页。
141 〔宋〕沈括：《长兴集》卷二九《长寿县君田氏墓志铭》，四部丛刊三编本。
142 《李公夫人贺氏墓志铭》，《新中国出土墓志·陕西（壹)》，第 160 页。
143 [美]泰勒（S. E. Taylor）等著，谢晓非等译：《社会心理学》(第 10 版)，北京大学出版社，2004 年，第 225 页。
144 《宝文阁待制陈节妻沈氏墓志铭》，陈伯泉《江西出土墓志选编》，南昌：江西教育出版社，1991 年，第 79—80 页。
145 《诚斋集》卷一三〇《夫人邹氏墓志铭》。
146 《彭城集》卷三六《林氏母黄氏夫人墓表》，第 487 页。
147 《江湖长翁文集》卷三五《徐氏墓志铭》，《宋集珍本丛刊》第 60 册，第 728 页。
148 《李公夫人贺氏墓志铭》，《新中国出土墓志·陕西（壹)》，第 161 页。
149 《欧阳修全集》卷三六《长安郡太君卢氏墓志铭》，第 539 页。
150 《咸淳毗陵志》卷三〇，《宋元方志丛刊》第 3 册，第 3210 页。
151 〔宋〕范成大：《吴郡志》卷二七，《宋元方志丛刊》第 1 册，第 899 页。
152 《宋史》卷二九四《胥偃传》，第 9818—9819 页。

第四章　典范训则：士人家庭与宋代性别秩序

在家国同构、家国一理的中国传统社会，家是构成社会的基本单元，家庭秩序的稳定与国家兴衰密切相关。王安石即云："王者之治，始之于家。"[1]朱熹强调："天下之本在国，国之本在家。"[2]杨万里亦云："正莫易于天下，而莫难于一家。"[3]有宋一代，崇儒重教，以文治国，在儒家修、齐、治、平理念的影响下，如何有效地规范家庭秩序，维护家庭与社会稳定，始终是宋人念兹在兹的问题。而以家为主要活动空间的女性，自然被作为规范的对象，因此，在治家的过程中，女性无疑备受士人关注。在前面的论述中，我们已经从阴阳学说、国家制度以及社会舆论的角度，探讨了宋代社会对于性别秩序的规范，本章将从个人家庭的角度，考察宋代士人家庭对于性别秩序的规范。

第一节　家庭典范女性的教化作用

在传统社会"女正位乎内，男正位乎外"的理念的支配下，女性与家庭的关系至关重要，家是女性生活的主要场域，家庭也是影响女性生活的重要因素，无论在家为室女，既嫁为人妇，抑或生子为人母，女性都深受家庭的影响，而家庭成员之间的互相影响也显得至关重要。在讨论之初，我们必须先就相关概念作一初步的厘清。

一、概念界定

关于传统社会的“家庭”，瞿同祖认为：“家应指同居的营共同生活的亲属团体而言，范围较小，通常只包括二个或三个世代的人口……在一个只包括父母和子女两个世代的家庭，父亲是家长，在包括三个世代的家庭，则祖父为家长。家庭范围或大或小，每一个家都有一家长为统治的首脑。他对家中男系后裔的权力是最高的，几乎是绝对的，并且是永久的。子孙即使在成年以后也不能获得自主权。”[4] 滋贺秀三认为：“在广义上，总称家系相同的人们为家……在狭义上，将共同维持家计的生活共同体称之为家。”[5] 王玉波指出：“家庭是以婚姻与血缘关系为纽带、存在相互供养权利与义务的多种社会关系综合的生活共同体。”[6] 杜正胜则认为，“家通指家庭，是同居共财的近亲血缘团体”，他强调，“造成家的因素除血缘外，还有财产。从丧服传来看，家庭的成员主要是父已子三代，最广可以推到同出于祖父的人口，用人类学家的术语说，即是主干家庭（Stem Family）和共祖家庭（Lineal Family，一般译作直系家庭），只有父子两代的核心家庭（Nuclear Family）当然也包括在内”。[7] 李根蟠在分析居延汉简中所载戍卒家庭规模时，根据家庭规模的大小以及家庭成员的死亡或流散，对核心家庭与主干家庭又作了细分，但从总体上看，依然可归入上述两类家庭模式。[8] 邢铁在研究宋代家庭时亦指出，从结构上看，宋代家庭仍然主要是三代。[9]

本节讨论的宋代士人家庭，通常也是由父已子三代或只有父子两代组成的家庭。宋代“男夫二十为丁，六十为老”[10]，家庭的三代“以中间的壮年夫妇为核心，上养老人，下育子女”[11]。故在本节中，若家庭核心成员壮年夫妻中的丈夫为士人者，即称之为士人家庭。当然，若家庭中连续两代，甚至连续三代出现士人者，自然更属于士人家庭。如前所述士人阶层女性必然也是生活在士人家庭中的女性，那么宋代士人家庭中的典范女性如何产生，又是怎样影响其他女性的呢？下面我们将从典范女性的产生及其影响两个方面予以论述。

二、宋代士人家庭中典范女性的产生及其影响

（一）亲族的称颂与推崇

在士人的书写脉络中，亲族的称颂与推崇是家庭典范女性产生的途径之一。在亲族的称颂与推崇下，女性的美德得以传播，女性个体的道德实践在亲族的传颂中得到公开的认可与褒扬，成为集体效仿的行为，从而对家庭内部其他女性的行为起到规范与教化的功效。

余靖记载夫人王氏：

> 年十九，归于户部郎中许氏，事其姑如其母，而加谨焉，怡声下色，调膳扇枕，虽隆冬瘴暑，必躬亲之，未尝一委媵妾之手，室中举案侃侃如也。姑亡，不食三日，冒绖被缞，动必以礼。其族妇有贤而孝者，族人齿之，必曰：何如王氏。[12]

范祖禹记载左班殿直安巽之女安氏：

> 在家，孝于亲，顺于长，巧于女工。及适赵氏，事舅如父母，奉夫如长上，内外亲属无不得其欢心。平居下气怡声，未尝忤物，宗族每娶妇，辄指为法式。[13]

张耒记载大理寺丞王毖妻李氏：

> 性纯孝敏静，其事舅姑，能先意集事，饮食衣服，非经其手不以荐，而舅姑亦曰："非新妇之所为，吾食不甘，服不安也。"宗党相教以为法。[14]

邹浩记载台州天台县令王无咎妻曾氏：

性庄重，又积习家法，故自处以至于行，自幼以至于老，内外宗党为女、为妇与为母者，咸取则焉。[15]

刘跂记载安人王氏：

事尊嫜尤谨饬，烹饪、缝纫，非身为之不以进。其待族属雍睦有礼意，僮御未尝见其忿厉之色。喜诵佛书，持杀生戒甚严，服饰有禽鱼诸物象，为其伤之，皆弗以服。盖姻党内外众多，咸视其举措为法。[16]

谢逸记载夫人桂氏：

既归夫家，姑曰："予其致家政有贤妇。"姒曰："予其休妇事有贤娣。"夫曰："予其出游以干禄有贤妻。"既而男祇厥训，女勤厥工，宗族法象其德，而妾御化之，不敢急步疾呼也。[17]

袁燮记载太孺人范氏：

在家则为贤女，既嫁则为贤妇，及预家政，又为贤母。其为人也，温柔可亲，而不失之弱；聪达过人，而不矜其能；其相夫子也，切磋如朋友，而未尝不和；其御婢妾也，虽不厉威，而终不敢慢。德厚而才裕，识远而虑深，春秋虽高，精明自若，凡我族党论闺闱之贤行，以为称首。[18]

陆游记载处士巩法妻杨氏：

夫人自为巩氏妇，事山堂（其舅巩庭芝）及君姑钱夫人，一步趋，一话言，悉皆巩氏家法。耳目濡染，又皆天下长者事。故行成德进，山堂以为称吾家妇，宗党姻戚，邻里皆取法焉。[19]

韩元吉记载太令人郭氏：

> 天性沉静，不事华侈，虽世居辇毂下，服饰澹然，未尝辄循时好，故亲族内外咸知其贤。魏邸，宣州观察使，为其第三子赠中散大夫讳某者聘焉。夫人既归外家之族，而宣州子舍素多，所娶皆名家大姓，独推夫人妇道为可则。盖居家孝而和，奉祭祀备而洁，处用度俭而不陋，恂恂色庄而气平。虽女功之巧，未尝自衒己能，以骄人也。遇人有不善，私面谕之，不以语于众，善则与众称焉。举族敬爱，以为不可及。[20]

上述记载可见，在宋代士人家庭中，德行显著的女性通常会获得亲族的敬重与称颂。在亲族的称颂与推崇下，女性个体的行为，进而成为家庭内部的典范行为，从而起到规范与教化家庭中其他女性的作用。

（二）舅姑的褒扬与树立

在宋代士人家庭中，为巩固家庭内部的性别秩序，舅姑通常也会以自身在家庭中的权威地位，褒扬与树立典范儿媳的形象，试图起到教化家庭中其他女性的功效。

欧阳修记载太中大夫、尚书屯田郎中王利妻李氏，被舅姑树立为家中诸妇与诸女的典范：

> 夫人为李氏女，事后母，以孝闻。及为王氏妇，逮事其舅姑，其舅姑尝称夫人以诫诸妇曰："事我者当如此。"又以诫其诸女曰："为人妇者当如此。"[21]

范祖禹记载长寿县太君杨氏：

> 年十九，适家氏，赠朝散大夫某，其夫也。大夫兄弟八人，族大口众，皇舅治家严整，每称夫人曰："吾家顺妇。"[22]

沈遘记载其同年进士陈确母方氏：

既归陈氏，舅姑贤之，任以家事，上下咸得其心，无间言。皇姑常曰："我家大，非我妇，莫能辑也。"皇姑殁，专内治，祭祀以时，宾客以礼，凡妇人之事，大小罔不躬，群妇循服。[23]

郑獬记载郑州原武县主簿冯期妻朱氏：

敏于妇事……姑夫人性高严，家人不敢妄戏笑，而夫人以孝谨见爱，时有所为，诸妇皆记以为法。[24]

苏轼记载苏舜钦之嫂刘氏：

年十七，归于武功苏子翁。翁讳舜元，参知政事讳易简之孙，赠工部侍郎讳耆之子也。少与弟子美、圣辟皆有盛名。苏氏既大家，而姑王夫人太尉文正公之息女也。严重有识，素贤其子，自为择妇，甚难之，久乃得夫人。夫人事其姑，能委曲顺其意。尝侍疾，不解衣累月。凡姑所欲，不求而获，所不欲，无一至前者。既愈，谓家人曰："微是妇，吾不起矣。"命诸女拜之而弗答也。[25]

刘一止记载中奉大夫阎骙妻高氏：

既归阎氏，以不逮事姑为恨，舅年高，奉食饮药物不少懈，主中馈，佐烝尝，敦睦夫党，上下肃雍，舅贤之，以戒其诸女为矜式。[26]

朱熹记载右宣义郎致仕赠金紫光禄大夫黄崇妻游氏：

事舅姑，承祭祀勤肃不懈……姑性严，诸妇侍旁，有二十年不命坐者。夫人独能顺适其意，盥栉温清，礼无违者。姑有疾，非夫人进药不尝。每因事指言以为诸妇模楷。[27]

杨万里记载士人谭微仲妻左氏：

事姑尹晨夕侧立，无娇容，视姑颜色愉悦，夫人始喜，不然，徐请曰："得无有不可于意者？"姑见妯娌，必称夫人之贤，常俾诸妇视以为矜式。[28]

上述记载可见，在士人家庭中，舅姑通常会以尊长的身份和地位，对能顺适自己之意，勤于妇职的儿媳予以褒扬，并将其树立为家庭中的女性典范，劝诫其他女性学习和效仿典范儿媳的行为。在尊长的劝诫以及典范女性的影响下，家庭中诸妇及诸女则有可能效仿典范的行为，从而起到社会教化的功效。

（三）妯娌之间的相互影响与效仿

士人家庭典范女性的产生，除了亲族的推崇以及舅姑的褒扬与塑造之外，妯娌之间的影响也至关重要，其中德行显著，能胜任妇职者，通常会赢得妯娌们的赞誉，并成为家庭内部其他子妇效仿的典范。

李昭玘记载夫人赵氏：

生七岁，聪明颖悟过人……既长，动容中理，不妄笑语。择良士归之，而得工部郎中直史馆李公之子兟匹焉。李氏诸妇皆年倍，而视夫人如女子时，不以娣姒齿之，夫人执礼无懈，凡门内之事，祭祀宾客，饮食衣服，必身先焉。事其姑仁寿君尤恪，问省不易其时，调芼纫浣不更其手不以进，诸妇相语曰："我辈弗如也。"[29]

度正记载赵公侍妻郭氏：

既庙见，以不及事姑舅，岁时祭祀特致其谨，内外亲戚莫不信重之……长妇疫（按：疫字疑误）令人，次妇王宜人、次妇勾安人，皆文献故家，妇德妇仪为一时矜式，安人（郭氏）周旋其间，誉弥著，人无间言。[30]

徐经孙记载其族父徐居士妻黄氏：

年十七，归我族父徐居士，上侍重堂，礼无违者。时居士家尚微，孺人相以俭勤，姑叔多幼，孺人视犹弟妹，迨毕婚嫁，赀助为多，合同五房，性静躁不一，食指且千，孺人尽己而恕人，门内肃雍，师之为顺。至相语曰："我学长姒。"[31]

陈著记载江阴教授史景正妻陆氏：

归于史氏，进而盥馈动中仪节，见者咸许其知礼。姑太硕人在堂，适所则下气怡声，以畅其敬，凡所服，非手出不敢慢，奉姑以悦，时姒妇高氏为敏虑公家女，夙以师礼闻乐，与氏相观为善，亦益自饬。[32]

可见在士人家庭中，妯娌之间的竞争与品评，在很大程度上影响着女性在夫家的地位和处境，故妯娌之间也会形成互相参照、效仿的风气。德行显著的子妇，通常会以自身的道德实践赢得妯娌们的赞誉，并成为妯娌之间效仿的典范，这也是士人家庭中典范女性产生并教化和规范其他女性的一种方式。

（四）女性以身作则教化家庭中的其他女性

在宋代士人家庭中，还有一些女性通过自身的道德实践，影响与教化家庭中的其他女性。在这一过程中，女性行为本身即具有目的性，在没有外力作用的前提下，女性俨然以道德典范自居，以此教化与规范家庭内部其他女性。

王安石记载钱公辅母蒋氏：

自其嫁至于老，中馈之事亲之惟谨。自其老至于没，纫缝之劳犹不废。子妇尝谏止之，曰："吾为妇，此固其职也。"子妇化服，循其法。[33]

邹浩记载台州天台县令王无咎妻曾氏：

性庄重，又积习家法，故自处以至于行，自幼以至于老，内外宗党为女、为妇、与为母者，咸取则焉。[34]

谢逸记载进士陈良弼妻彭氏：

夫人生彭氏家，为陈氏妇，事上抚下，治家睦族，宾礼姻娅，奉承祭祀，咸适厥中，无两家末流之弊……诸女化其德，柔顺静颛，不妄言笑，其刺绣缝裳，剪制结缕，承夫人指授，咸有法度可观。[35]

杨时记载李纲母吴氏：

能以清约自将，无骄矜气，柔明端静，人不见其喜愠，治家有常法，遇妾媵有恩意，闺门之内雍如也……李公从辟鄜延，夫人挈诸子归宁，而金华（吴氏的母亲）尚无恙，夫人事之益至。吴氏族大，间有不相能者，必迎致其家，听其言、视其容色而鄙倍必消矣。其懿范感人，盖如此。[36]

胡铨记载处士胡宗古妻陈氏的婆婆欧阳夫人以身作则，对陈氏的行为影响很深：

（陈氏）归夫家……时舅已不逮事，独姑欧阳夫人在。夫人文忠族，静顺慈惠，既日侍侧，谓妇当孝姑，其所趋向，目濡耳染以熟，岁时伏腊，冠婚丧祭，及其所行，一切以夫人为准，故安人为妇孝。[37]

上述事实可见，典范女性的产生除了亲族、舅姑以及妯娌的褒扬与推崇之外，还有一些女性俨然以道德典范自居，试图以自身的道德实践，规范与教化家庭其他女性。此类女性大多以长者自居，将儒家伦理规范视为女性分内之事，并自觉承担起实践者与教化者的使命，以维护男权社会的家庭秩序与性别秩序。

总之，在士人家庭中，典范女性通常会成为其他女性学习的楷模，具有较强的教化作用。符合儒家理想形象的女性通常会成为士人家庭中的女性典范，亲族或公婆也会在家庭中树立典范女性形象，以此来规诫诸妇、诸女；而媳妇的行为若合乎礼教规范，赢得众人的称道，则会对家庭中其他女性形成压力，并成为妯娌和小姑效仿的对象；一些女性还会以道德典范自居，以身作则，教化家人，这些都是士人家庭典范女性产生的途径。典范女性的树立与产生，对维护士人家庭秩序以及社会性别秩序，规范与教化女性行为都起着重要的作用，其影响不容低估。

第二节　家法对性别秩序的维护

关于“家法”一词的含义，学界有多种解释，如臧健先生认为：“家法亦称为‘家约’‘家训’‘家范’‘家仪’‘家诫’‘规范’等等。”[38]邓小南先生认为：“治家意义上的‘家法’，本是一种基于亲缘关系之上的约束。”[39]张国刚先生认为：“礼教贯彻在家庭伦理中，就表现为长幼有序、男女有别等一系列老规矩，可以称为‘家规’‘家法’‘家训’，一些名门望族都有自己的‘家法’，大多是治家格言一类的东西。”[40]柳立言先生认为，“家族管理的规章”，“泛称家法（或家训、家范、家诫等)”。[41]结合学界观点，本节认为，“家法”又称“家训”“家范”“家诫”“家规”等，通常指由尊长制定的用于规范家庭成员的各类准则。在宋代性别秩序的维护中，家法起着重要的作用。以下我们将从宋代士人家庭中家法的类型及其对性别秩序的维护等方面进行讨论，以期进一步了解宋代士人家庭在规范性别秩序，维护家庭稳定与发展中所作的努力。

一、宋代士人家庭的家法形式

在宋代士人家庭中，作为维护家庭地位稳固不衰的手段，家法的制

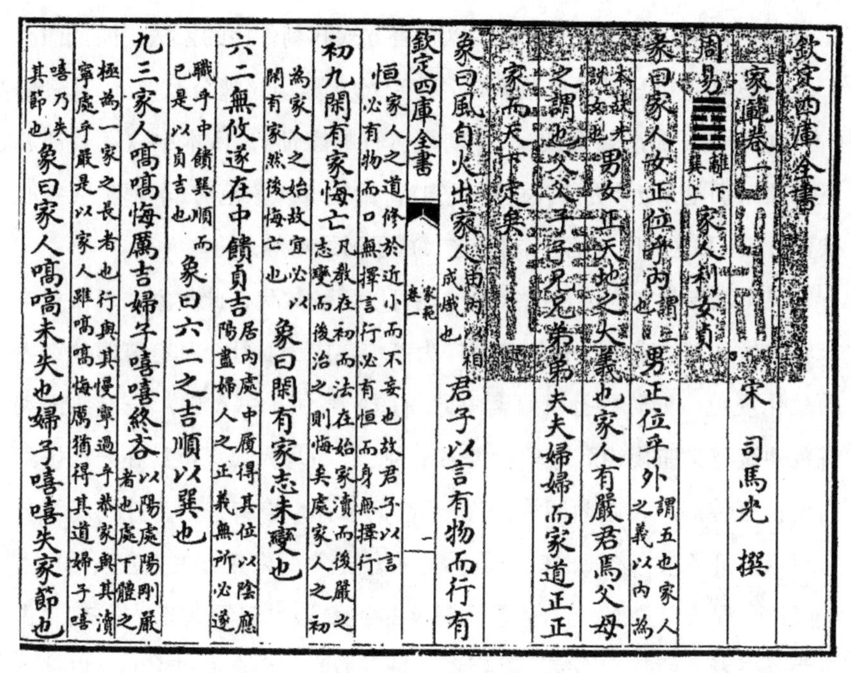
欽定四庫全書
家範卷一　　　宋　司馬光　撰
周易 離下巽上 家人利女貞。
彖曰家人女正位乎內謂二也男正位乎外謂五也家人之義以內為
本故先說女也男女正天地之大義也家人有嚴君焉父母
之謂也父父子子兄兄弟弟夫夫婦婦而家道正正
家而天下定矣
象曰風自火出家人由內以相成熾也君子以言有物而行有
欽定四庫全書　家範　卷一　一
恒家人之道修於近小而不妄也故君子以言必有物而口無擇言行必有恒而身無擇行
初九閑有家悔亡凡教在初而法在始家瀆而後嚴之志變而後治之則悔矣處家人之初
為家人之始故宜必以閑有家然後悔亡也　象曰閑有家志未變也
六二無攸遂在中饋貞吉居內處中履得其位以陰應陽盡婦人之正義無所必遂
職乎中饋巽順而已是以貞吉也　象曰六二之吉順以巽也
九三家人嗃嗃悔厲吉婦子嘻嘻終吝以陽處陽剛嚴者也處下體之
極為一家之長者也行與其慢寧過乎恭家與其瀆寧處乎嚴是以家人雖嗃嗃悔厲猶得其道婦子嘻
嘻乃失其節也　象曰家人嗃嗃未失也婦子嘻嘻失家節也

〔宋〕司马光《家范》书影（影印文渊阁四库全书本）

定较为普遍。如赵鼎即云："吾历观京洛士大夫之家聚族既众，必立规式，为私门久远之法。"[42] 袁采亦云："居家当如居官，必有纲纪"[43]，"近世老师宿儒，多以其言集为语录，传示学者……亦有作为家训，戒示子孙"[44]。南宋末年戴埴亦强调："治家之道与其失于宽，宁过于严。严虽觉防范太过，无宽裕气象，终则吉。宽则纵溢放肆，纲纪荡然矣。故家之将兴，父子、夫妇济济有礼，于肃正之中自然雍穆，一失治家之节，则宽纵太过，父不父，子不子，夫妇不成夫妇，乱伦败度，靡所不有，乖争凌犯之风，反自此起。"[45] 可见宋儒非常重视对于家法的制定。宋代家法形式多元，内容丰富，既有以文字形式传播的家法，也有以口头形式传播的家法。

（一）书面传播

1. 以专著方式传播的家法

宋代印刷业兴盛，使书籍的流通更为普遍。伴随出版事业的繁荣，在宋代士人家庭中，出现了很多以专著方式刊刻传播的家法，如范仲淹《义庄规矩》，司马光《家范》《居家杂仪》，苏颂《魏公谭训》，孙景修《古今家戒》，邹浩《女诫》，叶梦得《石林家训》，吕本中《童蒙训》，赵鼎《家训笔录》，史浩《童丱须知》，吕祖谦《家范》，李邦献《省心杂言》，袁采《袁氏世范》，刘清之《戒子通录》等。

宋代以专著方式传播的家法往往可以延续数代，此类家法不仅对本家族成员具有约束力，有的甚至广为流传，成为对社会具有普遍约束力的教化规范。如陈振孙《直斋书录解题》载《十书类编》三卷，即编有范仲淹《义庄规矩》等教化类书十种。[46] 司马光《家范》在宋代屡经刊刻，流传甚广，赵鼎即称："前人遗训子孙，自有一书，并司马温公《家范》，可各录一本，时时一览，足以为法。"[47] 朱熹亦主张应该教导女子阅读"温公《家范》"。[48] 孙景修撰《古今家戒》"以示（苏）辙曰：'古有为是书者，而其文不完，吾病焉，是以为此，合众父母之心，以遗天下之人，庶几有益乎。'辙读之而叹曰：'虽有悍子忿斗于市，莫之能止也，闻父之声，则敛手而退，市人之过之者，亦莫不泣也。慈孝之心，人皆有之，特患无以发之耳。今是书也，要将以发之欤，虽广之天下，可也。自周公以来，至于今，父戒四十五，母戒若干，公又将益广之，未止也。'"[49] 可见无论在著者本人还是苏辙看来，是书都应该广布天下，以起到教化世人的功效。杨时在毗陵张氏家中发现邹浩《女诫》一书，为其作跋文云："道卿，盛德之士也，言动足以经世范俗，其所书不特有补于张氏而已，后必有因斯文以兴起者，其于世教岂小补哉！"[50] 则邹浩所撰《女诫》不仅在士人家庭中得到传播，还被杨时肯定为有"经世范俗"的作用。《袁氏世范》原题曰"《训俗》，府判刘镇为之序，始更名《世范》"。[51] 袁采自称该书"可以厚人伦而美习俗"。[52] 刘镇为《袁氏世范》所作序言中亦明确云："是书也，岂惟可以施之乐清，达诸四海可也；岂惟可以行之一时，垂诸后世可也。"[53] 可见无论书写者本身，抑或时人，均认为家训具有教化世俗的功能。

2. 以家书方式传播的家法

在宋代士人家庭中，还有以家书形式传播的家法。此类家法通常只在特定家庭成员之间传播，其影响范围往往较小。就士人阶层的女性而言，由于身处士人家庭，她们往往具备一定的文化修养，可以与父母兄长进行书信往来，如楼钥记载其母亲汪氏“数岁已能作家书”。[54] 父兄在家书中也会传播对女性的训诫，从而形成一种特殊的以书信传播家法的方式。如郑侠即以家书的方式，规范已嫁为人妇的长女：

> 吾生鲜儿女，汝次今居首，柔惠少语言，天性非矫揉。女生必有适，二亲非终守。既嫁又他州，安能长相就。幸然汝夫贤，纯淑真汝偶。出门天其夫，礼律其来久。汝姑吾之妹，姑夫为汝舅。事舅如事父，事姑如事母。三者无所阙，汝则无大咎。门内有尊亲，门外有亲友。岁时或馈助，祭祀合奔走。一一无间言，乃可逃父丑。治家在勤俭，临财戒多取。诵经味其理，圣心良可究……书信或往来，知汝无病苦。为妇洎为母，皆不处人后。定当举家欢，相庆酌大斗。[55]

黄庭坚也以兄长的身份，在家书中传达对其妹的规诫：

> 西风吹天云，顷刻异秦越。叔子从天东，忽与同姓别。饯行在半涂，一食三四噎。遥遥马蜥断，芳草迷车辙。引襟满眼泪，回首寸心折。母氏孝且慈，爱养数毛发。诸儿恩至均，如指孰可龁。汝今始归人，绵绵比瓜瓞。中畦不灌溉，芳意还销歇。黄鸟止桑楚，南山采薇蕨。择归既甚明，寡取乃为悦。我开贤女传，须已为汝说。在宋有伯姬，洁身若冰雪。下堂失傅母，上堂就焚爇。吾尝嘉惠康，有妇皆明哲。戮力事耦耕，甘贫至同穴。彼于视三公，其犹吹一吷。雍容二南间，此妇真豪杰……勿以贫贱故，事人不尽节。母仪尊圣善，妇道尚曲折。葛生晚萋萋，絺绤代裘褐。女工既有余，枕簟清

> 烦暍。谁言淮蔡远，曾不以日月。跂予升高丘，伫望飞鸟灭。善怀诗所歌。行矣勿惜别。皇皇太史笔，期汝书英烈。[56]

在饱读诗书的父兄看来，女性在夫家的表现，并非仅仅代表了女性个人的利益，它还牵涉到本家的道德尊严以及荣誉等，女性婚后的表现能够代表自己家教的成功与否。故身为士人的父兄，通常会在家书中传播对女子的期望，使得女子在夫家能获得他人的尊重，从而维护本家的荣誉。这也体现了父兄对于女子的爱护与教导。

在宋代士人家庭中，女性之间也会以书信往来的方式传播家训，如张纲记载名士洪庆善的夫人丁氏“贤而有文”[57]，张纲曾得到丁氏“所寄女弟手帖真草累幅，皆闺房箴训，情致缱绻，若不能自已者。以是知夫人笃于恩义”。[58]我们虽然无法看到丁氏与妹妹家书往来的内容，但从张纲所言可知，丁氏与妹妹的书信往来应该较为频繁，而且丁氏为妹妹写的书信中皆闺房箴训，由此亦可得知士人家庭中不仅兄长会规诫弟妹，姐姐也会书写家书以规诫妹妹，这也是家训传播的一种方式。

3. 以诗歌等韵文形式传播的家法

诗歌韵文具有节奏和韵律，朗朗上口，容易记诵，在写作体例上，宋人也会以诗歌等韵文形式撰写家法。如前揭郑侠与黄庭坚的家书均用诗歌形式写成。在对于童蒙的规范中，[59]宋人尤其重视用朗朗上口、通俗易懂的韵文形式撰写家法训诫童蒙，并以此方式使所立家法在孩童之间传播和接受。如前揭史浩《童丱须知》即以韵文形式书写。范质亦曾作《戒子孙诗》，其内容曰：

> 戒尔学立身，莫若先孝悌。怡怡奉亲长，不敢生骄易。战战复兢兢，造次必于是。戒尔学干禄，莫若勤道艺。尝闻诸格言，学而优则仕。不患人不知，惟患学不至。戒尔远耻辱，恭则近乎礼。自卑而尊人，先彼而后己。《相鼠》尚有礼，宜鉴诗人刺。戒尔勿旷放，旷放非端士。周、孔垂名教，齐、梁尚清议。南朝称八达，千

载秽青史。戒尔勿嗜酒，狂药非佳味。能移谨厚性，化为凶险类。古今倾败者，历历皆可记。戒尔勿多言，多言众所忌。苟不慎枢机，灾厄从此始。是非毁誉间，适足为身累。举世重交游，拟结金兰契。忿怨从是生，风波当时起。所以君子性，汪汪淡如水。举世好奉承，昂昂增意气。不知奉承者，以尔为玩戏。所以古人疾，籧篨与戚施。举世重任侠，俗呼为气义。为人赴急难，往往陷刑制。所以马援书，勤勤告诸子。举世贱清素，奉身好华侈。肥马衣轻裘，扬扬过闾里。虽得市童怜，还为识者鄙。[60]

陈淳曾作《训童雅言》与《启蒙初诵》规范幼童，并云：

予得子，今三岁，近略学语，将以教之，而无其书，因集《易》《书》《诗》《礼》《语》《孟》《孝经》中明白切要四字句，协之以韵，名曰《训童雅言》，凡七十八章，一千二百四十八字。又以其初未能长语也，则以三字先之，名曰《启蒙初诵》，凡一十九章，二百二十八字，盖圣学始终，大略见于此矣。[61]

陈淳还作律诗《训儿童八首》以规范家中子孙，其中《洒扫》一首明显为家中女童所作：

奉水微微洒，恭提帚与箕。室堂须净扫，几案亦轻麾。[62]

也就是说，在家法的规范中，女孩子从童蒙时期，就要学会洒扫之职。洒扫也有规矩，“洒”必须要“微微”，“帚与箕”要“恭提”，可见洒扫并非简单的职事，士人在规范女性妇职时，也在试图训练女性卑顺与谨慎的性情。故女性自幼所接受的妇职训练，本身即隐含着对女性性情的规训。

宋人还会在特殊的时候，如女儿出嫁、过生日或女儿省亲时作诗传达自己对女儿的规范。如梅尧臣在女儿出嫁时作《送薛氏妇归绛州》

诗，以规范女儿在夫家的行为：

在家勖尔勤，女功无不喜。既嫁训尔恭，恭已乃远耻。我家本素风，百事无有侈。随宜具奁箱，不陋复不鄙。当须记母言，夜寐仍夙起。慎勿窥窗户，慎勿辄笑毁。妄非勿较竞，丑语勿辨理。每顺舅姑心，况逆舅姑耳！为妇若此能，乃是儒家子。看尔十九年，门阃未尝履。一朝陟太行，悲伤黄河水。车徒望何处，哭泣动邻里。生女不如男，天亲反由彼。[63]

王十朋在女儿生日时，作诗以教化女儿谨守礼法：

吾女何时见，薰风欲半时。年龄今稍长，礼法要须知。好读班姬赋，休吟谢女诗。萱堂有慈母，淑德可为师。[64]

在孙女国娘生日时，王十朋亦作诗教化孙女学习历史中的典范女性，以光大家门：

往岁王司业，初生嫡女孙。命名聊志喜，曰国不忘恩。日在元正次，身居辈行尊。愿如班与孟，贤淑振吾门。[65]

楼钥也曾作诗告诫女儿恪守妇职：

胡笳未了遽成归，妇职如何敢失期。弹到佳声重入塞，伯喈未免念文姬。[66]

可见在宋代家法的制定中，其形式是较为多样的，但就目的而言，大都在于使子女能更好地接受家法的熏陶，以维护家庭尊严，光大家门。

（二）口头传播

在宋代士人家庭中，除了以文字形式流传的家法外，还有以口头方式传播的家法。尊长以口头训诫的方式规范家庭成员的行为，在一定程度上也有家法的性质，这种家法通常只在特定的家庭成员或特殊的阶段中起作用，是一种较为松散的家法形式。如柳开记载：

开为儿时，见我列考治家孝且严……月旦望，诸叔母拜堂下毕，即上手低面，听奉我皇考诫告之曰："人之家兄弟无不义，尽因娶妇入门，异姓相聚，争长竞短，渐渍日闻，偏爱私藏，以至背戾，分门割户，患若贼仇，皆汝妇人所作，男子有刚肠者，几人能不为妇人言所役，吾见多矣。"[67]

据柳开所述，其父每月旦望之际以口头方式训诫诸叔母，传播家法。李廌为叔母王氏所作墓志中记载：

伯父律下严忌，绳己亦切，或小有过差，则自棰于庙，诸弟及其妇相与请罪，乃许改事，即出大鼎于庭，命之曰："斯鼎也，一人扛之则莫举，众人共之则甚轻，治家亦然，众心同力，乃有成尔。"于是内外百口，肃然无哗，然诸妇惮劳，行之颇艰，惟叔母奉以周旋，始终无懈，族人贤之。[68]

胡寅记载进士杨训母荚氏：

夫人生三子。训，幼从师，被扑逃归，夫人亟遣之曰："少焉姑息，长必败家。"谦，力田。咏，修举子业，早死。一女嫁进士彭大受。咏之死也，妻谢氏齿尚壮，其兄议更嫁之。夫人因暇日，语及里中某人之妻曰："夫亡有子而再适，彼盖不知非妇人行也。"谢氏闻而守节。[69]

可见荚氏以女性尊长的身份，通过口头训诫的方式，对子妇的行为起到了规范作用。胡寅还记载夫人王氏劝诫女儿励志守节，以不辱没家门：

（王氏）生二子，曰居厚、居正，自孩提时，即教以善道……一女适乡人许君，许君早死，无子，王氏戒之曰："妇氏大守节，而父言古有共姜能此道，父母欲嫁之，共姜作柏舟之诗，誓而弗许尔，宜取其诗读之，毋贻吾羞尔。夫无嗣，若求诸宗族而善抚养之，未必不逾于己所生也。"故许氏妇以繁华时，孀居靡他，能立许君嗣。[70]

胡铨记载处士胡宗古母欧阳夫人以本家家法为自身的行为准则，并以此训诫子辈，从而规范了子辈的行为：

（欧阳）夫人凡八男子，教戒有法度。元丰贡士府君（胡宗古）寿不及中，夫人训督朝夕，不分贤愚，训子妇亦然。尝语府君兄弟："汝辈少孤，我家文忠亦如是，克自成立，为世大儒，岂必父训？"当世称贤。[71]

陈造记载夫人熊氏：

时召诸妇，戒以异姓共处，当遵义忍事。闻者凛然服，行之。[72]

赵善璙记载吴庠妻谢氏以母亲的身份规诫其子言行，起到了家法惩戒的作用：

吴庠妻谢氏，其子名贺。贺与宾客言及人之长短，夫人屏间窃闻之，怒笞贺一百。或解夫人曰："臧否士之常忽，笞之若是？"夫人曰："爱其女者，必取三复白圭之士妻之，今独产一子，使知义命，而出语忘亲，岂可久之道哉？"因涕泣不食，贺由是恐惧谨默。[73]

上述事实可见，宋代士人家庭除了有以文字方式传播的家法外，也有以口头训诫的方式传播的家法，尽管此类家法较为松散，但就效果而言，也能起到规范家庭成员行为的作用。

（三）石刻、碑文、题壁传播

宋代家法还会以石、碑、壁等作为物质载体刻写传播。石刻、碑文、题壁等保存时间相对久远，能产生超越时空的社会教化效应，故也是宋代一种较为成熟的家法传播方式，颇受世人重视。如向子諲立《芗林家规》，及其卒后，其子为使父训流传，乃“刻之石”，使“诸孙相与结约为久远之计”。[74]张栻（号南轩）将家法刻为碑文，名曰四益碑，立于其家，训诫族人，时人赵蕃即云：“四益堂中四益碑，南轩文字述家规。”[75]时镐母邵氏于其夫死后，“具呼家人与为条约，亲写刻之屏，使合居有礼，缀食无专，以不忘时君之法”。[76]杨邦宪也曾于咸淳四年(1268)“刻家训于石，榜崇孝于楼”[77]，以传示子孙，教化后人。

二、宋代士人家庭家法对女性的规范

宋代士人家庭的家法大都有规范性别秩序的内容，其中还有一些由父母兄长制定的，专门用来规诫家中女性的家法。如宋人李昌龄曾专门阐述“治室家、御妾妇之道”，认为“君子之治室家、御妾妇，当以正而使严行其中，当以术而使宽在其中，则无太严太宽之弊，然后率之以仁，教之以义，和之以礼，抚之以恩，勿听其言，勿受其制，勿从其役，任以可责之事，使以不怨之劳，有能不可太宠，有过不可穷治，举动不为彼所识，措画不为彼所料，如是则彼之平昔所可逞者，皆在吾术中矣”。[78]可见宋儒非常重视对于家庭中女性的规范。宋代士人家庭家法对女性的规范主要包括以下内容：

（一）礼别男女，严整闺门

在宋代士人家庭家法中，礼别男女，严整闺门成为一项重要内容。如司马光《家范》明确规定：“男女之别，礼之大节也，故治家者，必以为先。”[79]他还援引《礼记》中的规定，对男女之别作了详细的诠释。胡安国“治家甚严，闺门整肃，尤谨内外之分，儿妇虽父母在，非节朔不许归宁”[80]。陆九渊之兄陆九龄“治家有法。阖门百口，男女以班各供其职，闺门之内严若朝廷，而忠敬乐易，乡人化之”。[81]吕祖谦《家范》规定“男女之有别，人道之大者也”[82]，在其所著《少仪外传》中亦强调“勿使妇人预外事”[83]，可见他对于男女之别的重视。刘清之《戒子通录》中规定：“妇人之德，贵在贞静，内外之言，不出闺阃。”[84]陈淳《训蒙雅言》亦规定：“父子主恩，君臣主敬，夫妇有别，男女以正。”[85]

总之，在宋代士人家庭家法中，礼别男女，严整闺门显得尤其重要。宋代士人在家法的制定中，大凡涉及男女问题者，必然要提到男女区隔的问题，在士人家法的作用下，男女内外区隔的理念也从儒家的礼法规范，转化为士人家庭的治家理念，为国家礼法渗透进民间社会提供了重要的通道。

（二）**恪守妇道，顺适其夫**

恪守妇道，顺适其夫也是宋代士人家庭家法对于女性规范的重要内容。如张载《女戒》云：“妇道之常，顺惟厥正。是曰天明，是其帝命。嘉尔婉婉，克安尔亲。往之尔家，克施克勤。尔顺惟何，无违夫子。”[86]司马光《家范》明确规定：“为人妻者，其德有六：一曰柔顺，二曰清洁，三曰不妒，四曰俭约，五曰恭谨，六曰勤劳。夫天也，妻地也；夫日也，妻月也；夫阳也，妻阴也。天尊而处上，地卑而处下，日无盈亏，月有圆缺，阳唱而生物，阴和而成物，故妇人专以柔顺为德，不以强辨为美。”[87]吕祖谦《家范》强调：“大抵妇人尊卑本无定位，随其夫之尊卑耳。”[88]史浩《童丱须知》亦云：“夫无妇承顺，何以事父母。”[89]据刘清之的母亲赵夫人回忆，其父兄曾亲授《李氏戒女书》以训诫赵夫人，其中也强调：“夫者天也，天固不可逃，夫固不可离也。行违神明，天则罚之。礼义有愆，夫则薄之。故《易》著牝马之象，《诗》有关雎之兴。夫孝敬贞顺专一无邪者，妇人之纪纲，闺房之大节也。”[90]从赵氏记忆可知，《李氏戒女书》的内容主要亦在于训诫女性恪守礼法，顺适其夫，以维系父系家族的稳定与繁荣，确保男性的权威。

上述事实可见，宋代士人家庭大都会以家法训诫的方式教导女性顺适其夫，一些士人家庭在训诫童蒙时，甚至也会强调女性顺适其夫的重要性，可见在士人社会的理念中，女性自幼即应受到卑顺思想的熏陶，以便在最大程度上塑造出适合男权社会的女性形象，以维护父系家族的稳定与繁荣。

（三）**孝恭勤俭，谨守妇职**

在宋代士人家庭的家法中，孝恭勤俭，谨守妇职也是训诫女性的一项重要内容。如前揭梅尧臣、郑侠、黄庭坚、王十朋、楼钥、陈淳对女儿或妹妹的训诫中都很重视孝恭勤俭，谨守妇职的重要性。另如司马光《书仪》强调："凡子妇，未敬未孝，不可遽有憎疾。姑教之，若不可教，然后怒之；若不可怒，然后笞之；屡笞而终不改，子放妇出，然亦不明言其犯礼也。子甚宜其妻，父母不悦，出。子不宜其妻，父母曰：'是善事我。'子行夫妇之礼焉，没身不衰。"[91] 可见司马光对于孝道的重视。赵鼎《家训笔录》亦强调："闺门之内以孝友为先。"[92] 刘一止为宣教郎范贲妻朱氏所作墓志亦云："太孺人之考讳形，与诸季皆以学问名于乡……太孺人自幼承家范，蹈壸则，惟俭惟勤，米盐靡密布帛纺绩之类，习闻而熟见之。"[93] 史浩《童丱须知》亦强调女性孝恭勤俭，谨守妇职的重要性，其中《舅姑篇》云："我有为妇法，尔其听而乎。凡事舅姑礼，与事亲无殊。唯当辅君子，相勉以相须。定省问安否，温凊视衣襦。俎豆奉燕乐，几杖供扶持。出因侍坐席，入则临庖厨。亲意或欲与，承命惟所需……当以内则篇，终身为范模。"《祭祀篇》云："采蘩夫人职，专言奉祭祀……勿为贫故约，勿为富故侈。丰俭或有常，不可变其轨。"《舆马八篇》云："妇人自处只闺房，车马宁须侈闹装。莫与他人争富贵，从来俭素足辉光。"《衣服八篇》云："葛覃专美后妃贤，浣濯衣裳是所先。若使身无恭俭德，金珠镂绘谩新鲜。"《梳妆八篇》云："随宜首饰莫留情，珠翠虽多未是荣。不见孟光居俭约，荆钗却立万年名。"[94] 可见史浩非常重视女性孝恭勤俭，谨守妇职的美德，故在其所作家法中，从多方面强调了女性应该具备的上述美德。吕祖谦《家范》对于士人家庭女性不肯入庖厨的事实作了批判，同时规定女性应该谨守妇职，他说："往岁，士、大夫家妇女皆亲造祭馔。近日，妇女骄倨，鲜肯入庖厨。凡事父母舅姑，虽有使令之人，必身亲之，所以致其孝恭。今纵不能亲执刀匕，亦须监视庖厨，务令精洁。”[95]刘清之《戒子通录》亦云：“女子十年，治丝枲织纴，观祭祀纳酒浆，事人之礼此最为先。”[96]

通过以上分析可见，在宋代士人家法对女性的规范中，孝恭勤俭，谨守妇职是一项重要内容。尊长试图以家法训诫的方式，规范女性的行为，以期更好地维护士人家庭秩序。

（四）和睦娣姒，宽容不妒

与男性不同的是，女性一生的大部分时间是在夫家度过的，她们不仅要处理好自己与丈夫、舅姑的关系，同时妯娌以及妻妾之间的相处也显得非常重要。故在宋代士人家庭家法对女性的规范中，和睦娣姒，宽容不妒也成为一项重要的内容。如司马光《家范》强调了妒妇、悍妻的祸患，并明确提出对于妒悍之妻的惩戒，他说：“自古及今，以悍妻而乖离六亲，败乱其家者，可胜数哉。然则悍妻之为害大也，故凡娶妻，不可不慎择也。既娶，而防之以礼，不可不在其初也。其或骄纵悍戾，训厉禁约，而终不从，不可以不弃也。夫妇以义合，义绝则离之，今士大夫有出妻者，众则非之，以为无行，故士大夫难之。按礼有七出，顾所以出之用何事耳。若妻实犯礼而出之，乃义也。”[97]史浩《童丱须知》亦强调和睦娣姒，宽容不妒的重要性，其中《叔妹篇》云：“妇欲事舅姑，先当和叔妹。”《娣姒篇》云：“兄弟各授室，爰归事夫祖。是为叔伯姒，异姓始相聚。习气或水炭，安可一涂取。故当专和柔，顺适无违拒。彼有妒嫉心，作意相狎侮。惟知以善诱，不异鱼相与。”《夫妇篇》则对妒妇、悍妻予以贬抑，认为“内或资悍厉，争竞恣纷纠。傥信牝鸡晨，长舌肆谗口。离间骨肉亲，败乱廉洁守。居官鲜德操，居家失孝友。渐渍不觉知，顿使初心负。故须砺刚方，循循常善诱。使其良心生，悔恨能自咎”。[98]刘清之《戒子通录》亦云：“成家由妇，破家由妇，细寻其语，谅匪虚谈。未有娣姒相怜而兄弟不睦，娣姒相嫉而昆季雍和者。”[99]

上述事实可见，在士人家法中，和睦娣姒，宽容不妒也是女性应该具备的妇德。士人在制定家法时，或指出和睦娣姒，宽容不妒的重要性；或强调妒悍的祸患，甚至将其看作家庭成败的关键，亦可见士人对于妒悍之妻是非常诋斥的，而和睦娣姒，宽容不妒成为士人家庭家法所强调的内容。

总之，在宋代士人中，重构理想的人间秩序始终是他们念兹在兹的任务，在传播儒家理念的同时，士人大都从家庭入手，在治家的基础上，达到治天下的目的。故在宋代士人家庭中，家法的制定较为普遍。宋代士人家庭的家法形式多样，内容多元，但从总体而言，其目的均在于维护士人家庭的稳固与繁荣。宋代士人家庭的家法大都会有专门训诫女性的内容，对于女性的行为具有较强的约束力，如晁补之的姐姐嫁给进士叶助，“叶大族，有家法，而夫人沉详庄俭，宜其家，鸡鸣而起，治其妇事无违”。[100] 谢逸为夫人江氏所作墓志亦云：“余家自金陵徙临川，与江氏为邻里，至余之身，盖五世矣。江氏家法之严，子弟之谨，妇女之肃，固已饫闻而厌道之也。”[101] 在长期的家法约束与规制中，一些女性内化并认同家法的规范，其影响甚至延续终身，如邹浩记载处士王无咎妻曾氏“性庄重，又积习家法，故自处以至于行，自幼以至于老，内外宗党为女、为妇与为母者，咸取则焉”。[102] 陆游记载处士巩法妻杨氏“自为巩氏妇，事山堂及君姑钱夫人，一步趋，一话言，悉皆巩氏家法。耳目濡染，又皆天下长者事。故行成德进”。[103] 楼钥记载其母汪氏“谨守家法至于终身”。[104] 可见家法对于女性的规范作用不容小视。在士人家法的作用下，儒家的伦理规范转化为士人家庭的治家理念，从而也为国家礼法渗透进民间社会提供了重要的途径。然而，世俗社会的现实与儒家的理想期许是否一致呢？本书将在下篇集中论述。

注释：

1 《王文公文集》卷三〇《论议周南诗次解》，第 325 页。
2 《晦庵先生朱文公文集》卷一二《己酉拟上封事》，《朱子全书》第 20 册，第 619 页。
3 《诚斋易传》卷一〇，第 135 页。
4 《中国法律与中国社会》，第 3—6 页。
5 《中国家族法原理》，第 40—42 页。
6 王玉波：《中国家庭史研究刍议》，《历史研究》2000 年第 3 期，第 166 页。
7 杜正胜：《传统家族试论（上）》，《大陆杂志》第 65 卷第 2 期，1982 年，第 57—59 页。
8 参见李根蟠：《战国秦汉小农家庭规模及其变化机制——围绕“五口之家”的讨论》，载《家庭史研究的新视野》，第 7—10 页。
9 邢铁：《宋代家庭研究》，上海人民出版社，2005 年，第 31 页。
10 《长编》卷四，太祖乾德元年冬十月庚辰，第 107 页。
11 《宋代家庭研究》，第 31 页。
12 〔宋〕余靖：《武溪集》卷一九《宋故冯翊县太君王夫人墓志铭》，《宋集珍本丛刊》第 3 册，第 317 页。
13 《太史范公文集》卷四九《三班奉职妻安氏墓志铭》，《宋集珍本丛刊》第 24 册，第 454 页。
14 〔宋〕张耒著，李逸安等点校：《张耒集》卷六〇《李夫人墓志铭》，北京：中华书局，1990 年，第 887 页。
15 《道乡先生邹忠公文集》卷三七《德兴县君曾氏墓志铭》，《宋集珍本丛刊》第 31 册，第 279 页。
16 《学易集》卷八《朝散郎李公安人王氏墓志铭》，《影印文渊阁四库全书》第 1121 册，第 618 页。
17 〔宋〕谢逸：《溪堂集》卷一〇《桂夫人墓表》，《宋集珍本丛刊》第 31 册，第 457 页。
18 《絜斋集》卷二一《太儒人范氏墓志铭》，第 356 页。
19 《陆游集·渭南文集》卷三四《杨夫人墓志铭》，第 2322 页。
20 〔宋〕韩元吉：《南涧甲乙稿》卷二二《太令人郭氏墓志铭》，上海：商务印书馆，1936 年，第 456 页。
21 《欧阳修全集》卷三六《长寿县太君李氏墓志铭》，第 534 页。
22 《太史范公文集》卷四一《长寿县太君杨氏墓志铭》，《宋集珍本丛刊》第 24 册，第 405 页。
23 〔宋〕沈遘：《西溪集》卷一〇《方夫人墓志铭》，《影印文渊阁四库全书》第 1097 册，第 105 页。
24 《郧溪集》卷二二《朱夫人墓志铭》，《宋集珍本丛刊》第 15 册，第 204 页。
25 〔宋〕苏轼撰，孔凡礼点校：《苏轼文集》卷一五《刘夫人墓志铭》，北京：中华书局，1986 年，第 470 页。
26 〔宋〕刘一止：《苕溪集》卷五〇《宋故永嘉郡夫人高氏墓志铭》，《宋集珍本丛刊》第 34 册，第 354 页。
27 《晦庵先生朱文公集》卷九一《建安郡夫人游氏墓志铭》，《朱子全书》第 24 册，第 4212 页。
28 《诚斋集》卷一三一《夫人左氏墓志铭》。
29 〔宋〕李昭玘：《乐静先生李公文集》卷二八《蓬莱县君赵氏墓志铭》，《宋集珍本丛刊》第 27 册，第 748 页。
30 《性善堂稿》卷一四《郭安人墓志铭》，《影印文渊阁四库全书》第 1170 册，第 261 页。
31 〔宋〕徐经孙：《宋学士徐文惠公存稿》卷五《徐孺人黄氏墓志铭》，《宋集珍本丛刊》第 83 册，第 273 页。
32 《本堂集》卷九二《江阴教授史君妻陆氏墓志铭》，《影印文渊阁四库全书》第 1185 册，第

504 页。

33 《王文公文集》卷九九《永安县太君蒋氏墓志铭》，第 1007 页。

34 《道乡先生邹忠公文集》卷三七《德兴县君曾氏墓志铭》，《宋集珍本丛刊》第 31 册，第 279 页。

35 《溪堂集》卷九《彭夫人墓志铭》，《宋集珍本丛刊》第 31 册，第 454 页。

36 《龟山先生全集》卷三二《令人吴氏墓志铭》，《宋集珍本丛刊》第 29 册，第 533 页。

37 《澹庵文集》卷五《先兄民师配安人陈氏墓志铭》，《影印文渊阁四库全书》第 1137 册，第 45 页。

38 《宋代家法与女性》，《庆祝邓广铭教授九十华诞论文集》，第 306 页。

39 《祖宗之法：北宋前期政治述略》，第 76 页。

40 张国刚：《汉唐"家法"观念的演变》，《史学月刊》2005 年第 5 期，第 5 页。

41 柳立言：《从赵鼎〈家训笔录〉看南宋浙东的一个世家大族》，黄宽重、刘增贵主编《家族与社会》，北京：中国大百科全书出版社，2005 年，第 282 页。

42 〔宋〕赵鼎：《忠正德文集》卷一〇《家训笔录》，《影印文渊阁四库全书》第 1128 册，第 765 页。

43 〔宋〕袁采：《袁氏世范》卷二《处己·居官居家本一理》，《知不足斋丛书》第 14 集，北京：中华书局，1999 年，第 352 页。

44 《袁氏世范·后序》，《知不足斋丛书》第 14 集，第 368 页。

45 〔宋〕戴埴：《鼠璞》卷上《家道》，〔元〕陶宗仪等编《说郛三种》（宛委山堂本）卷一四，上海古籍出版社，1988 年，第 661 页。

46 《直斋书录解题》卷六，第 188—189 页。

47 《忠正德文集》卷一〇《家训笔录》，《影印文渊阁四库全书》第 1128 册，第 765 页。

48 《朱子语类》卷七《小学》，第 127 页。

49 《文献通考》卷二〇九《经籍考三十六·古今家戒》，第 3173 页。

50 《龟山先生全集》卷二六《跋邹道卿所书女诫》，《宋集珍本丛刊》第 29 册，492 页。

51 《四库全书总目》卷九二《袁氏世范提要》，第 780 页。

52 《袁氏世范·原序》，《知不足斋丛书》第 14 集，第 324 页。

53 同上。

54 《攻媿集》卷八五《亡妣安康郡太夫人行状》，第 1153 页。

55 《西塘先生文集》卷九《示女子》，《宋集珍本丛刊》第 24 册，第 619—620 页。

56 〔宋〕黄庭坚：《宋黄文节公全集·外集》卷一四《寄别陈氏妹》，《黄庭坚全集》第 3 册，成都：四川大学出版社，2001 年，第 1214 页。

57 〔宋〕张纲：《华阳集》卷三三《跋洪庆善先夫人丁氏诗文手墨》，《宋集珍本丛刊》第 38 册，第 589 页。

58 《华阳集》卷三三《跋丁氏手简并刚巽诗卷》，《宋集珍本丛刊》第 38 册，第 590 页。

59 宋人很重视对于童蒙的训诫，如张载曾云："勿谓小儿无记性，所历事皆能不忘，故善养子者，当其婴孩鞠之，使得所养，合其和气，乃至长而性美，教之示以好恶。"（赵善璙：《自警编》卷三，《影印文渊阁四库全书》第 875 册，第 261—262 页）

60 〔宋〕邵伯温撰，李剑雄、刘德权点校：《邵氏闻见录》卷七，北京：中华书局，1983 年，第 62—63 页。

61 〔宋〕陈淳：《北溪先生大全集》卷一六《启蒙初诵》，《宋集珍本丛刊》第 70 册，第 92 页。

62 《北溪先生大全集》卷一六《训蒙雅言》，《宋集珍本丛刊》第 70 册，第 93 页。

63 〔宋〕梅尧臣著，朱东润编年校注：《梅尧臣集编年校注》卷二六《送薛氏妇归绛州》，上海古籍出版社，1980 年，第 888—889 页。

64 《宋王忠文公文集》卷三二《女子生日》，《宋集珍本丛刊》第 44 册，第 233 页。
65 《宋王忠文公文集》卷三二《国娘生日》，《宋集珍本丛刊》第 44 册，第 237 页。
66 《攻媿集》卷九《长女淯归夫家寄以小诗》，第 153 页。
67 〔宋〕柳开：《河东柳仲涂先生文集》卷一四《宋故穆夫人墓志铭》，《宋集珍本丛刊》第 1 册，第 514 页。
68 〔宋〕李廌：《济南集》卷七《李母王氏墓志铭》，《宋集珍本丛刊》第 30 册，第 724 页。
69 〔宋〕胡寅：《斐然集》卷二六《荚氏墓志铭》，《影印文渊阁四库全书》第 1137 册，第 699 页。
70 《斐然集》卷二六《王氏墓志铭》，《影印文渊阁四库全书》第 1137 册，第 713 页。
71 《澹庵文集》卷五《先兄民师配安人陈氏墓志铭》，《影印文渊阁四库全书》第 1137 册，第 45 页。
72 《江湖长翁文集》卷三五《熊氏墓志铭》，《宋集珍本丛刊》第 60 册，第 733 页。
73 《自警编》卷三，《影印文渊阁四库全书》第 875 册，第 262 页。
74 《攻媿集》卷七八《芗林家规》，第 1067 页。
75 〔宋〕赵蕃：《淳熙稿》卷二〇《寄谢周子开》，上海：商务印书馆，1935 年，第 455 页。
76 《晦庵先生朱文公文集》卷九〇《太孺人邵氏墓表》，《朱子全书》第 24 册，第 4181 页。
77 〔元〕程钜夫：《雪楼集》卷一六《忠烈庙碑》，《影印文渊阁四库全书》第 1202 册，第 222 页。
78 〔宋〕李昌龄：《乐善录 · 室家》，〔元〕陶宗仪等编《说郛三种》（宛委山堂本）卷七三下，第 3417—3418 页。
79 《家范》卷一《治家》，《影印文渊阁四库全书》第 696 册，第 660 页。
80 《自警编》卷三，《影印文渊阁四库全书》第 875 册，第 262 页。
81 《宋史》卷四三四《陆九龄传》，第 12878 页。
82 《东莱吕太史别集》卷一《家范一》，《吕祖谦全集》第 1 册，第 291 页。
83 〔宋〕吕祖谦：《少仪外传》卷下，上海：商务印书馆，1936 年，第 33 页。
84 〔宋〕刘清之：《戒子通录》卷三，《影印文渊阁四库全书》第 703 册，第 40 页。
85 《北溪先生大全集》卷一六《训蒙雅言》，《宋集珍本丛刊》第 70 册，第 93 页。
86 《张子全书》卷一三《女戒第三》，第 276 页。
87 《家范》卷八《妻上》，《影印文渊阁四库全书》第 696 册，第 708 页。
88 《东莱吕太史别集》卷一《家范一》，《吕祖谦全集》第 1 册，第 281 页。
89 〔宋〕史浩：《鄮峰真隐漫录》卷四九《童丱须知》，《宋集珍本丛刊》第 43 册，第 253 页。
90 《戒子通录》卷八《戒女书》，《影印文渊阁四库全书》第 703 册，第 102 页。
91 《司马氏书仪》卷四《居家杂仪》，第 43 页。
92 《忠正德文集》卷一〇《家训笔录》，《影印文渊阁四库全书》第 1128 册，第 765 页。
93 《苕溪集》卷五〇《宋故太孺人朱氏墓志铭》，《宋集珍本丛刊》第 34 册，第 343 页。
94 以上引文见《鄮峰真隐漫录》卷四九《童丱须知》，《宋集珍本丛刊》第 43 册，第 254—260 页。
95 《东莱吕太史别集》卷四《家范四》，《吕祖谦全集》第 1 册，第 349—350 页。
96 《戒子通录》卷三，《影印文渊阁四库全书》第 703 册，第 39 页。
97 《家范》卷七《夫》，《影印文渊阁四库全书》第 696 册，第 707 页。
98 以上引文见《鄮峰真隐漫录》卷四九《童丱须知》，《宋集珍本丛刊》第 43 册，第 253—255 页。
99 《戒子通录》卷三，《影印文渊阁四库全书》第 703 册，第 40 页。
100 《鸡肋集》卷六五《晁夫人墓志铭》。
101 《溪堂集》卷九《江夫人墓志铭》，《宋集珍本丛刊》第 31 册，第 455 页。
102 《道乡先生邹忠公文集》卷三七《德兴县君曾氏墓志铭》，《宋集珍本丛刊》第 31 册，第 279 页。
103 《陆游集 · 渭南文集》卷三四《杨夫人墓志铭》，第 2322 页。
104 《攻媿集》卷八五《亡妣安康郡太夫人行状》，第 1154 页。

下篇

女性生活篇

在上篇的论述中，我们主要从秩序、规范的角度，探讨了宋代社会对士人阶层女性的规范与期许。本篇拟从社会实然的角度，考察宋代士人阶层女性的实际生活面貌。

第五章　公私之间：宋代士人阶层女性的公领域活动

在本章论述之初，我们首先应该厘清公领域（Public sphere）这一概念。一般而言，公领域不仅包含以交换为目的的物质生产领域，还包含公共参预、公共事务等非生产性领域。[1]在中国传统社会，公领域大多是指天下、社会、朝廷国家之公。[2]从上篇的论述中我们可以看出，在宋儒的理念中，《易》经《家人卦》中“女正位乎内，男正位乎外”的彖辞限定了男女的活动范围，无论是从空间还是从权力秩序层面，女性都被限定在“内”，也即“私”的领域。这种分类，试图将女性从社会公共活动与公共事务中加以排除，使社会公领域为男性所垄断。然而在实际生活中，宋代士人阶层女性始终以不同方式参预着社会公领域的活动。本书上篇所列举的为地方和国家做出特殊贡献的女性事例，几乎都是女性参预公领域活动的事例。下文将进一步探讨宋代士人阶层女性在公领域的活动。

第一节　赈济社会的公益事业

在传统社会的理念中，赈济活动作为一项公共事业，人们常常会将其与政府、士人以及地方精英等联系到一起。就宋代社会而言，士人多秉持“救人急难，决事可否，皆男子之事”[3]的理念，研究者对宋政府或士大夫的赈济行为也已有较为深入的研究。[4]而有关宋代女性的社会赈济活动，则较少涉及。笔者在通读宋人文集中的女性墓志时发现，士人阶层女性对于赈济活动的参预并非偶然行为，终两宋之世，士人阶层女性对于赈济事业的参预始终没有终止过。本节在前人研究的基础上，将集中探讨宋代士人阶层女性的赈济活动。

一、士人阶层女性从事赈济活动的类型与方式

在中国古代，“赈济”本作“振给”“振济”，是指以财物救济。许慎《说文解字》云：“‘振’，举救之也。”[5]颜师古《匡谬正俗》曰：“诸史籍所云‘振给’‘振贷’，其义皆同，尽当为‘振’字。今人之作文书者，以其事涉货财，辄改‘振’为‘赈’。”[6]中国传统社会的赈济，主要有日常救助与赈灾救荒两类。如隋炀帝大业元年（605）诏：“鳏寡孤独不能自存者，量加赈济。”[7]这是日常针对贫弱人口的赈济。宋徽宗宣和元年（1119）“京西饥，淮东大旱，遣官赈济”。[8]这是灾荒之年的赈济。宋人董煟即云：“古人赈给，多在季春之月，盖蚕麦未登，正宜行惠，非特饥荒之时，方行赈济而已。”[9]宋代女性的赈济活动大体亦可分为日常的赈济和灾荒之年的赈济两大类，其赈济方式也有所不同。

（一）日常的赈济

宋代女性日常的赈济主要针对亲友、乡里以及社会孤幼群体。

1. 周济亲友

周济亲族与友人是士人阶层女性赈济活动的一种类型。对亲友的周济，实则是女性的行为从家人延及亲友，走出家内局限的一种方式。宋代女性赈济亲友的方式，主要有出资缓解亲友急难，捐赠金帛衣物救助贫弱亲友，资助亲友婚娶等。如韩琦妻崔氏：

琦未参侍从之前，俸尚薄，久官京师，夫人虽一钗之微，未尝在首。时质缗钱，以济诸亲。琦每赈给宗族，暨周人之急，夫人必欣然赞助，惟恐不充。[10]

陈襄记载故尚书屯田郎中赠给事中张宗雅妻符氏：

凡亲戚之孤遗匮乏者，则嫁娶而周给之。[11]

王安石记载太常博士王逢妻陈氏：

宗族朋友不足，则出衣服簪珥助之。[12]

司马光妻张氏：

平居谨于财，不妄用，自奉甚约，及余，用之以周亲戚之急，亦未尝吝也。[13]

毕仲游记载延安郡太君张氏：

（其子）溥又贤好学，通书为文章，以从科举，夫人益自慰，以捐金帛周其宗族，及赈族中之不能自存者。[14]

谢逸记载处士陈端卿妻彭氏：

待内外宗族，一以忠诚，不以贫富轻重其心，其尤贫而不能自存者，解衣推食以济之。[15]

慕容彦逢记载奉议郎、知贵州军州事、赠朝请郎邵潜妻孙氏：

姻戚有患难，众所畏忌弗顾，夫人必往周急赈匮，若己有之。[16]

朱熹记载端明殿学士黄中母游氏：

待遇族姻谦谨有礼，乐道其美而不喜闻其过。至其贫困，则周之必尽其力。[17]

周必大记载靖州推官张廷杰妻李氏：

约于奉己而泰于周急，诚以御下而勤以训子，故宗族之穷困者多蒙其惠。[18]

杨万里记载友人刘彦纯之女刘氏，孀居之后：

周急施惠，拊生收死，族亲表里，咸被庥赖。至其自奉，荆钗葛制，嚼水脱粟，萧然一窭人子也。[19]

真德秀记载雅州太守陈公雄妻林氏：

姻旧急难，至脱笄解髢，亡吝色。雅州（陈公雄）令万载时，有同僚甫至而丧，明里之诛负者靡至，僚之妻莫知所处，间独涕泣为夫人言，夫人曰："吾夫视若夫，昆弟也；吾视若，娣姒也。孰有娣姒之急而勿恤乎哉？吾虽贫，有嫁时之装在，吾其为若偿之。"卒捐其赀，弗靳。[20]

徐经孙记载其族父徐居士妻黄氏：

待族姻以厚，凡贫无归，或不能自衣食者，随力周之，岁凶少食，不自足而饱饥者。[21]

上述事实可见，终两宋之世，士人阶层女性周济亲友的现象是非常普遍的。此外，士人阶层女性中还有主张兴办义庄，以周济亲族者。如晁说之记载范仲淹之女范氏，受其父所建范氏义庄的影响，在其丈夫张琬死后，曾经兴办张成义庄，以周济张氏族人："文正公于姑苏建范氏义庄，闻天下，夫人抱病，久苦辛，呻吟中，思为张成义庄，终不辱其先正也。"[22]葛胜仲亦载右朝散大夫、主管台州崇道观樊滋妻蔡氏劝说丈夫兴办义庄，周济亲族：“吾（樊滋）尝里居，谋所以周宗族之窭贫者，吾妻曰：‘所颁么麽，彼且缘手而尽，曷若营不匮之利。’于是裂庆墙乡之别业，为义产，且以戚疏定多少之差，岁给之，而人赖以炊者众焉。”[23]则女性对于亲族的周济不仅仅限于个人财物的施舍，甚至还会从长远利益考虑，兴办义产，以期能长期周济亲族。要言之，女性对于亲友的周济，并非仅仅为“性好施”所致，而是其积极参预社会公益事业的一种方式。

2. 赈济乡里

尽管如《宋史》所云：“宋之为治，一本于仁厚，凡振贫恤患之意，视前代尤为切至。”[24]但官府的赈济有时依然难以下及乡村。高宗曾指出：“赈济本为贫民，近世止及城郭，而乡村之民，未尝及之。”[25]故乡间之间的相互赈济成为宋代民间一种常见的赈济行为。如苏洵之祖父苏杲“卖田赈济乡里”[26]，冯楫“两率闾里人，相共行赈济”[27]。不仅男性如此，赈济乡里也是宋代女性日常赈济活动的重要方面。宋代女性赈济乡里的方式，主要有对乡人急难、贫病进行物资救助，资助乡里婚丧，资助贫困乡人子弟求学等。如果说士人阶层女性对于亲友的周济是其家事的一种延伸，那么士人阶层女性对乡里的援助则是其走出亲友局限，公开参预社会公益事业的一种方式。如李觏记载其母郑氏：

> 性多设施，好义而信人……闻人缓急来有求者，应之唯恐不逮。衣服在身者必假，饮食在前者必辍。况于泉谷，固无吝心。[28]

司马光记载苏轼的母亲程氏：

> 乡人有急者，时亦周焉。比其没，家无一年之储。[29]

吕陶记载泸州判官萧叔献的母亲文氏：

> 亲党内外洎里闬之众，贫不能自济，则周瞻存给，俾之有赖，

未尝以远迩厚薄形诸意，以是无余藏于家。[30]

赵抃记载进士吴颖妻徐氏：

待内外亲族莫不以义，善著于乡学，凡友朋至其门，则悉力为具。邻里急难，有不给者，辍所有以济，虽贫无憾。死之日，远近老少涕洟赍谘。[31]

杨杰记载士人田府君妻赵氏：

亲族邻里有疾病急难，必力以济。[32]

沈括记载兵部郎中施元长之女施氏：

邻之人有道死京师者，天暑，贫无以为椟，君为脱缨珥，发囊衣以恤之，而又周其行，使得以丧还。[33]

谢逸记载某处士妻江氏：

平生乐赈人之穷，宗族乡党之间受其赐者不知其几人矣。[34]

吕南公记载陈处士妻叶氏：

乡闾有急辄悯济之，饥给以食，危援以力，盖其常。[35]

葛胜仲记载安人王氏：

洎专家政，干理有条序，菲于自奉，而所识穷乏，悉赈之。[36]

朱熹记载清江士人时镐母邵氏：

清江东南畦户数百，临水而茇舍，时潦出其上，民往往栖木自救，有浮去者，夫人始命舟糗饭拯之，岁以为常。豫蓄棺，告疫死者以敛，人怀其惠。[37]

朱熹还记载朝散大夫、权发遣濠州军州事刘仲光母宜人丁氏：

以积善好施闻于乡……喜周人急……里人有子，好读书，欲为儒而父难之。其母以告，宜人既好喻之，又资以金钱，使与其子俱试太学，以遂其志。[38]

楼钥记载其母汪氏：

喜周人之急，家藏夺命丹秘方，岁营珍剂，以为施，治疾起死甚多……闾巷匹妇有来者，一以恩意接之。[39]

袁燮记载士人何耕母宣氏：

喜周人之急，有告以寒不可耐者，家止二衾，辍其一以畀之……衣冠之裔，出赘既有子矣，而厥妇亡，夫党以为未庙见也，或尼其归葬，夫人曰："纳采问名，已告其先矣，妇之资装，夫必得之矣，矧又有子乎。申告于庙，以义起礼于我乎？葬可也。"卒如其说。[40]

杨万里记载处士曾绍荣妻王氏：

馆置亲戚之不能自存者，于其乡而葬其死而无归者，皆夫人之懿也。[41]

陈造记载居士缪公著妻王氏：

振贫窭，恐不力。女之不能嫁、丧不葬，倚夫人而办。自内之使令，外而乡社，不知其几。惠于远近之人……舍东乐陂，溉田余二十顷，岸善颓，业田者病之，夫人岁任修筑，有田之家坐享全利，不与其劳费，周恤之博，且果于及人如此。[42]

黄榦记载晏殊曾孙晏巽妻郭氏：

迨其晚岁，资生之具倍致昌阜。亲属贫者，月给之；里巷死丧不能举，女不能嫁，力周之；岁或艰食，辄发廪平其价。[43]

上述事实可见，宋代士人阶层女性对乡里的援助不仅包括济贫救困，甚至还有援助乡里子弟求学，维护或兴修地方公共设施以方便民众之事，显然，士人阶层女性对乡里的援助方式是多元的。她们不仅积极参预周济乡闾的事业，而且能找到援助的理由，为女性参预社会公共事业提供合理依据，如度正记载乡先生王安世之女王氏："性好施予，内周其亲戚，外及其乡党，婚者、丧者、生子者，皆给之。岁饥，一乡之人赖之以活者甚众。有以息偿者，夫人笑曰：'缓急相济，乡党之义也，敢因以为利乎？'"[44]可见王氏对于乡闾的援助并非一时所好，她不仅积极参预周济乡闾的事业，而且以"乡党之义"作为自己从事赈济活动的理由，亦可见王氏能将自己与乡邻的利益相联系，并能从赈济乡闾之中找到自身价值，拓展了自身的生活空间。

3. 抚恤孤幼

对孤幼的抚恤也是宋代士人阶层女性从事赈济活动的一种类型。宋政府明确将抚恤孤幼纳入国家的赈济政策中，[45]显然，在宋政府看来，对孤幼的抚恤属于社会公共事业的范畴。而在现实生活中，宋代士人阶层女性对孤幼的抚恤也成为一项重要的活动。宋代女性赈济孤幼的方式，主要有收养、救赎和资助财物等。如王珪的叔母狄氏：

收孤遗而抚养之，又乐周人之急，故终身无珠翠之玩。[46]

王珪少时也曾蒙叔母抚养。前揭范纯仁妻王氏抚恤孤幼，为乡里称道：

洛阳衣冠家有女子，因其家破，为人所略卖。夫人闻之，急推金帛以赎之，为具衣衾资装以嫁之。于是宗亲内外益以夫人为贤，而不可及也。[47]

范祖禹记载随州观察使、汉东侯赵宗楷妻吴氏：

主于慈爱，有馈生者，必育之，而不忍杀。岁放禽鱼以万数，轻财好施，赈贫恤孤。[48]

胡铨记载处士胡宗古妻陈氏：

自乱离凡八徙居所，至有恩意，乡闾敬其德。至于恤孤保嫠，始终不替。[49]

可见陈氏对孤幼的抚恤并非偶然为之，而是将其当作自己终身的一种事业。袁燮记载朝奉郎蒋如晦妻潘氏：

嫠居之后，备尝艰厄者十五年，日用几不支矣，而轸恤孤寡，扶助亲党，无异于往时。[50]

杨万里记载乡贡进士胡篯母刘氏：

天性急义，铢视货宝，雍内睦外，宗附姻怀。孰儿而孤，我与室之；孰女而嫠，我与嫁之；孰寒孰饥，谷之丝之。[51]

上述事实可见，终两宋之世，宋代士人阶层女性抚恤孤幼的事迹较为普遍，而士人也将其作为女性的美德予以书写，士人在肯定女性仁爱美德的同时，实则也为女性从事社会公益事业、接触并了解外界提供了社会舆论的支持。同时，女性在从事赈济活动中，也能从中找到回报社会、实现自身价值的荣誉感与满足感，这也为士人阶层女性从事赈济活动增添了动力。

（二）**灾荒之年的赈济**

与日常的赈济有所不同，灾荒之年的赈济往往关乎整个社会。据统计，宋代各类自然灾害所占百分比为：水灾37%，旱灾30%，风、雹、蝗、螟、地震、疫疠等其他天灾33%。[52]赈灾救荒成为宋代士人阶层女性从事赈济活动的又一类型。由于赈灾救荒的特殊性，使得它与社会公共事业的联系在诸多赈济类型中最为深广，其赈济对象也较其他赈济类型更为广泛，故赈灾救荒也成为士人阶层女性所参预的最为大型的赈济活动。宋代士人阶层女性赈灾救荒不仅针对亲友、乡里以及孤幼，还针对许多其他灾民，其赈济方式主要有发廪、施粥、施药、出资掩尸骸、动员其他家庭成员赈济灾民等。如郑侠记载奉议郎吴可权母太孺人王氏：

> 施散之博自其天性。熙宁元丰之交，里中荐饥，富民闭廪以高其籴，太孺独倾廪庾为糜粥，以济流丐，赖以存活者非一二。乃今有语及当时事者，无不感泣流涕。[53]

李昭玘记载比部郎中陈仲孙妻卞氏：

> 比部（卞氏丈夫陈仲孙）守绵，民阻凶岁，倾禄哺饥，后日不继，请出奁具以收殍贫。[54]

前揭谢逸所载某处士妻江氏：

> 岁饥且疫，僵尸横道，皆犬彘之馂余也。夫人闻之恻然，出奁中金以瘗之。[55]

李新记载夫人任氏：

> 元符己卯间，再出粟赈饥储食，饿殍待健而遣，今厮役伧奴班班，是前日道傍弃儿。其慈仁恤物，类如此。[56]

葛胜仲亦记载樊滋妻蔡氏赈救灾荒的事迹：

> 吾（樊滋）乡涉步数郡，往来之凑，故有浮桁，袤数十丈，会为水败，行者病涉，吾妻不资于众，垂橐而新之。宣城饥，米斗钱二千，吾适佐郡，吾妻劝吾尽出田禄赈之，日为饘粥，食饿者。南陵饥甚，则市他米诿邑令增给，自是大姓争发廪，而蒙活者不胜计。宜人勇于仁，类如此。[57]

王庭珪记载士人刘彦弼母王氏，劝说其子发廪救灾，并将家中余粮以低价卖给乡人，使乡人多赖以活：

> 建炎末，米斗千钱，诸豪方闭贮，夫人独语其子曰："岁饥，盗贼蜂起，廪积盈腐，非福也。"乃尽发宿，待平直，唯取十之一，乡闾多赖以活。[58]

孙觌记载敷文阁直学士、右通奉大夫、广南东路经略安抚使韩仲通母刘氏：

> 岁饥，里中之豪闭籴待贾，太淑人发廪粟，以饭饿者。[59]

太宗皇帝七世孙杨国夫人赵氏：

> 会稽大饥，流逋曳道，夫人（赵氏）发粟数千斛，分济之，全活者甚众。又即田园所在，收养百余家，至秋熟，给道路之费，以嫁遣孤女之无归者八十三人。[60]

袁燮记载通议大夫林勉妻袁氏：

> 岁凶民饥，趣使赈恤。[61]

袁燮的叔母范氏：

> 乡邦遭郁攸之变，延及旧庐，闻之流涕，曰："百年之居毁于一朝，前人遗迹略无存者，是可痛也。"既而释然曰："吾赋禄之家，

力犹足以葺治。生计萧然，全无可仗者，何以堪之？”爰命其子亟走，一介存问而补助焉。[62]

杨万里记载友人李春母曾氏：

绍兴己酉，盗起，有妇人至，自言从夫宦游兵间相失，母恻然，怜而馆之，居无几，其夫亦至，母资遣之。乙卯大旱，母为饭以鬻于里市之饥者，贷于母家，母折券不取偿焉。乡邻有流徙者，弃其赤子，母皆收养之，俟其返而归之。[63]

又载故迪功郎宁隽妻贺氏：

绍兴丙辰，米斗千钱，廪有余积，孺人语致政曰：“乡有饿莩，积而不散，非仁也。”乃平直倒廪，且为粥于路，以食丐者，所活甚夥。[64]

又记述士人朱正卿妻刘氏：

岁大侵，谷贵，必痛下其估。寒者衣，疢者药，婚丧而匮者周。[65]

还记述士人谭微仲妻左氏：

岁当上熟，谷价如土，夫人必赞微仲上其估以敛之。及岁大侵，谷价如玉，夫人必赞微仲下其估以散之。邑人德之。[66]

前揭黄榦记载晏殊曾孙晏巽妻郭氏除了日常生活中援助乡里之外：

岁或艰食，辄发廪平其价。[67]

刘宰记载临安县尉吴江妻陶氏：

至于闵岁之不易，振廪以食饥，捐药以起疾，给棺椟以敛死者，所及且万人，则其高谊，盖有烈丈夫所不能为者。[68]

魏了翁记载迪功郎程敦谨之女太令人程氏：

孝友勤俭，服浣濯之衣，至老不衰。就养三州，虽幄帟之事，悉屏弗御。聪明有识虑，官居外言不入阃，闻利害罢行，则毅然见于词色。简池救荒，首教之，曰：流莩当散，不当聚。大酉（程氏之子）于是量地远近，为之期，数日而来，授粮而去。凡累月，无一疾殣，全活以万数。其余训敕若此者，不可殚述。[69]

真德秀记载朝散郎、知邵武军兼福建路招捕使司参议官刘遂母蔡氏，在其子为官期间，告诫其子赈救灾荒：

（刘遂）与江东振饥，夫人又曰："荒政，民死生，汝不可以忽。"遂之宰当涂也，值夫人生旦，自守以下咸致贺，会大水，夫人蹙然曰："天变如此，汝有社有民，毋以吾故乐饮。"当涂之政如古循吏，人谓母训实然，此不惟今女子所难，虽古贤妇犹难之也。[70]

袁甫记载士人徐德夫母甘氏：

南安岁饥，劝分平粜，邻境翔踊，邑才半直。夫人病中，犹朝夕问米价损益，以为欣戚。爱人恤物，天性然也。[71]

姚勉记载兴国军教授程澥妻谭氏：

乐赈乏绝，岁有祲，必劝其夫下价发廪以济饥。虑细民少钱不能多粜，则米其谷，随所粜多寡应之。或不能粜，则给之食，仰粜者日千百，全活甚众。[72]

由上可知，宋代士人阶层女性对于赈灾救荒的参预非常广泛，具体说来主要表现在以下几个方面：其一，女性亲自发廪救灾；其二，女性施衣舍药积极救助灾民；其三，做好救灾的储备工作，以备灾荒之年赈救饥民；其四，在灾荒之年动员丈夫、儿子发廪以活饥民。总之，宋代士人阶层女性对于灾荒的救助起到了不容低估的作用。

二、士人阶层女性从事赈济活动的动因

（一）宋政府劝诱赈济的政策

宋代天灾人祸十分频密，据学者统计，两宋前后发生各种灾害总计874次，灾害频度之密相当于唐代，而其强度和广度则有甚于唐代。[73]在灾害，尤其是大的灾害来临之后，仅仅依靠政府的力量显然无法应对。为缓解灾情，维护社会秩序，不致使灾民“流亡及结成群盗”[74]，宋政府往往动员各种社会力量共同赈济灾民。如大中祥符五年（1012），“京西诸州军民饥处，令转运使谕告积蓄之家有能赈济及以粮斛减半价出粜者，并具名闻，第行恩奖”。[75]绍兴六年（1136）诸路大旱，朝廷“劝诱赈济，其所存活，不知其几千万人”。[76]乾道七年（1171），湖南、江南等地旱情严重，朝廷亦命“旱伤州县，劝诱积粟之家赈济”。[77]宋朝政府这种劝诱赈济的政策，对宋代士人阶层女性从事赈济活动无疑会有促动作用。

（二）社会舆论的支持

在宋代，从事赈济活动的女性通常会获得士人褒扬。如王溥母张氏“周宗族、赈闾里”，毕仲游称赞：“非贤夫人能若是乎？”[78]蒋如晦妻潘氏“嫠居之后，备尝艰厄……而轸恤孤寡，扶助亲党，无异于往时”，袁燮赞叹其行为“深可敬钦”。[79]程澥妻谭氏“乐赈乏绝，岁有祲，必劝其夫下价发廪以济饥”，姚勉誉其为“范世之妇人”。[80]一些士人甚至以女性赈济事例教化士人，劝诫士风。如吴可权母王氏发廪施粥赈济流丐，郑侠论之云：“大丈夫冠佩炜炜，口谈仁义，窘迫之际，如视路人，使知太孺之如此，能无愧乎？”[81]

宋代从事赈济活动的女性除获得士人褒扬外，还会赢得地方乡里及

亲族的敬重与好评。如李洵直妻郑氏“折券恤贫，救患起疾，感动乡邻”。[82]徐处仁妻陈氏“访族姻之贫者而赈之，人人咨嗟，以为不可及”。[83]林勉妻袁氏“周人之急，过于己私”，亲党“翕然称曰：‘虽古贤妇，不过也。’”[84]总之，社会舆论在一定程度上影响着个体的行为，宋代士人、乡里以及亲族等的舆论支持，是女性从事赈济活动的又一动因。

（三）**女性自觉关怀社会的责任意识**

宋代士人往往将女性从事赈济活动的动因归之于“天性”，如士人所评的“性好施”[85]、“施散之博自其天性”[86]等。此类评价虽然从某种程度上肯定了女性从事赈济活动的自主意愿，却掩盖了女性自觉关怀社会及主动承担社会责任的事实。实际上，宋代士人阶层女性赈贫恤困，赈灾救荒，不仅与女性慈爱、怜悯等情感因素有关，还与女性关怀社会的责任意识相关。如宁隽妻贺氏认为，“乡有饿莩，积而不散，非仁也”[87]，故而多次赈济灾民。王安世女王氏热衷赈济，她说：“缓急相济，乡党之义。”[88]“仁”和“义”是儒家伦理教化的重要内容，包涵着儒家立身处世的道德理念和关爱社会的责任精神，而贺氏与王氏即分别以此作为自己从事赈济活动的理由。另如前述刘遂母蔡氏不仅自己赈贫恤孤，还告诫其子曰：“荒政，民死生，汝不可以忽。”其子宰当涂，欲为母贺寿，遇大水，蔡氏又诫之曰：“天变如此，汝有社有民，毋以吾故乐饮。”可见自觉关怀社会的责任意识也是宋代士人阶层女性从事赈济活动的动因之一。

（四）**佛教行善布施的观念**

佛教主张行善布施，“对于贫弱的社会群体进行救助，是佛教的基本道德”[89]。宋代有不少女性信奉佛教，此类女性在信奉佛教的同时，必然会受佛教行善布施观念的影响。如赵从郁妻薛氏“好读释氏书，喜赈济贫乏”。[90]胡邦杰母范氏“慈善存心，装施佛相……以财周人困穷”。[91]张宗雅妻符氏“日课内典”，“凡亲戚之孤遗匮乏者，则嫁娶而周给之”。[92]单夔母叶氏“日课观音经”，“周人之急，切切如己戚休事。其在窭乏时，虽解衣鬻珥不少靳；既贵，则虽甚费而不肯已也”。[93] 徐椿年妻黄氏“日课西方书”，“凡贫无归，或不能自衣食者，随力周之，岁凶少食，不自足而饱饥者”。[94] 上述信佛女性赈贫恤困的行为，应与佛教提倡以慈悲为怀、行善布施有一定关系。

（五）鬼神果报思想的影响

鬼神果报思想在宋代较为盛行，鲁迅先生即云：“宋代虽云崇儒，并容释道，而信仰本根，夙在巫鬼。”[95] 在宋人看来，“存抚鳏寡小弱时加赈恤”“散药食以济病人”“为粥食以食饿者”等赈济行为，属于“积阴德”之举，必能为“天地所佑，鬼神所福”，从而“皆获善报”。[96] 如张宰母太安人王氏“菲于自奉，而所识穷乏悉赈之”，后王氏“御安舆从子之官，辙环数郡……凡州闾称德善之报及母子之德以为可愿，必指太安人之家”。[97] 前揭晏巽妻郭氏“斥其有余以及族属乡党”，其后家道兴隆，“子孙振振”，黄榦认为此乃“天之报施善人”。[98] 林勉妻袁氏“周人之急过于己私……凡七叙封，晚益光华”，袁燮认为，“则其实德之报”。[99] 总之，宋代这种鬼神果报思想的盛行，对士人阶层女性从事赈济活动也能起到某种促动作用。

三、士人阶层女性从事赈济活动的物质基础

众所周知，从事赈济活动必须具备一定的物质基础，那么在实际生活中，士人阶层女性为什么能够较为广泛地参预到赈济活动中？她们从事赈济活动的资金来源主要有哪几个方面？对这一问题的探讨，不仅能让我们了解宋代士人阶层女性从事赈济活动的物质基础，还能让我们对于宋代士人阶层女性在家庭中的地位，以及她们对于家产的支配权等问题有更为深刻的认识。

（一）奁产

对奁产的支配成为士人阶层女性从事赈济活动的资金来源之一。宋代厚嫁之风盛行，女子能否体面地出嫁以及婚后在夫家的地位如何，在

很大程度上取决于陪嫁资妆的厚薄。蔡襄曾云："观今之俗，娶其妻不顾门户，直求资财，随其贫富，未有婚姻之家不为怨怒。原其由，盖婚礼之夕广縻费，已而校奁橐，朝索其一，暮索其二，姑辱其妇，夫虐其妻，求之不已。若不满意，至有割男女之爱，辄相弃背。习俗日久，不以为怪。"[100]司马光亦云："今世俗之贪鄙者，将娶妇，先问资妆之厚薄；将嫁女，先问聘材之多少。至于立契约云：某物若干，某物若干，以求售某女者亦有，既嫁而复欺绐负约者，是乃驵侩鬻奴卖婢之法，岂得谓之士大夫婚姻哉？其舅姑既被欺绐，则残虐其妇以摅其怒，由是爱其女者务厚资装以悦其舅姑。"[101]袁采则云："至于养女，亦当早为储蓄衣衾妆奁之具，及至遣嫁，乃不费力。若置而不问，但称临时，此有何术？不过临时鬻田庐，及不恤女子之羞见人也。"[102]可见厚嫁之风不仅盛行于普通百姓之家，士大夫之家亦然。宋代法律亦明确规定女性有权拥有奁产，奁产系女性私财。《宋刑统》规定："姑姊妹在室者，减男聘材之半"[103]，夫家兄弟成员分家产时，"妻家所得之财，不在分限"[104]。至南宋时，司法官员在审理家产纠纷案例时，依然会援引上述律文，判定妻财所置产业，不应该分给夫家其他兄弟。[105]甚至一些夫妻公然利用上述律文置产营私，致使官府也无法追究，如袁采感慨："朝廷立法，于分析一事非不委曲详悉，然有果是窃众营私，却于典买契中称系妻财置到，或诡名置产，官中不能尽行根究。"[106]可见无论社会风俗还是法律，均决定了女性往往具有较为丰厚的奁产。

丰厚的嫁奁不仅为夫家带来了利益，同时也为女性支配奁产提供了方便。就士人家庭而言，在厚嫁风气的影响下，经济相对宽裕的士人家庭，一般都会尽力为女儿准备丰厚的嫁奁，如范仲淹在《义庄规矩》中规定："嫁女支钱三十贯，再嫁二十贯；娶妇支钱二十贯，再娶不支。"[107]可见嫁女之资明显超过了娶妇的费用。赵鼎也以家法的形式确保家中女性有权拥有属于自己的奁产，他说："三十六娘，吾所钟爱，他日吾百年之后，于绍兴府租课内拨米二百石，充嫁资。"[108]据学者统计，一般官户之女随嫁资妆高达十万、数十万者已不少见。[109] 此外，随着商品经济的发展、门阀制度的衰落和科举制度的发展，宋代“榜下捉婿”之风盛行。[110] 许多士大夫之家或富民之家为攀附权贵，纷纷以厚金为饵，选择新科进士作为自己的女婿，如宋人朱彧记载：“本朝贵人家选婿，于科场年，择过省士人，不问阴阳吉凶及其家世，谓之‘榜下捉婿’。亦有缗钱，谓之‘系捉钱’，盖与婿为京索之费。近岁富商庸俗与厚藏者嫁女，亦于榜下捉婿，厚捉钱以饵士人，使之俯就，一婿至千余缗。”[111] 也有一些士子为贪图财物而娶富家女的事例，如“哲宗绍圣元年八月二十六日，左正言张商英言：‘许州阳翟县豪民盖渐家资累巨万计，女兄弟三人，有朝士之无耻者，利其财，纳其仲为子妇。’”[112] 此类风气也使得很多出身富商大贾之家的女性通过婚姻的流动跻身士人阶层女性的行列，她们在分享士人阶层优越的社会身份地位的同时，也会从本家获得丰厚的嫁奁，从而为自己婚后支配较大数目的奁产提供了条件。

要言之，士人阶层女性往往拥有较为丰厚的奁产，与此同时，奁产也成为女性从事赈济活动的主要资金来源，如夫人蔺氏归于夫家之后，“婚姻之助出奁中物，无一毫吝啬，疏服之贫者，抚存尤渥，不继，辄脱簪珥与之”。[113] 前揭比部郎中陈仲孙妻卞氏，“比部（陈仲孙）守绵，民阻凶岁，倾禄哺饥，后日不继，请出奁具以收殆贫”。[114] 夫人江氏在“岁饥且疫，僵尸横道，皆犬彘之馂余”的情境下，“闻之恻然，出奁中金以瘗之”。[115] 徽宗朝右丞相徐处仁妻吴国夫人陈氏“斥卖嫁时衣被鞶帨……访族姻之贫者而赈之，人人咨嗟，以为不可及”。[116] 夫人高氏有“外氏有不能自存，至鬻其妻者，夫人闻之垂泣，斥首饰，得十万钱，解所御裳衣，遣往赎归之”。[117] 夫人叶氏“周人之急，切切如己戚休遇。其在窭乏时，虽解衣鬻珥不少靳；既贵，则虽甚费而不肯已也”。[118] 雅州太守陈公雄妻林氏，“雅州令万载时，有同僚甫至而丧，明里之诛负者靡至，僚之妻莫知所处，间独涕泣为夫人言，夫人曰：‘吾夫视若夫，昆弟也；吾视若，娣姒也。孰有娣姒之急而勿恤乎哉？吾虽贫，有嫁时之装在，吾其为若偿之。’卒捐其赀，弗靳”。[119] 孺人霍氏“辍食饲饿者，脱珥济穷邻。乏匮中，志未尝不行也”。[120] 上述事实可见，终两宋之世，奁产始终是士人阶层女性从事赈济活动的主要资金来源之一。

（二）夫家家财

对夫家家财的支配也成为士人阶层女性从事赈济活动的资金来源之一。在宋代士人阶层女性的赈济活动中，我们可以看到，无论是在对亲友或乡间的援助还是对灾民的赈济中，都有许多士人家庭女性亲自支配家产从事赈济的事例。如前揭苏轼母程氏“视其家财既有余，乃叹曰：‘是岂所谓福哉？不已，且愚吾子孙。’因求族姻之孤贫者，悉为嫁娶，振业之，乡人有急者，时亦周焉。比其没，家无一年之储”。[121] 泸州判官萧叔献的母亲文氏也因为常常周济亲党及乡间，“以是无余藏于家”。[122] 可见程氏和文氏不仅支配夫家家财援助亲族和乡人，而且都因从事赈济活动使得家中没有多余的积蓄。在灾荒之年，更有许多士人家庭的女性亲自发廪救助百姓的事迹，如前揭奉议郎吴可权母王氏“倾廪庾为糜粥，以济流丐，赖以存活者非一二”。[123] 敷文阁直学士、右通奉大夫、广南东路经略安抚使韩仲通母刘氏“发廪粟，以饭饥饿者”。[124] 太宗皇帝七世孙杨国夫人赵氏，“会稽大饥，流逋曳道，夫人发粟数千斛，分济之，全活者甚众”。[125]

此外，也有一些士人家庭的女性以妻子或母亲的身份，劝说丈夫或儿子救助灾民。如前揭蔡氏劝说其夫樊滋救助灾民：“宣城饥，米斗钱二千，吾（樊滋）适佐郡，吾妻劝吾尽出田禄赈之，日为饘粥，食饿者。”[126]“建炎末，米斗千钱，诸豪方闭贮”，士人刘彦弼母王氏告诫其子勿囤积居奇，并说服其子发廪救灾，“乡闾多赖以活”。[127] 袁燮叔母范氏，命其子抚恤乡闾，“乡邦遭郁攸之变……爰命其子亟走，一介存问而补助焉”。[128] 朝请大夫、司农少卿、总领淮西江东军马钱粮刘颖母董氏“自其贫时，或告之急，解衣推食，惟恐后。少卿君仕有余俸，率推以补不足，皆夫人之志也”。[129] 兴国军教授程瀞妻谭氏“乐赈乏绝，岁有禄，必劝其夫下价发廪以济饥”。在上述事实中，女性虽然没有直接发廪救灾，却以妻子或母亲的特殊身份，说服丈夫或儿子救助灾民，从而也在客观上起到了支配家产救助灾民的功效。

（三）国家所赐封赏

除以上几种情况之外，朝廷赐予命妇的封赏也成为士人阶层女性从事赈济活动的资金来源。在宋代，士人阶层女性大都会因丈夫或儿子的荫补而获得命妇封号。《枫窗小牍》记载：“国朝妇人封，自执政以上封夫人，尚书以上封淑人，侍郎以上封硕人，太中大夫以上封令人，中散大夫以上封恭人，朝奉大夫以上封宜人，朝奉郎以上封安人，通直郎以上封孺人。然夫人有国郡之异，而武臣一准文阶。其后三公、大将封带王爵者，妾亦受封，特视正妻减阶耳。”[130]蔡絛记载：“郡君者，为淑人、硕人、令人、恭人；县君者，室人、安人、孺人。俄又避太室人之目，因又改曰宜人。其制今犹存。”[131]宋代朝廷在赐封命妇的同时，往往会赏赐相应的钱物，[132]如《建炎以来系年要录》载：“（建炎三年秋七月）癸未，武胜军节度使、御前左军都统制韩世忠为检校少保、武胜昭庆军节度使，赏平苗刘之功也。上遣使赐世忠金合，且御书忠勇二字表其旗帜，又封其妻梁氏为护国夫人。制曰：‘智略之优，无愧前史。’给内中俸以宠之。将臣兼两镇功臣妻给俸皆自此始。”[133]也有一些命妇将朝廷赐予自己的钱物用于赈济活动的事例，如杨国夫人赵氏“月有俸，不以给他费，积钱九十万，尽辇致三茅元符宫，营一大殿，祝今皇帝千万岁寿以报。会稽大饥，流逋曳道，夫人（赵氏）发粟数千斛，分济之，全活者甚众。又即田园所在，收养百余家，至秋熟，给道路之费，以嫁遣孤女之无归者八十三人”。[134]宝文阁直学士贾说母吴国太夫人王氏“所得禄赐，随以施浮屠氏，使修佛供，及班诸亲族之贫者”。[135]

总之，从事赈济活动是士人阶层女性公开参预社会公益事业的一种方式。士人阶层女性因其特殊的身份属性，使得她们大多有能力从事赈济活动。从士人阶层女性从事赈济活动的资金来源中我们亦可看出，在士人家庭中，女性通常能自由支配奁具、家产以及国家赏赐自身的财物，而作为妻子或母亲，女性也能说服丈夫或儿子参预到社会赈济事业中来。可以看出，在士人家庭中，女性往往具有一定的自主性。在从事赈济活动的过程中，女性不仅加强了自身与外部世界的联系，而且能从中找到回报社会、实现自身价值的荣誉感与满足感，这也是女性与外界沟通，拓展自身生活空间的一种途径。

第二节 对簿公堂的诉讼活动

宋代士人阶层女性在公领域中的活动还表现在对簿公堂的诉讼活动中。在宋代，不仅下层女子公然为自身权益而上诉[136]，士人阶层女性也会为维护自身、家人甚至国家的利益而对簿公堂。宋代士人阶层女性所参预的诉讼活动主要集中在以下方面。

一、涉及立嗣问题的诉讼

《礼记·昏义》开篇即云："昏礼者，将合二姓之好，上以事宗庙，而下以继后世也，故君子重之。"[137]《孟子》曰："不孝有三，无后为大。"[138]在中国传统社会中，传续子嗣、延续香火被视为家庭内部最为重要之事，故户绝之家通常采用立嗣的方式以延续香火，也有一些夫妇在立嗣之后又生有亲生子的情况。因立嗣所致的诉讼在宋代社会中较为普遍，仅《名公书判清明集》一书中与立嗣相关的各类诉讼即有六十余例。在宋代士人阶层女性中，也有因立嗣问题而引致诉讼者。

据宋代法律，"户绝命继，从房族宗长之命。又云：夫亡妻在，则从其妻"。[139]如谢文学诉嫂黎氏不立自己的儿子为嗣，而立其兄谢鹏之子为嗣，官府即以"夫亡妻在，从其妻"条，判决黎氏所立之嗣合法，而谢文学因之败诉。[140]"户绝之家，近亲不为立继者，官为施行"[141]，立继子嗣"只当于同宗昭穆相当者求之"[142]，但又云："异姓三岁以下，并听收养，即从其姓，听养子之家申官府附籍，依亲子孙法。虽不经除附，而官司勘验得实者，依法。”[143]又云：“无子孙，养同宗昭穆相当者，其生前所养，须小于养父之年齿。”[144]

黄榦记载宁乡知县陈邵妻刘氏与夫兄陈如椿因立嗣问题对簿公堂。“陈如椿论房弟妇刘氏不应立异姓子为嗣”，但刘氏则坚持养子是“其夫宁乡知县陈邵于甲寅年在潭州抱养同官遗弃之子，立名志学，经今十六年，即非今方立为嗣”。很有意思的是，为了证明养子志学是在丈夫生前即已立嗣，在该案的审判过程中，刘氏还拿来了养子自幼以来学习的文字，以示并非夫死之后立嗣。黄榦认为，“又据刘氏赍到自童蒙以来读书学字十数卷，皆积年陈旧文字，问其所从之师，则在抚州者见有先生姓饶，及请到饶先生供对，则又称去年陈知县已送志学相从读书，岂得以为身死之后，旋立十五六岁异姓之子”；而辰溪知县陈敏学：“身为士夫，不顾义理，不念刘氏乃其叔母，亦敢移文本州，与破落陈如椿挟同妄诉，欲以吞并叔父之业，廉耻道丧，莫此为甚”。故最终判决：“为人子者，责其祖，辱其父，诬其零丁孤寡之叔母，罪莫大焉。合将陈如椿重行勘断，念其于刘氏之子有族伯之亲，申解使府，乞将陈如椿责戒释放，仍牒辰溪知县知委，庶其少知改悔，以全士大夫之名节。”[145]在该案判决中，刘氏以各种途径证明其立嗣子合法，以法律手段维护了自身的权益。

淳熙四年（1177）“十月二十七日，户部言：‘知蜀州吴扩申明：乞自今养同宗昭穆相当之子，夫死之后，不许其妻非理遣还。若所养子破荡家产，不能侍养，实有显过，即听所养母诉官，近亲尊长证验得实，依条遣还，仍公共继嗣。’”[146]虽然法律规定夫死之后，妻子不得遣还养子，但依然有士人阶层女性在丈夫死后，遣逐立继之子，并由此对簿公堂的案件。如刘克庄审理的《德兴县董党诉立继事》一案中，赵氏在其夫死后，遣逐立继之子董党，刘克庄认为：

> 此事当以恩谊感动，不可以讼求胜帖。两县请董许二士，亦以台牒及当职此判，请二士更为调护。赵氏若能念董党乃夫在日所立，幡然悔悟，复收为子，则子无履霜在野之怨，母无毁室取子之诮矣。盖见行条，今虽有夫亡从妻之法，亦有父在日所立不得遣逐之文，赵氏若不幡然悔悟，它日续立者，恐未得安稳，岂如及今双立，求绝争讼保守门户乎？董党亦宜自去，转恳亲戚调停母氏，不可专靠官司。[147]

在该案的判决中，刘克庄既依据法意，又参酌人情，以和缓的方式，劝说赵氏悔悟，亦可见司法官员对于身为母亲的女性，在一定程度上是予以关照的。

在宋代，也有一些夫妇在立嗣之后又生有亲生子的情况，由此引致的纠纷也较为突出。如刘克庄记载《饶州宗子若璛诉立嗣事》一案中，李安人乃知郡之妻，“若璛系李安人亲侄”，知郡生前曾将其立为继子，而李安人又生有亲生子若藻，知郡死后，“若璛乃与李安人互相词讼”。刘克庄则从人情的角度认为“若璛乃与李安人互相词讼，是得罪于母矣，又欲自受遗泽，是不友爱其弟矣”。[148] 在刘克庄审理的《建昌县刘氏诉立嗣事》一案中，刘氏乃“丞（田县丞）之侧室”，“自丞公在时，已掌家事，虽非礼婚，然凭恃主君恩宠……皆以丞妻自处”。田县丞生前曾立世光为嗣，之后刘氏又生有亲生子珍珍，“县丞身后财产合作两分均分。世光死而无子，却有二女，尚幼”。田县丞之弟通仕郎田某为谋资产，试图将其子立为世光之嗣，遭到刘氏拒绝，田姓通仕郎因之与刘氏对簿公堂。刘克庄援引条法，认为：

> 在法：诸户绝人所生母同居者，财产并听为主。同居者且如此，况刘氏者，珍珍之生母也；秋菊（世光之妾）者，二女之生母也；母子皆存，财产合听为主。通仕岂得以立嗣为由而入头干预乎？度通仕之意，欲以一子中分县丞之业，此大不然，考之令文，诸户绝

财产，尽给在室诸女。又云：诸已绝而立继绝子孙，于绝户财产，若止有在室诸女，即以全户四分之一给之。然则世光一房若不立嗣，官司尽将世光应分财产给其二女，有何不可？通仕有何说可以争乎？若刘氏、秋菊与其所生儿女肯以世德（通仕之子）为世光之子，亦止合得世光全户四分之一。通仕虽欲全得一分可乎？往往通仕亦未晓法，为人所误，此通仕之谬也。刘氏自丞公在时，已掌家事，虽非礼婚，然凭恃主君恩宠，视秋菊辈如妾媵。然观其前后经官之词，皆以丞妻自处，而绝口不言世光二女见存，知有自出之珍珍，而不知有秋菊所生之二女。所以蔡提刑有产业听刘氏为主之判，而当职初览刘氏状，所判亦然。是欲并世光一分归之珍珍，此刘氏之谬也。通仕、刘氏皆缘不晓理法，为囚牙讼师之所鼓扇而不自知，其为背理伤道。当职反复此事，因见田氏尊长钤辖家书数纸，亦以昭穆不相当为疑。又云："族中皆无可立之人，可怜、可怜。"又云："登仕与珍郎自是两分。"又云："登仕二女使谁台举。"又云："刘氏后生妇女，今被鼓动出官，浮财用尽，必是卖产，一男二女断然流下。"又云："老来厌闻骨肉无义争讼，须与族人和议。"书中言语，无非切责通仕，而通仕不悟，乃执此书以为证验，岂通仕亦不识文理耶？当职今亦未欲遽绳通仕以法，如愿依绝户子得四分之一条，令可当厅责状，待委官劝谕。田族并刘氏、秋菊母子照前日和议，姑以世德奉世光香火，得四分之一，而以四分之三与世光二女，方合法意。若更纷拏，止得引用尽给在室女之文，全给与二女矣。此立嗣一节也。刘氏，丞之侧室；秋菊，登仕之女使。昔也，行有尊卑，人有粗细，爱有等差，今丞与登仕皆已矣，止是两个所生母耳。尽以县丞全业付刘氏，二女长大必又兴讼，刘氏何以自明？兼目下置秋菊于何地？母子无相离之理，秋菊之于二女，亦犹刘氏之于珍郎也，人情岂相远哉。县丞财产合从条令检校一番，所为二分，所生母与所生子女各听为主，内世光二女且给四之三，但儿女各幼，不许所生母典卖。便检校到日，备榜禁约违法交易之人。案呈。

据此，该案中不仅牵涉田县丞侧室刘氏与田通仕之争，还牵涉到了田县丞之母，田县丞的母亲也为此以尊长的身份书写家书试图调解。该案虽经蔡提刑初判“产业听刘氏为主之判”，但田姓通仕郎还是与刘氏纠纷不已，以致有刘克庄的再判。刘克庄援引法律，参酌人情，既考虑到刘氏与其子珍珍的权益，同时也考虑到秋菊与二女的利益，又因族中无昭穆相当之人，而通仕郎执意将自己的儿子立为侄儿之嗣，因而判决“县丞财产合从条令检校一番，所为二分，所生母与所生子女各听为主，内世光二女且给四之三，但儿女各幼，不许所生母典卖”。[149] 该案的案情反映出宋代士人家庭内部错综复杂的关系，族人为户绝或继绝之家立嗣[150]，不仅仅在于为绝户延续香火，在很多时候则是觊觎绝户的财产，而由此引发的纠纷与诉讼也成为一个不容忽视的社会问题。

二、涉及财产问题的诉讼

在此类诉讼活动中，涉及的财产问题主要集中在家产分配、奁产纠葛等方面。如北宋真宗咸平年间，知陇州刺史李守恩战死，数年后，守恩幼弟李守志欲分家产，“守恩子息多，且虑窘乏，妻刘诉于上”，真宗“不欲令析居，诲令和协，并切责守志”。[151] 左领军卫将军薛惟吉妻柴氏无子，柴氏与继子薛安上不合，薛惟吉死后，二者之间即因财产纠纷对簿公堂。薛安上以柴氏“尽蓄其祖父金帛，计直三万缗，并书籍纶告，以谋改适”为由，柴氏则不仅上告薛安上，甚至连及当时丞相向敏中。柴氏“击登闻鼓，讼兵部侍郎、平章事向敏中贱贸惟吉故第，又尝求娶己不许，以是教安上诬告母，且阴庇之”。在真宗皇帝试图平息此事的情况下，“柴又伐鼓，讼益急”，朝廷“遂并其状下御史狱鞫之……验问柴之臧获，发取瘗藏，得金贝仅二万计”。该案最终以向敏中罢为户部侍郎，“柴用荫赎铜八斤。安上坐违诏贸居第，笞之，以所得瘗藏金贝赎还其居第”了结。[152]事实上，继母与嫡子之间因“爱憎殊别”，很容易引发纠纷，宋初即有继母怒杀丈夫前妻之子的案例，在处理该案时，宋政府在考虑到嫡继纠纷所引致的人身伤害的同时，也考虑到因嫡继纠纷所引发的财产纠葛。为维护儿子的权益，乃诏“自今继母杀伤夫前妻之子及其妇，并以杀伤凡人论。尝为人继母而夫死改嫁者，不得占夫家财物，当尽付夫之子孙，幼者官为检校，俟其长然后给之，违者以盗论”。[153]昭庆军承宣使王继先“尝强夺其姊真珠，直千余万缗，为姊所讼”。[154]

在宋代，还有士大夫之家女儿为争夺奁产而对簿公堂之事，如司马光记载：

> 尝有士大夫，其先亦国朝名臣也。家甚富，而尤吝啬。斗升之粟、尺寸之帛必身自出纳，锁而封之，昼则佩钥于身，夜则置钥于枕下。病甚困绝，不知人子孙窃其钥，开藏室，发箧笥，取其财。其人后苏，即扪枕下，求钥不得，愤怒遂卒。其子孙不哭，相与争匿其财，遂致斗讼。其处女亦蒙首执牒，自讦于府庭，以争嫁资。[155]

据宋代法律，“诸应分田宅者，及财物，兄弟均分……姑姊妹在室者，减男聘财之半。寡妻妾无男者，承夫分”[156]；又，夫家兄弟成员分家产时，“妻家所得之财，不在分限”[157]，明确规定了女性的财产所有权。《名公书判清明集》记载贡士吴和中，“其家储书千卷，必佳士也。前室既亡，有子七岁，再娶王氏”。吴和中死后，“王氏携囊橐再嫁，汝求（吴和中之子）倾资产妄费，贫不自支，遂致交讼”。据王氏所言，其所携财产乃原有奁产以及以妆奁所置田产，而据官方检校，王氏所置田产“系其故夫已财置到，及有质库钱物，尽为王氏所有”。故司法官员在判决此案时，既依据法意，又参酌人情，认为“妻财置产，防他日讼分之患”，然王氏也应“以前夫为念，将所置到刘县尉屋子业与吴汝求居住，仍仰吴汝求不得典卖。庶几夫妇、子母之间不得断绝，生者既得相安，死者亦有以自慰于地下矣”。[158]显然，司法官员在事实上承认了王氏以妻财置产的合法性，但参酌人情，则请求王氏允许吴汝求居住自己以妻产名义所置的房屋，吴汝求对该屋业不能有所有权。由此亦可见，在财产纠纷案件中，官方对于女性的奁产所有权实则是予以维护的。

在家产分割中，也有女性主动放弃法定家产继承权而让给他人的事例，如王珪记载“著作佐郎、知司农寺丞事俞充”说，其母皋氏“外家素有产，既绝无后，先妣以法当得之。其后，族人有欲分产者，以法不当得。先妣曰：‘吾有子禄，足以为养矣，乃援法而弗予之乎？’卒分予之”。[159]可见无论是从女性为财产纠纷主动上诉，还是女性主动放弃自己的财产权问题上，都说明宋代社会女性的财产权是能够落实的。

三、涉及公务问题的诉讼

士人阶层女性因其特殊的身份地位，使她们有可能通过丈夫或儿子了解政务，而在这一过程中，女性也会因公务问题提起诉讼。由于女性很难直接介入政务，故这类诉讼大多也是因丈夫或儿子的公事所引发。如神宗时期，东头供奉官王永年妻赵氏“讼永年盗官钱事”。[160]徽宗崇宁二年（1103），李之仪因“撰故宰相范忠宣公（范纯仁）行状”，遭蔡京陷害，“逮系御史狱”，李之仪妻胡文柔亲自寻找证据，为其夫申冤，李之仪方得免。[161]徽宗时期，开封尹盛章为讨好蔡京，弹劾朝奉郎崔穆不能事母，崔穆由此遭停官。宋室南渡之初，崔穆的母亲为儿子澄清冤案，朝廷因之恢复崔穆的官职：

> 停官人崔穆复朝奉郎。穆，张阁子婿也。大观间，蔡京责太子少保，（张）阁为翰林学士，草制词，明著其罪，京憾之。开封尹盛章阿京意，劾穆不能事母，文致其罪。至是，穆母沈氏诉于朝。[162]

宋代也有丈夫因吏治不明而遭妻子状告者。如李清照晚年改嫁张汝舟，张汝舟妄增举数入官，遭其妻李清照上诉，张汝舟因而被除名柳州编管：

（张）汝舟妻李氏讼其妄增举数入官也。其后，有司当汝舟私罪，徒诏除名柳州编管。李氏，格非女，能为歌词，自号易安居士。[163]

资政殿学士李回妻郭氏，在丈夫被停职后，找出其夫遭停职的原因，并为之上诉，朝廷恢复李回原职：

故左中大夫李回再复资政殿学士。以其妻郭氏讼刘大中挟情报怨也……诏刘大中所劾无寔，尽还职。[164]

高宗朝徽猷阁学士胡舜陟遭秦桧等人陷害，身死狱中，其妻汪氏[165]为丈夫申冤，上诉于朝：

初，徽猷阁学士胡舜陟知静江府，因奉诏捕郴贼骆科余党，以馈饷不继，与广西转运副使吕源有隙，舜陟劾源沮军事。时有府吏徐竿者，因获罪，舜陟杖而逐之，竿乃阴求舜陟之失，得其邕州买马折阅事以告源，源即诬奏舜陟受金，且以书抵秦桧，言舜陟非笑朝政。桧素恶舜陟，遂入其言，差大理寺丞袁柟、燕仰之，于静江府制勘，竿亦对狱。舜陟入狱二十日至是死，人皆冤之……既而舜陟妻汪氏诉于朝，上曰："舜陟是从官兼，罪未至死，勘官不可不绳。"柟、仰之，并送吏部。[166]

金渊妻盛氏在丈夫遭落职之后，也上诉朝廷，盛氏的上诉也起到了作用：

淳祐四年，（金渊）知贡举，拜端明殿学士、同签书枢密院事。侍御史刘汉弼论渊尸位妨贤，罢政予祠。监察御史刘应起言，落职罢祠。十一年，妻盛氏诉于朝，乞曲加贷宥，少叙官职。诏止量移平江府居住。[167]

要言之，士人阶层女性也会因公务问题提起诉讼，对簿公堂。尽管此类诉讼大多都围绕丈夫或儿子的利益展开，但我们从中依然可以看出士人阶层女性在公领域的活动。

四、涉及性问题的诉讼

我们先来看一则仁宗年间死刑案件的统计表：

表 5–1 仁宗嘉祐五年（1060）死刑案件统计表[168]

案件类型	杀父母、叔伯、兄弟之妻，杀夫、杀妻、杀妻之父母	故、谋、斗杀	劫盗	奸、亡命
死刑人数	140	1300	970	110

表 5–1 反映，在死刑案件中，因家庭暴力和奸情而判死亡者，均超过百例以上，可见家庭暴力与奸情成为不容忽视的社会问题。宋代一些士人为报私愤，也会诬陷对方有奸滥之事，如徐铉因讼其弟与弟妇姜氏不孝顺其母姜氏，则被其甥诬告与弟妇有奸，徐铉因之“坐贬静难行军司马”。[169] 为防止家庭奸滥之事，司马光强调：“男女之别，礼之大节也。故治家者必以为先。”[170] 袁采则主张应该规范家人的作息时间，认为“清晨早起，昏晚早睡，可以杜绝婢仆奸盗等事”。[171] 显然，在古人看来，夜晚是容易发生奸盗之事的时间。葛兆光先生即指出，“时间分配，说到根本处是一个有关‘秩序’的事情。在古代中国的一统社会里面，时间分配是很重要的，无论民间和官方都一样重视……官方重视它，也自有官方的道理，因为对作息时间的管理，在某种意义上说也是对社会秩序的管理”。[172] 朱熹则主张通过及时婚嫁的方式来减少奸滥行为，他认为婚嫁乃“人道性情之常”，不婚之男女“血气既盛，情窦日开”，“于是不婚之男无不盗人之妻；不嫁之女无不肆为淫行”。朱熹明确看到性与社会秩序之间关系的密切，故主张以官方的强制力，劝诫民众及时婚嫁，其目的在于“革淫乱之污俗”。[173]《州县提纲》中亦云：

> 闺门内外之禁，不可不严。若容侍妾令妓辈教以歌舞，纵百姓妇女出入贸易机织，日往月来，或启子弟奸淫，或致交通关节。盖外人睹其出入深熟，嘱之以事，彼有所受，讼至有司，事干闺门，尤难施行。[174]

又云：

> 近世风俗，大率初入词，辄以重罪，诬人者不可不察……与其妇女交争，则必诬曰强奸。[175]

可见因性问题所致的诉讼成为令朝廷和官吏大伤脑筋之事。

在上篇中，我们曾就宋代法律对性越轨行为的规范作过论述。在士人阶层女性的诉讼类型中，也有因性问题所引起的诉讼。士人阶层女性的此类诉讼活动以维护自身人身权益者为多。如《续资治通鉴长编》载：

> 有抚州司法参军孙齐者，初以明法得官，留其妻杜氏里中，而给娶周氏入蜀。后周欲诉于官，齐断发誓出杜氏。久之，又纳倡陈氏，挈周所生子之抚州。未逾月，周氏至，齐捽置庑下，出伪券曰："若佣婢也，敢尔邪！"乃杀其所生子。周诉于州及转运使，皆不受。人或告之曰："得如饶州萧使君者诉之，事当白矣。"周氏以衣书姓名，乞食道上，驰告（萧）贯。抚非所部，而贯特为治之。[176]

在该案中，周氏为维护自身权益，呼号奔走，最终获得了胜诉，维护了自身的权益。《墨客挥犀》中记载：

> 仁庙朝，皇族中太尉夫人，一日，入内再拜，告帝曰："臣妾有夫，不幸为婢妾所惑。"帝怒，流婢于千里，夫人亦得罪，居于瑶华宫，太尉罚俸而不得朝。[177]

该案中虽然太尉夫人因状告其夫而获罪，但太尉及婢妾均遭到了惩处，亦可见朝廷对于士大夫性行为的规范是较为重视的。[178]《续资治通鉴长编》载："李宪妻王氏告宪闺门事，开封鞫治子妇，既诬服，上察其冤，移大理，（杨）汲以左证得其情。"[179] 吕颐浩之子吕摭，因被其嫂姜氏状告奸淫庶母，吕摭由此治罪，除名梧州编管：

> 甲戌，右朝散郎直秘阁吕摭除名梧州编管。秦桧追恨颐浩不已，使台州守臣曹惇求其家阴事，会摭嫂姜氏告摭烝其庶弟之母，送狱穷治，摭惧罪，阳喑，乃以众证定罪，于是一家破矣。[180]

宁宗朝保义郎孟友谅：

> 有妻赵，又挑寡妇茅以居，如二妻。茅之男，其夫李之子也，畜于友谅，以病而殒。茅告赵，谓为谋杀之也，掠治不胜痛，自诬服，将抵死。君（台州天台县尉郑仲酉）讯知其冤，与一郡官吏争论累月，赵卒得不死。[181]

该案中寡妇茅氏与孟友谅妻赵氏对簿公堂，虽因茅氏诬告赵氏而起，但实则也与孟友谅对其妻不忠而与茅氏通奸有一定关系。该案是否为诬告已无从考察，然而从司法官员的最终判决中亦可看出士人对于正妻的维护。

宋代士人阶层的女性也有因家道败落而遭典雇，并由此引发诉讼者。如《名公书判清明集》中记载，陈氏本为士大夫之后，其夫吴子晦"亦是宦家之后"，因"不能自立，家道扫地"，仅依靠"陈氏与针指以自给"。士人雷司户欲雇陈氏为妻，"始则招吴子晦饮酒，诱致先留陈氏在其家一夕，次日方令立契"。陈氏母刘氏因而状告吴子晦伙同雷司户典雇其女，司法官员则援引"在法，雇妻与人者，同和离法"律文，判定"刘氏当官责领其女归家，若其夫子晦有可供赡，不至失所，却令复还。万一不能自给，无从赡养其妻，合从刘氏改嫁”。[182] 从该案的判决我们可以看出，在宋代，随着门阀制度的衰落，士人的身份不再具有稳定性，子孙不肖，则很容易家道败落，甚至出现士人之女遭人典雇的现象。陈氏母刘氏因女儿遭人典雇诉讼公堂，而司法官员也依据法意并参酌人情，做出了对陈氏有利的判决，亦可见无论是从法意还是人情的角度，宋代社会对女性的权益都是较为重视的。

此外，士人阶层女性也有利用自己身份的优势，在遇到困境时依靠官府的事例，如张耒记载大理寺丞王毖妻李氏，在其夫卒于官邸后，李氏独自护送丈夫灵柩返乡，“道峡中，舟败，舟人舍舟而逃，夫人正色叱之，命取柩挈儿以免。然家无长男子，道远，从者慢，夫人辄能言之官府，鞭罚之”。经历这件事以后，“内外始知其才非独办妇人常职而已也”。[183] 可见宋人对于有能力的女性不但不排斥，反而持赞赏与佩服的态度，这也鼓励了女性对外事的参预。宋代士人阶层女性也有亲自援引礼律，解决家庭纠纷者。如朱熹记载国子博士成都范文叔母王氏，亲自召集族党，为夫兄立嗣，并参酌礼律，说服过继之子为嫁母服丧：“初，范君（王氏丈夫范潅）仲兄洪雅君蚤卒，无子，范君将以少子仲芸后之，未及而终。后六年，仲芸奏名南省，夫人大合族党，申范君之命，以告于祖祢，而卒使奉其祀焉，闻者皆以为难。洪雅之妻前已更嫁，至是乃卒，人以其服为疑，夫人曰：‘礼不为嫁母服，而律有心丧三年之文，且是尝为洪雅配，得不为芸母乎？’即日命仲芸服丧如律，闻者益以为难。”朱熹感慨：“其出少子以后仲父，既又使之服其所后嫁母之丧，则处变事而不失其权，有当世士大夫之所甚难而深愧焉者。”[184] 从王氏所为以及朱熹的赞赏可见，王氏列举过继子为嫁母服丧理由时，援引礼律，参酌人情，俨然有士人公堂判案之风。总之，对簿公堂的诉讼活动，也是宋代士人阶层女性参预公领域之事的一种方式。

第三节 参预夫、子的事业

虽然儒家理想性别秩序的格局是“男不言内、女不言外”，“妇人不预外事”，但在实际生活中，女性常常以“内助”或“母亲”的身份，在相夫教子的名义下参预丈夫或儿子的事业。邓小南先生即曾指出：“在宋代的士大夫们看来，‘内’之作用，无疑是辅助‘外’的……正是这种‘辅助’带来了沟通与跨越的可能。‘辅助’本指分担家内事务；而进一步的积极‘辅助’，则势必逾越内外界限，过问乃至介入夫君子弟掌管的‘外事’。”[185] 也因为如此，对丈夫或儿子事业的参预也是士人阶层女性参预公领域活动的一种途径。

一、参预丈夫的事业

在宋代士人家庭中，不论是妻还是妾，女性都有可能以内助的身份参预丈夫的事业。在这一过程中，女性不仅仅扮演男性事业支持者的角色，而是在一定程度上参预甚至左右男性的事业，以此介入公领域，参预外事。宋代士人阶层女性以相夫的名义参预外事的情况，主要有以下几类。

（一）协助丈夫处理公务

在士人家庭中，女性为丈夫出谋划策，协助丈夫处理公务是士人阶层女性参预外事的一种方式。如陈襄记载夫人符氏：

> 故尚书屯田郎中赠给事中张公讳宗雅之妻……给事居常与士大夫议论，夫人多窃听之。退而品第其人物贤否，无不曲当。尤喜闻政事与讼狱之疑难者，悉能区别情伪，裁之义理。故给事所治有异政，号为良吏，抑夫人之助也。[186]

符氏不仅以窃听丈夫与士大夫谈话的方式，帮助丈夫品评人物，针砭时弊，她还时常帮助丈夫解决政事与狱讼中的疑难，以此介入公事。又如吕陶记载：

乡先生光禄寺丞任君遵圣，有贤配曰夫人吕氏……（任遵圣）仕宦多龃龉，飘寓四方，几至憔悴，夫人辅助艰勤……遵圣治郴县，会王师讨侬寇，道过境，窘于饷馈，议敛来岁赋入，贷民财以济之。守将难其说，遵圣又从往议，夫人止之曰："竟不从，可遂已乎？莫若专达以办事，虽得罪，何愧！"[187]

可知任遵圣妻吕氏不仅陪伴丈夫游宦四方，而且能为其夫出谋划策，解决公务难题。在其夫治郴县时，逢宋军平侬智高经过境内，任遵圣准备从民间征集岁赋以解决军队供给匮乏的问题，然而遭到当地守将反对。在这种情况下，吕氏帮助其夫做出决断，并说服其夫采取果断措施，以济宋军之急。以致吕陶称赞吕氏："其善虑而断，又非妇人之所能也。"[188]陆佃记载进士傅璟母周氏：

奉嫡夫人孙氏能以礼，不以府君（周氏丈夫）之爱辄懈也。嫡夫人久而爱之，属以内事。康定中，傅氏之族蕃衍日大，而府君以不足于养为忧。去城之东湖，得童山废田百顷，又得浪港废陂数百亩，府君以千金易之，曰："田将种之粳稌，而陂将养之刍茾也。"顾诸子尚幼，又欲令力学，以世其家，问谁可主者，意在夫人，而夫人承其意。府君喜曰："汝才真可以此付也。"故常往来童山，独为提其大要，而以其节目任之，凡所以更革而新之者，出于夫人之谋十三四也。居久之，生事就绪，岁有余入，而府君无内顾之忧者，实夫人之助也。[189]

在这则事例中，身为妾的周氏恰当地处理了自己与正妻以及丈夫的关系，并博得丈夫的喜爱与信任，在丈夫处理的事务中，"凡所以更革而新之者，出于夫人之谋十三四也"，亦可见周氏对于外事的参预程度是很深入的。刘一止记载：

安人徐氏，世莆阳人，徙居吴郡，故尚书户部员外郎同郡钱君观复之室也……相夫必以义。户部佐州郡，有能称，旁近有疑讼，久不决者，往往委之。吏牍堆几，安人戒左右，毋得以他事关白，俾之尽心，或从旁赞决，言动得理。[190]

可见徐氏在丈夫治理狱案时，不仅努力为丈夫营造一个清静的环境，还能时常帮助丈夫解决公务难题，做出合理的决断，从而使自己参预到公事中来。孙觌记载左朝议大夫吴禹功妻恭人杨氏帮助丈夫决策公事：

朝议公处疑事，踟蹰未决，闻恭人一言而定。[191]

孙觌在为杨氏所作铭文中称赞其“挺士君子之操，以相其夫”。[192] 张守记载詹成妻邵氏：

识虑精敏，遇事迎解。公（邵氏丈夫詹成）临官有疑，或谋之孺人，则从容指说，悉中理宜。[193]

可见在宋代士人的家庭中，丈夫也会主动向妻子诉说自己在公事中遇到的困扰，由此也为妻子了解外事，参预外事提供了途径。周辉《清波杂志》记载：

蔡卞之妻王夫人颇知书，能诗词，蔡每有国事，先谋之于床笫，然后宣之于庙堂。时执政相语曰：“吾辈每日奉行者，皆其咳唾之余也。”蔡拜右相，家宴张乐，伶人扬言曰：“右丞今日大拜，都是夫人裙带。”讥其官职自妻而致，中外传以为笑。[194]

蔡卞妻王夫人乃王安石之女，蔡卞每有国事，必与夫人商议之后方执行，此事虽招致朝臣暗中讥讽，但亦可见女性通过相夫的途径参预朝政的事实。周必大在为伯母尚氏所作墓志中记载：

> 伯父之为辰州，有大姓以私匿亡命，抵狱，僚吏谳，欲杀之，伯父归而疑其故，夫人曰："官有常法，疑则从轻可也。"伯父之意遂定，其人以全。[195]

上述事实可见，士人阶层女性通常会以内助的身份为丈夫出谋划策，协助丈夫处理公务，参预公领域之事。士大夫在记载此类事例时，大都从正面予以书写，并将其作为值得称道之事，亦可见在相夫的名义下，女性参预公领域之事不但不被士人反对，反而会赢得士人的称道，体现出当时社会价值评判的多元性与包容性特征。这种评判机制也为女性参预公事提供了社会舆论的支持。在相夫的名义下，女性通过协助丈夫处理公务，从而得以了解并参预外事，这也成为士人阶层女性参预公领域活动的一种途径。

（二）劝诫丈夫尽心国事

在丈夫为政期间，劝诫丈夫尽心国事，也是士人阶层女性关心国事、参预外事的方式。如范祖禹记载：

> 夫人钱氏……年十八，归于故工部尚书李庄公兑……庄公仕浸显，与夫人素相礼重，每退朝，夫人必从容讽切以古之忠义。其出藩于外，则劝以尚德缓刑。[196]

"古之忠义"以及"尚德缓刑"是士大夫处理外事的原则，在传统社会的理念中原本与妇人无关，但钱氏在丈夫为政期间，始终以内助的身份，劝诫其夫在朝当以忠义之节事君，在地方则应尚德缓刑，以此参预外事。范祖禹在评价此事时也指出，"庄公立朝，大节不渝，而为政宽猛相济，夫人有助焉"[197]，以此称赞钱氏的内助作用。刘一止记载：

> 夫人高氏，世为南徐人，故中奉大夫、安吉县开国男致仕、赠右光禄大夫阎公骙之室也……安吉仕典刑狱，阅文书，每至夜分，求所以平反者，夫人坐其旁赞曰："审思之，无忽也。"士之从安吉

游者，相与论道古今，夫人窃听屏间，辄为之题目，轻重无小失。安吉仕四方，以廉节称，自谓得内助为多。[198]

高氏在丈夫为政期间，不仅督勉丈夫尽心国事，还以窃听丈夫与士人谈话的方式，帮助丈夫品评人物，论断是非。其夫也认为自己的政绩得益于妻子的相助。邵伯温记载章惇妻：

尝劝惇无修怨。惇作相，专务报复，首起朋党之祸。惇妻死，惇悼念不堪。莹中（陈瓘）见惇容甚哀，谓惇曰："公与其无益悲伤，曷若念夫人平生之言？"盖讥惇之报怨也。[199]

章惇之妻对丈夫执政不满，劝诫其夫为政以善，其妻死后，章惇悼念不已，士人陈瓘也以此讥讽章惇不听夫人劝诫。可见章惇妻劝诫丈夫一事不仅传播于士人之间，而且得到了士人的肯定。朱熹记载范滫妻王氏：

居家俭约，不以出内细故累其君子。范君阅具狱，晨夜寒暑不少懈，夫人犹从旁从臾之曰："毋惮淹晷之劳，而使彼负没世之冤也。"[200]

王氏在督勉丈夫对公事负责的同时，也间接发挥了自己在公领域中的作用。以致朱熹感慨说："范君为吏以清白著，其治狱以平允称，夫人盖有助焉。"[201]可见在士人看来，女性以内助的名义参预丈夫的公事不仅不属于越职行为，反而是值得称道的。由此亦可知，"内助"一词成了沟通内外的关键，一方面它将女性的职责与作用限定为对丈夫的辅助，但同时它又具有很强的弹性，女性介入丈夫的公事，为丈夫出谋划策甚至左右丈夫的事业亦在"内助"的掩盖下变得合情合理。

（三）协助丈夫处理官场中的人际关系

处理官场中的人际关系属于士大夫外事活动的内容之一，在传统社会性别秩序的理念中，它本与女性的职事无关，但在实际生活中，士人阶层女性也会以内助的身份协助丈夫处理官场中的人际关系，以此参预外事。如梅尧臣请欧阳修为其妻谢氏书写墓志铭时云：

> 吾穷于世久矣，其出而幸与贤士大夫游而乐，入则见吾妻之怡怡，而忘其忧，使吾不以富贵贫贱累其心者，抑吾妻之助也。吾尝与士大夫语，谢氏多从户屏窃听之，间则尽能商榷其人才能贤否，及时事之得失，皆有条理。吾官吴兴，或自外醉而归，必问曰："今日孰与饮而乐乎？"闻其贤者也，则悦；否，则叹曰："君所交，皆一时贤隽，岂其屈己下之耶？惟以道德焉，故合者尤寡。今与是人饮而欢耶？"……其性识明而知道理多此类。[202]

谢氏在丈夫梅尧臣的人际交往中起到了关键的作用，她不仅以窃听丈夫与来客谈话的方式，品评人物，还以内助的身份帮助其夫判别贤愚，监督丈夫的人际交往。梅尧臣不但不予以非议，反而认为谢氏"性识明而知道理"，亦可知在丈夫看来，妻子协助自己处理官场中的人际关系是值得称赞的。苏轼记载其妻王弗：

> 从轼官于凤翔，轼有所为于外，君未尝不问知其详。曰："子去亲远，不可以不慎。"日以先君之所以戒轼者相语也。轼与客言于外，君立屏间听之，退必反覆其言曰："某人也，言辄持两端，惟子意之所向，子何用与是人言？"有来求与轼亲厚甚者。君曰："恐不能久。其与人锐，其去人必速。"已而果然。[203]

王弗不仅劝诫苏轼谨慎从事，还以窃听丈夫与来客谈话的方式，品评人物，针砭时弊，并分析苏轼是否应该与此人交往，以此干预苏轼的人际关系。晁补之也记载了其姐晁氏帮助丈夫达州司理参军叶助处理官场中的人际关系的事实：

司理君豪迈，不苟合，数举，有司见抑，有不遇叹。夫人辄酌酒饮之，陈义甚高。则矍然起曰："能如是乎，吾可不愧。"故穷居十年，终不以不合于有司变其业以求合，夫人助之也。[204]

在丈夫因与有司不合而数举不利的情况下，晁氏以节义为重，劝解丈夫不必苟合，从而使其夫"不以不合于有司变其业以求合"，这也是妻子支持丈夫以正义的立场处理官场中的人际关系的事例。汪藻记载徽宗朝右丞相徐处仁妻陈氏：

丞相预政，封安定郡夫人。政和末，丞相自徐州朝京师，一时眷礼，群臣莫望，夫人曰："上恩固非常，然宠盈之戒，古人所谨，不可不思也。"每奏事归，必问："见上安所陈？上开纳否？"尝诏，丞相病，已无下拜。当是时，蔡鲁公耋老，徒损拜数而不得免焉，或以是为公荣，夫人愀然曰："忌者至矣，其能久乎？"未几，果坐谗出知扬州，其先见如此……丞相曰："吾平生以直道事君，取颠踬屡矣，而未尝置欣戚胸中者，系室家是助。"[205]

在徐处仁处理与皇帝及朝臣的关系中，其妻陈氏始终起着重要的作用。在徐处仁与皇帝的往来中，徐处仁每退朝，陈氏必问所奏之事及皇帝的态度，告诫丈夫谨慎处理与皇帝的关系。陈氏还帮助其夫分析与朝臣之间的复杂关系，告诫其夫勿招人忌妒。徐处仁也认为自己能"以直道事君"，坦然面对仕宦荣辱，得益于妻子的相助。

以上我们论述了士人阶层女性以内助的身份从正面参预外事的情况。可以看出，宋代士人阶层女性以内助的身份参预外事的形式是多样的。当然，士人阶层女性并非都是从正面积极地协助丈夫的事业，也有一些女性从负面参预丈夫的公事。如《建炎以来系年要录》载：

（绍兴三十年八月）甲子，右朝奉大夫陈良翰为广南东路提点刑狱公事。既而侍御史汪澈言："良翰顷居棘寺，阿附秦桧，戕害良善。持节江东，公行贿赂，其妻内通关节，人谓之‘女提刑’。”[206]

陈良翰与其妻相勾结，戕害忠良，陈良翰之妻甚至被人称为“女提刑”，可见其妻对于外事的参预程度是很深的。《独醒杂志》载：

秦丞相、董参政同执政，二府之夫人俱入见。参政戒其夫人无妄奏对，惟丞相夫人是从。退归，丞相果问参政夫人有何言，夫人曰：“无所言。”丞相喜，于是待参政益亲。[207]

《钱塘遗事》又载：

秦桧欲杀岳飞，于东窗下谋。其妻王夫人曰：“擒虎易，放虎难。”其意遂决。[208]

在秦桧专权期间，其妻王夫人始终与秦桧狼狈为奸。以上几则事例可见，士人阶层女性以内助的身份对外事的参预并非都是正面的。

此外，我们在思考传统社会女性的美德时，很少将女性与廉洁或贪弊联系在一起，然而在阅读史料时，我们发现在很多时候，女性也涉入廉洁与否的话语中，原因在于官吏试图通过贿赂士人家中女眷，达到自己仕途的目的；或者试图送纳财务以报恩，每每在这种时候，女性便被纳入了廉洁与否的话语当中。在宋代，士大夫贿赂女眷之事时有发生，也可以说，士大夫事实上肯定了女性对外事的参预以及女性在士人社会中的作用。如苏辙记载：

欧阳文忠公夫人薛氏……尝待班于廊下，内臣有乘间语及时事者，意欲达之文忠，夫人正色拒之曰：“此朝廷事，妇人何预焉！且公未尝以国事语妻子也。”[209]

在该内臣看来，薛氏显然是能够沟通内外的。薛氏的拒绝也让我们看到，在处理外事时，“妇人不预外事”的理念反而帮助妻子化解了困扰。

晁说之记载江懋相继室刘氏：

使君（江懋相）罢官，青龙邑民献果束籍黄金以使君，命纳舟中，夫人视之惊曰："此何物，须使君来。"诘其故，乃更数政不得直之冤讼来谢耳，遽屏斥之。使君卒，齐安吏民合赙甚厚，夫人涕泣曰："岂徒吾心有不可耶，将不耻使君平生之操欤。"吏民相与叹息徘徊，莫得其涯而前。[210]

在这则事例中，吏民试图送纳财物以报恩，夫人刘氏坚决不纳，协助丈夫廉洁奉公。在丈夫死后，吏民再次送奉财物，仍然遭到了刘氏的拒绝。刘氏的行为也因而受到吏民的爱戴。

《建炎以来系年要录》载：

（绍兴三年五月）甲子，右朝奉大夫、主管台州崇道观晁公为言："妻任氏受求珍金银，臣并不知，法寺断私罪杖，乞改正过名。"诏改作公罪。[211]

这是士人阶层女性受贿的事例。《续编两朝纲目备要》载：

庆元四年春正月丙辰，赵师择除尚书、工部侍郎。韩侂胄妻早死，有四妾，皆得郡封，所谓"四夫人"也。其次又十人，亦有名位。去岁（庆元三年）秋冬之间，有献北珠冠四枚者，侂胄喜，以遗四夫人。其十人皆愠，曰："等人耳，我辈不堪戴耶？"侂胄患之。师择时以列卿守临安，微闻其事，亟出十万缗市北珠甚急。是月辛亥，侂胄入朝未归，京尹忽遣人致馈，启之，十珠冠也，十人者大喜，分持以去。侂胄归，左右以告，侂胄未及有言，十人者咸来致谢，遂已。翼日都市行灯，群婢皆顶珠冠而出。又明日，语侂胄曰："我曹夜来过朝天门，都人聚观，真是喝采，郡王奈何不与赵大卿转官耶？"翼日又言之，故有是命。[212]

这也是一则官吏通过贿赂士人妻妾的手段以谋升迁的典型个案。在该事件中，赵师择为谋升迁，贿赂韩侂胄家中女眷，在女眷的干预下，韩侂胄也因此帮助赵师择升迁。可见士人对女眷的贿赂实则也是对女性参预外事的默认。

在宋代，不仅有官吏贿赂士大夫女眷之事，甚至有大臣贿赂后妃之事，如邵伯温载：

> 仁宗一日幸张贵妃阁，见定州红瓷器，帝坚问曰："安得此物？"妃以王拱辰所献为对。帝怒曰："尝戒汝勿通臣僚馈送，不听何也？"因以所持拄斧碎之。妃愧谢，久之，乃已。妃又尝侍上元宴于端门，服所谓灯笼锦者，上亦怪问。妃曰："文彦博以陛下眷妾，故有此献。"上终不乐。后潞公入为宰相，台官唐介言其过，及灯笼锦事，介虽以对上失体远谪，潞公寻亦出判许州，盖上两罢之也。[213]

总之，无论是从女性自身的角度还是从士人对待女性的态度中，我们都可以看出，士人阶层女性在丈夫的事业中起着不容忽视的作用，她们以多种方式参预丈夫的公事，从而也为自己介入公领域的活动提供了途径。

二、参预儿子的事业

宋代士人阶层女性不仅以内助的身份参预丈夫的事业，她们还以母亲的身份参预儿子的事业，这是士人阶层女性参预外事，介入公领域的又一种途径。宋代士人阶层女性以母亲的身份参预外事的情况，主要有以下几类。

（一）参预甚至决定儿子对事业的选择

男性的择业问题原本属于"外事"的范畴，与"正位乎内"的妇人无关，但在宋代士人家庭中，女性通常都会督促其子力学入仕以维系或壮大家族事业。由于这一阶层女性同士人的密切关系，故她们对于“学”的重视远较他人为重，在儿子的择业问题上，女性通常会以母亲的权威干预甚至决定儿子对事业的选择。如文莹记载：

真宗欲择臣僚中善弓矢、美仪彩，伴虏使射弓，时双备者惟陈康肃公尧咨可焉。陈方词职进用。时以晏元献为翰林学士、太子左庶子，事无巨细皆咨访之。上谓晏曰：“陈某若肯换武，当授与节钺，卿可谕之。”时康肃母燕国马太夫人尚在，门范严毅。陈曰：“当白老母，不敢自辄。”既白之，燕国命杖挞之，曰：“汝策名第一，父子以文章立朝为名臣，汝欲叨窃厚禄，贻羞于阀阅，忍乎？”因而无报。[214]

宋代重文轻武，以文相尚，此种风气亦影响至女性，女性往往以儿子以文章立朝为荣，故当真宗试图以厚禄换取陈尧咨为武臣时，陈尧咨的母亲坚决不愿意，并且杖击其子。可见女性成为母亲之后，其尊长的地位使她得以干预甚至决定儿子的择业。吕陶记载：

泸州判官萧君叔献之母夫人文氏……天禧中，老儒唐恕善谈合理，郡人推为有道，每过萧氏，必从容语及饬身临事之要，夫人尝志其言，谓其子曰：“儿终身能如唐翁语，吾门当大。”夫某卒，叔献未中科，夫人戒之曰：“为子贵能树立，使父母存没无慊乃可。汝无怠，终吾老，期汝得禄酬，平昔意。”[215]

文氏不仅以儒者唐恕之言勉励其子，而且督诫其子以举业与仕宦为重，可知在萧叔献选择事业问题上，其母文氏起到了重要作用。沈辽记载夫人万氏：

夫人尝教戒三子者曰：“丰衣食莫如耕，祈宠禄莫如学，是谓不

> 辱其先。”故长子与少子服劳于家，而仲子延之为诸生，其在州党刻苦术业，有名于庠校，而南新不出进士，人或语夫人：“延之无益生计。”夫人终不信，不夺其业，数给其资，使游学四方。嘉祐中，遂擢第，调鄂州司法参军。[216]

万氏非常重视儿子的事业，她抵住了周围民众的压力，力诫其子游学仕宦，在其子的择业问题上起到了关键的作用。赵鼎臣记载友人束斌卿云：

> 斌卿既孤，衣食益不足，吾母训之学而劝以仕。数举进士不利，怠而欲止，吾母曰：“汝学未也，勉之。”已而起家登进士第，得官东归，入谢于庭，闾里聚观，迎贺汹汹，吾母不色喜，徐曰：“固先人之庆也，汝何自得之。”他日，吏于冤朐以公事免，宗族唁焉，吾母谢曰：“儿不职而黜，宜也。第使无愧心，其亦足矣。”俄以赦令复，斌卿喜入，告吾母，吾母曰：“国恩宽汝，汝何以报之。”[217]

当束斌卿数举不利试图放弃举业时，其母李氏阻止了儿子的行为。在其子仕途得意或失意时，李氏则以母亲的身份，帮助其子分析得失。可见在束斌卿对事业的选择过程中，其母李氏始终起着重要的参预作用。张守记载：

> 太孺人时氏，故赠承事郎嘉兴陈公献臣之妻，监察御史确之母也……承事天质醇厚，业医而不利其货，乡人称长者。先娶马氏早卒，壮未立嗣。再娶太孺人，而毓衍如此。尝谓承事曰：“自入君家，资用粗饶，群儿戢戢，他日所乏者非货也，况君以医活人多阴功，其后必大，恐不当仅仍故业。”承事曰：“是吾心也。”始命确从师读书，于是弱冠取科第起家，而学行词藻，为时闻人，擢监察御史。[218]

监察御史陈确母时氏，丈夫以从医为业，家中此前并无力学仕宦者，时氏说服丈夫让儿子改从儒业，读书仕宦，时氏也因此进入士人阶层女性的群体中。可见在陈确的择业问题上，作为母亲的时氏起到了关键作用。袁甫记载夫人甘氏在其子刘德夫的择业问题上起到了重要作用：

> 德夫时为福建帅司干官，感慨草封事，力诋权相，谓积阴之极，厥征为火，亲党危之。德夫入白夫人，夫人曰："祸福有命，当言即言，获罪归，幸矣。"其宰南安也，西山真公尝荐之，德夫以母老辞，夫人闻之曰："汝受西山知，义当就职。"[219]

袁说友记载宁宗朝敷文阁待制单夔母夫人叶氏，在皇帝欲擢升其子官职时，叶氏为其子作了选择，她说：

> "吾儿本何能而至于此，才弗称禄，食浮于名，恐终不足负荷。"而贰卿（单夔）亦欲用力四方，思以休其进退。夫人曰："促抗奏。"贰卿即请对上章诵母子间惧弗胜荣之意，诏可其请。[220]

总之，在儿子的择业问题上，士人阶层女性往往会以母亲的权威参预甚至决定儿子对事业的选择。这也是士人阶层女性参预外事的一种方式。

（二）告诫其子为政之道，监督其子的公务

在其子为政期间，告诫其子为政之道，监督其子的公务也是士人阶层女性关心国事、参预外事的方式。如曹璨的母亲对儿子的廉洁产生怀疑，并予以告诫：

> 曹璨，彬之子也，为节度使，其母一日阅宅库，见积钱数千缗，召璨指而示曰："先侍中履历中外，未尝有此积聚，可知汝不及父远矣。"[221]

可见女性虽然身在闺阃，但并非不关注外事，她们常常以自己的方式关注并参预外事。陈襄记载钱长卿母吴氏：

> 长卿以主簿侍夫人之官，所给俸至薄，常以甘毳不备为愧，夫人谕之曰："节俭以立名，而职也。顾吾何累焉。"[222]

吴氏不仅仅劝慰其子勿以事母为累，她还从士人"节俭以立名"的高度告诫其子廉洁奉公，从而超越了内事范畴。文同记载夫人何氏在其子赵蒙为政期间：

> 每戒其子曰："罪囚不幸触宪网，尔既治之，刑常宜轻，不独成尔善名，庆当流于后世。"[223]

何氏并非仅从仁爱的角度劝诫其子从轻量刑，她还从其子的声望与名誉的角度考虑问题，亦可见她对于外事的关注。吕陶记载夫人祝氏：

> 诸子既仕，则告之曰："凡不欺于心，不害于物，谓之君子；反是，谓之小人。穷达异分，贵贱殊辄，惟不悖于义，则无愧为君子。不为小人，虽五斗之奉，吾不憾也。为小人，不为君子，虽万钟之养，吾不悦也。尔等勉之。"[224]

祝氏所言皆为士大夫立身处世的原则，本与女性无关，从她的言论中我们可以看出她对于时政的关心，以及对于官吏品格的重视。这也是女性参预外事的方式。

范祖禹记载夫人聂氏：

> 教诸子莅官守法，廉慎平恕，勿为苛察。故诸子从政，所居称治，所去见思。[225]

聂氏以母亲的身份告诫其子为官原则，以此参预儿子的公务。郑侠记载吴可权母王氏：

自可权初官时，即戒之以事君临民之大节，曰："汝白屋之家，幸明时少第，自此惟勤公洁己，移孝于君，慎无贪躁，以贻吾耻辱。"可权学有所造，至今不忘勤苦，而收书不厌，己所至，必保清誉，而于民为福，太孺与有力焉。[226]

王氏以事君临民之大节告诫其子为官之道，而其子也因母亲的告诫力保清誉，亦可见女性对于外事的作用。前揭沈辽记载夫人万氏不仅在其子的事业选择上起了重要作用，在其子为官期间，她也告诫其子：

汝为法官，苟以吾为念，当务宽平，如吾朝夕在旁也。吾虽不往，亦足以为孝养矣。[227]

叶梦得记载夫人慕容氏"方三十，躬蹈艰苦，保养诸孤，择名儒以训子，故二子俱擢第"，在儿子为官期间，慕容氏告诫其子："持身以节俭为先，当官以勤恕为本。"晚年则劝说其子"汝勿以我为念，当尽忠公事"。[228] 可见慕容氏对其子的督诫持续终身。程俱记载郭慎求母周氏始终关注儿子的事业：

求为人刚介自信，人固莫敢以事请，顾尝有祈太夫人者，夫人辄曰："吾妇人不当知门外事。"后数日，其人复来理前语，夫人则谢曰："老人善忘，不记所言矣。"终不为关说。而犹常戒属其子曰："县治近乡间，当以绝请托为先务。"余时闻之，益知朝议之贤，夫人盖有助。[229]

"妇人不预外事"原本是儒家对于女子职事分工的规范，但在某种时候，也成为女性处理人事关系的合理托词。周氏晚年即以此为由，拒绝试图通过贿赂母亲而求儿子办事之人。然而在请托之人走后，她立即警戒其子曰："县治近乡间，当以绝请托为先务。"可见周氏并非不预外事。《建炎以来系年要录》载：

（张）浚因星变，欲力论时事，以悟上意，以其母太夫人计氏年高，言之必被祸，恐不能堪。计氏见其形瘠，浚具言所以，计氏诵其父咸绍兴圣初举制科策曰："臣宁言而死于斧钺，不忍不言而负陛下。"浚意遂决。[230]

绍兴十六年（1146），正值绍兴和议之后，时秦桧专权，朝野上下讳言兵事，张浚欲论兴兵恢复之计，然考虑到母亲年事已高，恐连累其母，故犹豫未决，其母计氏则以丈夫的为政原则，训诫张浚直言国事。前揭朱熹所载范滢妻王氏，她不仅督勉丈夫对公事负责，还告诫其子：

仕不患不达，患无以称耳。[231]

可见无论是对丈夫抑或儿子的劝诫中，王氏都传递了自己对于外事的意见，发挥了自己在公领域中的作用。袁说友记载单夔母叶氏，在其子为廷评官期间，告诫其子慎重治狱；在其子总领淮西军粮时，亲自审核其子官邸器用，以免超出国家旧制，并告诫其子爱惜民力，清正廉洁；其子在叶氏亲族所在地为官期间，叶氏则告诫亲族不能干预儿子的公事，杜绝亲属请托：

贰卿（单夔）既上法科廷评，命已下，将就职，夫人戒曰："是官非州县比，汝能信吾说，即往；否则勿就。"贰卿敬请其说，夫人曰："今天子仁圣，爱及蝼蚁，我闻廷评，阅天下狱案，罪所轻重在笔端，宁失不经，哀矜勿喜，圣人格言，汝当守此。"贰卿职廷中六年，自评而丞，丞而正，谳议讯鞫，一无有滥冤者，而缓死之议，盖什九焉，夫人之训然也。贰卿守霅川，阅七月，以治理效，诏奏事行在，所寻以尚书郎总淮西饷事，诏趣行，贰卿如金陵，命其子迎侍板舆。在湖日，郡循例致馈，夫人亲与审，项目不可者，尽却，郡治帐帏器皿，纤细以归主吏，不一物偕行，前此未有也，湖人今

> 犹能言，盖其循理敬法，严于授受之细，亦如此。贰卿总饷四年，三以王人归觐，夫人每诲之曰："汝繇卑官，蒙主上特达之知，遭逢晋用，何能称塞，惟是得望清光，日当以裕民力，宽州县，爱士卒者入告。其曰'剥下以媚上，瘠民以肥国'，则汝大负朝廷，非我畴昔望汝者。"用是贰卿造膝之言，每不敢戾其说……平江，夫人昔时寓居地，亲朋姻族尚不乏。贰卿开藩，夫人即戒以毋得毫发私吾家，又饬所亲之贤，俾家谕其族，毋令扰吾子，终贰卿去郡，莫敢一人愿受私者。[232]

可见叶氏在其子仕宦期间，始终督诫并参预其子的公务。真德秀记载蔡氏在其子刘遂为官期间，心系生民利益，督劝其子以国事为重：

> 遂始佐江淮阃画，夫人曰："兵政，国安危，汝其勉诸。"后与江东振饥，夫人又曰："荒政，民死生，汝不可以忽。"遂之宰当涂也，值夫人生旦，自守以下咸致贺，会大水，夫人蹙然曰："天变如此，汝有社有民，毋以吾故乐饮。"当涂之政如古循吏，人谓母训实然。[233]

以上事实可见，终两宋之世，对儿子事业的监督与劝诫始终是士人阶层女性关心并参预外事的一种方式。

（三）干涉其子的人际交往

与前揭士人阶层女性协助丈夫处理官场中的人际关系相一致，在宋代，士人阶层女性也往往会以母亲的权威干涉儿子的人际交往，这也是女性参预外事的一种方式。如陈襄记载吴氏以自身处世的经验，限定其子钱长卿：

> 不得妄与人游，常所往来必一时闻人。每客至，夫人从户窥之，信贤欤，为亲具酒食，数延见不厌也。一有非是，立诫以绝。[234]

李弥逊记载叶氏在其子仕宦期间，时常干涉其子的交友：

> 夫人在子官舍，平居从容戒之："所与游，必贤必仁。"[235]

王庭珪记载王氏"生平向重儒士"[236]，使子孙皆游学于庭珪门下，并时常品评人物高下，鼓励其子结交士人：

> 既而中原扰乱，衣冠避地来江南者，踵相属，夫人悉能言其若某人者，当是知名士也，使其子厚交之。自是交游日广，名誉寖闻于人。呜呼，妇人女子生僻陋之邦，而识量高远如此。[237]

可见女性以母亲的身份将自己的思想灌输给儿子，使自己的社交能力作用于其子，从而打通了内与外的区隔与障蔽。士人对此类女性也多持赞赏的态度，反映出宋代男性士人对于女性见识的认可。

（四）协助其子处理公务

在宋代，士人阶层女性也往往会以母亲的身份，协助其子处理公务。这也是女性参预外事的一种方式。如前揭叶梦得所载夫人慕容氏不仅告诫其子为官原则，她还亲自帮助其子处理公事。南宋初年，慕容氏长子领兵勤王，次子干办公事赵公权携慕容氏同行：

> 道遇剧寇，围之数重，皆失色，夫人（慕容氏）呼其首至舆前，告之曰："京城失守，两宫北狩，正忠臣义士取功名之秋，况汝等皆国家儿郎，何苦作此？我长子已率兵勤王，此次子也，能从吾儿，可转祸为福。"众罗拜曰："知吾母来，故迎候耳，非有它也。"夫人命干办君（赵公权）统之，誓于众。南下至枣阳，闻于州，方以乏兵为忧，遂俾干办君（赵公权）带兵知枣阳。君朝夕训练，声誉隆然……夫人胆略，烈丈夫有所不能。[238]

据此，面对剧寇的围困，慕容氏不仅亲自出面帮助儿子解围，而且帮助其子收编剧寇，并命令其子统领众人效力于国家，致使叶梦得感慨"夫人胆略，烈丈夫有所不能”，亦可见士人对于女性参预外事的认可与赞赏。程俱记载郭慎求母周氏始终关注并参预儿子的事业：

求周旋州县事，有所未便，辄禀而后行……求为常熟丞，常平使者调苏、常、湖、秀四州之人浚治青龙江分地程役。而常熟丞所部前期告办，使者留丞，俾常熟人傫役，以助他邑，不如期者，丞重留吾人，即引所部归。使者怒，檄追甚急，求以为戚，夫人曰：“青龙之役连数郡，其分地程役，赋廪食宜皆已上闻。今我工前办，何名复役之，使者倘再思行，悔矣。虽然，汝不可无会，第无以所部从也。”求如教，已而使檄止勿来。其明识可记者如此，可不谓贤母哉！[239]

孙觌记载刘氏在其子敷文阁直学士、右通奉大夫、广南东路经略安抚使刘仲通办案遇到困难时，帮助儿子出谋划策，查出了案件的元凶：

幕士张问者，一夕群盗入室，纵掠而去，诏临安府追捕甚急，积五六月，连逮百余人，狱具，而复有告真盗者，有旨改送大理狱。敷文公（刘仲通）时为大理卿，公曰：“辇毂之下有行剽者，诏狱推治，而不得主名，吾固惑之。”退而录囚徒，阅狱辞之在案牍者，皆不合，方燕坐深念，太淑人问知其故，曰：“吾见闾阎不肖子，窃父之财，母蔽昵不告，给以为盗者多矣，试物色求之。”公悟。翌日，以耳目追迹其人与常所往来通行饮食之家，凡所告失亡，一日尽获，无秋毫之漏，于是问妻与子以诬坐论如律，而百余人者破械纵去，一圄遂空。[240]

其子经略广东，刘氏随行，途见民间陋习，即说服其子革除陋俗，以免扰民，还提出了具体革除弊端的措施：

粤人治丧，以丰厚为孝，而游手无赖贪慕饮食，坌集其门，意不满，则怙众群噪，不可耐。中人之家鬻田宅破资，聚而后办，贫者遂不克葬，权厝佛寺，岁久，破露狼藉，而番禺尤甚。敷文（刘仲通）自户部尚书经略广东，侍太淑人度庾岭，道途所次，见而悲之，顾谓敷文曰："汝帅一路，莫先于此矣，比至，公出教，凡祖父母之未葬者予之期，期至不如令，有常刑；小人亡赖，辄诣葬所捕置诸法；若旅殡，而子孙在远方者，官为择高燥地葬之，书州里姓氏或官号表其上以俟。"于是人人趋令，称有无以掩其亲，而客死之不能归者，亦就窆藏，无暴露之患。粤俗大变。[241]

刘氏的行为赢得了乡民的一致敬重，乡民"至刻石志其事"。刘氏死后，"丧车出番禺，老壮怀惠，攀号追路，填郭溢郛，不忍去"。[242]可见乡间百姓对于为地方做出贡献的女性十分敬重。这也是时人对于女性参预外事行为的肯定。周必大记载曾带领其子南下归宋的司徒氏，在其子高司农处理公务遇到疑难时，司徒氏帮助其子坚定立场，做出了抉择：

（高司农）擢守安丰军，部使者强取僚郡之妾，其人诉诸朝，当路意有所狥，事下，守臣司农将直之，入白太恭人曰："窜逐非所畏虑，贻母忧奈何？"太恭人曰："吾母子仗义来归，自分必死，汝蒙国厚恩，为二千石，苟能公以报上，吾独不能为范滂母耶？"司农竟坐徙施州，自淮溯江，历尽三峡之险，太恭人处之怡然。[243]

魏了翁记载夫人程氏在其子家大酉为官期间：

闻利害罢行，则毅然见于词色。简地救荒，首教之，曰："流莩当散，不当聚。"大酉（其子）于是量地远近，为之期，数日而来，授粮而去，凡累月，无一疾殪，全活以万数。其余训敕若此者，不可殚述。[244]

宋代士人阶层女性不仅仅参预丈夫和儿子的事业，甚至还可能参预舅公的事业，为舅公出谋划策。如晁补之记载夫人李氏：

> 年十七，以归东平董君文和，字景仁，盖眉山苏先生尝称之曰："此古君子者也。"夫人归，宜其家。其舅沔，以直龙图阁知陕州，一日，外哗甚，夫人遽窥牖，则白刃夹阨而立。问之，羌初入贡，故严兵见之。夫人曰："异哉，所以示远人者乃尔耶？弗已，则勒监军，阴儆备可也。"龙图公从之。羌顿首曰："前所过州，皆遇我如囚，今乃睹中国大体。"大悦而去。[245]

据此，李氏为其舅公处理对羌族的事务出谋划策，而且她的主张也起到了很好的功效，其处理公事的能力与智慧可见一斑。

总之，尽管儒家理想性别秩序中规定"妇人不预外事"，但在实际生活中，很难有严格的内外区隔，男性会过问并参预家内之事，同样女性也可以凭借其一生中不同的身份角色，享有不同程度的参预外事的自由。对于丈夫而言，女性可以凭借其"内助"的身份角色，参预丈夫的公事，并为自己赢得舆论的认可与支持。"内助"本是儒家用来规范女性对丈夫职责的话语，原本定位于内，但女性"内助"的延伸，无疑成为参预外事的合理凭藉，故"内助"与"不预外事"之间无疑既有补益，又存在紧张，由此对儒家学说的灵活诠释，则会产生不同的社会效果。对于儿子而言，女性往往会凭借其母亲的特殊身份，参预儿子的事业。在孝道理念与尊长权威的作用之下，儿子大都能够听取母亲的意见，并以此作为自己对于孝道的实践，以完成母亲的意愿。因此，在传统社会伦理秩序的影响下，作为母亲的女性，也能凭借自己尊长的特殊身份，介入儿子的事业，并能从中发挥一定作用。要言之，士人阶层女性能在恪守妇德的同时介入丈夫和儿子的事业，参预公领域的活动，与传统社会伦理秩序本身的灵活性密切相关，这也为女性寻找更多的空间与自由提供了理由。由此，我们在考察传统社会女性生活时，不能只强调传统社会的性别秩序对于女性的限制，也应该看到传统社会秩序理念自身的灵活性与包容性，它在规范女性行为的同时，也为女性社会生活的多元面貌提供了一定的制度与舆论的空间。

注释：

1 参见景天魁、罗红光等：《2001：中国社会学前沿报告》，《社会学研究》2002 年第 2 期，第 20 页。
2 参见李长莉：《公私领域及私观念的近代演变——以晚清上海为例》，刘泽华、张荣明等《公私观念与中国社会》，北京：中国人民大学出版社，2003 年，第 222 页。
3 《宋黄文节公全集 · 别集》卷八《书程夫人墓志后》，《黄庭坚全集》第 3 册，第 1643 页。
4 如王德毅《宋代灾荒的救济政策》（台北："中国"学术著作奖助委员会，1970 年）、《宋代的养老与慈幼》（《宋史研究集》第 6 辑，台北："国立"编译馆，1971 年）；刘子健《刘宰和赈饥：申论南宋儒家的阶级性限制社团发展》（《北京大学学报》1979 年第 3、4 期）；金中枢《宋代几种社会福利制度——居养院、安济坊、漏泽园》（《宋史研究集》第 18 辑，台北："国立"编译馆，1988 年）；张文《宋朝社会救济研究》（重庆：西南师范大学出版社，2001 年）、《宋朝民间慈善活动研究》（重庆：西南师范大学出版社，2005 年）；宋炯《两宋居养制度的发展——宋代官办慈善事业初探》（《中国史研究》2005 年第 4 期）；[韩] 李瑾明《宋代社会救济制度的运作和国家权力——以居养院制的变迁为中心》（《中国史研究》2005 年第 3 期）等。
5 《说文解字注》卷二三《第十二篇上 · 手部》，第 603 页。
6 〔唐〕颜师古：《匡谬正俗》卷七，上海：商务印书馆，1936 年，第 90 页。
7 〔唐〕魏征等：《隋书》卷三，北京：中华书局，1973 年，第 62 页。
8 《宋史》卷二二《徽宗纪》，第 405 页。
9 〔宋〕董煟：《救荒活民书》卷一，上海：商务印书馆，1936 年，第 3 页。
10 《安阳集编年笺注》卷四六《录夫人崔氏事迹与崔殿丞请为行状》，第 1432 页。
11 《古灵先生文集》卷二五《崇国太夫人符氏墓志铭》，《北京图书馆古籍珍本丛刊》第 87 册，第 217 页。
12 《王文公文集》卷九九《永嘉县君陈氏墓志铭》，第 1012 页。
13 《司马文正公传家集》卷七八《叙清河郡君》，第 969 页。
14 〔宋〕毕仲游：《西台集》卷一四《延安郡太君张氏墓志铭》，上海：商务印书馆，1935 年，第 225 页。
15 《溪堂集》卷九《彭夫人墓志铭》，《宋集珍本丛刊》第 31 册，第 454 页。
16 《摛文堂集》卷一五《孙氏墓志铭》，《影印文渊阁四库全书》第 1123 册，第 477 页。
17 《晦庵先生朱文公文集》卷九一《建安郡夫人游氏墓志铭》，《朱子全书》第 24 册，第 4212 页。
18 《周益公文集》卷三六《靖州推官张廷杰妻李夫人墓志铭》，《宋集珍本丛刊》第 49 册，第 64 页。
19 《诚斋集》卷一三一《节妇刘氏墓铭》。
20 《西山先生真文忠公文集》卷四五《林夫人墓志铭》。
21 《宋学士徐文惠公存稿》卷五《徐孺人黄氏墓志铭》，《宋集珍本丛刊》第 83 册，第 274 页。

22 〔宋〕晁说之：《嵩山文集》卷一九《宋故承议郎知楚州张公硕人范氏墓志铭》，四部丛刊续编本。
23 《丹阳集》卷一四《樊宜人蔡氏墓志铭》，《宋集珍本丛刊》第32册，第638页。
24 《宋史》卷一七八《食货志》，第4335页。
25 《建炎以来系年要录》卷一三八，建炎十年十一月辛亥，第2220页。
26 《救荒活民书》卷三，第57页。
27 〔宋〕冯楫：《劝谕赈济诗》，《全宋诗》卷一八二二，北京大学出版社，1997年，第20279页。
28 《李觏集》卷三一《先夫人墓志》，第359页。
29 《司马文正公传家集》卷七八《程夫人墓志铭》，第968页。
30 《净德集》卷二七《夫人文氏墓志铭》，第291页。
31 〔宋〕赵抃：《赵清献公文集》卷一〇《徐夫人墓表铭》，《宋集珍本丛刊》第6册，第814页。
32 《无为集》卷一四《故庐江田府君夫人赵氏墓志铭》，《宋集珍本丛刊》第15册，第348—349页。
33 《长兴集》卷二九《宋故玉山县君施氏墓志铭》。
34 《溪堂集》卷九《江夫人墓志铭》，《宋集珍本丛刊》第31册，第455页。
35 《灌园集》卷二〇《陈处士妻叶氏墓志铭》，《影印文渊阁四库全书》第1123册，第190页。
36 《丹阳集》卷一四《张太安人王氏墓志铭》，《宋集珍本丛刊》第32册，第637页。
37 《晦庵先生朱文公文集》卷九〇《太孺人邵氏墓表》，《朱子全书》第24册，第4181页。
38 《晦庵先生朱文公文集》卷九三《宜人丁氏墓志铭》，《朱子全书》第25册，第4306—4307页。
39 《攻媿集》卷八五《亡妣安康郡太夫人行状》，第1154页。
40 《絜斋集》卷二一《何夫人宣氏墓志铭》，第349页。
41 《诚斋集》卷一二六《曾时仲母王氏墓志铭》。
42 《江湖长翁文集》卷三五《太孺人王氏墓志铭》，《宋集珍本丛刊》第60册，第731页。
43 《勉斋先生黄文肃公文集》卷三五《郭夫人墓志铭》，《北京图书馆古籍珍本丛刊》第90册，第723页。
44 《性善堂稿》卷一四《故太原王夫人墓志铭》，《影印文渊阁四库全书》第1170册，第260页。
45 参见王德毅《宋代的养老与慈幼》一文。
46 〔宋〕王珪：《华阳集》卷四〇《同安郡君狄氏墓志铭》，上海：商务印书馆，1935年，第564页。
47 《西台集》卷一四《魏国王夫人墓志铭》，第223页。
48 《太史范公文集》卷四八《随州观察使汉东侯妻陈留郡君吴氏墓志铭》，《宋集珍本丛刊》第24册，第449页。
49 《澹庵文集》卷五《先兄民师配安人陈氏墓志铭》，《影印文渊阁四库全书》第1137册，第46页。
50 《絜斋集》卷二一《蒋安人潘氏墓志铭》，第348页。
51 《诚斋集》卷一三一《太孺人刘氏墓志铭》。
52 参见陈高佣等编：《中国历代天灾人祸表》，上海书店，1986年，第1712页。
53 《西塘先生文集》卷四《太孺人王氏志铭》，《宋集珍本丛刊》第24册，第551页。
54 《乐静先生李公文集》卷三〇《寿安县君卞氏墓志铭》，《宋集珍本丛刊》第27册，第759页。
55 《溪堂集》卷九《江夫人墓志铭》，《宋集珍本丛刊》第31册，第455页。
56 《跨鳌集》卷二九《任夫人墓志铭》，《影印文渊阁四库全书》第1124册，第644页。
57 《丹阳集》卷一四《樊宜人蔡氏墓志铭》，《宋集珍本丛刊》第32册，第638页。
58 《卢溪先生文集》卷四三《故王氏墓志铭》，《宋集珍本丛刊》第34册，第551页。

59 《南兰陵孙尚书大全文集》卷六四《宋故太淑人刘氏墓志铭》，《宋集珍本丛刊》第35册，第751页。
60 《南兰陵孙尚书大全文集》卷五五《杨国夫人赵氏墓表》，《宋集珍本丛刊》第35册，第674页。
61 《絜斋集》卷二一《林太淑人袁氏墓志铭》，第351页。
62 《絜斋集》卷二一《太儒人范氏墓志铭》，第355页。
63 《诚斋集》卷一二七《李母曾氏墓志铭》。
64 《诚斋集》卷一三〇《孺人贺氏墓志铭》。
65 《诚斋集》卷一三二《夫人刘氏墓铭》。
66 《诚斋集》卷一三一《夫人左氏墓志铭》。
67 《勉斋先生黄文肃公文集》卷三五《郭夫人墓志铭》，《北京图书馆古籍珍本丛刊》第90册，第723页。
68 〔宋〕刘宰：《漫塘文集》卷三〇《故安人陶氏墓志铭》，《宋集珍本丛刊》第72册，第484页。
69 《鹤山先生大全文集》卷八七《太令人程氏墓志铭》。
70 《西山先生真文忠公文集》卷四五《夫人蔡氏墓志铭》。
71 〔宋〕袁甫：《蒙斋集》卷一七《甘氏夫人墓志铭》，上海：商务印书馆，1936年，第251页。
72 《雪坡舍人集》卷五〇《谭氏孺人墓志铭》，《宋集珍本丛刊》第86册，第522页。
73 参见邓云特：《中国救荒史》，上海：商务印书馆，1937年，第22页。
74 《长编》卷一七一，仁宗皇祐三年十一月乙亥，第4119页。
75 《长编》卷七七，真宗大中祥符五年二月癸丑，第1756—1757页。
76 《建炎以来系年要录》卷一一三，绍兴七年八月是月条，第1836页。
77 《救荒活民书》卷二，第38页。
78 《西台集》卷一四《延安郡太君张氏墓志铭》，第225页。
79 《絜斋集》卷二一《蒋安人潘氏墓志铭》，第348页。
80 《雪坡舍人集》卷五〇《谭氏孺人墓志铭》，《宋集珍本丛刊》第86册，第522页。
81 《西塘先生文集》卷四《太孺人王氏志铭》，《宋集珍本丛刊》第24册，第551页。
82 〔清〕刘喜海：《金石苑·宋李宜人郑氏真赞》，《宋代石刻文献全编》第2册，第898页。
83 〔宋〕汪藻：《浮溪集》卷二八《吴国夫人陈氏墓志铭》，四部丛刊初编本。
84 《絜斋集》卷二一《林太淑人袁氏墓志铭》，第352页。
85 《性善堂稿》卷一四《故太原王夫人墓志铭》，《影印文渊阁四库全书》第1170册，第260页。
86 《西塘先生文集》卷四《太孺人王氏志铭》，《宋集珍本丛刊》第24册，第551页。
87 《诚斋集》卷一三〇《孺人贺氏墓志铭》。
88 《性善堂稿》卷一四《故太原王夫人墓志铭》，《影印文渊阁四库全书》第1170册，第260页。
89 张国刚：《〈佛说诸德福田经〉与中古佛教的慈善事业》，《史学集刊》2003年第2期，第24页。
90 《宋故高平郡夫人薛氏墓志铭》，中国文物研究所、河南省文物研究所编《新中国出土墓志·河南（壹）》，北京：文物出版社，1994年，第284页。
91 《有宋孺人范氏圹铭》，陈伯泉：《江西出土墓志选编》，第198页。
92 《古灵先生文集》卷二五《崇国太夫人符氏墓志铭》，《北京图书馆古籍珍本丛刊》第87册，第217页。
93 〔宋〕袁说友：《东塘集》卷二〇《故太淑人叶氏行状》，《宋集珍本丛刊》第64册，第480页。
94 《宋学士徐文惠公存稿》卷五《徐孺人黄氏墓志铭》，《宋集珍本丛刊》第83册，第274页。
95 鲁迅：《中国小说史略》，上海古籍出版社，1998年，第65页。
96 《琴堂谕俗编》卷下，《影印文渊阁四库全书》第865册，第248页。
97 《丹阳集》卷一四《张太安人王氏墓志铭》，《宋集珍本丛刊》第32册，第637页。

98 《勉斋先生黄文肃公文集》卷三八《郭夫人墓志铭》，《北京图书馆古籍珍本丛刊》第 90 册，第 723 页。
99 《絜斋集》卷二一《林太淑人袁氏墓志铭》，第 352 页。
100 《宋端明殿学士蔡忠惠公文集》卷三九《福州五戒文》，《宋集珍本丛刊》第 8 册，第 193 页。
101 《司马氏书仪》卷三《亲迎》，第 33 页。
102 《袁氏世范》卷二《处己・事贵预谋后则时失》，《知不足斋丛书》第 14 集，第 350—351 页。
103 《宋刑统》卷一二《户婚律・卑幼私用财》，第 197 页。
104 同上。
105 《清明集》卷五《妻财置业不系分》，第 140 页。
106 《袁氏世范》卷一《睦亲》，《知不足斋丛书》第 14 集，第 330 页。
107 《范仲淹全集・范文正公集续补》卷二《义庄规矩》，第 798 页。
108 《忠正德文集》卷一〇《家训笔录》，《影印文渊阁四库全书》第 1128 册，第 765 页。
109 参见袁俐：《宋代女性财产权述论》，《宋史研究集刊》第 2 辑，第 288 页。
110 参见张邦炜：《宋代的“榜下捉婿”之风》，载《宋代婚姻家族史论》，第 62—90 页。
111 《萍洲可谈》卷一，第 127 页。
112 《宋会要辑稿》刑法三之四五，第 6600 页。
113 《乐静先生李公文集》卷二九《仁寿县君蔺氏墓志铭》，《宋集珍本丛刊》第 27 册，第 757 页。
114 《乐静先生李公文集》卷三〇《寿安县君卞氏墓志铭》，《宋集珍本丛刊》第 27 册，第 759 页。
115 《溪堂集》卷九《江夫人墓志铭》，《宋集珍本丛刊》第 31 册，第 455 页。
116 《浮溪集》卷二八《吴国夫人陈氏墓志铭》。
117 《苕溪集》卷五〇《宋故永嘉郡夫人高氏墓志铭》，《宋集珍本丛刊》第 34 册，第 354 页。
118 《东塘集》卷二〇《故太淑人叶氏行状》，《宋集珍本丛刊》第 64 册，第 480 页。
119 《西山先生真文忠公文集》卷四五《林夫人墓志铭》。
120 〔宋〕方大琮：《宋宝章阁直学士忠惠铁庵方公文集》卷三六《李母孺人霍氏墓志铭》，《宋集珍本丛刊》第 79 册，第 97 页。
121 《司马文正公传家集》卷七八《程夫人墓志铭》，第 968 页。
122 《净德集》卷二七《夫人文氏墓志铭》，第 291 页。
123 《西塘先生文集》卷四《太孺人王氏志铭》，《宋集珍本丛刊》第 24 册，第 551 页。
124 《南兰陵孙尚书大全文集》卷六四《宋故太淑人刘氏墓志铭》，《宋集珍本丛刊》第 35 册，第 751 页。
125 《南兰陵孙尚书大全文集》卷五五《杨国夫人赵氏墓表》，《宋集珍本丛刊》第 35 册，第 674 页。
126 《丹阳集》卷一四《樊宜人蔡氏墓志铭》，《宋集珍本丛刊》第 32 册，第 638 页。
127 《卢溪先生文集》卷四三《故王氏墓志铭》，《宋集珍本丛刊》第 34 册，第 708 页。
128 《絜斋集》卷二一《太儒人范氏墓志铭》，第 355 页。
129 《诚斋集》卷一三一《太恭人董氏墓志铭》。
130 《枫窗小牍》卷上，《影印文渊阁四库全书》第 1038 册，第 213—214 页。
131 〔宋〕蔡絛撰，冯惠民、沈锡麟点校：《铁围山丛谈》卷一，北京：中华书局，1983 年，第 15 页。
132 汪圣铎在《宋代女性享受俸禄考》一文中，对此亦有论述。载《文史》第 64 辑，北京：中华书局，2003 年，第 135—142 页。
133 《建炎以来系年要录》卷二五，建炎三年秋七月癸未，第 506 页。
134 《南兰陵孙尚书大全文集》卷五五《杨国夫人赵氏墓表》，《宋集珍本丛刊》第 35 册，第 674 页。
135 《斐然集》卷二六《吴国太夫人王氏墓志铭》，《影印文渊阁四库全书》第 1137 册，第 695 页。

136 本书第二章有关于下层女子状告男主人的案例。另如王平宇《〈名公书判清明集〉中所见的女使诉讼——传统妇女法律地位的一个侧面》以《清明集》中的案例为基础，集中探讨了宋代女使诉讼的问题。收入《宋代社会与法律——〈名公书判清明集〉讨论》，第213—236页。

137 《礼记正义》卷六一，《十三经注疏》，第1680页。

138 〔汉〕赵岐注，〔宋〕孙奭疏：《孟子注疏》卷七下，〔清〕阮元校刻《十三经注疏》，北京：中华书局，1980年，第2723页。

139 《清明集》卷七《已有养子不当求立》，第214页。

140 《勉斋先生黄文肃公文集》卷四〇《谢文学诉嫂黎氏立继》，《北京图书馆古籍珍本丛刊》第90册，第784页。

141 《宋史》卷一二五《礼志》，第2935页。

142 《清明集》卷七《兄弟一穷一富拈阄立嗣》，第203页。

143 《清明集》卷七《立继有据不为户绝》，第216页。

144 《清明集》卷七《仓司拟笔》，第230页。

145 以上引文见《勉斋先生黄文肃公文集》卷三九《陈如椿论房弟妇不应立异姓子为嗣》，《北京图书馆古籍珍本丛刊》第90册，第769—770页。

146 《宋史》卷一二五《礼志》，第2935页。

147 《后村先生大全集》卷一九二《德兴县董党诉立继事》。

148 《后村先生大全集》卷一九二《饶州宗子若璩诉立嗣事》。

149 以上引文见《后村先生大全集》卷一九三《建昌县刘氏诉立嗣事》。

150 宋法，"户绝命继，从房族宗长之命。又云：夫亡妻在，则从其妻"（《清明集》卷七《已有养子不当求立》，第214页）。所谓"继绝"是指"生前未尝养子，夫妻俱亡，而近亲与之立议者，即名继绝"（《清明集》卷七《只立母命之子与同宗之子》，第220页）。

151 《长编》卷四七，真宗咸平三年冬十月甲辰，第1027页。

152 以上引文见《长编》卷五三，真宗咸平五年冬十月癸未，第1157页。

153 以上引文见《长编》卷一八，太宗太平兴国二年五月丙寅，第405页。

154 《建炎以来系年要录》卷一九二，绍兴三十一年八月辛亥，第3211页。

155 《家范》卷二《祖》，《影印文渊阁四库全书》第696册，第665—666页。

156 《宋刑统》卷一二《户婚律・卑幼私用财》，第197页。

157 同上。

158 以上引文见《清明集》卷一〇《子与继母争业》，第356—357页。

159 《华阳集》卷四〇《皋氏墓志铭》，第565页。

160 《长编》卷二八二，神宗熙宁十年五月癸亥，第6906页。

161 〔宋〕李之仪：《姑溪居士全集・姑溪居士文集》卷五〇《姑溪居士妻胡氏文柔墓志铭》，上海：商务印书馆，1937年，第372页。

162 《建炎以来系年要录》卷一二，建炎二年春正月甲午，第267页。

163 《建炎以来系年要录》卷五八，绍兴二年九月戊午，第1003页。

164 《建炎以来系年要录》卷一二四，绍兴八年十二月戊午，第2010页。

165 《宋史》卷三七八《胡舜陟传》说胡舜陟"妻江氏"，而《建炎以来系年要录》卷一四九，绍兴十三年六月癸丑作"汪氏"。疑《宋史》有误。参见王曾瑜：《〈宋史〉与〈金史〉杂考》，收入《点滴编》，保定：河北大学出版社，2010年，第660页。

166 〔宋〕熊克：《中兴小纪》卷三一，上海：商务印书馆，1935年，第357—358页。

167 《宋史》卷四一九《金渊传》，第12559页。

168 据《长编》卷一九一，仁宗嘉祐五年夏四月庚申，第4620页；又见《文献通考》卷一六七《刑考六》，第1448页。

169 〔宋〕王称：《东都事略》卷三八《徐铉传》，《影印文渊阁四库全书》第382册，第247页。

170 《家范》卷一《治家》，《影印文渊阁四库全书》第696册，第660页。

171 《袁氏世范》卷三《治家·婢仆奸盗应深防》，《知不足斋丛书》第14集，第357页。

172 葛兆光：《严昏晓之节——古代中国关于白天与夜晚观念的思想史分析》，《台大历史学报》第32期，2003年12月，第34页。

173 《晦庵先生朱文公文集》卷一〇〇《劝女道还俗榜》，《朱子全书》第25册，第4618—4619页。

174 《州县提纲》卷一《严内外之禁》，《影印文渊阁四库全书》第602册，第624页。

175 《州县提纲》卷二《诬告结反坐》，《影印文渊阁四库全书》第602册，第624页。

176 《长编》卷一一一，仁宗明道元年十一月庚寅，第2592—2593页。

177 〔宋〕彭乘著，孔凡礼点校：《墨客挥犀》卷八，北京：中华书局，2002年，第376页。

178 另如欧阳修因被弹劾与甥女乱伦而遭贬黜（《长编》卷一五七，仁宗庆历五年八月甲戌，第3798—3799页）；吕夷简之子吕公孺因被弹劾与其兄吕公绰之女乱伦而遭降职（《长编》卷一八九，仁宗嘉祐四年五月戊午，第4567页）；神宗朝都官员外郎施邈“坐与故左藏库副使高允元妻林氏私通”而遭贬黜（《长编》卷二二一，神宗熙宁四年三月辛丑，第5383页）；神宗朝权京西转运使吴几复因与他人寡妻妾同居，行为不检，而遭降职（《长编》卷二三五，神宗熙宁五年秋七月壬午，第5697页）；神宗都官郎中王琉“坐与其子仲甫奸大理评事石士端妻王氏”而遭罢职（《长编》卷三一三，神宗元丰四年六月甲子，第7586页）；哲宗朝群牧判官郭茂恂，因行为不检遭降职（《长编》卷三九五，哲宗元祐二年二月乙未，第9631页）；高宗朝朝散大夫洪刍因纳景王宠姬曹氏遭降职（《建炎以来系年要录》卷八，建炎元年八月戊午，第195页）；绍兴三年，直龙图阁知明州李承造、尚书刑部员外郎苏恪、左朝奉大夫监都茶场程庠，大理司直曹汇均遭罢职，其原因在于“闺门之内帷簿不修，甘心倡优”（《建炎以来系年要录》卷六八，绍兴三年九月癸酉，第1158页）；绍兴五年，将作监丞郭千里因畜养娼妇而遭罢职（《建炎以来系年要录》卷九三，绍兴五年九月丁丑，第1546页）；张孝祥乃右承议郎张祁与其嫂私通而生，该奸情后来被右正言张扶揭发，并上书请求“有司正其罪名，以快天下公论，诏大理寺根治”（《建炎以来系年要录》卷一六九，绍兴二十五年八月乙酉，第2768页）；右通直郎知黄州范伯奋因强娶民女为妾，遭贬黜（《建炎以来系年要录》卷一七八，绍兴二十七年冬十月辛丑，第2938页）；士大夫家的女儿与他人通奸，其父也会遭贬黜，宁宗朝士人孔炜因女儿与门人通奸而遭降职，宋人张仲文云：“帷薄之间不谨分严，岂特孔氏之家乎？”（张仲文：《白獭髓》，上海：商务印书馆，1939年，第1—2页）我们一方面可见当时理念与现实之间的差距，同时亦可见宋政府较为重视对士人性行为的规范。

179 《长编》卷三〇五，神宗元丰三年六月壬子，第7428页。

180 《建炎以来系年要录》卷一五六，绍兴十七年八月甲戌，第2539页。

181 《叶适集·水心文集》卷一五《郑仲酉墓志铭》，第271页。

182 以上引文见《清明集》卷一〇《官族雇妻》，第382—383页。

183 《张耒集》卷六〇《李夫人墓志铭》，第888页。

184 《晦庵先生朱文公文集》卷九〇《安人王氏墓表》，《朱子全书》第24册，第4190页。

185 《“内外”之际与“秩序”格局：兼谈宋代士大夫对于〈周易·家人〉的阐发》，《唐宋女性与社会》，第99—100页。

186 《古灵先生文集》卷二五《崇国太夫人符氏墓志铭》，《北京图书馆古籍珍本丛刊》第87册，第217—218页。

187 《净德集》卷二七《夫人吕氏墓志铭》，第294—295页。

188 同上书，第295页。

189 《陶山集》卷一六《周氏夫人行状》，第 185—186 页。
190 《苕溪集》卷五一《徐氏安人墓志铭》，《宋集珍本丛刊》第 34 册，第 363 页。
191 《南兰陵孙尚书大全文集》卷六〇《恭人杨氏墓志铭》，《宋集珍本丛刊》第 35 册，第 724—725 页。
192 同上书，第 725 页。
193 〔宋〕张守：《毗陵集》卷一四《宋故孺人邵氏墓志铭》，上海：商务印书馆，1935 年，第 205 页。
194 〔宋〕周辉撰，刘永翔校注：《清波杂志校注》卷三，北京：中华书局，1994 年，第 130 页。
195 《周益公文集》卷三六《伯母安人尚氏墓志铭》，《宋集珍本丛刊》第 49 册，第 61 页。
196 《太史范公文集》卷三八《工部尚书致仕李庄公许昌郡夫人钱氏墓志铭》，《宋集珍本丛刊》第 24 册，第 389 页。
197 同上。
198 《苕溪集》卷五〇《宋故永嘉郡夫人高氏墓志铭》，《宋集珍本丛刊》第 34 册，第 353—354 页。
199 《邵氏闻见录》卷一五，第 165 页。
200 《晦庵先生朱文公文集》卷九〇《安人王氏墓表》，《朱子全书》第 24 册，第 4189 页。
201 同上。
202 《欧阳修全集》卷三六《南阳县君谢氏墓志铭》，第 529—530 页。
203 《苏轼文集》卷一五《亡妻王氏墓志铭》，第 472 页。
204 《鸡肋集》卷六五《晁夫人墓志铭》。
205 《浮溪集》卷二八《吴国夫人陈氏墓志铭》。
206 《建炎以来系年要录》卷一七八，绍兴三十年八月甲子，第 3113 页。
207 〔宋〕曾敏行著，朱杰人标校：《独醒杂志》卷五，上海古籍出版社，1986 年，第 44 页。
208 〔宋〕刘一清：《钱塘遗事》卷二《东窗事发》，《影印文渊阁四库全书》第 408 册，第 974 页。
209 〔宋〕苏辙著，陈宏天、高秀芳点校：《苏辙集》卷二五《欧阳文忠公夫人薛氏墓志铭》，北京：中华书局，1990 年，第 418—419 页。
210 《嵩山文集》卷一九《寿昌县君刘氏墓志铭》。
211 《建炎以来系年要录》卷六五，绍兴三年五月甲子，第 1103 页。
212 《续编两朝纲目备要》卷五，第 84 页。
213 《邵氏闻见录》卷二，第 13 页。
214 〔宋〕文莹撰，郑世刚、杨立扬点校：《湘山野录》卷中，北京：中华书局，1984 年，第 39 页。
215 《净德集》卷二七《夫人文氏墓志铭》，第 291 页。
216 〔宋〕沈辽：《云巢编》卷九《万府君夫人朱氏墓志铭》，《影印文渊阁四库全书》第 1117 册，第 615 页。
217 《竹隐畸士集》卷一九《束邦宪母李氏墓志铭》，《影印文渊阁四库全书》第 1124 册，第 262 页。
218 《毗陵集》卷一四《太孺人时氏墓志铭》，第 203—204 页。
219 《蒙斋集》卷一七《甘氏夫人墓志铭》，第 250 页。
220 《东塘集》卷二〇《故太淑人叶氏行状》，《宋集珍本丛刊》第 64 册，第 479 页。
221 〔宋〕王君玉：《国老谈苑》卷二，《影印文渊阁四库全书》第 1037 册，第 639 页。
222 《古灵先生文集》卷二五《夫人吴氏墓志铭》，《北京图书馆古籍珍本丛刊》第 87 册，第 210 页。
223 《新刻石室先生丹渊集》卷四〇《寿安县太君何氏墓志铭》，《宋集珍本丛刊》第 9 册，第 320 页。

224 《净德集》卷二七《长安县君祝氏墓志铭》，第 296 页。
225 《太史范公文集》卷四三《长寿县太君聂氏墓志铭》，《宋集珍本丛刊》第 24 册，第 420 页。
226 《西塘先生文集》卷四《太孺人王氏志铭》，《宋集珍本丛刊》第 24 册，第 551 页。
227 《云巢编》卷九《万府君夫人朱氏墓志铭》，《影印文渊阁四库全书》第 1117 册，第 615 页。
228 〔宋〕叶梦得：《石林居士建康集》卷八《赵夫人慕容氏志铭》，《宋集珍本丛刊》第 32 册，第 801 页。
229 〔宋〕程俱：《北山小集》卷三一《朝议大夫郭公宜人周氏墓志铭》，《宋集珍本丛刊》第 33 册，第 577 页。
230 《建炎以来系年要录》卷一五五，绍兴十六年秋七月壬申，第 2509 页。
231 《晦庵先生朱文公文集》卷九〇《安人王氏墓表》，《朱子全书》第 24 册，第 4189 页。
232 《东塘集》卷二〇《故太淑人叶氏行状》，《宋集珍本丛刊》第 64 册，第 479—480 页。
233 《西山先生真文忠公文集》卷四五《夫人蔡氏墓志铭》。
234 《古灵先生文集》卷二五《夫人吴氏墓志铭》，《北京图书馆古籍珍本丛刊》第 87 册，第 210 页。
235 〔宋〕李弥逊：《筠溪集》卷二四《朝奉大夫朱公宜人叶氏墓志铭》，《影印文渊阁四库全书》第 1130 册，第 823 页。
236 《卢溪先生文集》卷四三《故王氏墓志铭》，《宋集珍本丛刊》第 34 册，第 708 页。
237 同上。
238 《石林居士建康集》卷八《赵夫人慕容氏志铭》，《宋集珍本丛刊》第 32 册，第 801 页。
239 《北山小集》卷三一《朝议大夫郭公宜人周氏墓志铭》，《宋集珍本丛刊》第 33 册，第 577—578 页。
240 《南兰陵孙尚书大全文集》卷六四《宋故太淑人刘氏墓志铭》，《宋集珍本丛刊》第 35 册，第 750 页。
241 同上书，第 750—751 页。
242 同上书，第 751 页。
243 《周益公文集》卷七六《太恭人司徒氏墓志铭》，《宋集珍本丛刊》第 49 册，第 393 页。
244 《鹤山先生大全文集》卷八七《太令人程氏墓志铭》。
245 《鸡肋集》卷六六《李氏墓志铭》。

第六章　女子有才：宋代士人阶层女性的阅读活动

阅读活动与人类社会的文明与进步息息相关。就目前的研究而言，除了一些介绍阅读史的理论论著之外，[1] 很少有专文实证考察中国传统社会的阅读活动。本章依据大量宋人文集中的女性墓志资料，拟从士人阶层女性的阅读内容与阅读特点，士人阶层女性阅读的社会背景以及社会影响等方面，探讨宋代士人阶层女性的阅读活动。研究这一问题，不仅能更好地认识宋代士人阶层女性的生活面貌，也有助于我们更为全面地认识宋代社会的文化精神与时代特色。

第一节　阅读内容与阅读特点

司马光《家范》云："女子在家，不可以不读《孝经》《论语》，及《诗》《礼》，略通大义"，"至于刺绣华巧，管弦歌诗，皆非女子所宜习也"。[2] 一些士人在强调女性应该知书达理的同时，也主张女性以不彰显自己的才华为美德。[3] 那么，宋代士人阶层女性是否按照儒家理想的模式去选择自己的阅读书籍？她们在实际生活中读些什么书？她们的阅读又具有怎样的特点？以下将分别予以探讨。

［宋］佚名《女孝经图》局部（北京故宫博物院藏。转引自《宋画全集》第一卷第五册，杭州：浙江大学出版社，2010 年，第 204 页）

一、阅读内容

我们先来看表6-1：

表6-1 士人阶层女性阅读内容统计表

阅读内容	阅读人数	百分比	排序
佛道经典	105	51%	1
儒家经典	69	33%	2
史书	33	16.1%	3
诗词文	30	14.6%	4
女教典籍	21	10.2%	5
音乐	19	9.2%	6
家训	8	3.9%	7
天文历算、医药数术	8	3.9%	7
诸子百家、方技小说	5	2.4%	8

表6-1是据笔者从宋人文集中抽样出的206例士人阶层女性阅读者的墓志资料统计而成的。表中各类书籍阅读者合计298例，超过了笔者所抽样的206例女性阅读者的墓志总数，原因在于许多女性并不拘泥于阅读一类书籍，她们通常会阅读不同内容的书籍。相比较而言，阅读佛道经典与儒家经典的女性居多数，其次是史书、诗词文、女教典籍及音乐类书籍，家训、天文历算、医药数术、诸子百家、方技小说类读物亦成为宋代士人阶层女性的阅读内容。

（一）佛道经典类

佛道经典是士人阶层女性阅读最多的一类。在笔者统计的墓志中，阅读佛道经典者105例，约占总数的51%，而其中又以阅读佛经者居多。如刘攽记载，韩绛妻范氏“读释老书，尽以服玩施浮图氏”。[4]吕陶记载，乡先生光禄寺丞任遵圣妻吕氏“晚岁好佛书，知缘果大略，怡然若有得。绍圣元年四月壬子，忽感疾，闭目诵《金刚经》凡二卷，无一字舛谬”。[5]刘弇的母亲周氏“晚年多读佛书，读《金刚般若经》，得如实三昧”。[6]葛胜仲记载，其妻张氏“喜浮屠学，日诵其语，食不击鲜，奉观世音，尤力课所谓大悲咒者，数以万亿计”。[7] 孙觌记载，“诸子皆以文艺发策殿中，为名进士”的杨国夫人赵氏，“平生无嗜好，独喜黄老学，燕坐一室，诵度人黄庭二经，晨香夜灯，虽大寒暑不废”。[8] 士人阶层女性不仅自己阅读佛书，也有人亲自撰写佛书，甚至招募工匠版刻，如陈傅良记载：“蔡同年之母徐夫人，手写佛经九十五卷，往往得唐人笔法。”[9] 李纲记载：“庆国夫人鄱阳张氏，谨发虔心，募工镂板，印造《修西方念佛三昧集要》一部，普劝发无上菩提心者，至心归依西方净土。”[10]

（二）**儒家经典类**

宋代士人阶层女性所阅读的儒家经典主要包括：《诗》《书》《礼》《易》《春秋》《论语》《孟子》《孝经》等。在笔者所抽样的女性墓志中，阅读儒家经典者 69 例，约占总数的 33%。如王安石记载夫人魏氏，其夫曾“以进士甲科为广德军判官”，魏氏在丈夫死后，“亲以《诗》《论语》《孝经》教两子”。[11] 文同记载著作佐郎刘琚之女，“嗜学书传，无有不经览者，于左氏《春秋》尤能通诵”。[12] 毛滂记载保宁军节度推官赵峄妻牛氏，“能读《孟子》《论语》，写字不类女子”。[13] 汪藻记载朝请郎孙庭臣继室施氏，“少喜读书，老而不衰，六经、孔、孟之书略通其大旨”。[14] 袁甫记载通议大夫何楷之女何氏，“姿敏惠，父爱之，尤教以《孝经》《论》《孟》《诗》《书》《左氏传》及《内则》《女诫》，终身不遗忘”。[15]

（三）**史书类**

宋代士人阶层女性阅读史书者亦很普遍。从笔者统计的墓志来看，明确记载阅读史书的女性 33 例，约占总数的 16.1%。如韩琦妻崔氏“好读诸史氏书，概知历代兴亡治乱之事”。[16] 王安石记载秘书丞吴芮母曾氏，“于财无所蓄，于物无所玩，自司马氏以下史所记世治乱、人贤不肖，无所不读”。[17] 范祖禹记载工部尚书李兑妻钱氏，“读经史佛道书，手不释卷”。[18] 郑獬记载昌化县令鲍宗师母陈氏，“好读古史，能疾书，日草万余字，见者不知其为妇人笔札也”。[19] 周必大的母亲王氏，“通经史，博知古今事，不自以为能”。[20] 楼钥的母亲汪氏，“诸史举大端，兴亡之际，贤否之著者，类能道之”。[21]

（四）诗词文类

诗词文类书籍也是宋代士人阶层女性阅读的重要内容。据学者统计，《全宋词》中收录女词人 90 多人，《全宋诗》中有女诗人 200 余人。[22] 此外，《全宋文》中也有不少女性作者。毫无疑问，这些诗词文的女性创作者，必然是在阅读他人诗词文的基础上进行创作的。在笔者统计的墓志资料中，阅读诗词文类书籍的女性有 30 人，约占总数的 14.6%。如晁补之记载尚书兵部员外郎陈诂之女陈氏，“幼警惠，尝阅白居易诗，一过能诵”。[23] 刘一止记载右通直郎胡汲妻莫氏，“自少小知书，浸长，作诗论文，如慧男子”。[24] 右文殿修撰子纯母虞氏，“劲画丽语，不学而能，诗书古文，有若素习”。[25] 刘克庄记载迪功郎林寒斋妻陈氏，“少警慧，儒释书多所通，古今佳文章皆记诵”。[26] 马廷鸾记载士人赵嗣德母范氏，“工于词，雅思渊材，宫商自韵，皆可吟讽”，马廷鸾称誉她“有清门之矩范，有文士之才华”。[27]

（五）女教典籍类

宋代士人阶层女性所阅读的女教典籍，主要包括刘向《列女传》、班昭《女诫》以及历代史书中列女传的内容。就文献记载来看，班昭《女诫》和刘向《列女传》在宋代士人阶层女性读者中的传播更为广泛。在笔者所收集的个案中，明确记载阅读女教典籍者 21 例，约占总数的 10.2%。如黄庶记载徐处士妻周氏，“幼而慧，乃使授古《女诫》七篇，习之”。[28] 范祖禹记载左藏库副使石继勋之女石氏，“幼奇警，能读班大家《女诫》”。[29] 李纲记载朝请大夫刘彝之女刘氏，“喜读书，能通其义，尝手书《列女传》，师慕往烈”。[30] 杨万里记载通直郎、赣州节度推官邹敦礼之女邹氏，“时以班姬《女诫》及古、今《列女传》反复评论，听者忘倦，乡里之为妇为女者，是则是式”。[31] 度正记载福建路转运副使魏公硕母郭氏，“女工之事，及史传所载可为阃范者，无不通晓”。[32]

（六）音乐类

陈振孙《直斋书录解题》将乐书单独列出，归入音乐类。他认为“后之乐书固不得列于六艺”[33]，因此，本节在统计士人阶层女性阅读书籍时，亦专门分出音乐一类。在笔者统计的墓志中，阅读此类书籍的女性共 19 人，约占总数的 9.2%。尽管司马光《家范》强调“管弦歌诗”，“非女子所益习”，但就宋代士人阶层女性的阅读情况来看，女性对于管弦歌诗的爱好始终没有停止过，以至于谢逸感慨说：“近世妇人，往往以吹竹弹丝、歌舞蒲博为事，而以蚕缫为耻，以至机杼生芝菌，而柔桑之径鞠为茂草者多矣。”[34] 谢逸此言或许有夸张之处，却反映出当时女性喜好音乐歌舞的风气。如陈襄记载秦国太夫人窦氏，“嗜佛书理性之说，尤晓音律”。[35] 宋祁记载夫人钱氏，“颇留心毫翰，洞晓音律”。[36] 张方平记载徐国太夫人和氏，“常好文翰，通晓音律”。[37] 蔡襄记载尚书职方郎中尹少连之女尹氏，“少聪警，识图书，辨音律”。[38] 晁补之记载叔母叶氏，“资慧淑，纂组音乐，凡女子之事无不工”。[39] 王珪记载泗州盱眙县尉向宗谔妻李氏，“喜书史，工音律之乐”。[40]

（七）家训类

在宋代，许多士大夫均书写家训以规诫子弟，维系家族的繁荣。其中一些家训广泛传播，成为社会中的普通读物，如司马光《家范》、袁采《袁氏世范》等。在笔者所统计的墓志中，阅读家训者有 8 例，约占总数的 3.9%。如邹浩记载台州天台县令王无咎妻曾氏，“性庄重，又积习家法，故自处以至于行，自幼以至于老，内外宗党为女、为妇与为母者，咸取则焉”。[41] 前揭汪藻所载夫人施氏，“晚传司马温公《家范》，乃并以授其子孙，或不如训者，引《家范》切责之，故子孙皆有前辈风”。[42] 姚勉记载兴国军教授程澥妻谭幼玉，“诵《袁氏世范》甚习，善相夫，乐教子”，被人称为“族之贤妇人”。[43] 宋代士人阶层女性不仅阅读他人书写的家训、家法，而且有的女性亲自创立家法，并亲自书写以示后人。如朱熹记载清江士人时镐母邵氏，在丈夫死后，“具呼家人与为条约，亲写刻之屏，使合居有礼、缀食无专”，朱熹赞誉邵氏“得齐家之要”。[44] 上述事实表明，士人阶层女性不仅仅是家法的阅读者、遵守者，同时也参预家法的制定与传播。

（八）天文历算、医药数术类

宋代士人阶层女性除阅读上述诸类书籍外，一些女子还阅读天文历算、医药数术等自然科学书籍，在笔者统计的墓志中有 8 例，约占总数的 3.9%。如范祖禹记载工部尚书李兑妻钱氏，“自晓音律，精于历数”。[45] 周必大记载其妻王氏，“女工儒业，下至书算，无不洞晓”。[46] 李之仪记载其妻胡氏，讳淑修，字文柔，“尤精于算数，沈括存中，余（李之仪）少相师友，间有疑志，必邀余质于文柔，屡叹曰：‘得为男子，吾益友也。’”[47] 沈括是我国历史上著名的数学家，从沈括的屡屡赞叹来看，胡氏在算数方面的才能当非常出众。韩琦记载尚书比部员外郎韩正彦妻王氏，“尝以尊幼被疾，外无良医，遂精意方书，昼夜研诵，卒通其大方。门内病者，或自治之，多获痊已”。[48] 朱熹记载夫人虞氏，“练养医药、卜筮数术，无不通晓”。[49]

（九）诸子百家、方技小说类

诸子百家、方技小说也是宋代士人阶层女性的阅读内容。在笔者统计的墓志中有 5 例，约占总数的 2.4%。如晁补之记载尚书都官郎中李无竞之女李氏，“于书无不读，读能言其义，至百家方技小说皆知之”。[50] 刘一止记载中奉大夫阎骙妻高氏，“泛观六经诸子，识其大指”。[51] 楼钥的母亲汪氏，“稗官小说，所见尤众，性复善记，非出强勉”。[52] 陈造记载居士缪公著妻王氏，“凡簿书出纳，一过不忘，阴阳五行、百家之说，皆能知其义”。[53] 刘克庄记载国子监簿赵志仁母“颜夫人名静华，自号雪观居士……夫人于百家传记至老佛之书多贯通，古今文章悉成诵，儒生精博者不能及，落笔辨丽，不费思索，自成文采，士大夫以翰墨自命者，无以加也”。[54]

上述事实说明，宋代士人阶层女性的阅读范围是比较广泛的。虽然少数士大夫对女性的阅读范围作了规制，但就整体而言，士人阶层女性阅读内容的广度与深度，超过了士大夫的预设模式。

二、阅读特点

以上我们就宋代士人阶层女性的阅读内容作了探讨，那么宋代士人阶层女性的阅读又具有怎样的特点呢？

（一）阅读内容较为多元

在实际生活中，宋代士人阶层女性阅读的内容并不单一，而是较为多元的，她们通常会阅读不同种类的书籍。如蔡襄记载李氏，“善书，能为五七言诗。居闲，设烈女图，读书史以自娱”。[55] 杨时为女儿陈氏所作祭文中云，其女“生而聪慧，长而知学，经史百家虽未能尽通，而皆晓其大旨”。[56] 曹彦约记载朝散大夫萧固妻黄氏，“能博览群书”。[57] 刘宰记载承议郎陈以道妻项氏，“六岁从句读，师授《内则》《女诫》《列女传》，及韩、柳、欧、苏诸诗文，历耳辄成诵。稍成，深居无事，取司马公《资治通鉴》阅之，世治忽人贤不肖，必要其归”。[58] 对项氏而言，仅《女诫》《列女传》及韩、柳、欧、苏诸诗文已不能满足她的阅读需求。刘克庄记载迪功郎林寒斋妻陈氏，“儒释书多所通，古今佳文章皆记诵”。[59] 此类事例甚多，兹不赘举。

（二）能较为自主地选择阅读的书籍

士人阶层女性不同于一般士子，她们没有科举入仕的压力，故在书籍的阅读中，往往会依据自己的喜好选择阅读内容。如邹浩记载士人张炳母严氏，“喜长庆集，几成诵。爱泉石，不乐世荣。尝中秋为歌词示子孙。其所称慕乃陶渊明、白乐天而已”。[60] 范祖禹记载供备库使李文昶之女李氏，“尤好修身养性之术，每阅儒释书，欣然有所得”。[61] 朱熹记载宣义郎陈衡妻黄氏，“初好佛书，读诵拜跪，终日忘倦。一旦忽屏不事，曰：‘不在是也，无愧心，足矣。’”[62] 陆游记载范成大“以诗名一代，故落纸墨未及燥，士女万人，已更传诵”，并“题写素屏团扇，更相赠遗”。[63]袁燮记载士人何耕母宣氏，讳希真，“中年，晨兴诵道释书。一日慨然曰：‘虚无之言，诵之何益？孰若吾圣经，修身齐家之道具在其中乎。’观程氏遗书，则曰：‘义理之同然者，固如是。’”[64]姚勉记载通直郎、赣州节度推官邹敦礼之女邹氏，“读《论语》《孟子》数篇，间喜观唐绝句、诗，尤爱诵文公先生《武夷山十咏》，宛转高下其声以歌之，而不喜世所谓乐府”。[65]通议大夫、天章阁待制马仲甫妻杨氏，“善女工音律，居有余力则诵经史诸子，阅医药阴阳算数之书至数千万言，皆通其大义，惟不喜为辞章，尤深佛学”。[66]

（三）阅读爱好往往会持续终生

宋代许多士人阶层女性阅读者的阅读爱好往往会持续终生。如沈括记载朝请郎陶舜卿妻林氏，“观书，略能诵说，以其所诵说授诸子，劝之为学甚力”，“晚益喜佛学，遂达其要，至能不以喜怒哀乐累其心”。[67]汪藻记载朝请郎孙庭臣继室施氏，“少喜读书，老而不衰，六经孔孟之书略通其大旨”，“晚传司马温公《家范》，乃并以授其子孙，或不如训者，引《家范》切责之，故子孙皆有前辈风”。[68]刘一止记载右通直郎胡汲妻莫氏，“自少小知书，浸长，作诗论文”，“年三十，始嫁与其夫，以文字相磨切，甚自乐也”。[69]李弥逊记载右从事郎朱似的母亲叶氏，“与次子屏居，甘藜藿，抚视长养，相与为命。方幼，授之书；既壮，训以义”，“晚喜佛书”。[70]张世南记载黄铢的母亲孙夫人，“少聪明，颖异绝人，于书史无所不读，一过辄成诵……平生作为文章，诗辞甚富”。[71]可见孙夫人自幼于书史无所不读，一生笔耕不辍。

总之，在宋代社会，虽然一些士人对女性的阅读内容作了规范，但在实际生活中，士人阶层的女性读者往往能以自己的喜好选择阅读书籍，其阅读内容因而也呈现出较为多元的特点；另外，我们也看到，尽管有少数女性在婚后放弃了自己的阅读，但大多女性阅读者的阅读爱好并不会随着婚姻的成立或年岁的增长而终止，她们的阅读往往会持续终身，故阅读的持续性也成为士人阶层女性读者的阅读特点之一。

第二节 社会背景与社会影响

在宋代，士人阶层女性作为一个特殊的社会群体，是怎样的社会背景促使她们的阅读活动得以推广，其阅读活动又具有怎样的社会影响呢？

一、社会背景

（一）宋代社会文教发达，为士人阶层女性的阅读创造了良好的社会基础

宋代文教兴盛，科举普及，重士、养士之风盛行。宋太祖云：“五代方镇残虐，民受其祸，朕今选儒臣干事者百余，分治大藩，纵皆贪浊，亦未及武臣一人也。”[72]太宗主张“兴文教，抑武事”[73]，“以文化成天下”[74]。清代王夫之感慨：“自太祖勒不杀士大夫之誓以昭子孙，终宋之世，文臣无殴刀之辟。”[75]在崇文抑武的社会环境下，宋代科举取士之多是空前绝后的。何忠礼先生指出：“两宋立国三百二十年，共行科场一百十八次，从太宗朝起，每次取士动辄数百名至上千人，其总数则更为惊人。”[76]据张希清先生统计，“两宋通过科举共取士 115427 人，平均每年 361 人”，“平均每年取士人数约为唐代的 5 倍，约为元代的 30 倍，约为明代的 4 倍，约为清代的 3.4 倍”。[77]

崇文抑武的社会风气使得普通民众阅读的积极性得到了极大的提高，宋人陈傅良叹曰：“人人尊孔孟，家家诵诗书。未省有宇宙，孰与今多儒。”[78]叶适亦云：“今吴越闽蜀，家能著书，人知挟册。”[79]在此种风气的影响下，作为士人阶层女性，她们更容易得到父兄长辈在文化方面的熏陶，故宋代士人群体的膨胀也随之带动了士人阶层女性阅读群体的增长，女性在父兄的影响下阅读书籍，也成为当时较为普遍的社会现

象。如程颐记载其兄程颢的女儿程氏，在家庭熏陶下，虽“未尝教之读书，而自通文义，举族爱重之”。[80]王庭珪记载夫人段氏，“父讳賁，字仲实，官至承议郎，方布衣时，以文行知名缙绅间”，“夫人自幼习见其父出入苏黄之门，言论俊伟，遂能诵苏黄之文，皆略上口，而通其大意，至于六经、《国语》等书，皆涉猎焉”。[81]夫人彭氏“父讳闻明，复能文辞，终于广州观察推官”，“夫人生名儒家，涉猎书传，知以礼义自饬”。[82]曹彦约记载孺人黄氏，“代为文章家，教女四德。孺人早失怙恃，犹能博览群书”。[83]周必大记载伯母尚氏，“朝请大夫、直龙图阁佐均之息女也……夫人组紃之暇，侍立左右，翻今阅古，间有裨益”。[84]张端义记载“淳熙间，有二妇人能继李易安之后，清庵鲍氏，秀斋方氏，方即夷吾之女弟，皆能文，笔端极有可观。清庵即鲍守之妻，秀斋即陈日华之室”。[85]赵善泽“字守道，寓居金坛，登乾道五年进士第”，“以刘向《列女传》等，日使妹与其妻讽诵”。[86]许多女性不但自己重视阅读，还鼓励丈夫与孩子以学业为重，争取科名，如洪迈记载饶州风俗“为母妻者，以其子与夫不学为辱”。[87]宋代甚至有史无前例的女童子应举，如“淳熙元年夏，女童林幼玉求试，中书后省挑试所诵经书四十三件，并通。四月辛酉，诏特封孺人”。[88]宁宗嘉定五年（1212），又有“女童子吴志端，令中书复试”。[89]从上述事实可以看出宋代社会文教的发达对于女性阅读的影响。

（二）宋代书籍的普遍流通，为士人阶层女性阅读创造了条件

在宋代，经济的发展和印刷业的兴盛，大大降低了书籍的印刷成本，提高了书籍的流通速度，使书籍的流通更为普遍。当时“不仅有政府的‘官刻’和‘监刻’的书籍，民间刊刻书籍更是盛行”。[90]景德二年（1005）五月，真宗幸国子监，问及祭酒邢昺书版数量，邢昺回答说：“国初印版止及四千，今仅至十万，经史义疏悉备。曩时儒生中能具书疏者，百无一二，纵得本而力不能缮写。今士庶家藏典籍者多矣，乃儒者逢时之幸也。”[91]苏轼曾云：“余犹及见老儒先生，自言其少时，欲求《史记》《汉书》而不可得，幸而得之，皆手自书，日夜诵读，惟恐不及。近岁市人转相摹刻诸子百家之书，日传万纸。”[92] 王明清亦云：“承平时，士大夫家如南都戚氏、历阳沈氏、庐山李氏、九江陈氏、番阳吴氏，俱有藏书之名，今皆散逸。近年所至郡府，多刊文籍，且易得本传，录仕宦稍显者，家必有书数千卷。”[93] 如叶梦得家即“藏书三万余卷”。[94] 叶适记载“孔复君架楼贮书”，“楼藏万卷犹嫌少”。[95] 据崔瑞德（Twichett）以及埃格伦（Edgren）研究，从中唐到宋中期，书价大约降低到从前的 1/10，儒、释、道经典全部出版。但它们并不是唯一的畅销书，此外还有许多农业、医药和占卜用书、笔记小说、别集、宗教经文和小册子，供地方行政官、科举考生以及任何希望撰写美文的人使用的类书。[96] 法国汉学家谢和耐先生指出：“正是由于有了宋版书，当时的绝大部分著作以及到宋代尚有流传的许多更早时期的著作才得以保存至今。这些印刷于宋代的文本向我们提供了令人惊奇的材料，证明极度的学习热情恰是 12 和 13 世纪中国人的特点。”[97] 李致忠先生亦称，宋代“刻书之多，雕镂之广，规模之大，版印之精，流通之广，都堪称前所未有，后世楷模”。[98]

出版事业的繁荣，书籍的普遍流通，为文化的传播、普及提供了前所未有的契机，大大提高了普通民众阅读的积极性。如陈次公为其师李觏所作墓志云：“先生之名大显，世之显人及有道之士莫不知者，下至农工负贩、士女释老，尽能诵其文章。”[99] 可见宋代书籍传播之快以及阅读之广。加之宋代奉行养官政策，“竭民以养冗官”[100]，与此相一致，生活于士人家庭中的女性，往往有能力参预到书籍的阅读与购买中来。如范祖禹记载左侍禁宋良肱之女宋氏“喜翰墨”，“博诵浮屠书”，其夫“少孤贫，力学，欲以立名”，宋氏“悉捐簪珥鞶帨，易书史，辅成其志”。[101] 刘弇的母亲周氏“收书万卷，以授诸子，使毕力于学”。[102] 周必大记载右文林郎曾光庭妻刘氏，“日以诗书课其子”，并称“蓄田千亩，不如藏书一束”，因而“不吝金帛以求之，插架几万轴”。[103] 洪适、洪迈的母亲沈氏，“诸子买书，或捐钱数万不靳，训之曰：‘尔父以儒学起家，尔曹能一人趾美，我不恨。’”[104] 修职郎王邦义妻欧阳氏“鬻簪珥，典衣服，以资其子，使从四方名士游”。[105] 士人李春母曾氏，“见其子春幼而颖异，令从师问学。方居贫，寒不可忍，闻其无钱市书，以衣易之”。[106] 迪功郎宁隽妻贺氏“倾家资市书万卷”，并云：“吾儿欲取官以启吾宇，何不读书？”[107] 夫人向氏“捐俸藏书籍，延师儒，使诸子游”，在丈夫死后，她曾“自书记公捐馆，惟一意教子”，“里巷姻戚皆称其贤”。[108]

（三）宋代士人的提倡，为士人阶层女性阅读提供了社会舆论的支持

宋代士人阶层女性的阅读与当时社会的舆论支持分不开。宋代士人在墓志书写中，几乎无一例外地赞誉女性的阅读。许多士人公开提倡女性应该读书，如司马光认为：“然则为人，皆不可以不学，岂男女之有异哉？”[109] 刘清之亦云：“女子七岁，教以女仪，读《孝经》《论语》。”[110] 郑侠曰：“若女子者，深闺内阃，无所闻见，可不使知书哉？是则教子之所宜急，莫若女子之为甚。”[111] 朱熹主张女性可以阅读《孝经》之外如“曹大家《女诫》，温公《家范》亦好”。[112] 许多士人对于女性的赞许，已远远超越贞静、承顺的范畴，并将有识见的女性奉为闺阃楷模。如孙觌公然抨击不知事理的妇人，认为“妇人女子，虽以幽闲静专为德，而尸居块然，懵不知事，如土木偶人，则为愚妇”。[113] 袁燮则认为：“所谓女士者，女子而有贤士之行也，其识高，其虑远，其于义理甚精，而不移于流俗，闺阃楷模于是乎在，岂独惟中馈是供乎？”[114] 可见在当时社会中，女性知书达理是士人阶层的普遍期许。正是在这种社会风气的影响下，宋代有条件读书的家庭，大都重视对女子的教育，从而为士人阶层女性的阅读创造了条件。如谢氏家族“教子弟必以经术，教诸女亦如之，凡诗书礼义，古今义妇烈女，有见于传记者，必使之习读，通其理义”。[115] 在一些宋人的家庭中，还有儿子不好读书，而女儿聪慧，故父亲专教女儿读书的情况。如徐处士妻周氏，“其父恭……子两人业已耕，念不可教，独周氏幼而慧，乃使授古《女诫》七篇，习之”。[116]

二、社会影响

（一）开启智慧，增长见识

士人阶层女性通过阅读能开启智慧，增长见识，提高了认识社会的能力。如王安石记载“尚书都官员外郎临川吴君讳某之夫人”曾氏，“自司马氏以下史所记世治乱、人贤不肖，无所不读，盖其明辨智识，当世游谈学问知名之士有不能如也”。曾氏以其学识而获得了亲族的尊重，“虽内外族亲之悍强顽鄙者，犹知严惮”。王安石赞誉她“学问明智，其德女子，其能则士”。[117] 王庭珪记载儒生李楙女李氏，“因观古烈女传，辄能诵说始末，谓其父曰：‘今之为士，而知名节者尚少，古之妇人，操履乃如此，其节凛凛，与秋霜争严，可不畏慕之哉？’”[118] 表达了她对于士风的不满。龚明之记载：“徐稚山侍郎，有妹能诗，大不类妇人女子所为。其笔墨畦径，多出于杜子美；而清平冲澹，萧然出俗，自成一家。平生所为赋尤工。有一文士尝评之云：‘近世陈去非、吕居仁，皆以诗自名，未能远过也。’有诗集传于世。”[119] 周必大的姐姐周氏“知书达物理”，“及临事，果断不惑，凛然有烈丈夫之风”。[120] 陈造记载，吉州万安县尉吴某母熊氏“卓有高识”，“尝嗤世人徼福忏过，一诿之佛书，所行则多愧”，因而不信佛法。[121]

（二）传承文明

士人阶层女性将自己所学传播于社会，为宋代社会文化的传承做出了贡献。主要体现在三个方面：其一，教育自己的子女；其二，教导他人子女；其三，著书立说。宋代有阅读能力的女性，大都会将自己所学传授于子女，有关宋代女性在教子方面的贡献，学术界已有不少成果，[122] 此不赘述。宋代还有一些女性，在教育自己孩子的同时，教导他人子女，或主动要求将自己所学传授于他人，甚至有以教书为业，以营生计者。如文同记载著作佐郎刘琚之女刘氏，在其丈夫死后，“合聚闾巷亲族良家儿女之稚齿者，授训诫，教书字，逾十年，获所遗以给朝夕，仅取足，不营于他”，刘氏因此获得周围乡亲的一致尊重，“其所居左右之人，凡过其门，悉俛首遽进，不敢喧呼作高语大笑”。[123] 刘氏教授周围年幼儿女长达十多年之久，其所为，有女性兴办幼儿学校的性质，在女性史乃至教育史的研究中均有一定意义。故太原先生、太子中舍阎路妻杨氏“少孤，外祖张崇文春卿携养于其家”，张春卿“博极群书”，“为西南士人文章宗师”，他亲自传授杨氏知识，杨氏得以“熏渍善术，该涉文史，徽德婉行，闻之闾里”。婚后，杨氏丈夫“教诸生与二子”，而杨氏“亦以章句字画训诲诸女，及里中内外亲表之甥侄。每佳时令节，车交马集，衣冠拥会，立候墙宇，邻钗巷帔，招约呼引，裙裾以次，罗列阃内，修弟子之礼，为经师教姆之贺。如是者凡三十年，远近称仰之”。文同赞誉其“以书史，化邑屋”。[124] 曾布妻魏夫人也曾将自己所学传授于他人，并由此结下了深厚的师徒情谊，王明清记载：“曾文肃（曾布）熙宁初为海州怀仁令，有监酒使臣张者，小女甫六七岁，甚为惠黠，文肃之室魏夫人怜之，教以诵诗书，颇通解。其后南北暌隔，绍圣初，文肃柄事枢，时张氏女已入禁中，虽无名位，以善笔札，掌命令之出入，忽与夫人相闻。夫人以夫贵，疏封瀛国，称寿禁庭，始相见叙旧，自后岁时遣问。夫人没，张作诗以哭云：‘香散帘帏寂，尘生翰墨闲。空传三壶誉，无复内朝班。’从此绝迹矣。后四十年，靖康之变，张从昭慈圣献南渡至钱唐，朱忠靖（胜非）笔录所记昭慈遣其传导反正之议张夫人者，即其人也。”[125] 李清照不仅自己才华盖世，还欲将自己所学传授于他人，陆游为孙氏所书墓志云：“故赵建康明诚之配李氏，以文辞名家，欲以其学传夫人（孙氏）。”[126] 至于女性自己著书立说[127]，更在人类文明史上留下了光辉的一笔，为中华文明的发扬光大做出了不可磨灭的贡献。

（三）协助家人事业，参预社会活动

士人阶层女性阅读者以其所学协助家人的事业，参预社会公领域的活动，更好地发挥了自己的能动作用。我们在前文中已经集中论述了士人阶层女性在公领域中的活动，事实上，那些活跃于公领域中的女性大都喜欢阅读活动，有较好的文化素质，这也为她们参预社会活动，更好地发挥自己的能动作用提供了基础。故我们在本节中仅作简要论述。如“日诵佛书常数十百”的周氏，告诫儿子为官时应谢绝请托，其子郭慎求“周旋州县事，有所未便，辄禀而后行”，而每当郭慎求遇到公务难题时，周氏都为其出谋划策，解决难题。程俱赞曰：“其明识可记者如此，可不谓贤母哉！”[128]“诵佛书日不辍”的邵氏，“识虑精敏，遇事迎解”，其夫处理公事遇到疑难，常询问邵氏，邵氏“从容指说，悉中理宜”。[129]周必大妻王氏，与丈夫“相与商论古今，手抄经史，夜则教儿读书，稍倦，对席博弈，或至丙夜”。[130]“诗书古文，有若素习”的虞氏，“从其子守温州，明简静恕，能消弭大斗，使之轻微。郡人甚爱太守，且爱夫人，曰：‘母之教也。’”[131]著名藏书家尤袤的女儿，帮助父亲整理文献，抄录古书，为古籍的保存流传做出了贡献。杨万里记载：“延之（尤袤）每退，则闭户谢客，日计手抄若干古书。其子弟亦抄书，不惟延之手抄而已也；其诸女亦抄书，不惟子弟抄书而已也。”[132]

综上所述，我们可以得出如下认识：在宋代，不少士人阶层的女性能够享受阅读的乐趣。在实际生活中，士人阶层女性的阅读内容较为广泛，远远超出了士大夫的预设模式，呈现出较为多元与自主的特点；此外，尽管有一些女性在婚后放弃了自己的阅读，但也有许多女性阅读者的阅读爱好并不随着婚姻的成立或年岁的增长而终止，她们的阅读往往会持续终身；女性阅读与重文教的社会风气、书籍的普遍流通以及士人的提倡等密切相关；女性读者通常会受到乡间、亲属以及士人的认可与尊重，她们通过阅读学习知识，并以多种方式作用于社会，对于提高整个国民素质，传承文明均有积极意义。

注释：

1 如李常庆等《开卷有益——阅读史与阅读文化座谈会纪要》（《图书馆情报工作》2001 年第 1 期）、王龙《阅读史研究探论》（《图书馆理论与实践》2001 年第 1 期）、孙卫国《西方书籍史研究漫谈》（《中国典籍与文化》2003 年第 3 期）等论文，大体介绍了阅读史研究的理论。[加]阿尔维托·曼古埃尔（Alberto Manguel）著，吴昌杰译《阅读史》（北京：商务印书馆，2002 年）一书，以文学的手法，描述了人类阅读的历程。李宏图、王加丰选编《表象的叙述——新社会文化史》一书中收录了《过去的表象——罗杰·夏蒂埃访谈录》一文，介绍了法国学者罗杰·夏蒂埃（Roger Chartier）对阅读活动的研究。

2 《家范》卷六《女》，《影印文渊阁四库全书》第 696 册，第 691 页。

3 本书在上篇的写作中，曾就这一问题做过专门论述，此处不再重复。

4 《彭城集》卷三九《乐安郡君范氏墓志铭》，第 513 页。

5 《净德集》卷二七《夫人吕氏墓志铭》，第 295 页。

6 《龙云集》附录《周夫人墓志铭》，《影印文渊阁四库全书》第 1119 册，第 335 页。

7 《丹阳集》卷一四《妻硕人张氏墓志铭》，《宋集珍本丛刊》第 32 册，第 640 页。

8 《南兰陵孙尚书大全文集》卷五五《杨国夫人赵氏墓表》，《宋集珍本丛刊》第 35 册，第 674 页。

9 〔宋〕陈傅良：《止斋先生文集》卷四二《跋徐夫人手写佛经》，四部丛刊初编本。

10 《李纲全集》卷一六三《题修西方念佛三昧集要》，第 1501 页。

11 《王文公文集》卷九九《仙居县太君魏氏墓志铭》，第 1009 页。

12 《新刻石室先生丹渊集》卷四〇《文安县君刘氏墓志铭》，《宋集珍本丛刊》第 9 册，第 320 页。

13 〔宋〕毛滂：《东堂集》卷一〇《牛氏夫人墓志铭》，《影印文渊阁四库全书》第 1123 册，第 823 页。

14 《浮溪集》卷二八《令人施氏墓志铭》。

15 《蒙斋集》卷一八《县尉杨君太孺人何氏墓志铭》，第 259 页。

16 《安阳集编年笺注》卷四六《录夫人崔氏事迹与崔殿丞请为行状》，第 1433 页。

17 《王文公文集》卷一〇〇《河东县太君曾氏墓志铭》，第 1009 页。

18 《太史范公文集》卷三八《工部尚书致仕李庄公许昌郡夫人钱氏墓志铭》，《宋集珍本丛刊》第 24 册，第 389 页。

19 《郧溪集》卷二二《职方郎中鲍公夫人陈氏墓志铭》，《宋集珍本丛刊》第 15 册，第 205 页。

20 《周益公文集》卷三六《先夫人王氏墓志》，《宋集珍本丛刊》第 49 册，第 62 页。

21 《攻媿集》卷八五《亡妣安康郡太夫人行状》，第 1155 页。

22 杨果、廖寅：《宋代“才女”现象初探》，《宋史研究论文集：国际宋史研讨会暨中国宋史研究会第九届年会编刊》，第 608 页。

23 《鸡肋集》卷六四《文安郡君陈氏墓志铭》。

24 《苕溪集》卷五二《宋故太宜人莫氏墓志铭》，《宋集珍本丛刊》第 34 册，第 365 页。

25 《叶适集·水心文集》卷二〇《虞夫人墓志铭》，第 392 页。

26 《后村先生大全集》卷一五一《墓志铭·陈孺人》。

27 《碧梧玩芳集》卷一九《赵母夫人范氏墓志铭》，《影印文渊阁四库全书》第 1187 册，第 136 页。

28 〔宋〕黄庶：《伐檀集》卷下《徐君处士妻周氏墓志铭》，《影印文渊阁四库全书》第 1092 册，第 798 页。

29 《太史范公文集》卷四八《右监门卫大将军妻崇安县君石氏墓志铭》，《宋集珍本丛刊》第 24

册，第450页。

30 《李纲全集》卷一七〇《宋故安人刘氏墓志铭》，第1565页。

31 《诚斋集》卷一三〇《夫人邹氏墓志铭》。

32 《性善堂稿》卷一四《郭安人墓志铭》，《影印文渊阁四库全书》第1170册，第260页。

33 《直斋书录解题》卷一四，第399页。

34 《溪堂集》卷九《甘夫人墓志铭》，《宋集珍本丛刊》第31册，第453页。

35 《古灵先生文集》卷二五《秦国太夫人窦氏墓志铭》，《北京图书馆古籍珍本丛刊》第87册，第220页。

36 〔宋〕宋祁：《景文集》卷六〇《皇侄孙右卫率府率夫人钱氏墓志铭》，上海：商务印书馆，1936年，第812页。

37 〔宋〕张方平：《乐全先生文集》卷三八《徐国太夫人墓志铭》，《宋集珍本丛刊》第6册，第201页。

38 《宋端明殿学士蔡忠惠公文集》卷三六《尹夫人墓志铭》，《宋集珍本丛刊》第8册，第253页。

39 《鸡肋集》卷六四《钱唐县君叶氏墓志铭》。

40 《华阳集》卷四〇《泗州盱眙县尉向君夫人李氏墓记》，第566页。

41 《道乡先生邹忠公文集》卷三七《德兴县君曾氏墓志铭》，《宋集珍本丛刊》第31册，第279页。

42 《浮溪集》卷二八《令人施氏墓志铭》。

43 《雪坡舍人集》卷五〇《谭氏孺人墓志铭》，《宋集珍本丛刊》第86册，第522页。

44 《晦庵先生朱文公文集》卷九〇《太孺人邵氏墓表》，《朱子全书》第25册，第4181页。

45 《太史范公文集》卷三八《工部尚书致仕李庄公许昌郡夫人钱氏墓志铭》，《宋集珍本丛刊》第24册，第389页。

46 《周益公文集》卷七六《益国夫人墓志铭》，《宋集珍本丛刊》第49册，第392页。

47 《姑溪居士全集·姑溪居士文集》卷五〇《姑溪居士妻胡氏文柔墓志铭》，第373页。

48 《安阳集编年笺注》卷四八《宋故寿安县君王氏墓志铭》，第1511—1512页。

49 《晦庵先生朱文公文集》卷九二《夫人虞氏墓志铭》，《朱子全书》第25册，第4252页。

50 《鸡肋集》卷六六《李氏墓志铭》。

51 《苕溪集》卷五〇《宋故永嘉郡夫人高氏墓志铭》，《宋集珍本丛刊》第34册，第354页。

52 《攻媿集》卷八五《亡妣安康郡太夫人行状》，第1155页。

53 《江湖长翁文集》卷三五《太孺人王氏墓志铭》，《宋集珍本丛刊》第60册，第731页。

54 《后村先生大全集》卷一五六《墓志铭·雪观居士》。

55 《宋端明殿学士蔡忠惠公文集》卷三九《延安郡主李氏墓志铭》，《宋集珍本丛刊》第8册，第245页。

56 《龟山先生全集》卷二八《祭陈氏十五娘子》，《宋集珍本丛刊》第29册，第505页。

57 〔宋〕曹彦约：《昌谷集》卷一八《萧孺人黄氏墓志铭》，《影印文渊阁四库全书》第1167册，第214页。

58 《漫塘文集》卷三〇《故孺人项氏墓志铭》，《宋集珍本丛刊》第72册，第485页。

59 《后村先生大全集》卷一五一《墓志铭·陈孺人》。

60 《道乡先生邹忠公文集》卷三七《寿昌县太君严氏墓志铭》，《宋集珍本丛刊》第31册，第282页。

61 《太史范公文集》卷四七《保宁军节度观察留后东阳郡公妻仁寿郡夫人李氏墓志铭》，《宋集珍本丛刊》第24册，第445页。

62 《晦庵先生朱文公文集》卷九三《宜人黄氏墓志铭》，《朱子全书》第25册，第4308页。

63 《陆游集·渭南文集》卷一四《范待制诗集序》，第2098页。

64 《絜斋集》卷二一《何夫人宣氏墓志铭》，第350页。

65 《雪坡舍人集》卷五〇《梅庄夫人墓志铭》，《宋集珍本丛刊》第 86 册，第 526 页。
66 桂邦杰等：《江都县续志》卷一五《宋杨夫人墓志铭》，《宋代石刻文献全编》第 2 册，第 173 页。
67 《长兴集》卷三〇《宋故寿安县君林氏墓志铭》。
68 《浮溪集》卷二八《令人施氏墓志铭》。
69 《苕溪集》卷五二《宋故太宜人莫氏墓志铭》，《宋集珍本丛刊》第 34 册，第 365 页。
70 《筠溪集》卷二四《朝奉大夫朱公宜人叶氏墓志铭》，《影印文渊阁四库全书》第 1130 册，第 823 页。
71 〔宋〕张世南撰，张茂鹏点校：《游宦纪闻》卷八，北京：中华书局，1981 年，第 67 页。
72 《长编》卷一三，太祖开宝五年乙卯，第 293 页。
73 《长编》卷一八，太宗太平兴国二年春正月丙寅，第 394 页。
74 《周益公文集》卷五五《文苑英华序》，《宋集珍本丛刊》第 49 册，第 242 页。
75 〔清〕王夫之：《宋论》卷一《太祖》，北京：中华书局，1964 年，第 6 页。
76 何忠礼：《两宋登科人数考索》，《宋史研究集刊》第 2 辑，杭州：浙江省社联《探索》杂志社增刊，1988 年，第 163 页。
77 张希清：《论宋代科举取士之多与冗官问题》，《北京大学学报》1987 年第 5 期，第 106—107 页。
78 《止斋先生文集》卷三《送王南强赴绍兴签幕四首》。
79 《叶适集 · 水心文集》卷九《汉阳军新修学记》，第 140 页。
80 《二程集 · 河南程氏文集》卷一一《孝女程氏墓志》，第 640 页。
81 《卢溪先生文集》卷四三《故段夫人墓志铭》，《宋集珍本丛刊》第 34 册，第 709 页。
82 《卢溪先生文集》卷四四《故彭夫人墓志铭》，《宋集珍本丛刊》第 34 册，第 713 页。
83 《昌谷集》卷一八《萧孺人黄氏墓志铭》，《影印文渊阁四库全书》第 1167 册，第 214 页。
84 《周益公文集》卷三六《伯母安人尚氏墓志铭》，《宋集珍本丛刊》第 49 册，第 61 页。
85 〔宋〕张端义：《贵耳集》卷下，上海：商务印书馆，1937 年，第 61 页。
86 《京口耆旧传》卷九，《影印文渊阁四库全书》第 451 册，第 213 页。
87 《容斋随笔 · 四笔》卷五《饶州风俗》，第 666 页。
88 《建炎以来朝野杂记 · 乙集》卷一五，第 778 页。
89 《宋会要辑稿》选举一二之三八，第 4466 页。
90 黄宽重：《南宋活字印刷史料及其相关问题》，《南宋史研究集》，台北：新文丰出版有限公司，1985 年，第 133 页。
91 《宋会要辑稿》职官二八之一，第 2972 页。
92 《苏轼文集》卷一一《李氏山房藏书记》，第 359 页。
93 〔宋〕王明清：《挥麈录 · 挥麈前录》卷一，上海：商务印书馆，1936 年，第 52 页。
94 〔宋〕叶梦得：《避暑录话》卷上，上海：商务印书馆，1939 年，第 2 页。
95 《叶适集 · 水心文集》卷七《孔复君架楼贮书疏池累石花药环列》，第 75 页。
96 转引自《内闱：宋代的婚姻和妇女生活》，第 2 页。
97 《蒙元入侵前夜的中国日常生活》，第 174 页。
98 李致忠：《宋版书叙录》，北京：书目文献出版社，1994 年，第 2 页。
99 《李觏集 · 外集》卷三《门人陈次公撰先生墓志铭》，第 487 页。
100 〔清〕赵翼著，王树民校正：《廿二史札记校正》卷二五，北京：中华书局，1984 年，第 537 页。
101 《太史范公文集》卷四六《左承议郎妻崇德县君宋氏墓志铭》，《宋集珍本丛刊》第 24 册，第 436 页。
102 《龙云集》附录《周夫人墓志铭》，《影印文渊阁四库全书》第 1119 册，第 335 页。

103 《周益公文集》卷三六《曾监酒母孺人刘氏墓志铭》,《宋集珍本丛刊》第49册，第65页。
104 《盘洲文集》卷七七《慈茔石表》,《宋集珍本丛刊》第45册，第505页。
105 《诚斋集》卷一二六《夫人欧阳氏墓志铭》。
106 《诚斋集》卷一二七《李母曾氏墓志铭》。
107 《诚斋集》卷一三〇《孺人贺氏墓志铭》。
108 〔宋〕陈文蔚：《克斋集》卷一二《向夫人墓志铭》,《影印文渊阁四库全书》第1171册，第91—92页。
109 《家范》卷六《女》,《影印文渊阁四库全书》第696册，第691页。
110 《戒子通录》卷三,《影印文渊阁四库全书》第703册，第39页。
111 《西塘先生文集》卷四《谢夫人墓表》,《宋集珍本丛刊》第24册，第546页。
112 《朱子语类》卷七《小学》，第127页。
113 《南兰陵孙尚书大全文集》卷六〇《恭人杨氏墓志铭》,《宋集珍本丛刊》第35册，第724页。
114 《絜斋集》卷二一《何夫人宣氏墓志铭》，第349页。
115 《西塘先生文集》卷四《谢夫人墓表》,《宋集珍本丛刊》第24册，第544页。
116 《伐檀集》卷下《徐君处士妻周氏墓志铭》,《影印文渊阁四库全书》第1092册，第797—798页。
117 以上引文见《王文公文集》卷九九《河东县太君曾氏墓志铭》，第1010页。
118 《卢溪先生文集》卷四六《故李夫人墓志铭》,《宋集珍本丛刊》第34册，第724页。
119 〔宋〕龚明之：《中吴纪闻》卷六《徐氏安人诗》，上海：商务印书馆，1936年，第91页。
120 《周益公文集》卷三六《亡姊尚氏夫人墓志》,《宋集珍本丛刊》第49册，第63页。
121 《江湖长翁文集》卷三五《熊氏墓志铭》,《宋集珍本丛刊》第60册，第733页。
122 如陶晋生：《北宋士族妇女的教育》,《“中央”研究院历史语言研究所集刊》第67本第1分，1996年3月；张邦炜：《两宋妇女的历史贡献》,《社会科学研究》1997年第6期；邓小南：《宋代士人家族中的妇女——以苏州为例》；粟品孝：《宋代士人家庭教育中的母教》；等等。
123 《新刻石室先生丹渊集》卷四〇《文安县君刘氏墓志铭》,《宋集珍本丛刊》第9册，第321页。
124 以上引文见《新刻石室先生丹渊集》卷四〇《华阳县君杨氏墓志铭》,《宋集珍本丛刊》第9册，第323页。
125 《挥麈录·挥麈三录》卷二，第767—768页。
126 《陆游集·渭南文集》卷三五《夫人孙氏墓志铭》，第2328页。
127 胡文楷《历代妇女著作考》(上海古籍出版社，1985年）统计宋代女性著作有四十余种。
128 《北山小集》卷三一《朝议大夫郭公宜人周氏墓志铭》,《宋集珍本丛刊》第33册，第577—578页。
129 《毗陵集》卷一四《宋故孺人邵氏墓志铭》，第205页。
130 《周益公文集》卷七六《益国夫人墓志铭》,《宋集珍本丛刊》第49册，第392页。
131 《叶适集·水心文集》卷二〇《虞夫人墓志铭》，第392页。
132 《诚斋集》卷七八《益斋藏书目序》。

第七章　闲情雅致：宋代士人阶层女性的休闲活动

休闲活动是人类生活的重要组成部分，是中国文化传统中的重要内容。《周易》中即已包含丰富的休闲哲学。[1]关于休闲的定义，学界有多种解释，本章采用于光远先生的界定，即“休闲”是人们对可以不劳动的时间的一种利用，它是人的行为。[2]就目前而言，学界仍主要集中在对于现代社会休闲问题的研究，有关中国传统社会休闲活动的研究还很不足。本章拟就宋代士人阶层女性的休闲活动作一初步探讨。

陆游曾云：“士生始堕地，弧矢志四方。岂若彼妇女，龊龊藏闺房。”[3]那么宋代士人阶层女性的生活是否处于士大夫所言“龊龊藏闺房”的状态呢？在以上章节中，我们已经从多个方面论述了宋代士人阶层女性参预公领域活动的事实，本章将进一步考察士人阶层女性的休闲活动，因休闲活动的方式多种多样，[4]本章不拟作面面俱到的探讨，仅集中考察宋代士人阶层女性节日与日常的游赏娱乐活动，随同夫、子的旅途生涯以及交友聚会等活动。探讨这一问题，不仅能让我们更为深入地了解宋代士人阶层女性的多元生活面貌，也有助于我们了解休闲对女性生活的影响与意义。

［宋］李嵩《观灯图》（台北故宫博物院藏）

第一节 游赏娱乐活动

游赏娱乐是宋代士人阶层女性的重要休闲方式。宋代士人阶层女性的游赏娱乐活动可分为离开家乡的远距离、长时程的旅途游赏，以及户外短时间、近距离的览胜游逛活动。本节所考察的游赏娱乐主要限于户外短时间、近距离的览胜游逛活动，此类活动主要包括以下几类。

一、节日的游赏娱乐活动

在传统社会中，逢年过节是民众休闲娱乐的大好时机，对于宋代士人阶层女性而言也是如此。尽管儒家理想性别秩序中规定“女正位乎内，男正位乎外”，女性的生活空间也由此被限定在家内，但在实际生活中，每逢节日，女性大都会走出户外离家出游，这也是宋代士人阶层女性户外休闲活动的重要内容。

正月年节是其出门游赏的重要时机，如《东京梦华录》卷六记载：

> 正月一日年节，开封府放关扑三日……向晚，贵家妇女，纵赏关赌，入场观看，入市店饮宴，惯习成风，不相笑讶。[5]

正月十五元夕节也成为士女走出户外观灯游玩的时候，如《梦粱录》卷一记载：

> 正月十五日，元夕节，乃上元天官赐福之辰……公子王孙、五陵年少，更以纱笼喝道，将带佳人美女，遍地游赏。[6]

《武林旧事》卷二记载：

> 都城自旧岁冬孟驾回，则已有乘肩小女鼓吹舞绾者数十队，以供贵邸豪家幕次之玩……至节后，渐有大队，如四国朝傀儡杵歌之类，日趋于盛，其多至数十百队。天府每夕差官点视，各给钱酒油

烛，多寡有差。且使之南至升旸宫支酒烛，北至春风楼支钱。终夕天街鼓吹不绝。都民士女罗绮如云，盖无夕不然也……元夕节物，妇人皆戴珠翠、闹蛾、玉梅、雪柳、菩提叶、灯球、销金合，蝉貂袖、项帕，而衣多尚白，盖月下所宜也。[7]

在元夕节，还有因士女观灯者众多而引致死亡的事例，如《建炎以来系年要录》卷八四记载：

（绍兴五年春正月）右从事郎、知嘉州龙游县李孜，将家往兴化寺观灯，观者填壅寺门，石梯高峻，孜命从者跌之，士女坠磴，陷胸裂肠而死者百余人。[8]

我们从观灯致死的人数中亦可看出当时士女观灯者之众。在一些宋人的诗文中也为我们记录了元夕节女性出游的热闹场面，如梅尧臣《和宋中道元夕二首》记载：

结山当衢面九门，华灯满国月半昏。春泥踏尽游人繁，鸣跸下天歌吹喧。深坊静曲走车辕，争前斗盛亡卑尊。靓妆丽服何柔温，交观互视各吐吞。摩肩一过难久存，眼尾获笑迷精魂。貂裘比比王侯孙，夜阑鞍马相驰奔。[9]

李纲《上元舟中有感》一诗云：

去年谪沙阳，旅泊亦游观。士女隘衢巷，灯火满溪山。[10]

陆游《丁酉上元》诗亦云：

突兀球场锦绣峰，游人士女拥千重。月离云海飞金镜，灯射水帘掣火龙。[11]

文天祥则记载了咸淳十年（1274）元夕节衡州士女倾城游观的生动热闹

场面：

> 岁正月十五，衡州张灯火合乐，宴宪若仓于庭。州之士女，倾城来观，或累数舍竭蹶而至。凡公府供张所在，听其往来，一无所禁，盖习俗然也……妇女有老而秃者，有羸无齿者，有伛偻而相携者，冠者、髽者，有盛涂泽者，有无饰者，有携儿者，有负在手者，有任在肩者，或哺乳者，有睡者，有睡且苏者，有啼者，有啼不止者，有为儿弁髦者，有为总角者，有解后叙契阔者，有自相笑语者，有甲笑乙者，有倾堂笑者，有无所睹随人笑者，跛者，倚者，走者，趋者，相牵者，相扶擎者，以力相拒触者，有醉者，有倦者，咳者，唾者，嚏者，欠伸者，汗且扇者，有正簪珥者，有整冠者，有理裳结袜者，有履阈者，有倚屏者，有攀槛者，有执烛跂惟恐堕者，有酒半去者，有方来者，有至席彻者。儿童有各随其亲且长者，有无所随而自至者，立者，半坐于地者，有半坐机下者，有环客主者，有坐复立者，有立复坐者。视妇女之数，多寡相当，盖自数月之孩，以至七八十之老，靡不有焉。其望于燕坐之门外，趑趄而不及近者，又不知其几千计也。[12]

可见终两宋之世，女性元夕观灯游赏之风都很普遍。

元夕节过后，女性出门郊游，谓之“探春”，如孔平仲记载：

> 都人士女正月十五后，乘车跨马郊野中，为探春之宴。[13]

周密也为我们记载了士女争相探春的盛况：

> 都城自过收灯，贵游巨室，皆争先出郊，谓之“探春”，至禁烟为最盛。龙舟十余，彩旗叠鼓，交午曼衍，粲如织锦。内有曾经宣唤者，则锦衣花帽，以自别于众。京尹为立赏格，竞渡争标，内珰贵客，赏犒无算。都人士女，两堤骈集，几于无置足地。[14]

三月三日上巳节也是士女出游的大好时机，如宋南渡士人王安中曾回忆承平时期士女上巳节出游的盛况：

> 臣伏蒙圣恩，以上巳赐宴西池。方时承平，中外衎乐，嬉游之盛前所未有，而眷礼隆渥，独许辅臣至辋川，忽于都人士女骈阗繁华之中，睹此岩岫溪流，修篁翠柏，物外超然之趣，心目萧爽，恍出尘境。[15]

陈著也为我们记载了女儿上巳节踏青游玩及女儿同父亲宴会娱乐的场景：

> 女冲踏露折棠花，引得儿童哄一家。说道今朝修禊日，暂抛针线乐年华。
>
> 年华浮动酒中心，笑向吾前满满斟。犹喜家贫诗礼在，一杯真率胜山阴。[16]

寒食和清明节，女性春游之风亦很盛行，如《梦粱录》卷二记载：

> 清明交三月，节前两日谓之“寒食”，京师人从冬至后数起至一百五日，便是此日。家家以柳条插于门上，名曰“明眼”。凡官民不论小大家子，女未冠笄者，以此日上头。寒食第三日，即清明节……官员士庶，俱出郊省坟，以尽思时之敬。车马往来繁盛，填塞都门。宴于郊者，则就名园芳圃，奇花异木之处；宴于湖者，则彩舟画舫，款款撑驾，随处行乐。此日又有龙舟可观，都人不论贫富，倾城而出，笙歌鼎沸，鼓吹喧天，虽东京金明池，未必如此之佳。殢酒贪欢，不觉日晚，红霞映水，月挂柳梢，歌韵清圆，乐声嘹亮，此时尚犹未绝。男跨雕鞍，女乘花轿，次第入城。[17]

周密记载：

清明前三日，为寒食节……妇人淡妆素衣，提携儿女，酒壶肴罍。村店山家，分馂游息。至暮则花柳土宜，随车而归。[18]

在一些宋人的诗文中，也记录了寒食节女性春游的场面，如韩琦在相州修建园池，园池修成之后，他曾撰文记载州人士女遇寒食节游赏园池的场面：

遇寒食节，州之士女无老幼，皆摩肩蹑武来游吾园。或遇乐而留，或择胜而饮，叹赏歌呼，至徘徊忘归。[19]

苏颂作诗记载了女性寒食节出游的盛况：

寒食初过一百五，陌上风轻敛微雨。宫花铺绣浅深红，蜀柳乘丝千万缕。都人士女趁时节，郡圃山樊乐樽俎。肯教容易度春光，来日清明更妍煦。[20]

张耒也在诗中写道：

寒食清明人意闲，春城士女出班班。柳黄花白楼台外，紫翠江南数叠山。[21]

赵鼎臣亦上奏云：

寒食清明之间，都人士女嬉游娱乐，而狴犴廓然，无有留狱吏卒。[22]

韩元吉则描述了自己在寒食节前夕携同妻儿出游的经历：

春事已过半，豫怀风雨忧。苦无亲朋乐，自携儿女游。丁山峙城南，老稚载一舟。狭径登诘曲，轩窗居上头。遐观接去鸟，俯视临清流。溪花正烂漫，堤柳绿且柔。杳霭烟云间，前瞻帝王州。田野乱棋布，山川莽相缪。病妻不能饮，取酒自劝酬。[23]

仁宗“以四月十四日为乾元节”[24]，四月乾元节也是女性出游的时机。郭祥正记载了士女乾元节前夕出游遇雨而返的场面：

半月新调乐府班，佳期今近遘阴颜。歌喉断续微风外，舞队差池细雨间。坐赏宾朋愁不解，来游士女半皆还。[25]

五月端午节也是士女出游的时机，朱翌记载了荆楚地区士女端午节观看竞渡的盛况：

楼船将军下潢浦，佽飞射士彍强弩。大堤士女立如堵，乐事年年动荆楚。[26]

八月秋社日则是女性回本家省亲的日子，这也为女性游玩提供了机会，如《梦粱录》卷四《八月》载：

秋社日，有士庶家妻女归外家。[27]

《东京梦华录》卷八《秋社》亦载：

八月秋社，各以社糕社酒相赍送……人家妇女皆归外家，晚归即外公姨舅皆以新葫芦儿枣儿为遗，俗云宜良外甥。[28]

立冬之节，女性也会出游迎寒，如王珪记载：

立冬之节，土气含收，百谷用成，士女嘉乐，迎寒在野。[29]

冬至之时，也是女性出游的时机，如周密记载：

都人最重一阳贺冬，车马皆华整鲜好，五鼓已填拥杂遝于九街，妇人小儿服饰华炫，往来如云。[30]

上述事实可见，在宋代，女性利用节日出游是非常普遍之事。相对而言，女性在春光明媚之际出游的机会更为频繁，而一年之中几乎每月都有节日，这也为女性走出户外游赏娱乐提供了充足的时机。宋代士大夫对于女性的出游大都持肯定态度，如监察御史陈确母时氏，“遇胜日，必修具命家人访佳山水以自适，诸子环侍笑语，弥日不倦”，张守称赞其“清尚之趣，殆不类女子”。[31] 总之，节日的游赏娱乐是宋代士人阶层女性休闲活动的方式之一。

二、日常的游赏娱乐活动

在宋代，士人阶层女性除了利用节日之际出游，在日常闲暇时间，她们也会走出户外游赏娱乐。其中，在日常闲暇时间，士人携家出游是宋代士人家中女性休闲活动的一种方式，此类情况较为普遍。

很多宋人文集中都为我们保留了士人与家人出游的诗篇。如黄庶曾作《携家游倭松》诗，记载了自己携同妻儿观赏倭松的经历：

> 倭松名载四海耳，百怪老笔不可传。左妻右儿醉树下，安得白首巢其巅。[32]

陈襄则作《携家游东园》诗，记载了闲暇之际携家游东园的经历：

> 红塔寺前千顷稻，青山门外百家村。年丰米贱无公事，不惜时来倒一樽。[33]

文同亦记载了携家游赏昝公溉的经历：

> 晚泊昝公溉，船头余落晖。携家上岸行，爱此风满衣。[34]

曾巩记载了携家夜登岘山的乐趣：

> 维舟沔南岸，置酒岘山堂。入坐松雨湿，吹衣水风凉……而我

独今夕，携家对壶觞。颇适麋鹿性，顿惊清兴长。归去任酩酊，讵期夸阿强？[35]

李弥逊作诗记载了月夜携家出游的经历：

累石骊泉十丈围，周遭种柳未成丝。溪童掬水得明月，山客扫花安屈卮。一榼团栾儿女语，四更历落斗牛垂。[36]

汪应辰则在《尤美轩》一诗中记载了自己同母妻登临游赏的经历：

方欣胜观还昔时，忽讶妙语来磻溪……甘与山僧为逆旅，自使妇姑相勃溪。[37]

其诗生动地再现了自己登山游览之后，与山中僧人妙语论道，而妻子与其母则畅游于山溪之间的场景。喻良能曾记载亲友陪同母亲游赏西山时联句作诗的乐趣：

西山仍复踞西台（叔奇），石径嵌崎此日开（虞卿）。竹杖相邀七八客（季直），芳樽时釂两三杯（仲文）。瀑悬岩腹如飞雨（伯宗），石转山腰若隐雷（仲文）。敬侍慈颜供一笑（兴之），陂陀坐稳兴悠哉（季直）。[38]

喻良能在《十月二十三日携家游裴园》一诗中还记载了自己携同妻儿游赏裴园的经历：

笋舆趁晓踏铜驼，休暇仍逢景色和。闲挈壶觞游翠霭，尽呼儿女看沧波。茫茫烟渚群鸥下，隐隐晴虹短棹过。最是小春奇绝处，梅花破萼未全多。[39]

楼钥《夜携家登南渡桥》[40]以及《携家再游姚江》[41]等诗，记载了自己携同妻儿游玩的经历。楼钥《夫人携家泛湖》一诗，则记载了其妻携同家人泛舟湖上的游赏之乐：

> 三分春色二分休，始见鱼轩泛绿舟。诸子待行欢尽日，一翁独坐淡于秋。满斟美酒应同醉，是处名园为少留。阴霭在前雷雨后，特晴此日称君游。[42]

宋代还有士人携家出游引致纠纷的案例，如《建炎以来系年要录》卷一六三载：

> （赵不辱）与母妻夜游于市，有右迪功郎吕褫者，被酒冲行，不辱怒殴之，致死，法当绞，特贷之。[43]

据此，在宋代，士人在日常闲暇之际携家出游的现象非常普遍，这也为士人阶层女性的户外休闲提供了又一种途径。

宋代也有许多私家园林对外界开放，吸引游人观光，士人阶层女性在日常闲暇时期的休闲活动还包括对于私家园林以及风景名胜的览胜游逛活动。如韩琦《众春园》一诗，记载了士女游赏众春园的盛景：

> 兹吾治废园，大揭众春额。庶乎时节游，使见太平迹……三春烂熳时，为民开宴席。观者如堵墙，士女杂城陌。[44]

欧阳修《真州东园记》记载了士女游赏东园的盛况：

> 真为州，当东南之水会，故为江淮、两浙、荆湖发运使之治所。龙图阁直学士施君正臣、侍御史许君子春之为使也，得监察御史里行马君仲涂为其判官。三人者乐其相得之欢，而因其暇日，得州之监军废营以作东园，而日往游焉……嘉时令节，州人士女啸歌而管弦。[45]

文同《成都府学射山新修祠宇记》记载了士女游学射山的情景：

都人士女被珠贝，服缯锦，藻缋岩麓，映照原野，浩如翻江，烨如凝霞，上下立列，穷极繁丽。徜徉徙倚，直暮而入。[46]

刘挚《题致政朱郎中适园林》记载了朱郎中修建私家园林，并吸引士女游赏之事：

南宫仙郎绿发翁，归来甲第荆城中。翁家祖世有名德，至今孙子传清风。园亭继继事营治，增华到此穷智工……年年三日纵士女，观游思与乡人同。[47]

嘉祐二年（1057），知抚州裴材筑拟岘台，州人士女得以游观其间，曾巩作《拟岘台记》记载其事：

尚书司门员外郎晋国裴君治抚之二年，因城之东隅作台以游，而命之曰拟岘台，谓其山溪之形，拟乎岘山也……君既因其土俗，而治简静，故得以休其暇日，而寓其乐于此。州人士女，乐其安且治，而又得游观之美，亦将同其乐也。[48]

可见在宋代士人心目中，风景名胜始终与士女相联系，亦可知宋代女性游赏活动的普遍。苏辙描述了士女簇拥春游的盛况：

山川足清旷，阛阓巧拘囚……魏京饶士女，春服聚蜉蝣。雷动车争陌，花摇树系秋。游人纷荡漾，野鸟自嘤呦。[49]

姜夔《越中士女春游》一诗，道出了士女流连春色，游赏晚归的场景：

秦山越树两依依，闲倚阑干看落晖。杨柳梢头春又暗，玉箫声里夜游归。[50]

黄庭坚也记载了黔中士女出游的场面：

黔中士女游晴昼，花信轻寒罗袖透。争寻穿石道宜男，更买江鱼双贯柳。竹枝歌好移船就，依倚风光垂翠袖。满倾芦酒指摩围，相守与郎如许寿。[51]

邵伯温记载了女性争相赏花游园的场面：

洛中风俗尚名教，虽公卿家不敢事形势，人随贫富自乐，于货利不急也。岁正月梅已花，二月桃李杂花盛开，三月牡丹开。于花盛处作园囿，四方伎艺举集，都人士女载酒争出，择园亭胜地，上下池台间引满歌呼，不复问其主人。抵暮游花市，以筠笼卖花，虽贫者亦戴花饮酒相乐。[52]

《东京梦华录》卷七亦记载了士女闲暇春游的盛景：

贵家士女，小轿插花，不垂帘幕。自三月一日，至四月八日闭池，虽风雨亦有游人，路无虚日矣。[53]

郑兴裔“莅任维扬，访平山故迹”，修成平山堂：

轩檐既启，江山欲来，仰挹松风，俯瞩流泉，二百年之壮观，一旦维新既成，偕贤士大夫相与置酒而落之，游人士女摩肩叠趾，聚而观者不下数千人，喁喁有更新之幸。[54]

吴儆记载了都人士女游观飞来峰的事实：

物之显晦，常系乎其所寓，灵隐飞来寓于国门之外……都人士女岁时游集于其上，两宫万乘数尝临幸，故其名称流闻势望崇重，然非泉石本志，而此飞来乃幸遇于崇山复岭之间，虽人力所不至，而天趣益高。[55]

王庭珪记载安富县令韩邦光指挥修建凤林桥，修成之后，该桥也成为邦人士女游赏的景观：

〔宋〕佚名《莲塘泛艇图》（北京故宫博物院藏。转引自《宋画全集》第一卷第七册，第 15 页）

> 桥长三百尺，广十有二尺，下为二十舟鱼贯，而浮桥心为亭。其方如桥之广，而益其三分之一，檐牙翚飞，突出江半，名曰跨江亭。江之南为屋，于堤上以观浮梁之倒影，丹雘飞动，若欲凌骛大空者，曰彩虹亭。韩侯始为是役以济人，又因得以休其余闲，而寓游观于此，烟消日明，百物媚妩，邦人士女脱于兵火之余，拊槛徘徊，忘向来奔窜沉溺之忧，而乐从邦君以游。[56]

龚明之记载朱勔修建私家林园亭馆，植牡丹数千：

> 圃之中又有水阁，作九曲路入之，春时纵妇女游赏，有迷其路者。朱设酒食招邀，或遗以簪珥之属。[57]

周必大则记载了伯母尚氏游园途中丢失首饰的经历：

（尚氏）尝昼游郡园，道遗首饰，厥直数万，求之不获。伯父御下数严，一府震惧，夫人戒左右，使勿敢言，俄得其盗，则既分毁之矣，乃使子弟慰谕而遣之。[58]

周必大记载此事的目的在于表彰伯母的仁慈善良，但我们从中亦可看出游园的确是士人阶层女性休闲活动的方式之一。周密也记载了士女游赏私家园林的事实：

蒋苑使有小圃，不满二亩，而花木匼匝，亭榭奇巧。春时，悉以所有书画玩器冠花器弄之物，罗列满前，戏效关扑。有珠翠冠，仅大如钱者，闹竿花篮之类，悉皆缕丝玉金为之，极其精妙。且立标竿射垛及秋千梭门斗鸡蹴鞠诸戏事，以娱游客。衣冠士女至者，招邀杯酒。往往过禁烟乃已。盖效禁苑具体而微者也。[59]

女性游园时不仅欣赏园中花木奇石等自然或人造景观，还有机会观看射垛、斗鸡、蹴鞠等娱乐活动，甚至偶尔还会受园主人邀请饮几杯小酒，由此亦可见当时士女游园的热闹场景。

此外，宋代士人阶层女性日常闲暇时间的休闲活动还包括饮茶、观潮等。如《东京梦华录》卷二载：

旧曹门街，北山子茶坊，内有仙洞仙桥，士女往往夜游吃茶于彼。[60]

《梦粱录》卷四记载：

临安风俗，四时奢侈，赏玩殆无虚日。西有湖光可爱，东有江潮堪观，皆绝景也。每岁八月内，潮怒胜于常时。都人自十一日起，便有观者，至十六、十八日倾城而出，车马纷纷，十八日最为繁盛，二十日则稍稀矣。十八日盖因帅座出郊，教习节制水军，自庙子头直至六和塔，家家楼屋，尽为贵戚内侍等雇赁，作看位观潮。[61]

韦骧也记载了士女八月观潮的盛况，并表达了对于士女观潮精神的赞赏：

浙湍浩漾连溟渤，宵昼潮头卷沙出。中秋三日日欲西，一岁之潮盛今日。雪山横亘截江来，巨浪翻空生倏忽。吴儿当此夸善泅，执炬扬旗徐出没。旁观奚止动精爽，壮士为之犹股慄。由来习俗竞兹辰，士女欣然勇相率。纷纷毕集绕长堤，翠盖成阴何栉密。[62]

潮水的汹涌让“壮士为之犹股慄”，而士女却“欣然勇相率，纷纷毕集绕长堤”，由此亦可看出当时女性观潮的风气之盛以及士人对于女性观潮精神的赞赏。

总之，在宋代，士人阶层女性在节日或闲暇时期走出户外览胜游逛是较为平常之事。宋代女性不仅游览风景名胜，同时也会游赏私家园林，士人也会在闲暇时期携同母亲、妻儿等出游，而品茶、观潮等活动也成为女性的休闲方式。毫无疑问，女性走出户外的游赏娱乐不仅能丰富女性的休闲生活，同时也是女性对于内外空间区隔的超越与突破。在这一过程中，女性在娱乐身心、增长见识的同时，也在实际上获得了门户之内所无法享受的自由，也正因如此，户外休闲对女性而言显得格外珍贵。

第二节 随同夫、子的旅途生涯

上一节我们主要探讨了士人阶层女性在节日或日常闲暇时期的户外休闲活动，此类活动通常离家较近，无须经历长途跋涉，而本节所要涉及的旅途生涯主要是指女性因夫、子官职的变迁等而随同夫、子的长途旅行，它也因其特殊的性质，成为士人阶层女性所特有的一种旅行方式。在交通条件简陋的传统社会，长途旅行虽然充满险阻，但也能为女性提供更为广阔的自由空间。在这一过程中，女性不仅能饱览沿途风光，丰富阅历，增长识见，同时也能获得更多别人所无法体验的欢乐、满足以及人生感悟。故本节拟就士人阶层女性随同夫、子的旅途生涯进行探讨。

一、随同丈夫的旅途生涯

士人阶层女性因其特殊的身份属性，使她们有可能因为丈夫仕宦他乡或官职变动而远行。在宋代，士大夫仕宦他乡大都会携同妻儿共同前往，这一过程虽难免艰辛，却能为夫妻提供更多轻松相处的时间，同时也为女性提供了旅途游览的契机。正如宋人李新所云："屠沽儿岂无杯盘，市道儿岂无衣食，相与至白首，懵然不知天下有佳事"，"但为书生妇，亦有快乐时"，而李新所说的"快乐时"，便是女性随同丈夫"游宦所及其美处"的快乐。[63] 故随同丈夫的旅途生涯也成为士人阶层女性休闲生活的特殊方式。

宋代士人阶层女性随同丈夫的旅途生涯较为普遍，如欧阳修的夫人薛氏：

> 方年二十，从公（欧阳修）涉江湖，行万里。[64]

苏轼妻王弗：

> 从轼官于凤翔。[65]

王珪的叔母狄氏随同丈夫去异地长达十余年，王珪记载：

> 始，叔父奔走小官，尝游江淮，以蔬于五岭之南，夫人衣敝衣，食粝食，积十余年……其后叔父为广东转运使，当是时，广源州蛮

依智高举兵围广州，城中之人忧将陷，争持宝赂欲散走山林，独夫人以先世画像自随，既而城卒不陷。[66]

范纯仁妻王氏随同丈夫前往贬所：

高平公（范纯仁）既终去位，以论救元祐大臣吕大防等谪随州，继以散官谪永州，夫人随至永州。[67]

李之仪详细记载了妻子胡文柔陪同自己的行旅生涯：

余（李之仪）既南迁，文柔相迎于御史府，顾余泣且喜曰："囹圄中何所不有，而君乃丰悦过于常时，岂不以之介然耶。我当与君俱，贬所未必恶也。"遂同涉阛阓，止旅邸，其修途所次，具已集矣。或曰："陆趋良劳，又方庚伏中，且久雨，奈何？"遂附运粮空舟以行。而舟敝，上不能蔽，果大霆至，加雨衣相拥覆，兼昼夜者六七。比舍舟而陆，历深山大泽，夫妇形影相携。[68]

我们可以看出，在胡文柔与丈夫的旅途中，虽然舟车劳顿，历尽艰辛，但夫妇二人行影相携，互相勉励，共经风雨，的确有一般在家的夫妻所不能体会的幸福。邵伯温记载：

枢密章公楶谓余曰："某初官入川，妻子乘驴，某自控，儿女尚幼，共以一驴驮之。近时初官，非车马仆从数十不能行，可叹也。"[69]

这里不仅记载了妻子随同丈夫前往任官之地的事实，同时亦可知当时社会交通条件的艰苦以及后来的变化。赵鼎臣记载了季妹赵氏在丈夫张子义任官期间：

从其夫官州县，职内事。子义历官以廉闻，季妹能安于贫，所以佐成其志甚备。子义既宰贵溪，季妹暴得疾。[70]

上述记载可以看出，赵鼎臣的季妹随同丈夫游宦而迁移，并最终亡于丈夫任职所在地。由此亦可知，赵氏一生当经历了数次行旅生涯。刘一止记载宣教郎范贲妻朱氏在丈夫登第之后即随同其夫迁往官邸：

宣教君登进士第，太孺人（朱氏）从之官，勉之奉公。[71]

胡铨因忤秦桧，遭贬岭南，其妻刘氏始终同行，王庭珪记载了刘氏随同胡铨前往岭南的旅途生涯：

（胡铨）既入朝，为枢密院编修官，天子将擢用之。会秦氏当国，固宠怙势，一时权力熏轹，天下中外愤嫉，莫敢逆其锋。侍读（胡铨）上书力折其奸，至乞斩桧，或讽夫人止之，恐祸不测，夫人曰："彼方为国言事，且不谋于妇人，止之，非吾事也，特安之而已。"侍读坐是贬新州，又贬朱崖，逾岭海，行万里，猝遭惊涛骇浪之恐，而蛟鳄鼋鼍之怪出没左右，夫人不为动色，家属恃以为安。幸而登平陆，则岛夷杂处于荒陋区区穷绝之乡，亦未尝一日不自得。使侍读飘泊海峤十八年，全家北归，如不曾蛮风蜒雨也。[72]

王十朋在为其妻贾氏所作墓志中记载了贾氏随同自己宦游四方的经历：

从其夫某宦游于越，入仕于朝，出守饶、夔、湖、泉四州，贤而有助。[73]

陆游记载了费氏与丈夫右宣教郎张怳在旅途中遇险，而费氏镇定自若，战胜难关的经历：

君尝自楚归蜀，上忠州独珠滩，触石舟败，舟人皆失魂魄，夫人独不动，徐谓君曰："与君平生皆俯仰无愧，何至溺死。"已而果全，上下交庆，而夫人乃淡然，无甚喜色。[74]

陆游称赞费氏"至临死生之变，而不以动心，则虽学士大夫有弗及者”。[75]谢深甫为文林郎李端修妻周氏所撰墓志，记载周氏：

从李君游衍江湖间，极登临选胜之□。[76]

楼钥为伯母冯氏所书祭文中记载了冯氏随同丈夫宦游长达十年的经历：

季父游宦，十年秉麾。夫人从行，鱼轩生辉。[77]

刘克庄记载在其迁转流徙的仕宦生涯中，其妻林氏无论远近，均与丈夫同行。在旅途遭遇危难之际，林氏镇定自若，与丈夫患难与共，亦可见林氏的果敢与坚韧，而此类经历也是普通居家女性所无法体验的：

（林氏）为余妻十九年，余宦不遂，江湖岭海，行路万里，君不以远近不必俱。尝覆舟嵩滩，十口从死获生，告身橐装，漂失且尽，余方窘挠，君夷然如平时。又尝泛滩江，柁折舟漩，危在瞬息，君亦无怖容。[78]

姚勉记载了其妻梅庄夫人邹氏决定随同丈夫仕宦四方的意愿：

既偕某入京，至中途，三学上书言事，士皆以罪逐，累累满道，参相久轩先生（蔡久轩）且去国，某骇所闻见，忧得疾，不欲往，然恐伤夫人从仕意，进退维谷，未有攸处。夫人曰：“人之出处，如鱼饮水，冷暖自知，尚何疑乎？臣受君恩，有过则谏，谏而不听则去，毋以妾故。苟以直言得罪，愿同谪岭海，死不悔。妾愿为贤人妻，不愿徒为贵人妻也。”[79]

在随同丈夫游宦的旅途中，邹氏也满足了自己喜好山水，爱好游赏的愿望。在旅途中，对于自己喜好之处，邹氏还会主动建议丈夫一同前往，姚勉记载：

梅庄（邹氏）与某（姚勉）过信之月岩，爱其奇，领姬御翩翩

> 登之，某在后望之如仙。直至岩所，命笔识岁月，题一绝云：“半壁行天柱倚空，人间有此广寒宫。从今真似天边月，曾得嫦娥到此中。”自择风雨不及处题之，不因此题，某亦莫知其能诗也。其深静皆如此。厥后某索其倡赓，辄不可。性喜山水，既西舟，曰：“虽弃官，不可弃山水。”登溪山堂，饮而去，某复以诗请，曰：“此人迹所至之地，安可留妇人姓名？”于是间卒不许。噫，夫人之志于此亦可观也。舟过番阳湖，闻自是可往庐山，意欣然欲行，某不可，约以秋，而夫人不复秋矣，哀哉！[80]

舒岳祥妻王氏：

> 中年从予（舒岳祥）宦湖浙，稍有登览之胜，自谓得林下风致，逸乐不在多取也。晚归东浙，历诸名山，殆有神游之意矣。[81]

可见士人阶层女性在随同丈夫的旅途生涯中，不仅能饱览沿途风光，开阔视野，增长见识，同时也能增进夫妻情感，获得一般女性所无法体验的自由与快乐。

上述事实可知，终两宋之世，士人阶层女性随同丈夫前往异地的旅途生涯都很常见。在交通不便的古代，去异地的旅途通常会花费较长时间，在这一过程中，虽然有很多艰辛之处，但对于女性而言，也是饱览山水，了解异地风俗人情，增长识见，与外界沟通的大好时机。同时，它也能为女性提供更为广阔的自由空间。故女性的旅途生涯，其实也是对儒家理想中“女子不出中门”[82]的秩序格局的挑战与冲击，它在一定程度上也有女性突破内外区隔的意义；而书写者在记录女性随同丈夫的旅途生涯时，大都从正面予以褒扬，亦可知当时社会对于女性户外旅行的认同。

二、随同儿子的旅途生涯

士人携带妻子前往仕宦之地的目的通常在于夫妇之间的相互照应以及生活之便，而携同母亲前往仕宦之地则往往基于孝道。在传统孝道伦理的作用下，宋代士人仕宦异地，也会奉母前行，以行奉养之义。而女性随同其子游宦四方不仅能获得旅行之乐，同时也会获得母以子贵的荣耀，引来他人的羡慕。故随同儿子的旅途生涯也成为宋代士人阶层女性休闲生活的一种方式。

宋代士人阶层女性以母亲的身份随同儿子的旅途生涯也很普遍。如欧阳修记载蔡襄母卢氏：

> 晚从端明君（蔡襄）于杭州，极东南富丽海陆之珍奇，以为娱乐之奉。[83]

吕陶记载夫人魏氏：

> （其子费琦）以孝行称乡里，皇祐中登进士第，累迁屯田员外郎，通判蜀州……治平中，屯田君之官河朔，夫人年逾七十，欢然愿行……在河朔七年而归，涉深登险，水陆仅万里，康宁喜乐，未尝一日不豫。[84]

邹浩记载天台县令王无咎妻曾氏：

> 随其子官于润州。[85]

葛胜仲为王氏所作墓志记载了她教子成才，并随子游历的事迹：

> 初，太安人子众而贫窭无赀，未尝以婴虑，尽使努力，为诸生以旧所忆众书，手抄教督，夜分犹课厉众子，严惮若师……大观初，三子复同榜以上舍入仕，州将表其闾曰椿桂，太安人御安舆，从子之官，辙环数郡。[86]

可见士人阶层女性在督促儿子事业成功的同时，自身也能享受随子宦游四方的荣耀与乐趣。葛胜仲还记载了葛氏夫人随同夫、子宦游四方，亲族思念备至的经历：

（葛氏）从夫若子宦四方，中外宗姻靡日不婴念。[87]

汪藻记载了夫人吴氏督课其子力学仕宦，晚年前往宦所的事实：

日进诸子于学，岁晚或几于不足，人以为忧，而夫人处之自如。逮崇宁初，天子新学校法，次子耀卿，以文学知名，中进士科，为施州州学教授、广南东路提举学事司管勾文字，奉夫人以行。[88]

杨万里记载承事郎、通判镇江府、赠朝散大夫蔡湍妻方氏督子向学，及子中举仕宦，方氏则随子游宦，人以为荣：

教子慈而不纵，幼课以诗书，长勉以名节。见其子登进士甲科，名次复践其祖端明（蔡襄）之旧，五持使节，再总军储，又为馆职，为郎，为卿，为宰士，从其子游宦，逾岭涉湖，上汉沔，历江浙，几半天下，人皆荣之。[89]

朝请大夫、司农少卿、总领淮西江东军马钱粮刘颖母董氏：

晚岁益康宁，面有孺子色，步履啖啜如少壮，自少卿君入官中都，出使右辅江淮，迎侍板舆，几偏东南，居处膳服之奉，燕游登览之胜。[90]

叶适记载夫人虞氏随同其子前往任官之地，并赢得了当地民众的爱戴：

嘉定五年，夫人从其子守温州，明简静恕，能消弭大斗，使之轻微。郡人甚爱太守，且爱夫人，曰："母之教也。"[91]

刘克庄记载新安别驾方符游宦四方，必会携母陈氏同往：

别驾君游宦四方，板舆必俱佐怀安人。[92]

宋代还有女性随同其子去任官之地，因喜欢该地风土人情而不愿离开的事例，如张孝祥记载吏部侍郎高卫妻王氏在丈夫死后，随其子高子长前往荆州，因喜好该地的风土人情而不愿离开，遂定居荆州：

太夫人年高，乐荆州之风土，子长因家焉。以太夫人之乐，夫此也……荆州牙城之东，有屋数十楹，其傍凿池植花竹，筑室其中，子长夫妇日奉太夫人携子若孙游焉。[93]

上述事实可见，在宋代，女性随同其子游宦四方的现象不仅普遍，而且还受到社会舆论的提倡与鼓励。甚至还有因士人仕宦京师，未曾奉母同往而遭贬职的案例，如宋神宗"诏太常博士王伯虎放令侍养。以御史何正臣言伯虎委亲闽南已八九年，独与妻孥游宦京师，伏望永弃田里，以戒天下之为子者"。[94] 可见在传统孝道伦理的影响下，士人奉母游宦四方，也会赢得孝子的美名，故宋代士人奉母仕宦之事较为普遍，这也使得士人阶层女性更多了一种旅途览胜的休闲方式。

此外，父亲也会携带女儿前往任官之地，这也使得女儿有机会随父长途旅行，如"天圣中，有女郎卢氏者，随父往汉州作县令。替归，题于驿舍之壁，其序略云：'登山临水，不废于讴吟，易羽移商，聊缘于羁思，因成凤栖梧曲子一阕，聊书于壁。后之君子览之者，无以夫人窃弄翰墨为罪。'"[95] 楼钥记载其母汪氏"幼而敏悟，五岁从外祖教授雄州，历历能道河朔所见，及边上风物骑射之详。日在亲侧，凡笺书往来，皆能记其人之名字，亲庭或有遗忘，问之如响"。[96] 总之，士人阶层女性在随同家人的长途旅行中，的确能获得他人所无法体验的乐趣以及人生感悟。

第三节　交友聚会活动

交友聚会活动也是宋代士人阶层女性休闲生活的重要方式。宋代士人阶层女性的交友聚会主要包括家庭中的亲友聚会活动、以参神拜佛为由的聚会活动以及女性与士人之间的交友唱和活动等，此类活动不仅能扩大女性与他人的交流与沟通，同时也更加丰富了士人阶层女性的休闲生活，故本节拟就宋代士人阶层女性的交友聚会活动进行探讨。

一、家庭中的亲友聚会活动

从古至今，家始终是人类生活的重要场域，在中国古代士人看来，“齐家”与“治国”具有同等重要的意义，而对于传统社会的女性而言，家无疑具有尤为重要的意义。家不仅是女性生活的主要场域，同时也是女性人际往来的重要空间，而家庭中的亲友聚会活动也成为士人阶层女性休闲生活的重要方式。宋代士人阶层女性的家庭聚会活动形式多样，既有日常的亲友聚会、乡闾往来，也有女性生日等的家庭宴会活动以及女性主动约集的亲友唱和活动等。

其一，日常的亲友聚会活动。如谢逸记载通仕郎宴防母吴氏老年之后：

> 不复亲家事，每胜日，内集，饮酒笑歌，怡然自得也。[97]

士人朱子平与妻桂氏：

> 行将老焉，于是夷荒秽，种花莳果，作池亭园囿，以娱宾客。每觞行乐作，起舞上寿，陆珍海错，杂然前陈。[98]

晁补之记载韩璹妻陈氏：

> 夫人母家隆盛，岁时集会，内外命妇十数环坐，绮纨晔然。夫

人以儒者妻在末座，衣无缋绣，语言容止不矜慕，一座皆耸。[99]

王明清记载曾布妻魏夫人曾召集李撰母妻宴集：

李撰，字子约，毗陵人，曾文肃在真定，李为教授家，素穷约。〔魏〕夫人尝招其母妻燕集，时有武官提刑宋者妻，亦预席。宋妻盛饰而至，珠翠耀目，李之姑妇所服浣衣不洁清。各携其子俱来。宋之子眉目如画，衣装华焕。李之子惷甚，然悉皆弦诵如流，左右共哂之。[100]

蔡卞妻在家庭集会时讽刺毛滂趋炎附势：

蔡元度（蔡卞）镇润州，与泽民（毛滂）俱临川王氏婿，泽民倾心事之惟谨。一日，家集，观池中鸳鸯，元度席上赋诗，末句云："莫学饥鹰饱便飞。"泽民即席和，以呈元度曰："贪恋恩波未肯飞。"元度夫人笑曰："岂非适从曾相公池中飞过来者邪？"泽民惭，不能举手。[101]

曾协记载其祖母晚年喜好宾客，亲友聚会非常频繁：

太夫人雅好客，所居室尝择要地，亲宾四来，燕享无虚日。[102]

袁说友记载敷文阁待制单夔母叶氏，晚年与其子：

暇日相与翻经文，训童稚，间则会亲戚，接杯酒，融融泄泄，自适其适。[103]

可以看出，在士人家庭日常的亲友集会中，女性往往参预甚至亲自筹备聚会，此类聚会多为宾客相娱，但也会有一些士人家庭女性在亲友聚会的场合品评人物，议论时政，反映出该阶层女性对于时事的关怀。

其二，乡间之间的聚会往来活动。如楼钥记载其母汪氏：

间巷匹妇有来者，一以恩意接之，故吊者无不尽哀，闻者无不伤叹。[104]

杨万里记载右通直郎刘涤妻裴氏：

燕私必修谨，里妇至者，坐下坐，弗与均礼。[105]

可见乡间女性之间的交往聚会，也应该是女性休闲生活的一种方式。

其三，家人为女性举办的生日宴会活动。如陈藻为黄景咏夫妇作寿诗，记载了黄景咏夫妇过寿的喜庆：

身形清且瘦，乾坤一竿竹。欺雪可千年，必寿先五福。易道古难全，阳九配阴六。先后期月间，唱随来相逐。夫天君职闲，妇地臣劳服。觞咏恣优游，生理闺房熟。今春古稀会，元夜增和淑。二老出劝酬，笑谈相往复。织女戏牛郎，辍耕归辟谷。仙翁答王母，蟠桃真胜肉。[106]

孙应时在母亲生日宴会上，也曾作诗为母贺寿：

两年万里望飞云，惭愧慈亲费倚门。好在兰陔扶白发，依然梅蕊照清樽。斑衣愿保长称寿，石窌仍看叠拜恩。更问何时足怀抱，诜诜玉雪弄重孙。[107]

刘宰记载安人宗氏在其子吴应龙任湖广总领所准备差遣时：

官守虽多，惟应龙奉致政及安人就养，遇节朔及生朝，同僚相率升堂以班为寿，车马塞间巷，阖府荣之。[108]

其四，女性主动约集的亲友唱和活动。如胡仔记载王安石之妻曾约亲友聚会作诗：

近世妇人多能诗，往往有臻古人者。王荆公家能诗者最众……荆公妻吴国夫人亦能文，尝有小词约诸亲游西池，有“待得明年重把酒，携手那知无雨又无风”。皆脱洒可喜之句也。[109]

从其诗文内容可见，她们的此类聚会活动年年都有。又载：

朝奉郎中丘舜诸女，皆能文词，每兄弟内集，必联咏为乐。其仲尝作寄夫诗云：“帘里孤灯觉晓迟，独眠留得宿妆眉。珊瑚枕上惊残梦，认得萧郎马过时。”[110]

曾布妻魏夫人与朱淑真为词友，魏夫人曾在家中置酒设宴，邀朱淑真同饮唱和：

与淑真同时有魏夫人者，亦能诗，尝置酒以邀淑真，命小鬟队舞，因索诗，以“飞雪满群山”为韵。淑真醉中，援笔赋五绝云：“管弦催上锦裀时，体态轻盈祇欲飞。若使明皇当日见，阿蛮无计诳杨妃。”[111]

据此，士人阶层女性主动约集亲友的唱和活动也是其休闲生活的一种特有方式。

以上事实可见，对于以家庭为主要生活场域的宋代士人阶层女性而言，家庭中的亲友聚会活动无疑会为女性的生活增添许多乐趣。女性在亲友聚会中不仅能享受亲情的温暖，乡间邻里的友善，同时一些女性还会趁机品评人物，关心时政；也有一些女性在亲友聚会中吟诗作赋，交友唱和，使自己的才华得以展现。此外，女性婚后回本家省亲，也是其休闲聚会的一种方式。前揭《梦粱录》卷四载：“秋社日，有士庶家妻女归外家。”[112]杨万里则记载了乡贡进士胡镃母刘氏临终前回本家的一次经历：

（刘氏）一日御板舆，升轻轩，盛服往外家，留连竟日，与诸戚属款语，特异平时，周谆若远别者。[113]

总之，宋代士人阶层女性所参预的家庭聚会活动多种多样，从而也更加丰富了女性的休闲生活。

二、以参神拜佛为由的聚会活动

在宋代，“老观、佛寺遍满天下”[114]，而信佛之人尤众。诚如刘浦江先生所说，宋代是佛教的社会影响很广泛的时代[115]，上至皇室、官僚，下至庶民百姓，佛教受到了广泛的信奉。如北宋太宗即云：“浮屠氏之教有裨政治，达者自悟渊微，愚者妄生诬谤。朕于此道，微究宗旨。”[116]真宗“尝著《释氏论》，以为释氏戒律之书，与周、孔、荀、孟迹异道同，大指劝人之善，禁人之恶”。[117]南宋孝宗则“书《心经》于禁中观堂……退朝余暇，游心内典，深味禅悦”。[118]楼钥亦云：“老与佛之学行于世，尚矣，未知孰为轻重。然以吾乡一境计之，僧籍至八千人，而道流不能以百，其居才十数，而佛庐至不可数。”[119]宋代女性信佛的现象亦很普遍[120]，朱熹在福建漳州任职期间，即曾对民间“私创庵舍，又多是女道住持”[121]的现象予以抨击，并劝谕女道还俗。但同很多士人一样，朱熹对于居家女性信佛的现象并不排斥。[122]与此相一致，宋代居家的士人阶层女性也以信仰佛教者居多，据本书第六章的抽样统计，在士人阶层女性阅读的各类书籍中，佛道经典占第一位，其中又以佛经居多，这一统计也能说明宋代士人阶层女性信佛者众多的事实。邹浩曾形容其盛况云：“元丰、元祐间，释氏禅家盛，东南士女纷造席下，往往空闺门。”[123]士人阶层女性以参神拜佛为由的聚会活动，在宋代也非常普遍。在此类聚会中，女性之间不仅能够交流思想，联络情感，同时也为女性游赏娱乐提供了机会，故以参神拜佛为由的聚会活动也是士人阶层女性休闲生活的一种方式。

张耒记载：

> 景德寺西禅院，有慈氏菩萨圣像……都城士女，凡瞻礼者，如升兜率，游内院，闻海潮音，受妙胜乐。[124]

可见女性借拜佛之机，不仅游赏了寺院的景观，同时还享受了听潮的乐趣。黄庭坚记载供备库副使、夔州兵马都监梁在和妻金氏：

> 信释氏，读其书，奉其戒律，年四十，则扫除一室，谢梁君而斋居，社多比丘尼。[125]

据此，士人阶层信佛女性也会在自家聚集比丘尼，彼此交流思想，沟通情感，这也是女性休闲生活的一种方式。李之仪记载：

> 京师新辟禅刹，召名师主之，学者至奔走天下，然一方犹未全信。文柔着坏色衣，一饭不粥，随诸学者参问，而所谓明师者，皆即其可。上自宗室公御家，往往化之，类中遂为领袖，而名闻京师，天下丛林，至今称之。文柔亦以是为己任。[126]

胡文柔在组织新建禅寺，传播禅学的过程中，随诸学者四方游走，甚至成为其中的领袖，并以此为己任，一些宗室公卿之家也被其感化，亦可见士人阶层女性在礼佛之际也能四方游走，与他人交流思想，联络情感，丰富自身的休闲生活。潘良贵记载义乌县南云黄山下宝林禅寺曾于宣和三年（1121）毁于兵火，绍兴三年（1133）重建后：

> 里之士女与旁州之人奔走往来，作礼数，皆曰："耳目未尝见闻，山林增辉，缁衲云集，坐变榛莽，为金碧区，未有成办大缘如是之速者也。"[127]

由此可知，士女在参禅拜佛之际，亦会与旁州之人往来交流。程俱记载衢州大中祥符寺大悲观世音菩萨阁屡遭焚毁，绍兴二年（1132）重新修成后：

州人士女奔走归向礼拜，旋绕欢喜，赞叹无有穷尽。[128]

王之望为王十朋的母亲万氏所写墓志云：

乡人春月，妇人集僧舍、观佛事，夫人（万氏）曰："妇人职处闺房，此何为者？"终其身，不游。宗族化之游者，为息。[129]

书写者虽然意在赞誉夫人万氏恪守礼法，不参预佛事集会，但从中亦可看出，宋代士人阶层女性借拜佛为由的游乐活动是很普遍的，甚至同宗族的女性还试图说服万氏参预佛事集会，可见女性之间借拜佛为由的聚会娱乐活动，在其他女性看来是很平常之事。范成大记载了淳熙三年（1176）安福寺礼塔修成，士女集会欢庆的盛况：

士女大集，拜塔下，然香挂幡，以禳兵火之灾。[130]

陆游《秋赛》诗记载了士女参加庙会的盛况：

柳姑庙前烟出浦，冉冉萦空青一缕。须臾散作四山云，明日来为社公雨。小巫屡舞大巫歌，士女拜祝肩相摩。[131]

陆九渊记载了一次大规模的士女宗教集会活动：

临安四圣观六月间，倾城士女咸出祷祠。[132]

张镃《自广岩避暑西庵》诗记载了邂逅士女聚集拜佛的经历：

穿松得古寺，随喜听讲律。士女蜂蚁来，幡香散经帙。嚣思摄正念，颇识动化术。蔬饭有余饱，徐行纵闲逸。[133]

《都城纪胜》记载了士女每月集会于临安城太平兴国传法寺的事实：

城中太平兴国传法寺净业会，每月十七日则集男士，十八日则集女人，入寺讽经听法。[134]

周密亦载：

六月六日，显应观崔府君诞辰。自东都时，庙食已盛。是日，都人士女，骈集炷香，已而登舟泛湖，为避暑之游。[135]

可见女性参神拜佛之时，也是她们交友聚会，游赏娱乐的大好时机。

综上所述，以参神拜佛为由的聚会活动也是宋代士人阶层女性休闲生活的一种方式。宋代女性以参神拜佛为由的聚会游观的频繁甚至引起了朝廷的重视，哲宗元祐四年（1089）三月诏："在京禅僧寺院，今后士庶之家妇人，非遇开寺，不得辄入游观，及不得礼谒参请。"[136]尽管如此，终两宋之世，士人阶层女性以参神拜佛为由的聚会娱乐活动始终没有终止过。此类活动不仅能扩大女性同外界的交流与沟通，同时也为女性游赏娱乐提供了机会，丰富了女性的休闲生活。

三、女性与士人之间的交友唱和活动

士人阶层女性因其特殊的身份属性，使得她们成为与士人交往最为直接的女性群体，也由于身处士人家庭的便利条件，使得这一阶层的女性也有机会与士人交友唱和。尽管此类事例并不普遍，但也能从中看出当时社会风气的多元以及女性休闲生活的丰富多彩。如王钦若与邢昺交往甚厚，邢昺妻也因此常往来于王钦若家：

昺妻每至钦若家，钦若迎拜甚恭。[137]

李之仪妻胡文柔同当时知名士大夫沈括、苏轼等均有交往，并得到沈括与苏轼的赏识与赞誉。据李之仪载：

（胡氏）性高严，喜风节，自许与甚重，练达世故，喜论事，于人物取舍，则毫发不假借。上自六经、司马氏，更及诸纂集，多所

> 终识，于佛书则终一大藏。作小诗、歌词、禅颂，皆有师法，而尤精于算数。沈括存中，余少相师友，间有疑志，必邀余质于文柔，屡叹曰："得为男子，吾益友也。"[138]

又载：

> 余（李之仪）从辟苏轼子瞻府，文柔屡语余曰："子瞻名重一时，读其书，使人有杀身成仁之志，君其善同之邂逅。"子瞻过余，方从容笑语，忽有以公事至前，遂力为办理，以竟曲直。文柔从屏间叹曰："我尝谓苏子瞻，未能脱书生谈士空文游说之弊，今见其所临不苟，信一代豪杰也。"比通家，则子瞻命其子妇尊事之。常以至言妙道，属其子妇，持以论难，呼为法喜上人。子瞻既贬，手自制衣以赆，曰："我一女子，得是等人知，我复何憾。"[139]

据此，胡文柔与沈括、苏轼的交情非同一般，沈括感慨说："得为男子，吾益友也。"苏轼甚至命其子妇向胡文柔学习。胡文柔还常常往来于苏轼之家，苏轼被贬后，胡文柔亲自制作衣服赠予苏轼，并将苏轼视为知己。而这些事迹，都是其夫李之仪亲笔所记，李之仪还感慨："闺门之外，或不及遍知，苟非亲为直书其事，则九原之下，所负深矣。辄揽涕而铭之，尚恨有所不尽也。"[140]可见掌握文字书写的士人对于女性的事迹通常都会有所取舍，也有一些能直书其事者，但若非至亲，又很难了解女性生活的全部，故也正是在李之仪作为丈夫的特殊角色所记载的墓志中，我们才能看到胡氏与士大夫聚会往来的生活场景。不难想象，胡氏并非当时社会的特立独行者，应当还有不少如胡氏这样的女性，但她们的这种生活经历，却因为书写者的隐晦或不了解而无法流传。

周辉记载：

> 浯溪《中兴颂碑》，自唐至今题咏实繁。零陵近虽刊行，止会粹已入石者，曾未暇广搜而博访也。赵明诚待制妻易安李夫人，尝和

张文潜长篇二，以妇人而厕众作，非深有思致者能之乎？[141]

李清照曾与张文潜唱和诗文，张文潜即张耒，与黄庭坚、晁补之、秦观并称为苏门四学士。亦可见李清照不仅才华出众，而且其与士人的唱和之作亦流传于当世，并得到了时人的肯定与欣赏。

张世南《游宦纪闻》载：

黄公铢字子厚，富沙浦城人。与朱文公为交友，长于诗。刘潜夫宰建阳，刻其《榖城集》于县斋。黄之母，笔力甚高。世南尝见黄亲录词稿，今载于此。云："先妣冲虚居士，少聪明，颖异绝人，于书史无所不读，一过辄成诵。年三十，先君捐弃，即抱贞节以自终。平生作为文章，诗辞甚富。晚遭回禄，毁爇无余。此词数篇，皆脍炙在人者，因访求得之。适予与景绍主簿兄有好，且屡见索，敬书以赠。绍兴三年中春二十有四日黄铢识。"景绍，则大参郑公昭先也。其一《滴滴金》……其二序云："力修宝学贤表，宴胡明仲（寅）侍郎，遣歌姬来乞词，作《醉蓬莱》令歌之"……其三《菩萨蛮》……其四序云："葛氏侄女子告归，作《少年游》送之。"……其五序云："季温老友归樵阳，人来问书，因以为寄。"[142]

据此，黄铢的母亲孙夫人，聪颖绝人，文章诗词甚富，不仅与侄女葛氏有唱和，曾作《少年游》送之，她还常常与当时士人交友唱和，并有唱和之作传世，胡寅即曾遣歌姬向孙夫人乞词，孙夫人为之作《醉蓬莱》；孙夫人的老友"季温"归樵阳，孙夫人也作词以寄。

林滋之女林幼玉以神童著称。洪适曾作《答林神童》一诗，赞叹女童林幼玉的才思英妙：

快睹终童英妙时，跫然衔袖出明玑。家声不诧大哉问，文律何愁知者希。益利锋铓临大敌，养成羽翼看高飞。红尘可厌忙车马，挹取西山爽气归。[143]

喻良能也曾作《赠神童林公滋公泽女神童幼玉》：

> 一英二孺同一家，衮衮诵书几五车。语音娅姹春帘燕，稚齿清便兰砌芽。联茵并载惊都市，万里青云从此始。两驹应佩金削刀，双鬟会作女博士。[144]

可见林幼玉虽然年幼，但也因其才华而得以与一时名士交往唱和，并获得士人的赞赏。

叶适记载陈傅良妻张氏：

> 阅士久，士之品俦高下皆能言之。夫所与游，夫人则亦与其偶相视遇如娣姒，忧乐皆同焉。[145]

陈傅良与士人交游，陈傅良之妻也参预其中，并与丈夫共同品评人物，还与士人的家眷结为友人。

绍熙四年（1193），著作郎黄由与夫人胡氏奉岳母访张镃宅第，张镃赋《江城子・黄子由少监同内子慧斋奉岳母定斋相过席间因走笔次韵》记其事，称赞黄由夫妇才学之美。[146]

通过以上考察，我们可以看出，在宋代，士人阶层女性与士人或士人家庭的交往并非偶见。

总之，宋代士人阶层女性的休闲方式多种多样，女性既有走出户外的短时间、近距离的览胜游逛，又有离开家乡的远距离、长时程的旅途游赏；既有家庭中的亲友聚会以及亲友唱和等活动，又有以参神拜佛为由的集会游赏之乐。当然，女性的休闲生活远不止于此，由于资料的限制，我们只能从以上方面予以初步探讨。尽管如此，我们依然可以看出，在宋代，士人阶层女性的休闲生活丰富多彩，它不仅丰富了女性的精神生活，同时也体现出宋代社会文化的多元。研究女性的休闲生活，不仅能使我们更为全面地了解宋代士人阶层女性的生活面貌，同时亦可更为深入地认识宋代社会的文化特色，其意义不可低估。

注释：

1 参见胡希伟、郭胜坡：《论〈周易〉休闲哲学的三个维度》，《清华大学学报》2005年第3期，第95—100页。
2 于光远：《论普遍有闲的社会》，北京：中国经济出版社，2005年，第19—20页。
3 《陆游集·剑南诗稿》卷一一《鹅湖夜坐书怀》，第321页。
4 如传统文化中的赶集、庙会、放鹰、养鸟、垂钓、猜谜、诗社、风筝、踢毽、打拳、舞剑、曲艺、管弦等。参见马惠娣：《和谐社会和“礼制”——从休闲视域看“礼与休闲的关系”》，《清华大学学报》2005年第3期，第103页。
5 〔宋〕孟元老著，邓之诚注：《东京梦华录注》卷六《正月》，北京：中华书局，1982年，第154页。
6 〔宋〕吴自牧：《梦粱录》卷一《元宵》，上海：商务印书馆，1939年，第2—3页。
7 〔宋〕周密：《武林旧事》卷二《元夕》，北京：中华书局，1991年，第40—42页。
8 《建炎以来系年要录》卷八四，绍兴五年春正月戊午，第1379页。
9 《梅尧臣集编年校注》卷一八《和宋中道元夕二首》，第427页。
10 《李纲全集》卷一四《上元舟中有感》，第170页。
11 《陆游集·剑南诗稿》卷八《丁酉上元》，第215页。
12 〔宋〕文天祥：《文文山文集》卷下《衡州上元记》，上海：商务印书馆，1937年，第53—54页。
13 〔宋〕孔平仲：《谈苑》卷四，《影印文渊阁四库全书》第1037册，第151页。
14 《武林旧事》卷三《西湖游幸》，第48页。
15 〔宋〕王安中：《初寮集》卷一《进和御制上巳赐宴诗》，《宋集珍本丛刊》第33册，第153页。
16 《本堂集》卷六《上巳酒边示女冲二首》，《影印文渊阁四库全书》第1185册，第34页。
17 《梦粱录》卷二《清明节》，第11—12页。
18 《武林旧事》卷三《祭扫》，第50页。
19 《安阳集编年笺注》卷二一《相州新修园池记》，第709页。
20 〔宋〕苏颂著，王同策等点校：《苏魏公文集》卷二《寒食后一日作和林秀才》，北京：中华书局，1988年，第12页。
21 《张耒集》卷三二《十八日》，第551页。
22 《竹隐畸士集》卷九《代开封尹奏获到阑遗物札子二首》，《影印文渊阁四库全书》第1124册，第181页。
23 《南涧甲乙稿》卷一《寒食前三日携家至丁山》，第8页。
24 《宋史》卷一一二《礼志》，第2672页。
25 〔宋〕郭祥正：《青山续集》卷五《近乾元节方教乐而雨》，《影印文渊阁四库全书》第1116册，第820页。
26 〔宋〕朱翌：《灊山集》卷一《端午观竞渡曲江》，《知不足斋丛书》第18集，北京：中华书局，1999年，第709页。
27 《梦粱录》卷四《八月》，第25页。

28 《东京梦华录注》卷八《秋社》，第 214 页。
29 《华阳集》卷三二《立冬祝文》，第 411 页。
30 《武林旧事》卷三《冬至》，第 55 页。
31 《毗陵集》卷一四《太孺人时氏墓志铭》，第 203 页。
32 《伐檀集》卷上《携家游倭松》，《影印文渊阁四库全书》第 1092 册，第 779 页。
33 《古灵先生文集》卷六《携家游东园》，《北京图书馆古籍珍本丛刊》第 87 册，第 54 页。
34 《新刻石室先生丹渊集》卷四《昝公溉》，《宋集珍本丛刊》第 9 册，第 138 页。
35 《曾巩集》卷五《初发襄阳携家夜登岘山置酒》，第 71—72 页。
36 《筠溪集》卷一七《月夜携家筠庄露坐池上分韵得谁字》，《影印文渊阁四库全书》第 1130 册，第 754 页。
37 〔宋〕汪应辰：《文定集》卷二四《尤美轩》，上海：商务印书馆，1935 年，第 291 页。
38 〔宋〕喻良能：《香山集》卷九《经理西山同二客二弟侄辈侍太孺人游观联句》，《宋集珍本丛刊》第 56 册，第 132 页。
39 《香山集》卷一一《十月二十三日携家游裴园》，《宋集珍本丛刊》第 56 册，第 146 页。
40 《攻媿集》卷一〇《夜携家登南渡桥》，第 160 页。
41 《攻媿集》卷七《携家再游姚江》，第 114 页。
42 《攻媿集》卷一一《夫人携家泛湖》，第 182 页。
43 《建炎以来系年要录》卷一六三，绍兴二十二年夏四月乙酉，第 2657 页。
44 《安阳集编年笺注》卷一《众春园》，第 43 页。
45 《欧阳修全集》卷四〇《真州东园记》，第 581—582 页。
46 《新刻石室先生丹渊集》卷二四《成都府学射山新修祠宇记》，《宋集珍本丛刊》第 9 册，第 239 页。
47 《忠肃集》卷一六《题致政朱郎中适园林》，第 229 页。
48 《曾巩集》卷一八《拟岘台记》，第 291—292 页。
49 《苏辙集》卷一《次韵子瞻减降诸县囚徒事毕登览》，第 13 页。
50 〔宋〕姜夔：《白石道人诗集》卷下《越中士女春游》，上海：商务印书馆，1936 年，第 25 页。
51 〔宋〕黄庭坚：《木兰花令》，唐圭璋编《全宋词》第 1 册，北京：中华书局，1965 年，第 392 页。
52 《邵氏闻见录》卷一七，第 186 页。
53 《东京梦华录注》卷七《驾回仪卫》，第 200 页。
54 以上引文见〔宋〕郑兴裔：《郑忠肃奏议遗集》卷下《平山堂记》，《影印文渊阁四库全书》第 1140 册，第 215 页。
55 〔宋〕吴儆：《竹洲文集》卷一二《读罗郢州小飞来记》，《宋集珍本丛刊》第 46 册，第 522 页。
56 《卢溪先生文集》卷三五《凤林桥记》，《宋集珍本丛刊》第 34 册，第 673—674 页。
57 《中吴纪闻》卷六《朱氏盛衰》，第 88 页。
58 《周益公文集》卷三六《伯母安人尚氏墓志铭》，《宋集珍本丛刊》第 49 册，第 61 页。
59 《武林旧事》卷三《放春》，第 49 页。
60 《东京梦华录注》卷二《潘楼东街巷》，第 70 页。
61 《梦粱录》卷四《观潮》，第 26 页。
62 〔宋〕韦骧：《钱塘集》卷一《八月十八日观潮》，《影印文渊阁四库全书》第 1097 册，第 393 页。
63 以上引文见《跨鳌集》卷二九《郭孺人墓志铭》，《影印文渊阁四库全书》第 1124 册，第 645 页。
64 《苏辙集》卷二五《欧阳文忠公夫人薛氏墓志铭》，第 418 页。

65 《苏轼文集》卷一五《亡妻王氏墓志铭》，第 472 页。
66 《华阳集》卷四〇《同安郡君狄氏墓志铭》，第 563—564 页。
67 《西台集》卷一四《魏国王夫人墓志铭》，第 224 页。
68 《姑溪居士全集·姑溪居士文集》卷五〇《姑溪居士妻胡氏文柔墓志铭》，第 372 页。
69 《邵氏闻见录》卷一七，第 188 页。
70 《竹隐畸士集》卷一九《季妹十六安人墓志铭》，《影印文渊阁四库全书》第 1124 册，第 259 页。
71 《苕溪集》卷五〇《宋故太孺人朱氏墓志铭》，《宋集珍本丛刊》第 34 册，第 343 页。
72 《卢溪先生文集》卷四二《故令人刘氏墓志铭》，《宋集珍本丛刊》第 34 册，第 704 页。
73 《宋王忠文公文集》卷一六《令人圹志》，《宋集珍本丛刊》第 44 册，第 89 页。
74 《陆游集·渭南文集》卷三二《费夫人墓志铭》，第 2301 页。
75 同上。
76 〔清〕阮元：《两浙金石志》卷一〇《宋周夫人墓志铭》，《宋代石刻文献全编》第 2 册，第 799 页。
77 《攻媿集》卷八四《祭伯母冯恭人》，第 1140 页。
78 《后村先生大全集》卷一四八《墓志铭·亡室》。
79 《雪坡舍人集》卷五〇《梅庄夫人墓志铭》，《宋集珍本丛刊》第 86 册，第 525—526 页。
80 同上书，第 526 页。
81 〔宋〕舒岳祥：《阆风集》卷一二《故孺人王氏墓志铭》，《影印文渊阁四库全书》第 1187 册，第 445 页。
82 《司马氏书仪》卷四《婚仪下》，第 43 页。
83 《欧阳修全集》卷三六《长安郡太君卢氏墓志铭》，第 540 页。
84 《净德集》卷二七《仁寿县太君魏氏墓志铭》，第 292 页。
85 《道乡先生邹忠公文集》卷三七《德兴县君曾氏墓志铭》，《宋集珍本丛刊》第 31 册，第 279 页。
86 《丹阳集》卷一四《张太安人王氏墓志铭》，《宋集珍本丛刊》第 32 册，第 637 页。
87 《丹阳集》卷一四《徐太令人葛氏墓志铭》，《宋集珍本丛刊》第 32 册，第 638 页。
88 《浮溪集》卷二八《吴夫人墓志铭》。
89 《诚斋集》卷一二九《太令人方氏墓志铭》。
90 《诚斋集》卷一三一《太恭人董氏墓志铭》。
91 《叶适集·水心文集》卷二〇《虞夫人墓志铭》，第 392 页。
92 《后村先生大全集》卷一四九《墓志铭·陈太孺》。
93 〔宋〕张孝祥著，徐鹏校点：《于湖居士文集》卷二九《高侍郎夫人墓志铭》，上海古籍出版社，1980 年，第 288 页。
94 《长编》卷三〇九，神宗元丰三年闰九月丁酉，第 7494 页。
95 《宋朝事实类苑》卷三九《凤栖梧词》，第 504 页。
96 《攻媿集》卷八五《亡妣安康郡太夫人行状》，第 1153 页。
97 《溪堂集》卷九《延陵吴夫人墓志铭》，《宋集珍本丛刊》第 31 册，第 452 页。
98 《溪堂集》卷九《桂夫人墓志铭》，《宋集珍本丛刊》第 31 册，第 454 页。
99 《鸡肋集》卷六四《文安郡君陈氏墓志铭》。
100 《挥麈录·挥麈后录》卷七，第 526—527 页。
101 同上书，第 535—536 页。
102 〔宋〕曾协：《云庄集》卷五《代从兄作伯母事述》，《影印文渊阁四库全书》第 1140 册，第 306 页。

103 《东塘集》卷二〇《故太淑人叶氏行状》,《宋集珍本丛刊》第 64 册,第 480 页。
104 《攻媿集》卷八五《亡妣安康郡太夫人行状》,第 1156 页。
105 《诚斋集》卷一二七《通直刘君裴夫人墓志铭》。
106 〔宋〕陈藻:《乐轩集》卷三《黄景咏夫妇七十》,《影印文渊阁四库全书》第 1152 册,第 59 页。
107 〔宋〕孙应时:《烛湖集》卷一九《母氏生日》,《影印文渊阁四库全书》第 1166 册,第 751 页。
108 《漫塘文集》卷二九《故宗氏安人墓志铭》,《宋集珍本丛刊》第 72 册,第 468 页。
109 〔宋〕胡仔纂集,廖德明校点:《苕溪渔隐丛话·前集》卷六〇《丽人杂记》,北京:人民文学出版社,1962 年,第 416 页。
110 同上。
111 《西湖游览志余》卷一六《香奁艳语》,第 313—314 页。
112 《梦粱录》卷四《八月》,第 25 页。
113 《诚斋集》卷一三一《太孺人刘氏墓志铭》。
114 《徂徕石先生文集》卷五《怪说上》,第 61 页。
115 刘浦江:《宋代宗教的世俗化与平民化》,《中国史研究》2003 年第 2 期,第 117 页。
116 《长编》卷二四,太宗太平兴国八年冬十月甲申,第 554 页。
117 《长编》卷四五,真宗咸平二年八月丙子,第 961—962 页。
118 《攻媿集》卷六九《恭题孝宗御书心经》,第 933 页。
119 《攻媿集》卷五七《望春山蓬莱观记》,第 778 页。
120 台湾学者黄敏枝曾对宋代女性出家为尼的现象作了探讨,从中亦可窥见宋代女性信佛的规模。参见黄敏枝:《宋代妇女的另一侧面——关于宋代的比丘尼》,《唐宋女性与社会》,第 567—655 页。
121 《晦庵先生朱文公文集》卷一〇〇《劝女道还俗牓》,《朱子全书》第 25 册,第 4618 页。
122 参见 [美] 柏清韵 (Bettine Birge):《朱熹与女子教育》,《宋代思想史论》,第 349—393 页。
123 《道乡先生邹忠公文集》卷三七《寿昌县太君严氏墓志铭》,《宋集珍本丛刊》第 31 册,第 282 页。
124 《张耒集》卷五〇《景德寺西禅院慈氏殿记》,第 773 页。
125 《宋黄文节公全集·外集》卷二二《永安县君金氏墓志铭》,《黄庭坚全集》第 3 册,第 1395 页。
126 《姑溪居士全集·姑溪居士文集》卷五〇《姑溪居士妻胡氏文柔墓志铭》,第 372 页。
127 〔宋〕潘良贵:《潘默成公文集》卷五《宝林禅寺记》,《宋集珍本丛刊》第 40 册,第 574 页。
128 《北山小集》卷一九《衢州大中祥符寺大悲观世音菩萨阁记》,《宋集珍本丛刊》第 33 册,第 481 页。
129 〔宋〕王之望:《汉滨集》卷一五《故万氏夫人墓志铭》,《影印文渊阁四库全书》第 1139 册,第 872 页。
130 〔宋〕范成大:《范石湖集》卷一七《丙申元日安福寺礼塔》,中华书局上海编辑所,1962 年,第 232 页。
131 《陆游集·剑南诗稿》卷三七《秋赛》,第 962 页。
132 〔宋〕陆九渊著,钟哲点校:《陆九渊集》卷三四《语录上》,北京:中华书局,1980 年,第 414 页。
133 〔宋〕张镃:《南湖集》卷一《自广岩避暑西庵》,《知不足斋丛书》第 8 集,北京:中华书局,1999 年,第 387 页。
134 《都城纪胜·社会》,上海古典文学出版社,1956 年,第 98 页。
135 《武林旧事》卷三《都人避暑》,第 52 页。
136 《长编》卷四二四,哲宗元祐四年三月乙酉,第 10249—10250 页。

137 《长编》卷七三，真宗大中祥符三年六月辛未，第 1675 页。

138 《姑溪居士全集·姑溪居士文集》卷五〇《姑溪居士妻胡氏文柔墓志铭》，第 373 页。

139 同上书，第 373—374 页。

140 同上。

141 《清波杂志校注》卷八，第 332 页。

142 《游宦纪闻》卷八，第 67—68 页。

143 《盘洲文集》卷一《答林神童》，《宋集珍本丛刊》第 45 册，第 60 页。

144 《香山集》卷四《赠神童林公滋公泽女神童幼玉》，《宋集珍本丛刊》第 56 册，第 103 页。

145 《叶适集·水心文集》卷一四《张令人墓志铭》，第 263 页。

146 曾维刚：《张镃年谱》，北京：人民出版社，2010 年，第 189—190 页。

第八章　夫妇之间：宋代士人阶层的夫妻与妻妾关系

对于以家为主要生活空间的传统社会女性而言，家庭成员对女性生活的影响至关重要，研究女性与家庭内部其他成员的关系，不仅能增进我们对传统社会女性生活的认识，同时也有助于我们更为深刻地认识传统社会的秩序理念对女性实际生活的影响。[1]本章拟从实证出发，探讨宋代士人阶层的夫妻关系与妻妾关系。

第一节　夫妻关系

在中国传统社会，夫妻关系被视为人伦之始，在家庭关系中显得尤为重要。而考察传统社会的夫妻关系，涉及的问题则十分复杂。一方面，它不仅是夫妻个人生活的问题，还同当时社会的伦常秩序、性别制度等密切相关。另一方面，不同阶层的家庭，因社会政治、经济、文化等环境的差别，夫妻关系往往具有不同特征；即使在同一阶层内部，不同家庭的夫妻关系也会因夫妻情感等诸多因素的影响而呈现不同形态。

柳开之父云：

白沙宋墓第一号墓前室西壁壁画（转引自宿白《白沙宋墓》图版五）

人之家兄弟无不义，尽因娶妇入门，异姓相聚，争长竞短，渐渍日闻，偏爱私藏，以至背戾，分门割户，患若贼仇，皆汝妇人所作。男子有刚肠者，几人能不为妇人言所役？吾见多矣。[2]

柳开父亲的这段言论，其目的在于规诫家中女性恪守为妇之道，然而它却反映出这样一个事实，即在夫妻关系中，妻子对丈夫具有重要的影响。无独有偶，史浩在家训中也有类似的言论：

父母有男女，兄良必弟悌，天性所禀赋，初不烦法制。如何中道间，阋墙成背戾，盖由结婚姻，异姓以女妻。妻不娴教训，夫不恤苗裔。怨隙由爱惜，纷争为财计。浸润日已久，同恶遂相济。[3]

可见在家庭生活中，妻子的影响至关重要。本书在上篇的论述中已从阴阳学说、国家制度、社会舆论以及家庭规范等多个层面论述了宋人理想中的夫妻关系模式。那么，在实际生活中，宋代士人阶层的夫妻关系又呈现怎样的面貌？妻子在这一环节中究竟处于怎样的境地？在我们看来，考察士人家庭的夫妻关系，不仅要了解当时社会的秩序理念，还应该在实证研究的基础之上，从大量具体的实例出发，对当时历史环境下女性与丈夫的关系作具体实证的考察，而不仅仅停留于想当然的推测。尽管现存史料只能部分地反映当时社会的历史情景，但我们还是可以通过现有史料，从时人的记录中，透视当时社会的夫妻关系形态，尽可能地逼近历史的真实。故本节拟从实证的角度，对宋代士人阶层的夫妻关系进行考察。

一、夫主妇从型夫妻关系

夫主妇从型夫妻关系，是儒家理想的夫妻关系模式，它符合儒家所强调的男外女内、夫唱妇随的理想性别秩序格局。在这种夫妻关系模式中，丈夫居于主导地位，妻子处于从属地位，男不言内，女不言外，妻子以夫家为生命重心，能谨守妇职，顺适其夫，很少表达自己独立的见解，夫妻之间有较为分明的主从关系。在宋代文献资料，尤其是墓志资料的记载中，士人阶层的夫妻，符合儒家理想夫妻模式——也即夫主妇从模式者较多。

宋祁记载翰林学士王拱辰母李氏：

> 性静淑，不媢刻，德肖行严，举有仪矱，事时夫人也，以孝称；归兵部也，以顺称。兵部故大家，尊章姻娅数十姓，庆恤馈饷岁时无虚，夫人以恩意接之……兵部晚节官不进，赀产益空，夫人谨视用度，均一甘苦，兵部以清白闻，由是待夫人始终如宾。[4]

以上记载赞美王拱辰母李氏举止合乎礼法规范，柔顺不妒，顺适其夫，勤于妇职，丈夫对其则以宾客相待。显然，李氏与丈夫属于夫主妇从的夫妻关系。

沈遘记载魏氏嫁于张沔：

> 张公以材能进仕于朝，出入任事，夙夜在公，不顾其家，家事一出于夫人。而张氏故大家也。夫人内治其室以法度，外接亲党以恩意，内外莫不服而归之。张公中废，下迁流落者十余年，夫人处之如平时，故张公益自信，不以为戚。张公平生廉，不治生业，及以孝归，居于吴，而资养或不足，夫人薄衣约食，不以其不足累于张公。[5]

从沈遘的叙述，我们可以得知，魏氏婚后始终以恪守妇职为中心，治理家事兢兢业业，丈夫贬谪之后，“夫人处之如平时”，丈夫俸禄不足，“夫人薄衣约食，不以其不足累于张公”，书写者为我们呈现了一种理想的男外女内、夫主妇从的夫妻关系模式。

余靖记载夫人王氏：

> 年十九，归于户部郎中许氏，事其姑如其母，而加谨焉，怡声下色，调膳扇枕，虽隆冬瘴暑，必躬亲之，未尝一委媵妾之手，室中举案侃侃如也……户部府君远宦十年，夫人足不逾阃。夫伯俱亡，抚养诸孤均若己出，聚居且百口，恩意怡怡，一亡间言。[6]

王氏婚后显然恪守儒家理想的为妇之道，谨守妇职，以夫家为生命重心。丈夫远宦十年，王氏则足不出户；丈夫死后，王氏则抚养诸孤，为夫守节。我们从书写者的记载中，看不到王氏自主的言行，在王氏的生命历程中，始终以顺适丈夫和夫家为中心，故王氏与丈夫的关系也属于夫主妇从的关系。

王安石记载太常博士王逢妻陈氏：

> 聪明顺善，动有礼法，以不及养舅姑也，故于祭祀尤谨。博士禄赐，尽之宗族朋友，不足，则出衣服簪珥助之而不言。选饰妾御，进之不忌。[7]

王逢博学能文，官至太常博士。陈氏为仁宗朝太子中允陈之武之女。从王安石的记载中我们可以看出，陈氏婚后以夫家为生命重心，顺适其夫，恪守礼法，丈夫俸禄不足，陈氏则拿出首饰衣物相助，丈夫选妾，陈氏也能做到不忌妒，从而呈现出一种夫唱妇随、夫主妇从的夫妻关系模式。

苏籀为其母黄氏所撰《宋故孺人黄氏墓志铭》载：

> 孺人性庄顺懿淑，小心兢兢……先人（苏适）守官行道于外，孺人不忌不克，恺悌和谐于内。则先人出公门，入私门，委蛇如也。故所至中外肃然。罢官耕养，孺人斥卖瑱珥，绝甘分少，不患得，不丑穷。[8]

黄氏乃苏辙次子苏适之妻，从其子所撰墓志可知，黄氏柔顺庄重，与丈夫内外分明，夫唱妇随。

谢薖记载陈师尧妻朱氏：

> 年十八，归为陈师尧圣徒之配，于是姑老矣，夫人于伦次为冢妇，事姑孝谨，至于疾痛疴痒，无不察，而家事无大细，皆亲之。其从夫以敬，其训子以严，其友娣妇以和，其御童仆以恩，其言其动无纤毫不本于诚者。[9]

朱氏从夫以敬，恪守妇职，与丈夫当为夫主妇从的关系。

赵鼎臣记载徽猷阁待制韩纯彦妻孙氏：

> 年十八，适韩氏，入门执妇礼卑甚，事其姑贾硕人，屏气鞠躬，求其意之所欲，而迎承之。硕人老病，凡膳羞寒温、药饵增损，非其躬所调尝，弗进也。待制公（韩纯彦）自其少时喜从布衣诸生治章句，校艺文，闭门读书，一室萧然，令人能将顺其意，躬治家事，细钜有无，一不关逮，故得专精问学，卒成其志……友睦娣姒，敦厚宗族，曲折有恩意，亲妾媵若子姓，然无毫发妒忌心。[10]

据此，孙氏能恪守为妇之道，顺从丈夫的意愿，勤于家事，孝事其姑，和睦娣姒，对待妾媵也不妒忌。从赵鼎臣的叙述中可见，孙氏与丈夫韩纯彦显然属于夫主妇从的夫妻关系。

唐庚记载夫人史氏嫁于夹江县孙公为妻：

> 孙氏岁入不赀，用度亦广矣，而夫人治之皆有法，内外亲戚姻娅之间，冠昏丧祭庆吊之事殆无虚日，而夫人处之皆有体。公三娶，男女九人，而夫人待之皆如己出，予尝阴察之，未尝见其有毫发轻重厚薄也。[11]

从唐庚的描述中，史氏婚后以夫家为中心，对待丈夫则谨守妇道，而其夫孙公显然以自我为中心，随意娶妾，史氏对于丈夫娶妾逆来顺受，听命于丈夫的安排，在家庭中扮演着顺妇的角色，史氏与其丈夫也为典型的夫主妇从型夫妻关系。唐庚记载的另一位史夫人与丈夫，也即唐庚的父母之间也属于此类关系：

> 夫人史氏，眉州青神县人……进士讳及之女，鲁国先生讳某之配也。先生喜宾客，重然诺，视金钱如泥，无分毫顾惜，不论多寡，费尽乃已，竟坐此贫，而夫人处之怡然自得……夫人不逮事舅姑，事先生如事父，治饮食以进，必立侍，须撤馔乃去。[12]

在唐庚的叙述中，父亲不问家事，母亲史氏的一生则始终以丈夫为核心，甚至事夫如父。显然，史氏与丈夫为夫主妇从的关系。

许景衡为其妻陈氏所作墓志记载：

> 陈氏年二十二岁归余，逮事先公宣教，奉侍无违，先公以为能尽妇道。其事余有礼，朝夕不少懈，余疑其始嫁，然也。久之，亦然。至于终身，莫不然也。余官州县，贫甚，食指众，陈氏能痛自抑损，甘淡薄，勉余以安义命，厉名节，常曰："男子当期于远大。"余失察黄岩帑吏之奸，坐免官，颇疑其不怿，问之，陈氏曰："昔吾父坐事就逮，诏狱谪官远去，吾母不忧也，曰：'职事当尔。'今我亦何忧？第恐君气未平尔。"其后余尉乐寿，官舍在景城大河洲渚中，风涛无时，居民日虞冲溃，陈氏曰："此虽岑寂，而无送迎奔走之劳，政宜读书近笔砚耳。"间具肴酒，顾儿女子相笑语，观其意，惟恐余有所不乐也。[13]

从丈夫许景衡的记载可见，在他们夫妇之间，其妻陈氏明显处于从属地位，陈氏对丈夫的选择不敢持有异议，唯恐丈夫不高兴，凡事都以丈夫的喜好为主。在丈夫谪官之后，陈氏不忧虑的原因则是因为受母亲的影响，认为这是妇人的职责，在同丈夫远宦艰辛之日，则唯恐其夫不乐。可见许景衡夫妇是典型的夫唱妇随、夫主妇从的关系。

王之道为其妻孙氏所作墓志记载其妻孙氏：

> 温柔静恭，承顺舅姑，兢兢然惟恐不及。事无巨细，必禀而后敢为，未尝自专。与诸姑处，常怡颜下气，若见所畏者，不浪笑语。归王氏二十年，而予游上庠者十年，虽风雨寒暑疾病，家人不见其有儿女戚戚之态，尤勤于妇功，非夜分不寐。[14]

王之道登宣和六年（1124）进士第，南渡后以朝奉大夫致仕。据王之道所述，其妻孙氏性情温柔卑顺，凡事遵从丈夫和夫家的意愿，不敢自作主张。王之道游学十年，孙氏以家事为重，勤于妇功。王之道与孙氏当属夫主妇从的关系。

仲并为继室陈氏所作墓志记载其妻陈氏：

> 年十八，归仲氏，予时转徙，衣食故窭狭，夫人素富家，为予条画生业，若久于予家者，家公见之曰："吾为有妇矣。"予每行役，夫人为治饘橐甚具，或未旦，支枕呼婢子，丁宁口授数四，已又起，视之曰："如是，吾心始安焉。"既就道，絺絮寒燠，无失宜，肴核脯醢，随所求辄具，予游道路如归家。闻乡闾妇有毁节者，叹息再三，曰："独无死乎？"后每言之，必为之蹙额不乐。金人连犯淮甸，谓予曰："敌来，缓急不相救，子奉吾舅行，吾不足累子也，誓守吾志，践吾言尔。"某人为某氏妇，抚前人之子异己子，又叹息，语余曰："为人母，当如是邪，恨冯君无出耳。"冯君，盖予初室也。[15]

可以看出，陈氏将儒家礼法内化为自己的道德操守，而且以礼法自居，贬斥那些不守礼法规范的女性，在陈氏与丈夫的关系中，她始终以恪守妇职，顺适其夫为原则，与丈夫之间为夫唱妇随、夫主妇从的关系。

孙应时记载史浩的女儿史氏与丈夫李友直相敬如宾，夫主妇从。其夫李友直云：

> 吾之嫔宜人史氏，其贤异，甚少，而读书识义理，如慧男子，父母奇爱之。年十九，归于我。事舅姑如事其父母……平居自奉养维俭，训子女维谨。吾游太学，久乃得仕，未尝屑意家事，凡出入有无丰约之调度，皆吾嫔处之，不以累我，然至于阃外事，则未尝预焉。呜呼，其与吾相宾敬逾四十年矣，如一日也……宜人之始，能尽妇道于吾家，未足异也。而文惠不数年至宰相，出入中外，门户隆盛冠一时，宜人益退然，无几微骄其夫家之意，见之者不觉其宰相女也，归宁父侧，亦未尝一语有所私谒，吾以是尤重之。[16]

从丈夫的叙述中我们可以看出，史氏虽贵为宰相之女，但始终以礼法自居，勤于妇职，不问外事，虽外家隆盛，史氏也依然以夫家为自己的生命重心，恪守传统夫主妇从的夫妻关系。

陈著记载江阴教授史景正妻陆氏：

> 归于史氏，进而盥馈动中仪节，见者咸许其知礼……从夫以正为顺，朝暮摄衣必庄，余二十载如一日，御媵侍未尝片语丑诋，闺闱自肃，视诸子嫡庶无间。[17]

从陈著的叙述中可知，陆氏一生始终顺适其夫，丈夫纳妾，陆氏亦顺从丈夫的意愿，无忌妒之意，对待妾生之子如同己出，陈著称赞陆氏“于妇道得之矣”[18]。可见陆氏与丈夫为夫主妇从的关系。

总之，宋代士人阶层夫主妇从型夫妻关系的记载多来源于墓志资料。因墓志往往隐恶扬善，对死者多有溢美之词，并有教化后人的目的，使得墓志中夫主妇从型夫妻关系的事例比较多。然而墓志同时具有写实的功能，取材一般源自死者亲属提供的行状，或书写者本身即为死者至亲，对死者家庭生活较为熟悉。加之宋代士人是儒家礼法的传播者，士人之妻因其特殊的身份属性，成为直接接受儒家礼法影响的女性群体，在儒家礼法的规范下，夫主妇从型夫妻关系成为宋代士人阶层较为常见的夫妻关系形态。

二、伙伴型夫妻关系

所谓伙伴型夫妻关系，有别于儒家理想的夫主妇从型夫妻关系。在这种夫妻关系模式中，夫妇情意深厚，形同伙伴，妻子在很多时候会参预外事，为丈夫出谋划策，丈夫也尊重妻子的意见，夫妻之间并无严格的内外区隔与主从之分，较为和谐与平等。在宋人的文献记载中，此类夫妻关系在士人阶层中也很常见。

文同在为故太原先生、太子中舍阎路妻杨氏所作墓志中记载：

> 夫人少孤，外祖张崇文春卿携养于其家。春卿为孟昶时秀才，通五经，博极群书，铿然有声于当年。（后蜀孟）昶归朝，春卿留蜀，艮远仕，遂为西南士人文章宗师。既老无子，止有女及夫人在左右。恭愿柔懿，动向礼法，熏渍善术，该涉文史，徽德婉行，闻之闾里……先生（阎路）履尚简洁，学问无厌，常以《易》《礼》《春秋》《左氏传》名其家，居陋巷，坐蕢舍，教诸生与二子，四时弦诵，风雨不废。夫人（杨氏）亦以章句字画训诲诸女，及里中内外亲表之甥侄。每佳时令节，车交马集，衣冠拥会，立候墙宇，邻钗巷帔，招约呼引，裙裾以次，罗列阃内，修弟子之礼，为经师教姆之贺。如是者凡三十年，远近称仰之。[19]

从文同的记载来看，杨氏自幼受外祖张春卿熏陶，才学闻于闾里，其夫阎路也以学问名家，阎路与杨氏志趣相投，以学术相切磋，阎路教导诸生与二子，夫人杨氏也将其所学传授于诸女及亲属，夫妇“如是者凡三十年，远近称仰之”。可见杨氏与丈夫志趣相投，形同伙伴，他们之间并没有严格的内外区隔。

范祖禹记载工部尚书李兑与其妻钱氏：

> 夫人性明悟，端厚文雅，有母兄风，年十八，归于故工部尚书李庄公兑……庄公仕浸显，与夫人素相礼重，每退朝，夫人必从容讽切以古之忠义。其出藩于外，则劝以尚德缓刑。庄公立朝，大节不渝，而为政宽猛相济，夫人有助焉。善为歌诗，多或数百言，平生所著千余首，读经史佛道书，手不释卷，博闻强记，谈论清辨，自晓音律，精于历数……时洛为通邑大都，衣冠之族盛于天下，夫人虽不出闺门，而士大夫交口称之。[20]

据此，这位让士大夫交口称颂的钱夫人，是一位有才华、有见识的女性，在丈夫为政期间，她常常以自己的才学与识见劝诫其夫为政之道，其夫“立朝，大节不渝，而为政宽猛相济”，实则得益于妻子的相助，钱氏也因此赢得了士人的称颂。由此亦可知，李兑与其妻志同道合，相得益彰，并没有明显的内外区隔，当时士人显然也非常认可这种夫妻模式。

晁补之的姐姐晁静与丈夫叶助志同道合，晁补之记载：

> 司理君（叶助）豪迈，不苟合，数举有司见抑，有不遇叹，夫人辄酌酒饮之，陈义甚高，则矍然起曰：“能如是乎，吾可不愧。”故穷居十年，终不以不合于有司，变其业以求合，夫人助之也。[21]

虽然从墓志中我们无法得知晁静与丈夫生活的全貌，但就记载来看，在丈夫因与有司不合而仕途不利的情况下，晁氏以大义为重，劝解丈夫不必苟合，其夫因此备受鼓舞，以名节为重。显然，晁氏与其夫志同道合，患难与共。

李之仪是神宗元丰中进士，官终朝请大夫。李之仪为其妻胡文柔亲撰墓志，记载了他们夫妇的生活，在全文两千余字中，用了约三分之二的篇幅叙述夫妻间事，为我们保留了珍贵的夫妻关系的一手资料，现摘录相关内容[22]如下：

> 文柔当内外族盛时，独能于所闻见，择而不随，一时翕然以为贤。选所宜归，皆侈家达门，文柔辞焉。于是先人蹭蹬禄仕，敝车羸马，奉朝请。余方从学者游，有以合姓为言者，先人难之。文柔谓其亲曰：“此可托也。”乃归于我……崇宁二年，余以撰故宰相范忠宣公行状，逮系御史狱。方大暑，文柔自颍昌兼程野宿，追余至京师，就数椽地，手自执爨，具狱中饮，当烈日烟焰中，斯须不暂，过者为流涕。狱词有所追诏，而所追偶寄一姻家，其长雅不相习。文柔曰：“彼若觉则不可取。”辄绐曰：“久阔，幸一相见。先后赂其使令，而得其处，入门则相与破锁发箧，得所追以出。”长大惊

曰："一何妙耶！"亦具以是诉于人间者曰："富有是乎？"已而曰："岂古所谓烈女者？"莫不首肯而嗟赏之，不已。余既南迁，文柔相迎于御史府，顾余泣且喜曰："囹圄中何所不有，而君乃丰悦过于常时，岂不以之介然耶。我当与君俱，贬所未必恶也。"遂同涉阛阓，止旅邸，其修途所次，具已集矣。或曰："陆趋良劳，又方庚伏中，且久雨，奈何？"遂附运粮空舟以行。而舟敝，上不能蔽，果大霆至，加雨衣相拥覆，兼昼夜者六七。比舍舟而陆，历深山大泽，夫妇形影相携。暑每增炽，率达旦命途，时藉草以休其乏。既即贬所，异乡人情龃龉，又以罪来，上下观望，几不相谁何，蓬荜萧然，惟薪水相给而已。文柔间谓余曰："通塞自有其数，苟不偶于今日，则合眼再开，来必无佳处，要须于向上事精进，当能必致其佳。既到此尤甚自策，一报缘中，不昧者有几。"遂一意佛事，朝暮礼观音谶不懈，间邀余共之……性高严，喜风节，自许与甚重，练达世故，喜论事，于人物取舍，则毫发不假借。上自六经、司马氏，更及诸纂集，多所终识，于佛书则终一大藏。作小诗、歌词、禅颂，皆有师法，而尤精于算数。沈括存中，余少相师友，间有疑志，必邀余质于文柔，屡叹曰："得为男子，吾益友也。"余从辟苏轼子瞻府，文柔屡语余曰："子瞻名重一时，读其书，使人有杀身成仁之志，君其善同之邂逅。"子瞻过余，方从容笑语，忽有以公事至前，遂力为办理，以竟曲直。文柔从屏间叹曰："我尝谓苏子瞻，未能脱书生谈士空文游说之蔽，今见其所临不苟，信一代豪杰也。"比通家，则子瞻命其子妇尊事之。常以至言妙道，属其子妇，持以论难，呼为法喜上人。子瞻既贬，手自制衣以赆，曰："我一女子，得是等人知，我复何憾！"……文柔生平可纪之事固多……然与余四十年伉俪，且复所履历，皆人所不能堪，亦人之所甚难，又多缘我而致，加之闺门之外，或不及遍知，苟非亲为直书其事，则九原之下，所负深矣。辄揽涕而铭之，尚恨有所不尽也。[23]

据此，李之仪与胡文柔的结合并非父母之命，而是胡氏自己的主张。胡氏在李之仪遭人陷害之际，找出证据，为其夫申冤。李之仪遭贬之后，胡氏与丈夫形影相携，互相勉励，共经风雨。而对于妻子的宗教事业，李之仪也给予了很大的支持。在传播禅学的过程中，胡氏因之随诸学者四方游走，甚至成为其中的领袖，并以此为己任。在当时社会，妻子的这一行为无疑与丈夫的支持密切相关。李之仪与沈括、苏轼交往甚密，胡氏也因之与沈括及苏轼交友，并获得沈括与苏轼的认可与欣赏，他们夫妻二人也因此成为沈括与苏轼共同的朋友。李之仪与胡氏伉俪四十年，患难与共，情深意厚，志同道合，他们是当时社会典型的伙伴型夫妻。

郑侠为友人谭文初妻谢氏所作墓志记载：

> （谭文初）曰："凡吾妻所以居家，鸡晨以兴，而家之事无不遍视……舍此则读书，观古文，无事则书，尽二事皆精至，而于水墨，尤有闲淡之趣。予每公休无事，必与之谈论诗书，前言往行之醇疵，以观其识，虽老于儒学者，无以过。尤善性理，言与其所为相表里，而语意所次，若古义烈之士忠端正直，节行可称者，必申重反复，嘉叹再三，若有警予之意。"[24]

谢氏闲暇之时常常与丈夫谈论诗书，并用诗文中的忠义之士来警戒丈夫，规范丈夫的行为，可见不仅丈夫可以影响妻子，塑造妻子，妻子也会以各种方式影响并塑造丈夫。谭文初与谢氏显然为志同道合的伙伴型夫妻。

刘跂为王景亮的夫人张氏书写的墓志中，记载了张氏与丈夫婚姻生活中的细节：

> 景亮得官，不乐出仕宦，端居二十余年，泰然自遂，夫人实相成之。景亮读书，时时为夫人诵说，闻奇节异行，死生之致，必嗟

叹感慨，泣数行下，有疑似，则曰："某是欤，某非欤！"所造与景亮多合。善教诸子，与宗族怡怡如也。[25]

王景亮不喜仕宦，其妻张氏也能泰然相处。王景亮常常为妻子读书诵说，其妻张氏则品评书中人事，观点常与丈夫吻合。可以看出，张氏与丈夫情感深厚，志同道合，形同伙伴。

李清照与赵明诚志趣相投的伙伴型夫妻关系，成为后世美谈。周辉记载：

易安族人言：明诚在建康日，易安每值天大雪，即顶笠披蓑，循城远览，以寻诗得句，必邀其夫赓和，明诚每苦之也。[26]

李清照为赵明诚《金石录》一书所作的长篇后序中，亦记载了他们夫妻生活的一些细节：

余建中辛巳，始归赵氏……赵、李族寒，素贫俭，每朔望谒告出，质衣取半千钱，步入相国寺，市碑文果实归，相对展玩咀嚼，自谓葛天氏之民也。后二年，出仕宦，便有饭蔬衣綀，穷遐方绝域，尽天下古文奇字之志。日就月将，渐益堆积。丞相居政府，亲旧或在馆阁，多有亡诗逸史，鲁壁汲冢所未见之书，遂尽力传写，浸觉有味，不能自已。后或见古今名人书画，三代奇器，亦复脱衣市易。尝记崇宁间，有人持徐熙《牡丹图》，求钱二十万。当时虽贵家子弟，求二十万钱，岂易得耶？留信宿，计无所出而还之，夫妇相向惋怅者数日。后屏居乡里十年，仰取俯拾，衣食有余。连守两郡，竭其俸入，以事铅椠。每获一书，即同共校勘，整集签题。得书画彝鼎，亦摩玩舒卷，指摘疵病，夜尽一烛为率。故能纸札精致，字画完整，冠诸收书家。余性偶强记，每饭罢，坐归来堂烹茶，指堆积书史，言某事在某书某卷、第几叶第几行，以中否角胜负，为饮茶先后。中即举杯大笑，至茶倾覆怀中，反不得饮而起。甘心老是乡矣，故虽处忧患困穷，而志不屈……靖康丙午岁，侯守淄川，闻金人犯京师，四顾茫然，盈箱溢箧，且恋恋，且怅怅，知其必不为己物矣。建炎丁未春三月，奔太夫人丧南来，既长物不能尽载，乃先去书之重大印本者，又去画之多幅者，又去古器之无款识者，后又去书之监本者，画之平常者，器之重大者。凡屡减去，尚载书十五车。至东海，连舻渡淮，又渡江，至建康。青州故第尚锁书册什物，用屋十余间，期明年春再具舟载之。十二月，金人陷青州，凡所谓十余屋者，已皆为煨烬矣。建炎戊申秋九月，侯起复知建康府……（己酉）八月十八日，遂不起。取笔作诗，绝笔而终……今手泽如新，而墓木已拱……所以区区记其终始者，亦欲为后世好古博雅者之戒云。[27]

赵明诚死后，李清照作此《后序》，从中亦可见，李清照与赵明诚可谓志同道合的学术夫妻，他们夫妇有共同的收集与品评金石古玩、书籍、绘画等的嗜好，夫妇闲暇之余切磋文字，并以此为乐。在李清照的词作中，也保留了许多描写其与丈夫情感的作品。总之，李、赵二人为典型的伙伴型夫妻。

胡仔记载：

江宁章文虎，其妻刘氏，名彤，文美其字也，工诗词，尝有词寄文虎云："千里长安名利客，轻离轻散寻常。难禁三月好风光，满阶芳草绿，一片杏花香。记得年时临上马，看人眼泪汪汪。如今不忍更思量，恨无千日酒，空断九回肠。"又云："向日寄去诗曲，非敢为工，盖欲道衷肠万一耳。何不掩恶，辄示他人，适足取笑文虎也。本不复作，然意有所感，不能自已，小草二章，章四句奉寄。"其一云："碧纱窗外一声蝉，牵断愁肠懒昼眠。千里才郎归未得，无言空拨玉炉烟。"其二云："画扇停挥白日长，清风细细袭罗裳。女童来报新篘熟，安得良人共一觞。"[28]

从刘氏为其夫所寄诗文来看，他们夫妻感情甚好，而且以诗文传递情感，可谓文章知己。

李纲为张根妻黄氏所作墓志记载：

> 哲庙朝以郊祀成，推恩天下，诏子孙愿以官授其亲者听。朝散大夫直龙图阁鄱阳张公讳根，时罢遂昌县令，年甫壮，欲如诏书休官，冀恩逮其祖。人皆谓公齿少材高，誉望甚休，进未可量，曷不少须取显仕，以为亲荣，而遽此汲汲也。独其夫人黄氏力赞成之。其后龙图公将漕淮南，初遇大礼，法当荫子，又欲请于朝，官其叔父，以告夫人。夫人喜见颜色曰："公方壮年，为祖谢仕；今始得子孙之恩，复以推叔父。皆人所不能，而公优为之，其助风化多矣，愿亟抗章无疑。"……龙图公既休官以归，闲居逾十年，夫人安于岑寂，无半语及荣利事。迨近臣论荐落致仕，召对，夫人不以为喜；已而以言不偶，复就闲，夫人不以为戚。其后奉使江淮间又十余年，士大夫莫不以公久淹于外为惜，夫人独曰："部使者一路休戚所系，随事施设，亦足以行其所学矣。"龙图公性刚直，遇事无所顾避，夫人每戒之曰："释氏六波罗密，以般若为宗，贵夫以方便善巧济一切也。今公欲有为于当世，而不知此，其可乎？"龙图公深感其言，为之委蛇曲折，以行其道，十余年间，两路之民受赐多。[29]

张根在徽宗朝官至淮南转运使，加直龙图阁。其妻黄氏，乃哲宗朝尚书右丞黄履之女。从李纲的叙述中可见，黄氏与丈夫志趣相投，丈夫官场的得失，妻子黄氏能以大义相劝，予以理解与支持。在丈夫为官期间，黄氏为丈夫出谋划策，作为丈夫的张公也能深感其言。李纲感言："龙图公治事以严，而夫人济之以宽；莅事以直，而夫人济之以和。伉俪垂四十年，日以忠孝相警戒，故龙图公立身行道，无愧古人，夫人之助为多。"[30] 显然，黄氏与丈夫为志同道合的伙伴型夫妻。

葛胜仲为蔡氏所作墓志记载：

> 绍兴五年春，右朝散大夫、主管台州崇道观樊滋德渊访余于吴兴，曰："吾妻宜人蔡氏……吾尝里居，谋所以周宗族之窭贫者，吾妻曰：'所颁么麽，彼且缘手而尽，曷若营不匮之利。'于是裂庆墙乡之别业，为义产，且以戚疏定多少之差，岁给之，而人赖以炊者众焉。吾乡涉步数郡，往来之凑，故有浮桁，袤数十丈，会为水败，行者病涉，吾妻不资于众，垂橐而新之。宣城饥，米斗钱二千，吾适佐郡，吾妻劝吾尽出田禄赈之，日为饘粥，食饿者。南陵饥甚，则市他米诿邑令增给，自是大姓争发廪，而蒙活者不胜计。宜人勇于仁，类如此。"[31]

蔡氏与丈夫樊德渊相互尊重对方的意见，丈夫欲赈济宗族，蔡氏建议修建义庄，以便能长期赈济，在蔡氏的主张下，义庄得以兴建。蔡氏还曾出资修建乡间的浮桥，造福百姓。在丈夫于宣城为官期间，蔡氏则劝说丈夫设义粥救助百姓。蔡氏甚至带动地方大族赈济饥民。蔡氏死后，樊德渊尽书蔡氏事迹，并委托葛胜仲为其书写墓志。上述可知他们夫妻情谊深厚，志同道合。

刘一止为莫氏所作墓志记载：

> 太宜人莫氏，会稽馀姚人，故赠右通直郎同邑胡君讳伋、字浚明之室也……太宜人自少小知书，浸长，作诗论文，如惠男子，女工之事不勤而能。年三十，始嫁与其夫。以文字相磨切，甚自乐也。浚明负才气，谓富贵功名可以拾取。初以乡书试礼部不偶，因肄业太学，阅三岁，归省其母宣夫人，寻奉母命，成婚于莫。仅旬日，复如京师，太宜人不夺其志，每致书，问无恙外，必以母养勉之。既又龃龉，乃慨然言归，辟馆舍，受乡党子弟之愿学者，躬自教授，或衣食之，太宜人实喜焉。子二人，曰沂，曰汾。方沂之在母也，

太宜人夫妇危坐相对，多诵经子，用昔人胎教之说。沂生而资性敏悟绝人，督教之甚严。汾慕好，亦如其兄。客过其门，闻诵读讲演之声，叹曰："有是夫也，有是妇也，有是子也。"[32]

据此，莫氏与丈夫志趣相投，以文字相切磋，丈夫远宦之时，莫氏与其夫书信往来，互致问候。莫氏怀孕期间，夫妇则用胎教之法，相与对坐，共同诵读经史。可见莫氏与丈夫为志趣相投、情意深厚的伙伴型夫妻。

王十朋与妻子贾氏也是典型的伙伴型夫妻。王十朋在《令人圹志》一文中写道：

令人姓贾氏，温州乐清人……从其夫某宦游于越，入仕于朝，出守饶、夔、湖、泉四州，贤而有助。[33]

在《祭令人文》中，王十朋亦云：

呜呼！子归我家，今三十年……每言仕宦，清白为先。俸禄之外，勿取一钱。身为命妇，绩纴是专。勤俭之风，乡闾所传。我仕于朝，频年外迁。同涉险难，万里言旋。方还故乡，忽又得泉。到官月余，老病相缠。深为尔忧，废食与眠。孰谓一朝，舍我而先。变生仓卒，哀哉上天。死生常理，我固晓然。痛不能忘，子实可怜。长子爱女，不在眼前。去无一语，抱恨衔冤。我今抗章，乞骸归田。以尔丧还，祔姑之阡。子可无憾，瞑目九原。[34]

在《哭令人》一诗中，王十朋云：

三十年间共苦辛，忽然惊断梦中因。钟情正是我辈事，鼓缶忍同方外人。熊胆未酬平昔志，牛衣犹是向来贫。闽山满眼同来路，木落风号泪满巾。[35]

在《挽令人》一诗中，王十朋又云：

> 知汝莫如我，伤心不尽谈。忍贫犹好施，见得可曾贪。水陆同艰险，糟糠共苦甘。和鸣三十载，一梦断闽南。[36]

此类缅怀其妻贾氏的诗文，在王十朋的文集中还很多。我们从王十朋为其妻贾氏所写的各种悼念的文字中可以看出，王十朋与其妻贾氏患难与共，情深意厚。在丈夫为官期间，贾氏始终劝说其夫以清白廉洁为原则，丈夫多年远宦期间，贾氏始终相伴而随，与夫共涉艰险。贾氏死后，王十朋哀悼至深，并因此罢官归田。可见王十朋与其妻贾氏为典型的伙伴型夫妻。

王庭珪为段元美妻彭氏所作墓志云：

> 夫人生名儒家，涉猎书传，知以礼义自饬，事其亲以孝闻……其夫字元美，力学淹贯群书，取官不得志，夫人导以泉石之乐……使其夫不以得失累其心，而终身不戚戚者，实有助焉。[37]

彭氏通晓诗书，其夫亦淹贯群书，彭氏与丈夫志趣相投。丈夫官场失意，彭氏则开导其夫以山水自乐。可见彭氏与丈夫志趣相投，形同伙伴。

孝宗朝名相周必大为其妻王氏亲撰墓志载：

> （王氏）聪敏高洁，女工儒业，下至书算，无不洞晓……迨为学官馆职，相与商论古今，手抄经史，夜则教儿读书，稍倦，对博奕或至丙夜……居家勉予以睦族无竞，当官则劝尽瘁国事，勿恤其私……知予性慵，规以克勤；御下太宽，欲其有制……铭曰：嗟我于君，长几十年。君发尚鬒，我久皤然。孰云一朝，弃我而先。失此有益，矧伊妇贤。有问谁对，孰举我偏。芳翰盈箧，遗挂满前。哀辞写心，苦泪迸泉。岂无名公，运笔如椽。阴幽坤从，他人莫先。谓予不信，皦日在天。[38]

周必大与妻王氏谈古论今，抄经史，对博弈；无论周必大在日常生活中抑或处理公务时，王氏都会劝勉其夫处事之道。在王氏死后，周必大亲自为亡妻书写墓志，从其饱含深情的铭文中亦可见周必大对于妻子的深情厚意，铭文中“失此有益，矧伊妇贤。有问谁对，孰举我偏”的铭词，也再次佐证了他们夫妇之间的互勉互敬。显然，周必大与王氏属于伙伴型夫妻关系。

袁燮在为其母戴氏所作墓志中记载：

> 太夫人戴氏，明之鄞人，免解进士讳冕之季女……凡古公官所教，彤管所纪，德言容功，日从事焉。惟谨字画，仿颜体甚婉而劲，不喜游观、博奕、声歌浮靡之习，亲党爱重之。年十八，归我先君，惟志于学，太夫人雅亦好书，夙夜警戒，相成之道，如益友。[39]

可见戴氏雅好诗书，与丈夫志趣相投，形同益友。

叶适为陈傅良妻张氏所作墓志中记载：

> 夫人讳幼昭，字景惠，姓张氏，温州永嘉人。归陈氏，为中书舍人傅良之妻。夫人父兄皆儒先生，自幼陶染诗礼间事，绝异于他女。其夫有学行文词经世之业……夫仕上皇，力谏不听，乞致其仕，下殿即行。新天子嗣统，急召使至，俄复罢。往来业业数月，夫人率男女欢笑相随，曰：“以为高则余不安，以为罪当逐，则宜尔。”不信方术，不崇释老，不畏巫鬼。凡其夫所欲向意行，不曲折仿古，不循俗，夫人一切顺承，曰：“不如是，是吾不能从其夫。”然而每曰：“以子之疏且易，欲以其求知于天者，使人亦知之乎？宜谤之众也与！”夫阅士久，士之品俦高下皆能言之。夫所与游，夫人则亦与其偶相视遇如娣姒，忧乐皆同焉。[40]

据此，张氏在丈夫陈傅良仕途坎坷之时予以支持和理解，陈傅良也常常与妻子共同品评士人高下，其妻还与丈夫友人的家眷相待如友。可以看出，张氏与陈傅良患难与共，为伙伴型夫妻。

刘宰为窦从谦妻霍氏所作墓志记载：

> 丹阳窦君从谦将葬其妻霍氏，以书来言曰："霍，常之望族，有以选为镇江军节度推官瀛其名者，吾妻之父……吾妻之好贤乐善，有以助我也。吾之培埴吾家，所以益裕于前者，吾妻掖我以俭勤也。吾之奋身田里，庀司禁林，所以甚宜其官，而卒免于戾者，吾妻饬我以廉谨也。而得年不遐，相我不卒，此吾所以悼痛其亡，而丐子之文，以永其传也。"[41]

从窦从谦对刘宰的叙述中，我们可以得知，霍氏常常为丈夫出谋划策，督勉丈夫勤俭、廉洁，其夫也能尊重妻子的建议，与妻子达成共识。可见窦从谦与其妻霍氏互敬互爱，为伙伴型夫妻。

在宋人记载中，此类夫妻的事例不胜枚举。通过以上分析我们亦可看出，尽管儒家理想的夫妻关系模式为男外女内，夫主妇从，但在实际生活中，也有很多士人阶层的夫妻志趣相投，情意深厚，形同伙伴。在这种夫妻模式中，内与外的区隔常常变得模糊，丈夫尊重妻子的意见，妻子也关注丈夫的事业，并为其出谋划策。夫妻之间或为文章知己；或为生活益友；或患难与共，情深意厚；或志同道合，互勉互敬。许多士人更是公开赞誉此类妻子。[42]总之，伙伴型夫妻也是宋代士人阶层中较为常见的一种夫妻关系模式。

三、冲突型夫妻关系

所谓冲突型夫妻关系，与以上论述的两种类型不同，是指不能和睦相处的夫妻关系。主要有两种情况：一种是妻子悍妒与丈夫惧内的情况[43]，另一种是丈夫虐妻甚至弃妻的情况。冲突型夫妻在宋代士人家庭中也不少。

（一）妒妇、悍妻与惧内的类型

在传统社会中，妒忌被列入“七出”之条，是丈夫出妻的合法依据，而宽容不妒则是儒家礼法对女性的一项规范，同时也是士人称颂的女性美德。[44] 然而在现实生活中，妒妇、悍妻与惧内的现象，在宋代士人阶层的夫妻关系中依然不少，而妻子因悍妒遭到丈夫离弃的情况似乎并不常见。欧阳修曾感慨：“妇人之性鲜不妒忌。”[45] 二程则曰：“今世俗乃以出妻为丑行，遂不敢为。古人不如此，妻有不善，便当出也。只为今人将此作一件大事，隐忍不敢发，或有隐恶，为其阴持之，以至纵恣，养成不善。”[46] 洪适亦云：“近世一二甲族，以妒名家，妇彝其姑，母传其子，诵言夸说，以钳制其夫为能，施施不自耻。宗党先后，一有驯柔，则群起以蚩之，巧计以試之，日陶月移，薰莸同臭。”[47] 陈正敏亦曰：“妇人之妒，出于天性，殆不可开谕，甚者虽胁以白刃，不变也。”[48] 在宋代士人家庭中，妻子悍妒与丈夫惧内的现象时有发生。兹列表示例如下：

表 8-1 宋代士人家庭妻子妒悍与丈夫惧内现象示例

夫	妻	事例	出处
陶穀	孙氏	妻孙氏淫恣，穀不能制。上素薄之，选置宰辅，未尝及穀。	《长编》卷一一，太祖开宝三年十二月庚午
王宾	姓氏不详	宾妻妒悍，宾不能制。时监军不许挈家至任所，妻擅至亳，宾具白上，太宗召其妻，俾卫士捽之，杖百。	《宋史》卷二七六《王宾传》
勾克俭	姓氏不详	妻悍戾，与豪家往还，因缘纳贿，克俭不能禁。	《长编》卷八六，真宗大中祥符九年春正月庚午
龚绶	姓氏不详	龚绶治家无状，不能制悍妻，准敕断离。	《长编》卷六五，真宗景德四年六月己酉
王举正	姓氏不详	李徽之为御史……讼曰：“举正妻悍不能制，如谋国何？”欧阳修等亦论举正懦默不任事。	《宋史》卷二六六《王举正传》
夏竦	杨氏	娶杨氏，杨亦工笔札，有钩距。及竦显，多内宠，浸与杨不谐。杨悍妒，即与弟娼疏竦阴事，窃出讼之。	《宋史》卷二八三《夏竦传》

夫	妻	事例	出处
孙沔	边氏	沔居官以才力闻，强直，少所惮，然喜宴游女色，故中间坐废。妻边氏，悍妒，为一时所传。	《宋史》卷二八八《孙沔传》
宋充国	庞氏	充国妻庞氏悍而妒，充国以庙飨斋宿太常，庞氏令二婢蹑而从之，充国笞二婢，送开封府，即自劾，既释罪，并罢其职事。	《长编》卷二五四，神宗熙宁七年七月己酉
叶祖洽	姓氏不详	（哲宗元祐七年二月）己未，礼部郎中叶祖洽知海州。先是，右正言姚勔再劾奏祖洽，而御史亦言祖洽贪鄙无状，淫纵悍妻，薄于事父，不可令污省闼。故也。	《长编》卷四七〇，哲宗元祐七年二月己未
薛居正	姓氏不详	（妻）妒悍，无子，婢妾皆不得侍侧。（薛居正）故养惟吉，爱之甚笃。	《宋史》卷二六四《薛惟吉传》
李及	张氏	及妻张氏，性悍妒。及尝生子，鞠之外舍，张固请保养之。一日会亲属，以子击堂柱，碎其首。及遂无子。	《长编》卷一〇六，仁宗天圣六年五月丁巳
侯叔献	魄氏	侯叔献再娶，而悍。一旦而献卒，朝廷虑其虐前夫之子，有旨出之，不得为侯氏妻。	孔平仲《谈苑》卷一
孙公素	程氏	孙公素畏内，众所共知。尝求坡公书扇，坡题云：“披扇当年笑温峤，挽刀晚岁战刘郎。不须戚戚如冯衍，但与时时说李阳。”公素昔为程宣徽门宾，后娶程公之女，性极妒悍，故云。	赵德麟《侯鲭录》卷一
陈慥	柳氏	（陈慥）好宾客，喜畜声妓，然其妻柳氏，绝凶妒，故东坡有诗云：“龙邱居士亦可怜，谈空说有夜不眠。忽闻河东师子吼，拄杖落手心茫然。”河东师子，指柳氏也。	洪迈《容斋随笔·三笔》卷三
沈括	张氏	沈括存中，入翰苑，出塞垣，为闻人。晚娶张氏，悍虐，存中不能制，时被箠骂，捽须堕地，儿女号泣而拾之，须上有血肉者，又相与号恸，张终不恕。	朱彧《萍洲可谈》卷三
胡宗甫	张氏	胡宗甫妻张氏，极妒。元丰中官京局，母氏常过其家。有小婢云英行酒，与主人相顾而笑，张见而嫌之，婢亦觉，是夕，自缢于厕。家人惊告，张饮嚼自如。	朱彧《萍洲可谈》卷三
张子能	宗氏	张子能，妙龄甲科中第。乡里宗氏，衣冠望族也，有女始笄，色冠一时，脔以为婿。成礼之后，张虽少年，文彩驰誉当世，而宗常有不足之色，坐是琴瑟不甚洽。	王明清《投辖录·张夫人》
仲殊	姓氏不详	仲殊，字师利，承天寺僧也，初为士人，尝与乡荐，其妻以药毒之，遂弃家为僧。	龚明之《中吴纪闻》卷四
汪藻	姓氏不详	龙溪汪藻……纳妾名娼周氏，而其妻不能容，汪置诸郡圃，时与之会，其妻瞰其往，即径造其所而诟之。汪预戒十数卒布于道，俟其妻之来，则连声大唱喏，其声如雷，汪闻喏声，即由他道以去。	《东南纪闻》卷一

夫	妻	事例	出处
曹检法	姓氏不详	曹检法者，其妻悍甚，盖非止妒也。	袁文《瓮牖闲评》卷三
吕正己	苏氏	京畿有二漕，一吕搢，一吕正已。搢家诸姬甚盛，必约正已通宵饮，吕婆一日大怒，逾墙相詈，搢之子一弹碎其冠，事彻孝皇，两漕即日罢。	张端义《贵耳集》卷下

限于篇幅，上表仅列举了宋代士人家庭妻子悍妒与丈夫惧内的部分事例。从中可见，士人家庭妻子悍妒大多是由于丈夫纳妾或喜声色所致。一些妻子将不满直接针对丈夫，也有将不满转向婢妾或妾生子女者，从而将夫妻矛盾转化为妻妾之争。此类妻子的行为因有悖于儒家的纲常伦理，故常被诬以“悍妒”之名。而在儒家修、齐、治、平理念影响下，丈夫惧内，不仅会影响声誉，遭士人取笑，甚至会影响仕途，无法得到朝廷重用。事实上，所谓的悍妒之妻，往往是一些婚后试图维护自己情感，并试图争取自身权益，掌握自身命运的女性，也是女性以自己的方式对纳妾制与男权制的抗争。由于此类妻子对男权社会秩序造成了一定程度的威胁，这些女性通常被书写者丑化为强悍与凶妒的形象，并予以贬抑，但至于如何应对女性的妒悍，则始终没能找到理想的途径。故尽管丈夫常常因妻子的悍妒以及自身的惧内而遭受士人的嘲讽，甚至遭到官位的降格，但他们却很难改变这种处境。事实上，在一妻多妾制与男权制的社会中，女性的不满与悍妒是时代与社会的产物，随之产生的家庭与社会问题也不可避免，故终两宋之世，士人阶层妻子悍妒与丈夫惧内的情况不绝于史。

（二）丈夫虐妻、弃妻的类型

所谓丈夫虐妻、弃妻的类型是指丈夫在生活中虐待甚至遗弃妻子的情况，它亦属冲突型夫妻关系的一种。人们似乎更为关注传统社会妻子悍妒的现象，而对于丈夫虐妻、弃妻的现象则较少注意。事实上，尽管宋儒一再强调夫妇长久之道，但在实际生活中，丈夫虐妻、弃妻的现象在宋代士人家庭中依然存在。请看下表：

表 8-2 宋代士人家庭丈夫虐妻、弃妻类型示例

夫	妻	事例	出处
吕龟图	刘氏	（吕）蒙正父龟图多内宠，与妻刘氏不睦，并蒙正出之。	《长编》卷三一，宋太宗淳化元年九月戊寅
孙齐	杜氏、周氏 注：周氏乃孙齐得官后骗娶	抚州司法参军孙齐者，初以明法得官，留其妻杜氏里中，而绐娶周氏入蜀。后周欲诉于官，齐断发誓出杜氏。久之，又纳倡陈氏，挈周所生子之抚州。未逾月，周氏至，齐捽置庑下……杀其所生子。	《长编》卷一一一，宋仁宗明道元年十一月庚寅
陈执中	谢氏	闺门之内，礼分不明，夫人正室，疏薄自绌……执中既死之五日，谢氏具奏乞度为尼，诏许之。即柩侧髡。	《长编》卷一八九，宋仁宗嘉祐四年四月癸未
张可一	姓氏不详	（张耆）以太子太师致仕……子二十四人……可一坐与群婢贼杀其妻，弃市。	《宋史》卷二九〇《张耆传》
皇甫泌	向氏	皇甫泌，向敏中之婿也，少年纵逸，多外宠，往往涉夜不归。敏中正秉政，每优容之，而其女抱病甚笃，敏中妻深以为忧，且有恚怒之词。敏中不得已，具札子乞与泌离婿……是夕，女死，竟不能辨直其事。	魏泰《东轩笔录》卷三
陈烈	林氏	福州处士陈烈……为妻林氏疾病瘦丑，遣归其家，十年不视。	司马光《司马文正公传家集》卷二六《言陈烈札子》
黄庭坚叔父	章氏	（黄庭坚）叔父平日大率常醉，或使酒嫚侮，夫人承之。	黄庭坚《黄庭坚全集·外集》卷二二《叔母章夫人墓志铭》
欧阳逢世	赵氏	太府寺丞欧阳逢世顷弃其妻赵氏及其二子，而再娶龚釜之女。	《建炎以来系年要录》卷一七二，绍兴二十六年五月辛丑
太学生某	姓氏不详	宋时杭丐者之长曰“团头”，虽富而丐者之名不除。有一团头家富而女甚美……有士新补太学生……得妻之……遂登第，授无为军司户。将妻赴官，常不满于老丐者。一夕泊舟荒江，其妻已寝，户强之至马门观月，推坠水中。	田汝成《西湖游览志余》卷二三

上表可见，宋代士人虐妻、弃妻的情况，其表现形式不一，原因复杂。有的士人是在取得官位之后，因自身社会地位的提高而弃妻，如孙

齐、太学生某；有的士人因行为放荡或宠溺婢妾而虐妻甚至弃妻，如吕龟图、皇甫泌、陈执中、张可一；有的士人则因嫌妻貌丑而弃妻，如陈烈；也有因嗜酒而虐妻者，如黄庭坚叔父；还有弃妻再娶而原因不明者，如欧阳逢世。总之，就文献记载来看，丈夫虐妻、弃妻的情况明显少于妻子悍妒与丈夫惧内的情况。这在很大程度上当与传统社会规范夫妻关系的重点在于对妻子的防范有关。宋儒即一再强调“女正则男正”，而妻子悍妒故事的书写与传播，实有警戒教化其他女性的目的，但对丈夫虐妻、弃妻的记载则无此功效，这也使得宋代士人家庭丈夫虐妻、弃妻的情况较少传载。

总之，宋代士人阶层的夫妻关系是多元而复杂的，它不仅受社会秩序规范的影响，还与夫妻情感、妻子的才智以及夫妻与家庭其他成员如父母、妾侍的关系等密切相关。就笔者掌握的资料而言，本节认为，宋代士人阶层的夫妻关系以夫主妇从与伙伴型居多，冲突型的夫妻关系似相对较少。当然，夫妻关系不仅是家庭问题，也是社会问题，本节仅对其作了较为初步的探讨，很多问题还有待进一步发掘。

第二节　妻妾关系

在宋代士人阶层中，尽管有少数士人以拒绝纳妾而传为美谈[49]，但在纳妾合法的社会中，任何一位妻子都有可能面对丈夫纳妾的问题。妻妾关系的融洽与否，不仅会影响妻妾个人的生活，同时也有可能影响整个士人家庭的盛衰与荣辱。尽管儒家礼法严格区分了妻妾的等级，以确保纳妾制的合理运行[50]，宋儒也强调“妻齐体于上，妾接承于下”[51]，“治家以礼，而无宠昵之偏，使嫡妾之序紊失，夫之正也。抚下以恩，而无妒忌之失，使怨旷之祸兴，失妇之正也。得其正则家治，失其正则家乱，此必然之理也”[52]。但在实际生活中，由于“继嫡之际爱憎殊别”[53]或“士大夫肆情昵爱”[54]等多种因素，从而使得宋代士人阶层的妻妾关系以及由此衍生的家庭与社会问题呈现出较为复杂的面貌。本节拟从实证出发，探讨宋代士人阶层的妻妾关系。

一、妾在士人家庭中的地位

在传统社会中，女性作为妾的身份，其法律地位与社会地位是远远低于妻子的。[55]《礼记・内则》云："聘则为妻，奔则为妾。"[56]纳妾无须具备聘礼，妾可以通过买卖、转赠、典雇甚至掠夺等方式获得，但娶妻则必须有聘财甚至正式的婚书，女方也要准备嫁奁，行婚礼后方可结为夫妻。那么，在宋代士人家庭中，与妻相比，妾又具有怎样的家庭地位呢？探讨这一问题，不仅有助于我们了解宋代士人家庭中妾的生活处境，同时也有助于我们更为深刻地认识宋代士人阶层的妻妾关系。

在宋代士人家庭中，妾可以依靠所生子女的成就，母以子贵而提高自己的家庭地位。陆佃记载：

> 夫人姓盛氏，和州人，生数岁，工部侍郎李公虚己育之，及长，李公季女归于山阴尚书屯田傅郎中莹，夫人往媵焉……生二男一女，曰：傅师、傅中。女适镇江军节度推官王渊……傅师、傅中有文行，应进士，更为举首。安贫乐义，萧然隘巷，而弦歌之声弗辍也。夫人恃之乐以忘忧，尝曰："吾观世人金多，鼠壤有余肉，而往往兄与弟阋，子与母哄，虽享三牲，不下咽矣。以彼易此，吾弗许也。"[57]

显然，盛氏在家中的身份为妾，但她却因所生二子皆举进士，生活安逸，提高了自己在家庭中的地位。邹浩为严氏所作墓志记载：

> 虞卿（严氏丈夫）娶霍氏，生一男四女而卒，夫人严氏实继以行……其男炳，从师友为进士……中外族党睦然归心，侍婢白首不忍去。[58]

严氏虽然为妾，但因所生之子进士及第，严氏也获得亲党的爱戴，由此提高了自己在家庭中的地位。

宋代士人家庭中妾主家政的现象也较为多见，如韩琦母胡氏：

> 生而淑，明柔德备。善书札，尤精女工，凡点酥剪采，拟状生物，随手万态，如出造化。性慈仁，归信释氏，历观藏典，深达义趣，口能诵者十数经。闺门之内，传授教诱，人人向善。太师（韩琦之父）委以主家事。[59]

韩琦的母亲，其身份虽然为妾，但由于自身的智慧与才干，获得丈夫的信任，因而“委以主家事”。显然，妾因其自身的才干以及丈夫的信任与支持，也能获得主掌家事的权力，在家庭中享有较高的地位。哲宗元祐元年（1086）三月，右正言王觌上书言：

> 韩缜者，犹得偃然以当宰相之任……缜闺门之内，悍妾贪虐，父子之间，天性疏薄，其治家如此，而能上助陛下，理阴阳，顺四时，下育万物之宜乎？[60]

显然，韩缜之妾凭借丈夫的宠爱，在家庭中妒悍贪虐，并能离间父子，操控其夫，具有较高的家庭地位。但社会舆论对妾专家事则并不提倡，韩缜也因此遭到士人的弹劾。

在宋代士人家庭中也有妾凌虐妻子的现象：

> 王学士逵妻某氏，妾常辱之，愬于逵，不受，亦不校也。或问之，曰：“彼将去矣，不必校也。”已而逵怒，逐之，某尽归其装，一家皆谏止之，曰：“此自彼有，吾何与焉？然亦非彼所有也。”妾遇盗，尽亡其资。[61]

王逵之妾凭借丈夫的宠爱，侮辱正妻，但当该妾失去丈夫宠信之后，则遭到了被丈夫遣逐的命运，其资装也被贼人掠取。亦可看出，在士人家庭中，妾的命运往往与丈夫的好恶直接相关，一旦丈夫情感转移，妾便很容易失去保护与依靠，甚至有可能遭到遣出，书写者也并没有对妾的遭遇给予同情。可见妾在家庭中的地位并没有正妻稳固。妻子即使失去丈夫的宠爱，依然可以依靠法律以及社会舆论的力量维护自己在家庭中的地位，但妾在无子的情况下，其家庭地位显然非常脆弱。《棠阴比事》亦载：

大理王罕知郓州时，有狂妪数邀诉事，言无伦理，从骑屏逐之，罕令引归厅事叩阶徐问，妪虽言语杂乱，然时有可采者，乃是人之嫡妻，无子，其妾有子，夫死，为妾所逐，累诉不直，因恚而狂。罕为直其事，尽以家赀与之。[62]

这也是一则正妻遭妾凌虐的案例，我们虽无法判断该案是否属于士人家庭的案例，但可以看出，在正室无子而妾有子的情况下，妾在家中的地位有时会居于妻之上，甚至凌虐正妻，抢夺资财。当然，从司法官员的判决来看，尽管正妻无子，但依然受到法律以及士人的维护。

在宋代士人家庭中，甚至还有以妾为妻的现象。《续资治通鉴长编》载：

左仆射、兼门下侍郎、同平章事沈伦……妻老且丑，有妾田氏，甚宠之，及贵，于太康治第，令故妻处焉，遂以田氏为鲁国夫人。搢绅非之。[63]

在该案例中，沈伦的正妻因年老色衰，遭到丈夫冷落，妾田氏则由于受丈夫宠爱，被恩封为鲁国夫人。《九朝编年备要》亦载：

宗景娶杨氏妻，诏许之矣。已而闻实妾也，诏落开府，罢宗正。[64]

显然，尽管礼法明确规定不能以妾为妻，但在现实生活中，宋代士人家庭中也有以妾为妻的现象。当然，从前者的行为受到士人的非议，后者被贬黜可见，这种以妾为妻的现象并非社会常态。

总之，尽管礼法对妻妾的地位有严格的区分，但在实际生活中，妾的家庭地位则呈现多元复杂的态势。妾可以依靠所生子女的成就，母以子贵而提高自己的家庭地位；也可以凭借丈夫的宠信或自身的才干，主掌家政，获得较高的家庭地位。在士人家庭中甚至还有因丈夫对妾的宠爱，造成妾虐待妻和以妾为妻的现象，以致朱熹感慨："闺门之内，恩常掩义，是以虽以英雄之才，尚有困于酒色、溺于情爱而不能自克者。"[65] 真德秀则强调："妾媵猥多，未有不为家之害者。"[66] 但就整个社会而言，妾的家庭地位还是远低于妻的。妾虽然可以凭借丈夫的宠爱获得较高的家庭地位，但一旦失去了丈夫的宠爱，其在家庭中的地位也往往会失去保障。在我们所收集的墓志资料中，大多情况则是作为妾的女性顺事正妻的事例，如韩琦的母亲虽然因自身的才干获得主掌家事的权力，但依然在家庭中"上奉仁寿"，侍奉正室。从其死后的安葬礼制亦可看出妾低于妻的地位，韩琦记载："庆历五年二月二十三日，琦奉皇考太师、皇妣仁寿郡太夫人归厝于相州安阳县之新安村，以所生大宁郡太夫人侍葬焉。棺椁之制，率用降等，安神之次，却而不齐，示不敢渎也。"[67] 可见虽然韩琦身居显位，但在葬生母的礼制上，依然以所生母侍葬嫡母，棺椁之制，均用降等，不敢僭越。甚至有的地方还有作为妾身份的母亲需要服侍儿媳的风俗，如黄庭坚记载："叔母章氏，洪州分宁县人……夫人归，不及舅姑，事叔父之所生母李氏如姑礼，尽爱尽敬。李氏年八十六乃终，其遗言曰：'吾百无憾，不忍舍孝妇去耳。'分宁之俗，所生母皆服役于其子妇，闻夫人之风，乃欣慕焉。"[68] 可见在现实生活中，尽管妾在士人家庭中的地位有一定的变通与灵活性，但总体而言，妾的家庭地位并不高，是远低于妻的。

二、妻妾关系模式

宋代士人阶层的妻妾关系模式大体可以分为和平相处型与矛盾斗争型两类。

（一）和平相处型

在传统社会中，丈夫纳妾不仅为礼法所允许，而且为社会舆论所认可。在儒家礼法的规范中，女性以顺适其夫为美德，因而对丈夫纳妾的行为，妻子不仅不能反对，还应该宽容大度，与妾和睦相处，这样方能符合妇德的要求。在这种社会文化的规范下，宋代士人家庭中，也有很多妻妾能相互包容，和平相处，成为当时妻妾关系模式的典范，受到士人社会的褒扬。

在宋代士人的书写中，常常以妻子无忌妒之行，来形容妻妾之间和平相处的关系。如范祖禹记载了杨氏“待妾御未尝厉声色，欣欣如也”[69]的美德。在为王氏所作墓志中，范祖禹亦云：“（王氏）待夫以礼而敦睦，御妾以严而不忌。”[70]在为吴氏所作墓志中，范祖禹则称赞其“媵妾满前，无妒忌之行”[71]。李纲为张根妻黄氏所作墓志记载：“张氏大族也，内外姻戚甚众，夫人上承下抚，人无间言，惟宽裕无忌嫉，喜愠不形于色，与人和易，怡声下气，惟恐伤之，虽妾侍辈皆得其欢心。”[72]袁燮为其母戴氏所作墓志亦称其母“于妾媵不妒”[73]。在为袁任妻赵氏所作墓志中亦称赞其：“遇下有恩，无嫉妒行，尤妇人所难能。”[74]舒岳详为其妻王氏所作墓志记载：“孺人性多容少妒，姬侍生子，抚育如己出。”[75]可见在传统社会礼法的规范下，的确有一些士人家庭的妻子，对待妾较为宽容，能与妾和平相处。

在一些士人家庭中，正室无法生子，则通常以纳妾的方式试图达到延续子嗣的目的，在这种情况下，妾实则成为帮助家庭传宗接代的工具。在这种时候，妻妾的关系往往更容易相处，妻子甚至会主动劝丈夫纳妾，以帮助夫家延续香火，完成自己未尽之责。冯京之母为丈夫买妾的故事在当时传为美谈：

冯京，字当世，鄂州咸宁人。其父商也，壮年无子。将如京师，其妻授以白金数笏曰：“君未有子，可以此为买妾之资。”及至京师，买一妾，立券偿钱矣。问妾所自来，涕泣不肯言，固问之，乃言其父有官，因纲运欠折，鬻妾以为陪偿之计。遂恻然，不忍犯，遣还其父，不索其钱。及归，妻问买妾安在，具告以故。妻曰："君用心如此，何患无子！"居数月，妻有娠，将诞，里中人皆梦鼓吹喧阗迎状元，京乃生。[76]

冯京的母亲因自己未能为丈夫生子，故主动拿出财物劝其夫买妾，虽然其夫最终将所买之女遣还，其妻也很快生下冯京，但亦可见在重视子嗣的社会中，对于妻子而言，无子便是自己的失职，因而也会劝说丈夫纳妾，以为夫家传宗接代。在这种时候，妻妾之间也大多能够和平相处。王安石为太常博士王逢妻陈氏所作墓志中记载：

（陈氏）妾御进之不忌，然博士终无子。盖吾闻于博士者如此。[77]

据此，陈氏与妾和平相处，很大程度上缘于自己不能生子。邵伯温记载：

司马温公从庞颖公辟，为太原府通判，尚未有子，颖公夫人言之，为买一妾，公殊不顾。夫人疑有所忌也，一日教其妾："俟我出，汝自装饰至书院中。"冀公一顾也。妾如其言，公讶曰："夫人出，汝安得至此？"亟遣之。颖公知之，对僚属咨其贤。[78]

司马光之妻也因无子而试图为丈夫纳妾，却遭到了丈夫的拒绝。

在宋代士人家庭中，年龄相差较大的妻妾之间，有时如同母女或婆媳，在这种时候，妻妾之间也往往能够和平相处。韩琦的生母胡氏：

上奉仁寿，下睦宗姻，内外无间言。仁寿爱而礼之，相待之意，犹侄娣然。夫人生二子，曰璩，曰琦。璩终秘书省著作佐郎，仁寿抚之，义均所生。在髫稚时，夫人或笞之，仁寿必奔走保救，怒，终日不与夫人语。[79]

韩琦在记述自己身为妾的生母与嫡母之间的关系时，用“相待之意，犹侄娣然”来形容她们之间关系的融洽。谢逸为吴夫人所作墓志亦载：

> 吴夫人，衢州西安人……幼孤，虽择对待聘，而地寒，不能自致。入临川晏氏，事中散大夫讳昭素……嫡夫人长乐郡君春秋高，夫人柔色以温之，怡声以问之，调甘旨、供匕筯以奉之，长乐德之，视犹女也。[80]

吴夫人小心侍奉正室，正室也待其“犹女”，二人的关系情同母女。叶适记载：

> 临海王棐之母曰唐氏，宁海农女。初，校书郎王夷仲，廉士，贫甚，其室贾夫人，年已晚，犹身治爨涤，舅族怜之，为致唐氏。才十二岁，粗箴细缕，釜甑盘筵，不唯诺而集，由是无以辱事累夫人者。后十六年，棐生。生时难，贾夫人亲为厌胜，胞络乃得下。[81]

据此，王棐母唐氏本为正妻贾氏婢女，因生子而为妾，唐氏与正室贾夫人年龄相距甚远，侍奉正室如母，正室也能善待唐氏，唐氏生子之时，“贾夫人亲为厌胜，胞络乃得下”。可见在士人家庭中，妻妾年龄若相距甚远，那么她们之间的关系往往更像婆媳或母女的关系，妾小心地侍奉妻，妻待妾如同女儿或儿媳，是一种尊卑长幼分明的关系。

总之，在宋代士人家庭中，和平相处是妻妾关系模式的一种。在这种家庭中，妻妾之间的等级关系通常较为分明，妾恪守本分，小心侍奉妻，妻也往往会善待妾。尤其是无法为丈夫生育儿子的妻子，甚至可能会主动劝说丈夫纳妾，以帮助自己完成为夫家添置子嗣的职责。而年龄相距较大的妻妾，她们之间有时更像母女或婆媳，是一种尊卑长幼分明的关系。在传统社会的礼法规范下，和平相处的妻妾关系模式，也是士人所期待的妻妾关系类型。

（二）矛盾斗争型

虽然有一些士人家庭妻妾之间能够和平相处，但在情感或利益等的驱动下，也有很多士人家庭的妻妾常常处于矛盾斗争之中。我们在前揭士人阶层夫妻关系一节中所论的妒妇、悍妻与惧内的夫妻类型，其家中的妻妾关系几乎都属于矛盾斗争型模式，而妻子的悍妒也多因丈夫纳妾，妻子不能相容所致。矛盾斗争型也是宋代士人阶层妻妾关系的一种常见模式。

《续资治通鉴长编》记载：

> （吕）蒙正父龟图多内宠，与妻刘氏不睦，并蒙正出之，颇沦踬窘乏，刘亦誓志不嫁。及蒙正始仕，乃迎二亲同居异室，奉养并至。[82]

吕蒙正母刘氏不满丈夫纳妾，与妾不睦，遭到丈夫遣出，刘氏历经艰辛，独自抚养蒙正读书。尽管蒙正仕宦之后迎二亲奉养，但刘氏与丈夫依然同居异堂，亦可见刘氏性格的坚韧与刚烈。

司马光曾上书言：

> 臣举状称（孙）准行义无阙，今准闺门不睦，妻妾交争，是行义有阙。[83]

孙准因妻妾矛盾争斗，以致遭到士人的弹劾。此类因“闺门不睦”“治家无状”而遭弹劾的士人，在宋代很多见，我们在本书前面章节的论述中也曾多次论证过此类现象，亦可说明士人之家妻妾关系的矛盾斗争较为多见。

陈自明《妇人大全良方》记载：

> 蔡元度宠人有子，夫人怒，欲逐之，遂病。[84]

蔡卞妻王氏不能容忍蔡卞蓄妾，王氏与妾也是矛盾斗争的关系。

洪适为母亲沈氏所书墓志记载：

他姬有子，太夫人恩之，有过于己出者。一姬甚嚚，以太夫人钟爱其女，意小不怿，故笞辱之，以挠太夫人。啼声一闻，则戚然见颜面，必俟其嬉戏复常，乃悦，终不少谴其母。盖其仁厚出天资，行于自然，未常有所强勉，数数然也。[85]

洪适的母亲沈氏虽然竭力容忍姬妾，爱护妾生子女，但妾仍以故意打骂孩子的方式骚扰沈氏，洪适也以其母未遣逐妾为美德，可知沈氏与妾之间的关系为矛盾斗争类型。

洪迈记载：

范斗南，字一卿，瓯宁人。淳熙二年登第，待次某州教授。买一妾，宠之，而内子游氏不容，乃诈语之曰："明年我等赴官，道涂行李之费，贫无以及。今浦城赵氏遣仆持书，欲月与钱三十千而邀我作馆客，不可失也。"于是挈妾行。[86]

范斗南之妻无法容忍妾，丈夫则以欺骗妻子的方式，挈妾离家出走。从这则事例亦可看出妻妾之间的矛盾。

家庭中的妻妾斗争有时非常残酷，甚至可能导致家破人亡：

华亭胡朝散亶，夏夜纳凉，因据胡床而睡，梦一伟丈夫，着白道服，撼之使起，曰："君家有不恰好一事，宜急起理会。"胡惊寤，亟出户，果见人自经于廊下，往视之，其子妇房中所使妾也。妇者同邑张氏女，赋性惨妒，此妾少有过，杖之百数，不能胜楚毒，乃就死。胡使呼妇，就傍熟视，妇略不动色，徐云："他人不须管，若不可救，我自当其责。"即取凳登之，解缢索，移时复苏。[87]

胡亶的儿媳张氏时常虐待妾，妾曾为此自缢，几乎身亡。蕲春太守之妻晁氏与妾的矛盾至深：

蕲春太守，妻晁氏，性酷妒，遇妾侍如束湿。尝有忤意者，既加痛棰，复用铁钳箝出其舌，以翦刀断之。妾刮席忍痛，不能语言饮食，逾月而死。[88]

晁氏因无法容忍妾，妾最终被其凌虐致死。从事郎刘恕之家则因妻妾的矛盾而导致家破人亡：

从事郎刘恕，吉州安福人，历阳守子昂之子也。丧其妻，使二妾主家政，一既生子，又娶于高氏，携媵婢四人。淳熙初为通州判官，高氏妊娠，是时妾子十一二矣。妾性悍狡，虑正室得雄，则异日将分析赀产，且已宠必衰，密以淫邪之说蛊惑之。而高志操洁清，复不妒忌，无疵玷可指，谋不得施，但日夜教其子，伺乃父出外治事或对客，辄啼呼奔叫。恕甚爱此子，每归抚之，子无言，而于屏处诉云为母所棰，恕固已疑焉。一日，馈食，妾亲手作羹，倩一媵持以与子，有针贯于菜茎中，子微为所刺，吐之，大呼曰："人欲杀我！"恕惊问，见针，穷诘所来，二妾共证，谓媵承主母意规儿性命。恕以为然，尽执四婢，送狱讯鞫，不得情。郡守念闺门茫昧，难以实法，只挞杖而逐之。高氏竟罹决绝外间，皆明知为诬，恕独弗之悟，旋用他事罢去，还乡而卒。[89]

这是一则典型的妻妾相争事例。刘恕妻高氏虽然能够容忍二妾，但妾处处与高氏作对。究其原因，妻妾之间矛盾斗争，一方面出自妾对财产的考虑，担心他日分家产时，嫡继之间有所不公，故妒忌陷害对方；其二则出于情感因素，担心自己失宠。由于情感以及经济的因素，故而导致妻妾之间的争斗，刘恕最终也落得家破人亡的下场。朱琮也因纳妾，其妻不容，最终家破人亡：

朱琮司法者，处州丽水人，以祖大卿恩，得官。绍兴戊午，任临江军法掾，有一侍妾，其妻王氏不能容，日夜楚毒，凌虐至于自

> 刎。朱君坐卧食息，无时不见之，颇怀忧畏，招阁皀山道士行法禳逐，牒付城隍庙拘縻，仍戒云："尊官从今日以后不可往岳殿。"自是不复睹。他日，郡僚偕出祷晴，中涂值雨作，适到岳庙之前，众轿悉入避，朱亦随之，少焉，雨止，出外，忽逢故妾来前，略无拱敬之礼，忿恚溢面，朱语之曰："自汝之死，我衷怜恻，今汝当亦知非干我事。"妾曰："若不做官人侍婢，时安得致此？"朱还舍，以告妻，未几，遇疾卒，王氏旋踵并亡。[90]

此事虽然人鬼参半，不可尽信，但书写者却以此揭示了妻妾斗争的本质。作为妻子的王氏因不能容纳妾，妾最终被王氏凌虐致死。在该故事中，妾的鬼魂并没有出现在迫害她的正妻面前，而是出现在引发矛盾的关键人物丈夫朱司法面前，并控诉自己"若不做官人侍婢，时安得致此？"从鬼神世界的控诉可见，女性在人间世界中不敢表达的控诉，却在人所无法控制的世界中得以宣泄。这一方面体现了故事的传播者对于女性遭遇的同情，同时也揭露了男权社会对女性的压制。事实上，妻妾斗争的本质，主要在于丈夫情感的分散，而女性常常会将矛盾斗争的焦点转移向比自己身份卑微的妾，最终将夫妻之间的矛盾，转变成为妻妾的矛盾斗争。作为妾身份的女性，在无法得到丈夫全部情感的同时，还必须面对身份卑微的处境。妻妾之间的矛盾斗争也因之根深蒂固。

要言之，在传统社会秩序、规范的影响下，的确有一些士人家庭的妻妾之间能够相互包容，和平相处，但也有很多士人家庭的妻妾违背礼法的规制，无法相容，时常处于矛盾斗争之中。在此类家庭中，从表面看来，妻妾之间的矛盾缘于家庭内部情感以及利益分配的不均，但从本质来看，妻妾的矛盾实则源于纳妾制的不合理。夫妻情感本具有排他性和唯一性，但由于丈夫情感的转移和分散，使得妻子常常将怨恨施加于比自己身份卑微的妾身上，作为妾身份的女性，也同样要与妻分享丈夫的情感，而且还必须接受家庭地位远低于妻的事实，故而妾有时也会僭越礼法，凌辱正妻。妻妾之间不仅会因情感与地位的纠葛引发矛盾斗争，同时因纳妾所带来的嫡继之间财产分配的不均等问题，也会引发矛盾纠纷。妻妾之间的矛盾斗争不仅会影响妻妾个体的命运，甚至会影响士人家庭的兴衰，因妻妾相争所导致的士人官职的贬黜，乃至家破人亡的事例在宋代也不少见。总之，尽管传统社会礼法以及士人社会舆论等都强调女性应该柔顺不妒，顺适其夫，并试图以此化解妻妾之间的矛盾，维护父系家族的稳定与繁荣，但由于纳妾制的不合理，士人家庭内部妻妾之间的矛盾斗争根深蒂固，无法消除。

注释：

1 陈勇在《近代早期英国家庭关系研究的新取向》一文中指出："自 20 世纪 80 年代起，继家庭结构研究之后，家庭关系成为西方家庭史家关注的主要领域。麦克法伦 (Alan Macfarlane) 指出，长期以来，人类学家一直将家庭亲属关系作为了解社会的核心问题，但是历史学家对此的反应却显得迟钝。赖特森 (Keith Wrightson) 更尖锐指出，史家对这方面的问题知之甚少，'几乎尚未揭开它的表层'，然而'最终将证明它比原先的家庭结构问题具有更为重要的意义'。"(《武汉大学学报》2002 年第 1 期，第 25—26 页）事实上，对中国传统妇女史的研究而言，考察女性与家庭成员之间的关系也具有重要的学术意义。台湾学者陈弱水《试探唐代妇女与本家的关系》一文曾就唐代妇女与本家的关系问题作了深入的研究，他的研究也是妇女史学界有关女性与亲属关系研究的开拓之作。

2 《河东柳仲涂先生文集》卷一四《宋故穆夫人墓志铭》，《宋集珍本丛刊》第 1 册，第 514 页。

3 《鄮峰真隐漫录》卷四九《童丱须知》，《宋集珍本丛刊》第 43 册，第 253 页。

4 《景文集》卷六〇《陇西郡君李氏墓志铭》，第 813 页。

5 《西溪集》卷一〇《长寿县太君魏氏墓志铭》，《影印文渊阁四库全书》第 1097 册，第 104 页。

6 《武溪集》卷一九《宋故冯翊县太君王夫人墓志铭》，《宋集珍本丛刊》第 3 册，第 317 页。

7 《王文公文集》卷九九《永嘉县君陈氏墓志铭》，第 1012 页。

8 《新中国出土墓志·河南（壹）》，第 253—254 页。

9 〔宋〕谢薖：《谢幼槃文集》卷一〇《朱夫人墓志铭》，《宋集珍本丛刊》第 33 册，第 135 页。

10 《竹隐畸士集》卷一九《孙令人墓志铭》，《影印文渊阁四库全书》第 1124 册，第 263 页。

11 〔宋〕唐庚：《唐先生文集》卷一〇《史夫人墓志铭》，《宋集珍本丛刊》第 31 册，第 672 页。

12 《唐先生文集》卷一〇《史夫人行状》，《宋集珍本丛刊》第 31 册，第 674 页。

13 〔宋〕许景衡：《横塘集》卷二〇《陈孺人述》，《宋集珍本丛刊》第 32 册，第 363—364 页。

14 《相山集》卷二九《孙宜人墓志》，《宋集珍本丛刊》第 40 册，第 543 页。

15 〔宋〕仲并：《浮山集》卷四《夫人陈氏墓铭》，《宋集珍本丛刊》第 42 册，第 44 页。

16 《烛湖集》卷一二《宜人史氏墓志铭》，《影印文渊阁四库全书》第 1166 册，第 669 页。

17 《本堂集》卷九二《江阴教授史君妻陆氏墓志铭》，《影印文渊阁四库全书》第1185册，第504页。

18 同上。

19 《新刻石室先生丹渊集》卷四〇《华阳县君杨氏墓志铭》，《宋集珍本丛刊》第9册，第323页。

20 《太史范公文集》卷三八《工部尚书致仕李庄公许昌郡夫人钱氏墓志铭》，《宋集珍本丛刊》第24册，第389页。

21 《鸡肋集》卷六五《晁夫人墓志铭》。

22 我们在前文的论述中，已多次提到胡文柔的事迹，然而为了能够较为全面客观地呈现出李之仪与胡氏的夫妻关系，本章在摘录李之仪所记胡氏墓志时，依然保留了很多前文涉及的内容。

23 《姑溪居士全集·姑溪居士文集》卷五〇《姑溪居士妻胡氏文柔墓志铭》，第371—374页。

24 《西塘先生文集》卷四《谢夫人墓表》，《宋集珍本丛刊》第24册，第545—546页。

25 《学易集》卷八《夫人张氏墓志铭》，《影印文渊阁四库全书》第1121册，第616页。

26 《清波杂志校注》卷八，第333页。

27 〔宋〕李清照著，徐培均笺注：《李清照集笺注》卷三《金石录后序》，上海古籍出版社，2002年，第309—313页。

28 《苕溪渔隐丛话·后集》卷四〇《丽人杂记》，第335—336页。

29 《李纲全集》卷一七〇《宋故龙图张公夫人黄氏墓志铭》，第1569—1570页。

30 同上书，第1571页。

31 《丹阳集》卷一四《樊宜人蔡氏墓志铭》，《宋集珍本丛刊》第32册，第638页。

32 《苕溪集》卷五二《宋故太宜人莫氏墓志铭》，《宋集珍本丛刊》第34册，第365页。

33 《宋王忠文公文集》卷一六，《宋集珍本丛刊》第44册，第89页。

34 《宋王忠文公文集》卷一七，《宋集珍本丛刊》第44册，第103页。

35 《宋王忠文公文集》卷三八，《宋集珍本丛刊》第44册，第287页。

36 《宋王忠文公文集》卷三三，《宋集珍本丛刊》第44册，第247页。

37 《卢溪先生文集》卷四四《故彭夫人墓志铭》，《宋集珍本丛刊》第34册，第713—714页。

38 《周益公文集》卷七六《益国夫人墓志铭》，《宋集珍本丛刊》第49册，第392—393页。

39 《絜斋集》卷二一《太夫人戴氏圹志》，第353页。

40 《叶适集·水心文集》卷一四《张令人墓志铭》，第263页。

41 《漫塘文集》卷二八《霍氏墓志铭》，《宋集珍本丛刊》第72册，第446页。

42 本书在前面章节的论述中，已多处论证了士人对于参预外事，与丈夫志同道合的妻子的欣赏与肯定。

43 学界对妒妇、悍妻现象较为关注，如日本学者大泽正昭：《"妒妇""悍妻"以及"惧内"——唐宋变革期的婚姻与家庭之变化》，《唐宋女性与社会》，第829—848页。

44 本书在上篇的论述中，已从秩序、规范的角度，考察了宋代士人对于女性宽容不妒美德的期许与称颂。

45 《长编》卷一九九，仁宗嘉祐八年秋七月甲寅，第4838页。

46 《二程集·河南程氏遗书》卷一八，第243页。

47 《盘洲文集》卷三四《壶邮序》，《宋集珍本丛刊》第45册，第250页。

48 〔宋〕陈正敏：《遯斋闲览》，〔元〕陶宗仪等编《说郛三种》（宛委山堂本）卷二五上，第1186页。

49 如邵伯温记载："王荆公知制诰，吴夫人为买一妾，荆公见之，曰：'何物也？'曰：'夫人令执事左右。'安石曰：'汝谁氏？'曰：'妾之夫为军大将，部米运失舟，家资尽没犹不足，又卖妾以偿。'公愀然曰：'夫人用钱几何得汝？'曰：'九十万。'公呼其夫，令为夫妇如初，尽以钱赐之。司马温公从庞颖公，辟为太原府通判，尚未有子，颖公夫人言之，为买一妾，公殊不顾。夫人疑有所忌也，一日教其妾：'俟我出，汝自装饰至书院中。'冀公一顾也。妾如其言，公讶曰：'夫人出，汝安得至此？'亟遣之。颖公知之，对僚属咨其贤。荆公、温公不好声色，不爱官职，不殖货利，皆同"（《邵氏闻见录》卷一一，第121—122页）。袁燮记载朝奉郎蒋如晦不愿纳妾，并云："吾以为古者，妻不在，妾御莫敢当夕，着在礼经，此所以弗与俱也。"袁燮因而感慨："君之夫妇，妇人之不妒，男子之无欲，自古所难。"（《絜斋集》卷二一《蒋安人潘氏墓志铭》，第347页）

50 如宋律规定"诸以妻为妾""徒两年"，"以妾及客女为妻""徒一年半"（《宋刑统》卷一三，第214—215页）。在对性越轨问题的法律规范中，亦可看出妻妾法律地位的差异，妾的法律地位明显低于妻，妾与妻之间有严格的等级区分（参看本书第二章的部分内容）。

51 《晦庵先生朱文公文集》卷一二《己酉拟上封事》，《朱子全书》第20册，第619页。

52 《西山读书记》卷一三《夫妇》，《影印文渊阁四库全书》第705册，第410页。

53 《长编》卷一八，太宗太平兴国二年五月丙寅，第404页。

54 《清波杂志校注》卷五，第212页。

55 刘增贵《魏晋南北朝时代的妾》一文深刻论证了魏晋南北朝时代妾的数目与多妾原因、妾的来源与地位等问题（《新史学》第2卷第4期，1991年12月，第1—36页）。美国学者柏文莉《宋代的家妓和妾》一文论证了宋代士人畜养家妓的风气以及家妓与妾的法律与社会地位（载《家庭史研究的新视野》，第206—217页）。

56 《礼记正义》卷二八，《十三经注疏》，第1471页。

57 《陶山集》卷一六《盛氏夫人墓志铭》，第177页。

58 《道乡先生邹忠公文集》卷三七《夫人严氏墓志铭》，《宋集珍本丛刊》第31册，第277页。

59 《安阳集编年笺注》卷四六《太夫人胡氏墓志铭》，第1412页。

60 《长编》卷三七三，哲宗元祐元年三月丙戌，第9046页。

61 〔宋〕陈师道撰，李伟国校点：《后山谈丛》卷五，北京：中华书局，2007年，第64—65页。

62 〔宋〕桂万荣：《棠阴比事·王扣狂妪》，四部丛刊续编本。

63 《长编》卷二三，太宗太平兴国七年夏四月己卯，第518页。

64 〔宋〕陈均：《九朝编年备要》卷二四，哲宗皇帝丙子绍圣三年十二月宗正宗景罢，《影印文渊阁四库全书》第328册，第648页。

65 《晦庵先生朱文公文集》卷一一《己酉拟上封事》，《朱子全书》第20册，第619页。

66 《西山读书记》卷一三《夫妇》，《影印文渊阁四库全书》第705册，第410页。

67 《安阳集编年笺注》卷四六《太夫人胡氏墓志铭》，第1411页。

68 《宋黄文节公全集·外集》卷二二《叔母章夫人墓志铭》，《黄庭坚全集》第3册，第1394页。

69 《太史范公文集》卷四一《长寿县太君杨氏墓志铭》，《宋集珍本丛刊》第24册，第405页。

70 《太史范公文集》卷四五《右监门卫大将军吉州刺史妻安福县君王氏墓志铭》，《宋集珍本丛刊》第24册，第435页。

71 《太史范公文集》卷四八《随州观察使汉东侯妻陈留郡君吴氏墓志铭》，《宋集珍本丛刊》第24册，第449页。

72 《李纲全集》卷一七〇《宋故龙图张公夫人黄氏墓志铭》，第1570页。

73 《絜斋集》卷二一《太夫人戴氏圹志》，第353页。

74 《絜斋集》卷二一《安人赵氏圹志》，第358页。

75 《阆风集》卷一二《故孺人王氏墓志铭》，《影印文渊阁四库全书》第1187册，第445页。

76 《鹤林玉露·乙编》卷四《冯三元》，第192页。

77 《王文公文集》卷九九《永嘉县君陈氏墓志铭》，第1013页。

78 《邵氏闻见录》卷一一，第121—122页。

79 《安阳集编年笺注》卷四六《太夫人胡氏墓志铭》，第1412页。
80 《溪堂集》卷九《延陵吴夫人墓志铭》，《宋集珍本丛刊》第31册，第452页。
81 《叶适集·水心文集》卷二二《王太孺人唐氏墓志铭》，第432页。
82 《长编》卷三一，太宗淳化元年九月戊寅，第705页。
83 《长编》卷三八六，哲宗元祐元年八月辛亥，第9399页。
84 〔宋〕陈自明：《妇人大全良方》卷一二，《影印文渊阁四库全书》第742册，第640页。
85 《盘洲文集》卷七七《慈茔石表》，《宋集珍本丛刊》第45册，第505页。
86 《夷坚志》支丁卷八《范斗南妾》，第1029页。
87 《夷坚志》支乙卷八《胡朝散梦华亭》，第857页。
88 《夷坚志》支甲卷四《蕲守妻妾》，第742页。
89 《夷坚志》支甲卷五《刘氏二妾》，第751页。
90 《夷坚志》支乙卷七《朱司法妾》，第847—848页。

结　语

从唐到宋，中国社会发生了若干变化。其中一个重要的方面即宋代打破门第观念，士人阶层的队伍空前膨胀，与之相应的是，宋代士人阶层女性群体的数量也随之扩大。本书以宋代士人阶层女性为研究对象，广泛考察了当时社会国家、士人、地方乡里以及士人家庭等对女性的规范，从不同角度研究了宋代士人阶层女性的生活实然。在本书的结论部分，我们将进一步呈现宋代社会秩序、规范与士人阶层女性的生活之间的关系，以及宋代士人阶层女性在秩序、规范的影响下，其真实的生活面貌。综观全文，我们可以得出如下认识：

1. 在秩序规范方面，宋代社会从阴阳学说、国家制度、士人社会、地方乡里、士人家庭等层面，建构了以男尊女卑、男外女内、夫主妇从为核心的宋儒理想社会性别秩序。它在规范男女两性的同时，又具有较大程度的灵活性与包容性，为宋代士人阶层女性生活的多元提供了一定的制度与舆论的空间。然而我们更应该认识到，宋代社会秩序与规范的灵活与包容，往往也是女性自身作用的结果。

宋儒以天地阴阳学说比附人伦秩序，试图建立一个稳固而又长久的社会秩序，因此，在规范性别秩序的过程中，阴阳学说成为宋儒所凭借的主要理论依据。尽管在学术史的脉络中，宋儒所秉持的理念不尽相同，但在关于阴阳与性别秩序的关系中，宋儒却表现出了惊人的相似，即大都以阳尊阴卑之理，论证传统社会尊卑贵贱等级秩序的合理性。在诠释男女内外区隔的秩序理念时，宋儒认为，女内男外区隔的生活空间与职事分工符合天地阴阳大义，不可僭越。在宋儒的理念中，《易》经中的“内”与“外”包含两层涵义：其一为空间意义上的内和外，目的在于区隔男女两性生活空间，起到男女之防的效果；其二为权力秩序层面的内外区隔，目的在于规范男女两性职事分工，为男权独尊的社会提供理论依据。在宋儒看来，男女内外区隔的目的不仅在于维护一家的秩序，更在于维护一国的秩序。阴阳学说也成为宋儒规范夫妻关系的理论基础。在诠释男尊女卑、男外女内性别秩序的基础上，宋儒强调夫主妇从的秩序格局。在宋儒的理念中，丈夫居于阳尊之位，其气质是刚健的，在夫妻关系中居于主导地位，妻子处于阴卑之位，其气质是柔顺的，在夫妻关系中居于从属地位，夫妻之间并非对等关系，而是主从分明的。《易》经中《恒》卦有长久之义，因而也多被宋儒用来诠释夫妇长久之道。宋儒认为，夫妇关系的长久与稳定是家道稳定与繁荣的基本要义。在宋儒的诠释中，夫妇长久的理念既包括了时间意义上夫妻关系的长久与不可改变，又包括了道德伦理层面夫妻之间尊卑贵贱等级秩序的长久与稳固。宋儒也从反面强调了妒妇、悍妻的祸患，认为这种现象并非常态，是十分有害的。

宋代国家的法律与旌表制度，也是规范女性的重要手段。就宋代国家法律制度而言，目前，有关婚姻和财产问题的研究已较为深入，而法律对性的规范却鲜有人涉及。法律对性的规范问题，同当时社会的性别制度、秩序理念以及两性权力密切相关。从宋代法律对性行为的规范来看，与唐代相比，宋代重视对强奸的管制；增加了犯奸未遂、强奸幼女的罪行；保障了女性作为非婚生子女母亲的权益；较为重视妻子的权益，有趋向进步与合理的一面。旌表制度是指由国家制定的一套自上而下的道德表彰制度，其目的在于通过对被旌表者的奖励和称颂，起到敦厚人伦，教化风俗，巩固社会秩序的作用。旌表制度的意义不仅仅在于受旌者本人，更为重要的是旌表所起到的社会教化作用。宋代国家旌表制度呈现多元的特色，对女性的旌表并不限于孝行显著和节烈的妇女，对那些为地方或国家做出贡献的女性，同样会予以旌表，这也为女性生活方式的多元提供了制度支持。宋代国家旌表制度的多元特色，也是女性对历史参预的结果。

在性别秩序的建构与维护中，社会舆论起着重要作用。在宋代，士人承担着建构理想社会秩序的使命。而士人阶层女性因其特殊的身份属性，成为最直接受到士人舆论影响的群体。宋代士人社会的舆论，呈现出一定程度的多元与包容的特色。士人在肯定女性柔顺、孝恭勤俭、宽容不妒等美德的同时，对于那些处事果断刚毅，有主动精神，有能力和责任意识的女性，也会给予高度认可。对那些为国家民族忠义不屈，甚至献出生命的女性群体，士人往往给予更高的赞誉。乡间的品评对于士人阶层女性的影响也至关重要。在宋代乡间的品评中，女德妇道兼备的女性，大都会获得乡间的好评，对于那些有能力、有见识、惠及乡里、内外兼顾的女性，乡间往往会给予更多的褒扬。宋代士人舆论与乡评的多元价值评判体系，无疑会为士人阶层女性提供一个相对宽松的生活空间，而女性活动本身，也在一定程度上影响了宋代社会多元的舆论体系的形成。

在宋代士人家庭中，典范女性通常会成为其他女性学习的楷模，具有较强的教化作用。亲族的称颂与推崇是家庭典范女性产生的途径之一。在宋代士人家庭中，女德妇道兼备的女性通常会获得亲族的敬重与称颂。也有一些女性俨然以道德典范自居，通过自身的道德实践，影响并教化家庭中的其他女性。在宋代士人家庭中，家法对性别秩序的维护也起着重要的作用。从总体而言，宋代士人家庭的家法形式多样，内容多元，但其目的均在于维护士人家庭的稳固与繁荣。在士人家法的作用下，儒家的伦理规范转化为士人家庭的治家理念，从而也为国家礼法渗透进民间社会提供了重要的途径。

2. 在实际生活中，由于士人阶层女性自身以及家庭、社会等因素，宋代社会秩序与规范对士人阶层女性的影响是有一定限度的，宋代士人阶层女性的生活往往超越了社会理想秩序与规范的期许，呈现出丰富多元的特色。

在实际生活中，宋代士人阶层女性往往以多种方式参预社会公领域的活动。从事赈济活动是女性与外界沟通，拓展自身生活空间的一种途径。士人阶层女性因其特殊的身份属性，大多有能力从事赈济活动，而作为妻子或母亲，她们通常也能劝说丈夫或儿子参预社会赈济事业。在从事赈济活动的过程中，女性不仅加强了自身与外部世界的联系，而且能实现自身的价值，获得一定的荣誉感与满足感。对簿公堂的诉讼活动也是宋代士人阶层女性在公领域活动的内容之一。此类诉讼活动主要集中在立嗣、财产、公务以及性问题等方面，其目的在于维护自身、家人甚至国家的利益。在实际生活中，女性还常常以“内助”或“母亲”的身份，参预丈夫或儿子的事业，也为自己介入公领域的活动提供了途径。

阅读活动是宋代士人阶层女性的重要文化生活。宋代士人阶层女性的阅读与重文教的社会风气、书籍的普遍流通以及士人的提倡等密切相关。虽然一些士人对女性的阅读内容作了规范，但在实际生活中，士人阶层女性读者往往能以自己的喜好较为自主地选择阅读书籍，她们阅读的内容较为广泛，主要包括：佛道经典、儒家经典、史书、诗词文、女教典籍、音乐、家训、天文历算、医药数术、诸子百家、方技小说等。一些女性阅读者的阅读爱好往往会持续终生。女性阅读者通常会受到乡间、亲属以及士人的认可与尊重，她们通过阅读学习知识，并以多种方式作用于社会，对于提高整个国民素质，传承文明均有积极意义。

休闲活动是人类生活的重要组成部分，是中国文化传统中的重要内容。宋代士人阶层女性的休闲生活丰富多彩，既有走出户外的短时间、近距离的览胜游逛，又有离开家乡的远距离、长时程的旅途游赏；既有家庭中的亲友聚会以及亲友唱和等活动，又有以参神拜佛为由的集会游赏之乐。此外，士人阶层女性作为与士人交往最为直接的女性群体，也有机会与士人交友唱和，丰富自身的休闲生活。休闲活动不仅丰富了女性的精神生活，同时也为女性提供了相对广阔的自由空间，为女性增长识见，与外界沟通提供了机会，它在一定程度上也是女性对于内外空间区隔的超越与突破。

在传统社会中，夫妻关系与妻妾关系对于女性的家庭生活具有重要影响。宋代士人阶层的夫妻关系，主要有以下三种模式：其一，夫主妇从的夫妻关系。在这种夫妻关系模式中，丈夫居于主导地位，妻子处于从属地位，男不言内，女不言外，妻子以夫家为生命重心，大都能顺适其夫，很少表达自己独立的见解，夫妻之间有较为分明的主从关系。其二，伙伴型夫妻关系。在这种夫妻关系模式中，内与外的区隔常常变得模糊，丈夫尊重妻子的意见，妻子也关注丈夫的事业，并为其出谋划策。夫妻之间志趣相投，情意深厚，或为文章知己，或为生活益友，或患难与共，或志同道合。许多士人更是公开赞誉此类妻子。伙伴型夫妻也是宋代士人阶层中较为常见的一种夫妻关系模式。其三，冲突型的夫妻关系。这种夫妻关系主要有两种情况：一是人们较为关注的妒妇、悍妻与惧内型夫妻关系；一是丈夫虐妻、弃妻的情况。总之，宋代士人阶层的夫妻关系是多元而复杂的。

妻妾关系的融洽与否，不仅会影响妻妾个人的生活，也有可能影响整个士人家庭的盛衰与荣辱。在宋代士人阶层家庭中，妾的地位呈现出多元复杂的态势，但就整体而言，妾的家庭地位是远低于妻的。宋代士人阶层的妻妾关系模式大体可以分为和平相处型与矛盾斗争型两类。和平相处型妻妾关系是当时妻妾关系模式的典范，受到士人社会的褒扬。同时，也有很多士人家庭的妻妾常常处于矛盾斗争之中。从表面看来，妻妾之间的矛盾缘于家庭内部情感以及利益分配的不均，但从本质来看，妻妾的矛盾实则源于纳妾制的不合理，故而根深蒂固，无法消除。

总之，宋代士人阶层女性不仅受当时社会秩序规范的影响，同时也在一定程度上影响甚至超越了当时社会的秩序规范。宋代士人阶层女性生活的多元面貌，不仅是历史与时代的产物，也是女性自身作用的结果。宋代社会文化规范与形塑着士人阶层女性，士人阶层女性也在一定程度上影响并缔造着宋代社会文化，二者之间是一种互动共生的关系。

主要参考文献

一、古籍

B

〔汉〕班昭：《女诫》，〔元〕陶宗仪等编《说郛三种》（宛委山堂本），上海古籍出版社，1988年。

〔汉〕班固：《白虎通》，上海：商务印书馆，1936年。

〔汉〕班固：《汉书》，北京：中华书局，1962年。

北京大学古文献研究所编：《全宋诗》，北京大学出版社，1991—1998年。

〔宋〕毕仲游：《西台集》，上海：商务印书馆，1935年。

〔宋〕不著撰人：《都城纪胜》，上海古典文学出版社，1956年。

〔宋〕不著撰人：《枫窗小牍》，《影印文渊阁四库全书》第1038册，台北：台湾商务印书馆，1986年。

〔宋〕不著撰人：《皇宋中兴两朝圣政》，台北：文海出版社，1967年。

〔宋〕不著撰人：《京口耆旧传》，《影印文渊阁四库全书》第451册。

〔宋〕不著撰人：《临汀志》，马蓉等点校《永乐大典方志辑佚》第2册，北京：中华书局，2004年。

〔宋〕不著撰人：《名公书判清明集》，北京：中华书局，1987年。

〔宋〕不著撰人：《宋大诏令集》，北京：中华书局，1962年。

〔宋〕不著撰人：《州县提纲》，《影印文渊阁四库全书》第602册。

C

〔宋〕蔡戡：《定斋集》，《影印文渊阁四库全书》第 1157 册。
〔宋〕蔡绦撰，冯惠民、沈锡麟点校：《铁围山丛谈》，北京：中华书局，1983 年。
〔宋〕蔡襄：《宋端明殿学士蔡忠惠公文集》，《宋集珍本丛刊》第 8 册，北京：线装书局，2004 年。
〔宋〕曹彦约：《昌谷集》，《影印文渊阁四库全书》第 1167 册。
〔宋〕晁补之：《鸡肋集》，四部丛刊初编本。
〔宋〕晁说之：《嵩山文集》，四部丛刊续编本。
〔宋〕陈淳：《北溪先生大全集》，《宋集珍本丛刊》第 70 册，北京：线装书局，2004 年。
〔宋〕陈傅良：《止斋先生文集》，四部丛刊初编本。
〔宋〕陈瓘：《了斋易说》，《影印文渊阁四库全书》第 9 册。
〔宋〕陈均：《九朝编年备要》，《影印文渊阁四库全书》第 328 册。
〔宋〕陈亮著，邓广铭点校：《陈亮集》，北京：中华书局，1987 年。
〔宋〕陈师道撰，李伟国点校：《后山谈丛》，北京：中华书局，2007 年。
〔宋〕陈文蔚：《克斋集》，《影印文渊阁四库全书》第 1171 册。
〔宋〕陈襄：《古灵先生文集》，《北京图书馆古籍珍本丛刊》第 87 册，北京：书目文献出版社，1988 年。
〔宋〕陈藻：《乐轩集》，《影印文渊阁四库全书》第 1152 册。
〔宋〕陈造：《江湖长翁文集》，《宋集珍本丛刊》第 60 册，北京：线装书局，2004 年。
〔宋〕陈自明：《妇人大全良方》，《影印文渊阁四库全书》第 742 册。
〔宋〕陈振孙撰，徐小蛮、顾美华点校：《直斋书录解题》，上海古籍出版社，1987 年。
〔宋〕陈正敏：《遁斋闲览》，〔元〕陶宗仪等编《说郛三种》（宛委山堂本），上海古籍出版社，1988 年。
〔宋〕陈著：《本堂集》，《影印文渊阁四库全书》第 1185 册。
〔宋〕程俱：《北山小集》，《宋集珍本丛刊》第 33 册，北京：线装书局，2004 年。
〔宋〕程颢、程颐著，王孝鱼点校：《二程集》，北京：中华书局，1981 年。
〔元〕程钜夫：《雪楼集》，《影印文渊阁四库全书》第 1202 册。
〔宋〕崔敦礼：《宫教集》，《宋集珍本丛刊》第 56 册，北京：线装书局，2004 年。

D

〔宋〕戴埴：《鼠璞》，〔元〕陶宗仪等编《说郛三种》（宛委山堂本），上海古籍出版社，1988 年。
〔宋〕丁易东：《易象义》，《影印文渊阁四库全书》第 21 册。
〔汉〕董仲舒：《春秋繁露》，北京：中华书局，1991 年。
〔宋〕董煟：《救荒活民书》，上海：商务印书馆，1936 年。
〔宋〕窦仪等撰，吴翊如点校：《宋刑统》，北京：中华书局，1984 年。
〔宋〕度正：《性善堂稿》，《影印文渊阁四库全书》第 1170 册。

F

〔宋〕范成大：《范石湖集》，中华书局上海编辑所，1962 年。
〔宋〕范成大：《吴郡志》，《宋元方志丛刊》第 1 册，北京：中华书局，1990 年。
〔南朝宋〕范晔撰，〔唐〕李贤等注：《后汉书》，北京：中华书局，1965 年。
〔宋〕范仲淹著，李勇先、王蓉贵点校：《范仲淹全集》，北京：中华书局，2001 年。
〔宋〕范祖禹：《太史范公文集》，《宋集珍本丛刊》第 24 册，北京：线装书局，2004 年。
〔宋〕方大琮：《宋宝章阁直学士忠惠铁庵方公文集》，《宋集珍本丛刊》第 78—79 册，北京：线装书局，2004 年。
〔宋〕冯椅：《厚斋易学》，《影印文渊阁四库全书》第 16 册。

G

〔宋〕葛胜仲：《丹阳集》，《宋集珍本丛刊》第 32 册，北京：线装书局，2004 年。
〔宋〕龚明之：《中吴纪闻》，上海：商务印书馆，1936 年。
〔宋〕桂万荣：《棠阴比事》，四部丛刊续编本。
〔宋〕郭祥正：《青山续集》，《影印文渊阁四库全书》第 1116 册。
国家图书馆善本金石组编：《宋代石刻文献全编》，北京图书馆出版社，2003 年。

H

〔宋〕韩琦撰，李之亮、徐正英笺注：《安阳集编年笺注》，成都：巴蜀书社，2000 年。
〔宋〕韩元吉：《南涧甲乙稿》，上海：商务印书馆，1936 年。
〔宋〕洪迈：《容斋随笔》，上海古籍出版社，1978 年。
〔宋〕洪迈撰，何卓点校：《夷坚志》，北京：中华书局，1981 年。

〔宋〕洪适：《盘洲文集》，《宋集珍本丛刊》第45册，北京：线装书局，2004年。
〔宋〕胡宏著，吴仁华点校：《胡宏集》，北京：中华书局，1987年。
〔宋〕胡铨：《澹庵文集》，《影印文渊阁四库全书》第1137册。
〔宋〕胡寅：《斐然集》，《影印文渊阁四库全书》第1137册。
〔宋〕胡瑗：《周易口义》，《影印文渊阁四库全书》第8册。
〔宋〕胡仔纂集，廖德明校点：《苕溪渔隐丛话》，北京：人民文学出版社，1962年。
〔宋〕黄榦：《勉斋先生黄文肃公文集》，《北京图书馆古籍珍本丛刊》第90册。
〔明〕黄淮、杨士奇等编：《历代名臣奏议》，台北：学生书局，1985年。
〔宋〕黄庶：《伐檀集》，《影印文渊阁四库全书》第1092册。
〔宋〕黄庭坚著，刘琳、李勇先、王蓉贵校点：《黄庭坚全集》，成都：四川大学出版社，2001年。
〔清〕黄宗羲著，全祖望补修，陈金生、梁运华点校：《宋元学案》，北京：中华书局，1986年。

J

〔宋〕姜夔：《白石道人诗集》，上海：商务印书馆，1936年。
〔宋〕江少虞：《宋朝事实类苑》，上海古籍出版社，1981年。
〔宋〕江休复：《嘉祐杂志》，《影印文渊阁四库全书》第1036册。

K

〔宋〕孔平仲：《谈苑》，《影印文渊阁四库全书》第1037册。

L

黎翔凤撰，梁运华整理：《管子校注》，北京：中华书局，2004年。
〔宋〕黎靖德编，王星贤点校：《朱子语类》，北京：中华书局，1986年。
〔宋〕李昌龄：《乐善录》，〔元〕陶宗仪等编《说郛三种》（宛委山堂本），上海古籍出版社，1988年。
〔宋〕李纲著，王瑞明点校：《李纲全集》，长沙：岳麓书社，2004年。
〔宋〕李觏：《李觏集》，北京：中华书局，1981年。
〔宋〕李光：《读易详说》，《影印文渊阁四库全书》第10册。
〔宋〕李光：《庄简集》，《宋集珍本丛刊》第33—34册，北京：线装书局，2004年。
〔宋〕李诫：《营造法式》，上海：商务印书馆，1933年。

〔唐〕李林甫等撰，陈仲夫点校：《唐六典》，北京：中华书局，1992 年。

〔唐〕李隆基注，〔宋〕邢昺疏：《孝经注疏》，〔清〕阮元校刻《十三经注疏》，北京：中华书局，1980 年。

〔宋〕李弥逊：《筠溪集》，《影印文渊阁四库全书》第 1130 册。

〔宋〕李清照著，徐培均笺注：《李清照集笺注》，上海古籍出版社，2002 年。

〔宋〕李焘：《续资治通鉴长编》，北京：中华书局，1995 年。

〔宋〕李新：《跨鳌集》，《影印文渊阁四库全书》第 1124 册。

〔宋〕李心传撰，徐规点校：《建炎以来朝野杂记》，北京：中华书局，2000 年。

〔宋〕李心传：《建炎以来系年要录》，北京：中华书局，1956 年。

〔宋〕李昭玘：《乐静先生李公文集》，《宋集珍本丛刊》第 27 册，北京：线装书局，2004 年。

〔宋〕李中正：《泰轩易传》，《续修四库全书》第 2 册，上海古籍出版社，2002 年。

〔宋〕李廌：《济南集》，《宋集珍本丛刊》第 30 册，北京：线装书局，2004 年。

〔宋〕李之仪：《姑溪居士全集》，上海：商务印书馆，1937 年。

〔宋〕林表民编：《赤城集》，《影印文渊阁四库全书》第 1356 册。

〔宋〕林光朝：《艾轩先生文集》，《宋集珍本丛刊》第 44 册，北京：线装书局，2004 年。

〔宋〕林駉：《古今源流至论》，上海古籍出版社，1992 年。

〔宋〕林栗：《周易经传集解》，《影印文渊阁四库全书》第 12 册。

〔宋〕林之奇：《尚书全解》，济南：山东友谊书社，1992 年。

〔宋〕刘攽：《彭城集》，上海：商务印书馆，1935 年。

〔后晋〕刘昫等：《旧唐书》，北京：中华书局，1975 年。

〔宋〕刘克庄：《后村先生大全集》，四部丛刊初编本。

〔宋〕刘跂：《学易集》，《影印文渊阁四库全书》第 1121 册。

〔宋〕刘清之：《戒子通录》，《影印文渊阁四库全书》第 703 册。

〔汉〕刘向：《说苑》，四部丛刊初编本。

〔汉〕刘向：《古列女传》，上海：商务印书馆，1936 年。

〔宋〕刘弇：《龙云集》，《影印文渊阁四库全书》第 1119 册。

〔宋〕刘一清：《钱塘遗事》，《影印文渊阁四库全书》第 408 册。

〔宋〕刘一止：《苕溪集》，《宋集珍本丛刊》第 34 册，北京：线装书局，2004 年。

〔宋〕刘宰：《漫塘文集》，《宋集珍本丛刊》第 72 册，北京：线装书局，2004 年。

〔宋〕刘挚撰，裴汝诚、陈晓平点校：《忠肃集》，北京：中华书局，2002 年。

〔宋〕柳开：《河东柳仲涂先生文集》，《宋集珍本丛刊》第 1 册，北京：线装书局，2004 年。
〔宋〕楼钥：《攻媿集》，上海：商务印书馆，1935 年。
〔宋〕陆佃：《陶山集》，上海：商务印书馆，1935 年。
〔宋〕陆九渊著，钟哲点校：《陆九渊集》，北京：中华书局，1980 年。
〔宋〕陆游：《陆游集》，北京：中华书局，1976 年。
〔宋〕罗大经撰，王瑞来点校：《鹤林玉露》，北京：中华书局，1983 年。
〔宋〕罗愿：《鄂州小集》，上海：商务印书馆，1935 年。
〔宋〕吕大钧：《吕氏乡约》，《续修四库全书》第 934 册，上海古籍出版社，2002 年。
〔宋〕吕南公：《灌园集》，《影印文渊阁四库全书》第 1123 册。
〔宋〕吕陶：《净德集》，上海：商务印书馆，1935 年。
〔宋〕吕祖谦：《大事记解题》，黄灵庚、吴战垒主编《吕祖谦全集》第 8 册，杭州：浙江古籍出版社，2008 年。
〔宋〕吕祖谦：《东莱吕太史别集》，黄灵庚、吴战垒主编《吕祖谦全集》第 1 册，杭州：浙江古籍出版社，2008 年。
〔宋〕吕祖谦：《少仪外传》，上海：商务印书馆，1936 年。

M

〔宋〕马纯：《陶朱新录》，《影印文渊阁四库全书》第 1047 册。
〔元〕马端临：《文献通考》，北京：中华书局，1986 年。
〔宋〕马廷鸾：《碧梧玩芳集》，《影印文渊阁四库全书》第 1187 册。
〔宋〕毛滂：《东堂集》，《影印文渊阁四库全书》第 1123 册。
〔宋〕梅尧臣著，朱东润编年校注：《梅尧臣集编年校注》，上海古籍出版社，1980 年。
〔宋〕孟元老撰，邓之诚注：《东京梦华录注》，北京：中华书局，1982 年。
〔宋〕慕容彦逢：《摛文堂集》，《影印文渊阁四库全书》第 1123 册。

O

〔宋〕欧阳修著，李逸安点校：《欧阳修全集》，北京：中华书局，2001 年。
〔宋〕欧阳修、宋祁：《新唐书》，北京：中华书局，1975 年。

P

〔宋〕潘良贵：《潘默成公文集》，《宋集珍本丛刊》第 40 册，北京：线装书局，

2004 年。
〔宋〕彭乘著，孔凡礼点校：《墨客挥犀》，北京：中华书局，2002 年。

Q

〔宋〕钱可责修，郑瑶、方仁荣纂：《景定严州续志》，《宋元方志丛刊》第 5 册，北京：中华书局，1990 年。
〔宋〕潜说友：《咸淳临安志》，《宋元方志丛刊》第 4 册，北京：中华书局，1990 年。

S

〔宋〕司马光：《易说》，上海：商务印书馆，1936 年。
〔宋〕司马光：《家范》，《影印文渊阁四库全书》第 696 册。
〔宋〕司马光：《司马氏书仪》，上海：商务印书馆，1936 年。
〔宋〕司马光：《司马文正公传家集》，上海：商务印书馆，1937 年。
〔宋〕司马光：《资治通鉴》，北京：中华书局，1956 年。
〔明〕宋濂等：《元史》，北京：中华书局，1976 年。
〔宋〕宋祁：《景文集》，上海：商务印书馆，1936 年。
〔宋〕苏轼撰，孔凡礼点校：《苏轼文集》，北京：中华书局，1986 年。
〔宋〕苏轼：《苏氏易传》，曾枣庄、舒大刚主编《三苏全书》第 1 册，北京：语文出版社，2001 年。
〔宋〕苏轼：《东坡书传》，曾枣庄、舒大刚主编《三苏全书》第 2 册，北京：语文出版社，2001 年。
〔宋〕苏颂著，王同策等点校：《苏魏公文集》，北京：中华书局，1988 年。
〔宋〕苏辙著，陈宏天、高秀芳点校：《苏辙集》，北京：中华书局，1990 年。
〔宋〕孙觌：《南兰陵孙尚书大全文集》，《宋集珍本丛刊》第 35 册，北京：线装书局，2004 年。
〔宋〕孙应时：《烛湖集》，《影印文渊阁四库全书》第 1166 册。
〔宋〕邵伯温撰，李剑雄、刘德权点校：《邵氏闻见录》，北京：中华书局，1983 年。
〔宋〕邵雍：《皇极经世书》，《影印文渊阁四库全书》第 803 册。
〔宋〕沈遘：《西溪集》，《影印文渊阁四库全书》第 1097 册。
〔宋〕沈括：《长兴集》，四部丛刊三编本。
〔宋〕沈辽：《云巢编》，《影印文渊阁四库全书》第 1117 册。
〔清〕申时行、赵用贤等纂修：《大明会典》，明万历间司礼监刻本。

〔宋〕沈作宾修，施宿等纂：《嘉泰会稽志》，《宋元方志丛刊》第7册，北京：中华书局，1990年。
〔宋〕史浩：《鄮峰真隐漫录》，《宋集珍本丛刊》第42—43册，北京：线装书局，2004年。
〔宋〕石介著，陈植锷点校：《徂徕石先生文集》，北京：中华书局，1984年。
〔宋〕史能之纂修：《咸淳毗陵志》，《宋元方志丛刊》第3册，北京：中华书局，1990年。
〔宋〕舒岳祥：《阆风集》，《影印文渊阁四库全书》第1187册。

T

〔宋〕唐庚：《唐先生文集》，《宋集珍本丛刊》第31册，北京：线装书局，2004年。
唐圭璋编：《全宋词》，北京：中华书局，1965年。
〔清〕唐绍祖等纂：《大清律例》，乾隆三十三年刻本。
〔明〕田汝成：《西湖游览志余》，上海古籍出版社，1980年。
〔元〕脱脱等：《宋史》，北京：中华书局，1977年。

W

〔宋〕汪应辰：《文定集》，上海：商务印书馆，1935年。
〔宋〕汪藻：《浮溪集》，四部丛刊初编本。
〔宋〕王安石著，唐武标校：《王文公文集》，上海人民出版社，1974年。
〔宋〕王安中：《初寮集》，《宋集珍本丛刊》第33册，北京：线装书局，2004年。
〔魏〕王弼注，〔唐〕孔颖达疏：《周易正义》，〔清〕阮元校刻《十三经注疏》，北京：中华书局，1980年。
〔宋〕王称：《东都事略》，《影印文渊阁四库全书》第382册。
〔清〕王夫之：《宋论》，北京：中华书局，1964年。
〔宋〕王珪：《华阳集》，上海：商务印书馆，1935年。
〔宋〕王君玉：《国老谈苑》，《影印文渊阁四库全书》第1037册。
〔宋〕王令著，沈文倬校点：《王令集》，上海古籍出版社，1980年。
〔宋〕王明清：《挥麈录》，上海：商务印书馆，1936年。
〔宋〕王明清：《投辖录》，《影印文渊阁四库全书》第1038册。
〔宋〕王十朋：《宋王忠文公文集》，《宋集珍本丛刊》第43—44册，北京：线装书局，2004年。

〔宋〕王庭珪：《卢溪先生文集》，《宋集珍本丛刊》第34册，北京：线装书局，2004年。
〔宋〕王禹偁：《小畜集》，上海：商务印书馆，1937年。
〔宋〕王之道：《相山集》，《宋集珍本丛刊》第40册，北京：线装书局，2004年。
〔宋〕王之望：《汉滨集》，《影印文渊阁四库全书》第1139册。
〔宋〕王宗传：《童溪易传》，《影印文渊阁四库全书》第17册。
〔宋〕魏了翁：《鹤山先生大全文集》，四部丛刊初编本。
〔宋〕魏了翁：《周易要义》，四部丛刊续编本。
〔宋〕魏泰撰，李裕民点校：《东轩笔录》，北京：中华书局，1983年。
〔宋〕卫湜：《礼记集说》，《影印文渊阁四库全书》第118册。
〔宋〕韦骧：《钱塘集》，《影印文渊阁四库全书》第1097册。
〔宋〕文天祥：《文文山文集》，上海：商务印书馆，1937年。
〔宋〕文同：《新刻石室先生丹渊集》，《宋集珍本丛刊》第9册，北京：线装书局，2004年。
〔宋〕文莹撰，郑世刚、杨立扬点校：《湘山野录》，北京：中华书局，1984年。
〔宋〕吴儆：《竹洲文集》，《宋集珍本丛刊》第46册，北京：线装书局，2004年。
〔宋〕吴自牧：《梦粱录》，上海：商务印书馆，1939年。

X

〔宋〕谢薖：《谢幼槃文集》，《宋集珍本丛刊》第33册，北京：线装书局，2004年。
〔宋〕谢深甫修：《庆元条法事类》，台北：新文丰出版股份有限公司，1976年。
〔宋〕谢逸：《溪堂集》，《宋集珍本丛刊》第31册，北京：线装书局，2004年。
〔宋〕熊克：《中兴小纪》，上海：商务印书馆，1935年。
〔宋〕徐经孙：《宋学士徐文惠公存稿》，《宋集珍本丛刊》第83册，北京：线装书局，2004年。
〔清〕徐松：《宋会要辑稿》，北京：中华书局，1957年。
〔宋〕徐铉：《徐骑省集》，上海：商务印书馆，1937年。
〔宋〕许景衡：《横塘集》，《宋集珍本丛刊》第32册，北京：线装书局，2004年。
〔汉〕许慎撰，〔清〕段玉裁注：《说文解字注》，杭州：浙江古籍出版社，1998年。

Y

〔唐〕颜师古：《匡谬正俗》，上海：商务印书馆，1936年。

〔宋〕杨简：《慈湖诗传》，《影印文渊阁四库全书》第73册。
〔宋〕杨简：《杨氏易传》，《影印文渊阁四库全书》第14册。
〔宋〕杨杰：《无为集》，《宋集珍本丛刊》第15册，北京：线装书局，2004年。
〔宋〕杨时：《龟山先生全集》，《宋集珍本丛刊》第29册，北京：线装书局，2004年。
〔宋〕杨万里：《诚斋集》，四部丛刊初编本。
〔宋〕杨万里：《诚斋易传》，上海：商务印书馆，1935年。
〔宋〕姚勉：《雪坡舍人集》，《宋集珍本丛刊》第86册，北京：线装书局，2004年。
〔宋〕叶梦得：《避暑录话》，上海：商务印书馆，1939年。
〔宋〕叶梦得：《石林居士建康集》，《宋集珍本丛刊》第32册，北京：线装书局，2004年。
〔宋〕叶适著，刘公纯等点校：《叶适集》，北京：中华书局，1961年。
〔元〕佚名：《宋史全文》，《影印文渊阁四库全书》第330—331册。
〔宋〕佚名编，汝企和点校：《续编两朝纲目备要》，北京：中华书局，1995年。
〔宋〕应俊辑补：《琴堂谕俗编》，《影印文渊阁四库全书》第865册。
〔宋〕余靖：《武溪集》，《宋集珍本丛刊》第3册，北京：线装书局，2004年。
〔宋〕喻良能：《香山集》，《宋集珍本丛刊》第56册，北京：线装书局，2004年。
〔宋〕俞琰：《周易集说》，《影印文渊阁四库全书》第21册。
〔宋〕袁采：《袁氏世范》，〔清〕鲍廷博辑《知不足斋丛书》第14集，北京：中华书局，1999年。
〔宋〕袁甫：《蒙斋中庸讲义》，《影印文渊阁四库全书》第199册。
〔宋〕袁甫：《蒙斋集》，上海：商务印书馆，1936年。
〔宋〕袁说友：《东塘集》，《宋集珍本丛刊》第64册，北京：线装书局，2004年。
〔宋〕袁燮：《絜斋集》，上海：商务印书馆，1935年。
〔宋〕袁文撰，李伟国点校：《瓮牖闲评》，北京：中华书局，2007年。

Z

〔宋〕曾巩撰，陈杏珍、晁继周点校：《曾巩集》，北京：中华书局，1984年。
〔宋〕曾敏行著，朱杰人标校：《独醒杂志》，上海古籍出版社，1986年。
〔宋〕曾协：《云庄集》，《影印文渊阁四库全书》第1140册。
曾枣庄、刘琳主编：《全宋文》，上海辞书出版社、合肥：安徽教育出版社，2006年。
〔宋〕邹浩：《道乡先生邹忠公文集》，《宋集珍本丛刊》第31册，北京：线装书局，2004年。

〔唐〕长孙无忌等撰，刘俊文点校：《唐律疏议》，北京：中华书局，1983 年。

〔宋〕张端义：《贵耳集》，上海：商务印书馆，1937 年。

〔宋〕张方平：《乐全先生文集》，《宋集珍本丛刊》第 6 册，北京：线装书局，2004 年。

〔宋〕张纲：《华阳集》，《宋集珍本丛刊》第 38 册，北京：线装书局，2004 年。

〔宋〕张淏纂修：《宝庆会稽续志》，《宋元方志丛刊》第 7 册，北京：线装书局，1990 年。

〔宋〕张九成：《横浦集》，《影印文渊阁四库全书》第 1138 册。

〔宋〕张浚：《紫岩易传》，《影印文渊阁四库全书》第 10 册。

〔宋〕张扩：《东窗集》，《影印文渊阁四库全书》第 1129 册。

〔宋〕张耒撰，李逸安等点校：《张耒集》，北京：中华书局，1990 年。

〔宋〕张栻著，杨世文、王蓉贵点校：《张栻全集》，长春出版社，1999 年。

〔宋〕张守：《毗陵集》，上海：商务印书馆，1935 年。

〔宋〕张世南撰，张茂鹏点校：《游宦纪闻》，北京：中华书局，1981 年。

〔宋〕张孝祥著，徐鹏校点：《于湖居士文集》，上海古籍出版社，1980 年。

〔元〕张铉纂修：《至正金陵新志》，《宋元方志丛刊》第 6 册，北京：中华书局，1990 年。

〔清〕张玉书等编：《佩文韵府》，上海：商务印书馆，1937 年。

〔宋〕张载：《张子全书》，上海：商务印书馆，1935 年。

〔宋〕张镃：《南湖集》，〔清〕鲍廷博辑《知不足斋丛书》第 8 集，北京：中华书局，1999 年。

〔宋〕张镃：《仕学规范》，《影印文渊阁四库全书》第 875 册。

〔宋〕张仲文：《白獭髓》，上海：商务印书馆，1939 年。

〔宋〕章如愚：《群书考索》，北京：书目文献出版社，1992 年。

〔宋〕赵抃：《赵清献公文集》，《宋集珍本丛刊》第 6 册，北京：线装书局，2004 年。

〔宋〕赵鼎：《忠正德文集》，《影印文渊阁四库全书》第 1128 册。

〔宋〕赵鼎臣：《竹隐畸士集》，《影印文渊阁四库全书》第 1124 册。

〔宋〕赵蕃：《淳熙稿》，上海：商务印书馆，1935 年。

〔宋〕赵令畤撰，孔凡礼点校：《侯鲭录》，北京：中华书局，2002 年。

〔汉〕赵岐注，〔宋〕孙奭疏：《孟子注疏》，〔清〕阮元校刻《十三经注疏》，北京：中华书局，1980 年。

〔宋〕赵汝楳：《周易辑闻》，《影印文渊阁四库全书》第 19 册。

〔宋〕赵汝愚编：《宋朝诸臣奏议》，上海古籍出版社，1999年。
〔宋〕赵善璙：《自警编》，《影印文渊阁四库全书》第875册。
〔清〕赵翼著，王树民校正：《廿二史札记校正》，北京：中华书局，1984年。
〔宋〕真德秀：《大学衍义》，济南：山东友谊书社，1991年。
〔宋〕真德秀：《西山读书记》，《影印文渊阁四库全书》第705—706册。
〔宋〕真德秀：《西山先生真文忠公文集》，四部丛刊初编本。
〔宋〕真德秀：《政经》，《影印文渊阁四库全书》第706册。
〔宋〕郑刚中：《周易窥余》，《影印文渊阁四库全书》第11册。
〔宋〕郑汝谐：《易翼传》，《影印文渊阁四库全书》第18册。
〔唐〕郑氏：《女孝经》，〔元〕陶宗仪等编《说郛三种》（宛委山堂本），上海古籍出版社，1988年。
〔宋〕郑侠：《西塘先生文集》，《宋集珍本丛刊》第24册，北京：线装书局，2004年。
〔宋〕郑獬：《郧溪集》，《宋集珍本丛刊》第15册，北京：线装书局，2004年。
〔宋〕郑兴裔：《郑忠肃奏议遗集》，《影印文渊阁四库全书》第1140册。
〔汉〕郑玄注，〔唐〕贾公彦疏：《仪礼注疏》，〔清〕阮元校刻《十三经注疏》，北京：中华书局，1980年。
〔汉〕郑玄注，〔唐〕孔颖达疏：《礼记正义》，〔清〕阮元校刻《十三经注疏》，北京：中华书局，1980年。
〔宋〕仲并：《浮山集》，《宋集珍本丛刊》第42册，北京：线装书局，2004年。
〔宋〕周必大：《周益公文集》，《宋集珍本丛刊》第48—51册，北京：线装书局，2004年。
〔宋〕周辉撰，刘永翔校注：《清波杂志校注》，北京：中华书局，1994年。
〔宋〕周密：《武林旧事》，北京：中华书局，1991年。
〔宋〕周行己：《浮沚集》，《敬乡楼丛书》第3辑，1931年。
〔宋〕朱长文：《易经解》，《续修四库全书》第1册，上海古籍出版社，2002年。
〔宋〕朱熹撰，朱杰人等主编：《朱子全书》，上海古籍出版社、合肥：安徽教育出版社，2002年。
〔宋〕朱翌：《灊山集》，《知不足斋丛书》第18集，北京：中华书局，1999年。
〔宋〕朱彧撰，李伟国点校：《萍洲可谈》，北京：中华书局，2007年。
〔宋〕朱震：《汉上易传》，四部丛刊续编本。

二、出土文献

陈伯泉：《江西出土墓志选编》，南昌：江西教育出版社，1991 年。

宿白：《白沙宋墓》，北京：文物出版社，2002 年。

中国文物研究所、河南省文物研究所编：《新中国出土墓志·河南（壹）》，北京：文物出版社，1994 年。

中国文物研究所、陕西省古籍整理办公室编：《新中国出土墓志·陕西（壹）》，北京：文物出版社，2000 年。

三、图像

浙江大学中国古代书画研究中心编：《宋画全集》第一卷，杭州：浙江大学出版社，2010 年。

浙江大学中国古代书画研究中心编：《宋画全集》第六卷，杭州：浙江大学出版社，2008 年。

中国历代名画集编辑委员会编：《中国历代名画集·故宫博物院所藏（台北）》第二卷，北京：人民美术出版社，1989 年。

四、今人专著

1. 国外学者专著

[加] 阿尔维托·曼古埃尔（Alberto Manguel）著，吴昌杰译：《阅读史》，北京：商务印书馆，2002 年。

[美] 爱德华·罗斯（Edward Alsworth Ross）著，秦志勇、毛永政译：《社会控制》，北京：华夏出版社，1989 年。

[美] 艾梅兰（Maram Epstein）著，罗琳译：《竞争的话语：明清小说中的正统性、本真性及所生成之意义》，南京：江苏人民出版社，2005 年。

[美] 白凯（Kathryn Bernhardt）：《中国的妇女与财产：960—1949 年》，上海书店出版社，2003 年。

[美] 包弼德（Peter K.Bol）著，刘宁译：《斯文：唐宋思想的转型》，南京：江苏人民出版社，2001 年。

[美] 贝尔·胡克斯（Bell Hooks）著，晓征、平林译：《女权主义理论：从边缘到中心》，南京：江苏人民出版社，2001 年。

[英] 彼得·伯克（Peter Burke）著，姚朋等译：《历史学与社会理论》，上海人民出版社，2001 年。

[美] 成中英：《论中西哲学精神》，北京：东方出版中心，1991 年。

[加] 大卫·切尔（David Cheal）著，彭铟旎译：《家庭生活的社会学》，北京：中华书局，2005 年。

[日] 大泽正昭：《唐宋时代の家族·婚姻·女性——妇は强く》，东京：明石书店，2005 年。

[美] 戴仁柱（Richard L. Davis）著，刘晓译：《十三世纪中国政治与文化危机》，北京：中国广播电视出版社，2003 年。

[美]D·布迪（Derke Bodde）、C·莫里斯（Clarence Morris）著，朱勇译：《中华帝国的法律》，南京：江苏人民出版社，2003 年。

[美] 菲利普·津巴多（Zimbardo, P. G.）、迈克尔·利佩（Leippe, M. R.）著，邓羽等译：《态度改变与社会影响》，北京：人民邮电出版社，2008 年。

[美] 费侠莉（Charlotte Furth）著，甄橙主译：《繁盛之阴——中国医学史中的性(960—1665)》，南京：江苏人民出版社，2006 年。

[美] 高彦颐（Dorothy Ko）著，李志生译：《闺塾师：明末清初江南的才女文化》，南京：江苏人民出版社，2005 年。

[美] 黄宗智：《法典、习俗与司法实践：清代与民国的比较》，上海书店出版社，2003 年。

[美] 杰克·D. 道格拉斯（J. D. Douglas）等著，张宁等译：《越轨社会学概论》，石家庄：河北人民出版社，1987 年。

[美] 卡拉·亨德森（Karla A. Henderson）等著，刘耳等译：《女性休闲——女性主义的视角》，昆明：云南人民出版社，2000 年。

[英] 坎迪达·马奇（Candida March）等著，社会性别意识资源小组译：《社会性别分析框架指南》，香港乐施会，2000 年。

[美] 理安·艾斯勒（Riane Eisler）著，程志民译：《圣杯与剑——“男女之间的战争”》，北京：社会科学文献出版社，1995 年。

[美] 刘子健著，赵冬梅译：《中国转向内在——两宋之际的文化内向》，南京：江苏人民出版社，2002 年。

[美] 罗伯特·麦克艾文（Mcelvaine, R. S.）著，王祖哲译：《夏娃的种子：重读两

性对抗的历史》，上海人民出版社，2005年。

[美]马克梦（Keith McMahon）著，王维东、杨彩霞译：《吝啬鬼、泼妇、一夫多妻者——十八世纪中国小说中的性与男女关系》，北京：人民文学出版社，2001年。

[德]马克斯·韦伯（Max Weber）著，康乐、简惠美译：《中国的宗教》，桂林：广西师范大学出版社，2004年。

[德]马克斯·韦伯著，顾忠华译：《社会学的基本概念》，桂林：广西师范大学出版社，2005年。

[英]玛丽·沃斯通克拉夫特（Mary Wollstonecraft）著，王蓁译：《女权辩护》，北京：商务印书馆，1995年。

[美]曼素恩（Susan Mann）著，定宜庄、颜宜葳译：《缀珍录——十八世纪及其前后的中国妇女》，南京：江苏人民出版社，2005年。

[美]梅里·E.威斯纳-汉克斯（Merry E. Wiesner-Hanks）著，何开松译：《历史中的性别》，北京：东方出版社，2003年。

[法]米歇尔·福柯（Michel Foucault）著，莫伟民译：《词与物——人文科学考古学》，上海三联书店，2001年。

[法]米歇尔·福柯著，畲碧平译：《性经验史》，上海人民出版社，2002年。

[法]让·卡泽纳弗（Jean Cazeneuve）著，杨捷译：《社会学十大概念》，上海人民出版社，2003年。

[美]史蒂文·塞德曼（Steve Seidman）编，吴世雄等译：《后现代转向：社会理论的新视角》，沈阳：辽宁教育出版社，2001年。

[美]泰勒（S. E. Taylor）等著，谢晓非等译：《社会心理学》（第10版），北京大学出版社，2004年。

[美]田浩（Hoyt Cleveland Tillman）：《朱熹的思维世界》，西安：陕西师范大学出版社，2002年。

[美]田浩编，杨立华、吴艳红等译：《宋代思想史论》，北京：社会科学文献出版社，2003年。

[美]沃尔特·李普曼（Walter Lippmann）著，阎克文、江红译：《公众舆论》，上海人民出版社，2002年。

[法]西蒙娜·德·波伏娃（Simone de Beauvoir）著，陶铁柱译：《第二性》（全译本），北京：中国书籍出版社，1998年。

[法]谢和耐（Jacques Gernet）著，刘东译：《蒙元入侵前夜的中国日常生活》，南

京：江苏人民出版社，1998年。
[美]伊恩·罗伯逊（Ian Robertson）著，黄育馥译：《社会学》，北京：商务印书馆，1990年。
[美]伊沛霞（Patricia Ebrey）著，胡志宏译：《内闱：宋代的婚姻和妇女生活》，南京：江苏人民出版社，2004年。
[美]余英时：《中国知识阶层史论（古代篇）》，台北：联经出版事业公司，1984年。
[美]余英时：《士与中国文化》，上海人民出版社，2003年。
[美]余英时：《朱熹的历史世界：宋代士大夫政治文化的研究》，北京：生活·读书·新知三联书店，2004年。
[英]约翰·麦克因斯（John MacInnes）著，黄菡、周丽华译：《男性的终结》，南京：江苏人民出版社，2002年。
[日]滋贺秀三著，张建国、李力译：《中国家族法原理》，北京：法律出版社，2003年。

2. 中国港台地区学者专著

戴炎辉：《中国法制史》，台北：三民书局，1966年。
费丝言：《由典范到规范：从明代贞节烈女的辨识与流传看贞节观念的严格化》，台北：台大出版委员会，1998年。
高达观：《中国家族社会之演变》，台北：九思出版社，1978年。
黄宽重：《南宋史研究集》，台北：新文丰出版有限公司，1985年。
黄宽重：《宋代的家族与社会》，北京：国家图书馆出版社，2009年。
李贞德：《公主之死：你所不知道的中国法律史》，北京：生活·读书·新知三联书店，2008年。
梁其姿：《施善与教化——明清的慈善组织》，石家庄：河北教育出版社，2001年。
刘静贞：《不举子：宋人的生育问题》，台北：稻香出版社，1998年。
庞德新：《宋代两京市民生活》，香港：龙门书店有限公司，1974年。
彭利芸：《宋代婚俗研究》，台北：新文丰出版股份有限公司，1988年。
钱穆：《朱子新学案》，成都：巴蜀书社，1986年。
宋代官箴研读会编：《宋代社会与法律——〈名公书判清明集〉讨论》，台北：东大图书公司，2001年。
陶晋生：《北宋士族：家族·婚姻·生活》，台北："中央"研究院历史语言研究所，2001 年。
王晴佳、古伟瀛：《后现代与历史学》，济南：山东大学出版社，2003 年。
王德毅：《宋代灾荒的救济政策》，台北："中国"学术著作奖助委员会，1970 年。
徐复观：《中国思想史论集续篇》，上海书店出版社，2004 年。
游惠远：《宋代民妇的角色与地位》，台北：新文丰出版股份有限公司，1998 年。
游惠远：《宋元之际妇女地位的变迁》，台北：新文丰出版股份有限公司，2003 年。

3. 中国大陆地区学者专著

C

蔡方鹿：《程颢程颐与中国文化》，贵阳：贵州人民出版社，1996 年。
曹大为：《中国古代女子教育》，北京师范大学出版社，1996 年。
陈高佣等编：《中国历代天灾人祸表》，上海书店，1986 年。
陈东原：《中国妇女生活史》，上海：商务印书馆，1937 年。
陈顾远：《中国古代婚姻史》，上海：商务印书馆，1929 年。
陈顾远：《中国法制史》，北京：商务印书馆，1959 年。
陈来：《宋明理学》，上海：华东师范大学出版社，2004 年。
陈鹏：《中国婚姻史稿》，北京：中华书局，1990 年。
陈寅恪：《柳如是别传》，上海古籍出版社，1980 年。
陈寅恪：《元白诗笺证稿》，北京：生活·读书·新知三联书店，2001 年。
程树德：《九朝律考》，北京：中华书局，2003 年。

D

邓小南主编：《唐宋女性与社会》，上海辞书出版社，2003 年。
邓小南：《祖宗之法：北宋前期政治述略》，北京：生活·读书·新知三联书店，2006 年。
邓云特：《中国救荒史》，上海：商务印书馆，1937 年。
定宜庄：《满族妇女生活与婚姻制度研究》，北京大学出版社，1999 年。
董家遵著，卞恩才整理：《中国古代婚姻史研究》，广州：广东人民出版社，1995 年。
杜芳琴主编：《发现妇女的历史——中国妇女史论集》，天津社会科学院出版社，1996 年。
杜芳琴：《妇女学和妇女史的本土探索——社会性别视角和跨学科视野》，天津人民出版社，2002 年。
段塔丽：《唐代妇女地位研究》，北京：人民出版社，2000 年。

F

费孝通：《乡土中国·生育制度》，北京大学出版社，1998 年。

G

高世瑜：《唐代妇女》，西安：三秦出版社，1988 年。
葛荃：《权力宰制理性——士人、传统政治文化与中国社会》，天津：南开大学出版社，2003 年。
葛兆光：《七世纪至十九世纪中国的知识、思想与信仰》，《中国思想史》第二卷，上海：复旦大学出版社，2001 年。
郭东旭：《宋代法制研究》，保定：河北大学出版社，2000 年。
郭松义：《伦理与生活——清代的婚姻关系》，北京：商务印书馆，2000 年。

H

何忠礼：《科举与宋代社会》，北京：商务印书馆，2006 年。
侯外庐等主编：《宋明理学史》，北京：人民出版社，1984 年。
胡文楷：《历代妇女著作考》，上海古籍出版社，1985 年。

L

李伯重：《多视角看江南经济史（1250—1850）》，北京：生活·读书·新知三联书店，2003 年。
李宏图、王加丰选编：《表象的叙述——新社会文化史》，上海三联书店，2003 年。
李小江等主编：《批判与重建》，北京：生活·读书·新知三联书店，2000 年。
李小江等：《历史、史学与性别》，南京：江苏人民出版社，2002 年。
李小江：《女性 / 性别的学术问题》，济南：山东人民出版社，2005 年。
李学勤：《周易溯源》，成都：巴蜀书社，2006 年。
李银河主编：《妇女：最漫长的革命：当代西方女权主义理论精选》，北京：生活·读书·新知三联书店，1997 年。
李银河：《女性主义》，济南：山东人民出版社，2005 年。
李致忠：《宋版书叙录》，北京：书目文献出版社，1994 年。

梁启超：《中国历史研究法》，上海古籍出版社，1998 年。
梁治平：《清代习惯法：社会与国家》，北京：中国政法大学出版社，1996 年。
梁治平编：《法律的文化解释》，北京：生活·读书·新知三联书店，1998 年。
刘达临：《性与中国文化》，北京：人民出版社，1999 年。
刘建明等：《舆论学概论》，北京：中国传媒大学出版社，2009 年。
刘俊文：《唐律疏议笺解》，北京：中华书局，1996 年。
刘玉安主编：《西方社会学史》，济南：山东大学出版社，1993 年。
刘泽华：《先秦士人与社会》，天津人民出版社，2004 年。
鲁迅：《中国小说史略》，上海古籍出版社，1998 年。

M

马小红：《礼与法：法的历史连接》，北京大学出版社，2004 年。
苗春德主编：《宋代教育》，开封：河南大学出版社，1992 年。
闵家胤主编：《阳刚与阴柔的变奏：两性关系和社会模式》，北京：中国社会科学出版社，1995 年。

P

庞朴著，刘贻群编：《庞朴文集》，济南：山东大学出版社，2005 年。

Q

漆侠：《宋学的发展和演变》，保定：河北人民出版社，2002 年。
钱大群：《唐律研究》，北京：法律出版社，2000 年。
瞿同祖：《中国法律与中国社会》，北京：中华书局，2003 年。

S

苏者聪：《宋代女性文学》，武汉大学出版社，1997 年。
沈海梅：《明清云南妇女生活研究》，昆明：云南教育出版社，2001 年。
史凤仪：《中国古代的婚姻与家庭》，武汉：湖北人民出版社，1987 年。
史凤仪：《中国古代的家族与身份》，北京：社会科学文献出版社，1999 年。
舒红霞：《女性·审美·文化——宋代女性文学研究》，北京：人民出版社，2004 年。

T

谈大正：《性文化与法》，上海人民出版社，1998 年。

陶毅、明欣：《中国婚姻家庭制度史》，北京：东方出版社，1994 年。
田家英：《中国妇女生活史话》，北京：中国妇女出版社，1982 年。
铁爱花：《宋代士人阶层女性研究》，北京：人民出版社，2011 年。

W

王玉波：《中国家长制家庭制度史》，天津社会科学院出版社，1989 年。
王跃生：《清代中期婚姻冲突透析》，北京：社会科学文献出版社，2003 年。
王曾瑜：《锱铢编》，保定：河北大学出版社，2006 年。
王曾瑜：《涓埃编》，保定：河北大学出版社，2008 年。
王曾瑜：《丝毫编》，保定：河北大学出版社，2009 年。
王曾瑜：《点滴编》，保定：河北大学出版社，2010 年。
王曾瑜：《宋朝阶级结构》（增订版），北京：中国人民大学出版社，2010 年。
王政、杜芳琴主编：《社会性别研究选译》，北京：生活·读书·新知三联书店，1998 年。
吴存存：《明清社会性爱风气》，北京：人民文学出版社，2000 年。
吴晗、费孝通等：《皇权与绅权》，上海观察社，1948 年。
吴以宁、顾吉辰：《中国后妃制度研究（唐宋卷）》，上海：华东理工大学出版社，1995 年。

X

夏晓虹：《晚清女性与近代中国》，北京：北京大学出版社，2004 年。
夏晓虹：《晚清文人妇女观（增订本）》，北京：北京大学出版社，2016 年。
邢建国等：《秩序论》，北京：人民出版社，1993 年。
邢铁：《宋代家庭研究》，上海人民出版社，2005 年。
徐扬杰：《中国家族制度史》，北京：人民出版社，1992 年。
薛梅卿：《宋刑统研究》，北京：法律出版社，1997 年。
薛宁兰：《社会性别与妇女权利》，北京：社会科学文献出版社，2008 年。

Y

阎步克：《士大夫政治演生史稿》，北京大学出版社，1996 年。
杨念群等主编：《新史学：多学科对话的图景》，北京：中国人民大学出版社，2003 年。

姚平：《唐代妇女的生命历程》，上海古籍出版社，2004 年。
叶丽娅：《典妻史》，南宁：广西民族出版社、上海文艺出版社，2000 年。
伊永文：《宋代市民生活》，北京：中国社会出版社，1999 年。
余敦康：《内圣外王的贯通——北宋易学的现代阐释》，上海：学林出版社，1997 年。
于光远：《论普遍有闲的社会》，北京：中国经济出版社，2005 年。

Z

曾维刚：《张镃年谱》，北京：人民出版社，2010 年。
张邦炜：《婚姻与社会（宋代）》，成都：四川人民出版社，1989 年。
张邦炜：《宋代皇亲与政治》，成都：四川人民出版社，1993 年。
张邦炜：《宋代婚姻家族史论》，北京：人民出版社，2003 年。
张国刚主编：《家庭史研究的新视野》，北京：生活·读书·新知三联书店，2004 年。
张国刚主编：《中国家庭史》，广州：广东人民出版社，2007 年。
张亮采：《中国风俗史》，北京：生活·读书·新知三联书店，1988 年。
张文：《宋朝民间慈善活动研究》，重庆：西南师范大学出版社，2005 年。
赵凤喈：《中国妇女在法律上之地位》，上海：商务印书馆，1937 年。
赵建伟、张振军：《女性的禁忌：中国古代妇女礼仪的文化审视》，北京：大众文艺出版社，1996 年。
赵世瑜：《狂欢与日常：明清以来的庙会与民间社会》，北京：生活·读书·新知三联书店，2002 年。
周积明、宋德金主编：《中国社会史论》，武汉：湖北教育出版社，2000 年。
朱伯崑：《易学哲学史》，北京：华夏出版社，1995 年。
祝瑞开：《中国婚姻家庭史》，上海：学林出版社，1999 年。
朱瑞熙：《宋代社会研究》，郑州：中州书画社，1983 年。
朱瑞熙等：《辽宋西夏金社会生活史》，北京：中国社会科学出版社，1998 年。

五、论文

1. 国外学者论文

[美] 陈荣捷著，万先法译：《朱熹集新儒学之大成》，《宋史研究集》第 13 辑，台北："国立"编译馆，1981 年。

[日] 大泽正昭著，刘馨珺译：《南宋的裁判与妇女财产权》，《大陆杂志》第101卷第4期，2000年。
[日] 宫则知之：《唐宋社会变革论》，《中国史研究动态》1999年第6期。
[美] 贾志扬（John W.Chaffee）：《从武到文：宋代宗室的婚姻关系》，田余庆主编《庆祝邓广铭教授九十华诞论文集》，石家庄：河北教育出版社，1997年。
[韩] 李瑾明：《宋代社会救济制度的运作和国家权力——以居养院制的变迁为中心》，《中国史研究》2005年第3期。
[美] 刘子健：《刘宰和赈饥：申论南宋儒家的阶级性限制社团发展》，《北京大学学报》1979年第3、4期。
[日] 柳田节子：《宋代妇女的离婚、再嫁与义绝》，田余庆主编《庆祝邓广铭教授九十华诞论文集》，石家庄：河北教育出版社，1997年。
[日] 柳田节子：《南宋时期家产分割中的“女承分”研究》，《中国法制史考证》丙编第3卷《日本学者考证中国法制史重要成果选译》，北京：中国社会科学出版社，2003年。
[美] M. J. 博克瑟：《作为妇女史的女性研究》，《国外社会科学》2003年第5期。
[日] 内藤湖南：《概括的唐宋时代观》，刘俊文主编，黄约瑟译《日本学者研究中国史论著选译》第1卷，北京：中华书局，1992年。
[美] 罗溥洛（Paul Ropp）著，梁其姿译：《明清妇女研究：评介最近有关之英文著作》，《新史学》第2卷第4期，1991年12月。
[美] 孙康宜：《西方性别理论在汉学研究中的运用和创新》，《台大历史学报》第28期，2001年12月。

2. 中国港台地区学者论文

鲍家麟：《阴阳学说与妇女地位》，《汉学研究》第5卷第2期，1987年12月。
陈弱水：《试探唐代妇女与本家的关系》，《“中央”研究院历史语言研究所集刊》第68本第1分，1997年3月。
杜正胜：《传统家族试论（上）》，《大陆杂志》第65卷第2期，1982年。
杜正胜：《传统家族试论（下）》，《大陆杂志》第65卷第3期，1982年。
高明士：《从律令制的演变看唐宋间的变革》，《台大历史学报》第32期，2003年12月。
黄宽重：《宋史研究的重要史料——以大陆地区出土宋人墓志资料为例》，《新史学》第9卷第2期，1998年6月。

黄宽重：《从中央与地方关系互动看宋代基层社会演变》，《历史研究》2005 年第 4 期。

黄嫣梨：《中国传统社会的法律与妇女地位》，《北京大学学报》1997 年第 3 期。

金中枢：《宋代几种社会福利制度——居养院、安济坊、漏泽园》，《宋史研究集》第 18 辑，台北："国立"编译馆，1988 年。

李玉珍：《佛教譬喻文学中的男女美色与情欲——追求美丽的宗教意涵》，《新史学》第 10 卷第 4 期，1999 年 12 月。

李贞德：《超越父系家族的藩篱——台湾地区"中国妇女史研究"(1945—1995)》，《新史学》第 7 卷第 2 期，1996 年 6 月。

李宗焜：《数字卦与阴阳爻》，《"中央"研究院历史语言研究所集刊》第 77 本第 2 分，2006 年 6 月。

刘静贞：《女无外事？——墓志碑铭中所见之北宋士大夫社会秩序理念》，《宋史研究集》第 25 辑，台北："国立"编译馆，1995 年。

刘静贞：《欧阳修笔下的宋代女性——对象、文类与书写期待》，《台大历史学报》第 32 期，2003 年 12 月。

刘增贵：《魏晋南北朝时代的妾》，《新史学》第 2 卷第 4 期，1991 年 12 月。

柳立言：《浅谈宋代妇女的守节与再嫁》，《新史学》第 2 卷第 4 期，1991 年 12 月。

柳立言：《从法律纠纷看宋代的父权家长制——父母舅姑与子女媳妇相争》，《"中央"研究院历史语言研究所集刊》第 69 本第 3 分，1998 年 9 月。

柳立言：《从赵鼎〈家训笔录〉看南宋浙东的一个世家大族》，黄宽重、刘增贵主编《家族与社会》，北京：中国大百科全书出版社，2005 年。

宋晞：《南宋浙东的史学》，《宋史研究集》第 14 辑，台北："国立"编译馆，1983 年。

陶晋生、鲍家麟：《北宋的士族妇女》，《中国妇女史论集》第 4 集，台北：稻香出版社 1995 年。

陶晋生：《北宋妇女的再嫁与改嫁》，《新史学》第 6 卷第 3 期，1995 年 9 月。

王德毅：《宋代的养老与慈幼》，《宋史研究集》第 6 辑，台北："国立"编译馆，1971 年。

王德毅：《关于〈庆元条法事类〉》，《庆元条法事类》，台北：新文丰出版股份有限公司，1976 年。

王德毅：《宋代士大夫的道德观》，《宋史研究集》第 28 辑，台北："国立"编译馆，1998 年。

王德毅：《宋朝士大夫的仁义观——为纪念文天祥诞辰七百七十周年而作》，《台大历史学报》第38期，2006年12月。

徐秉愉：《正位于内——传统社会的妇女》，杜正胜主编《吾土与吾民》，台北：联经出版事业公司，1982年。

徐道邻：《宋朝的刑书》，《宋史研究集》第8辑，台北："国立"编译馆，1976年。

叶汉明：《文化史与香港妇女的研究》，《新史学》第2卷第4期，1991年12月。

游惠远：《从婚姻法比较宋金妇女地位的差异》，《中国历史学会史学集刊》第33期，2001年6月。

袁俐：《宋代女性财产权述论》，《宋史研究集刊》第2辑，杭州：浙江省社联《探索》杂志社增刊，1988年。

张君劢：《中国学术史上汉宋两派之长短得失》，《宋史研究集》第3辑，台北："国立"编译馆，1966年。

郑吉雄：《论易道主刚》，《台大中文学报》第26期，2007年6月。

3. 中国大陆地区学者论文

B

包伟民：《近二十年来的美国宋史研究》，《光明日报》2000年11月3日。

薄洁萍：《社会性别与西方妇女史研究》，《光明日报》2002年8月27日。

C

曹大为：《中国历史上贞节观念的变迁》，《中国史研究》1991年第2期。

常建华：《二十世纪的中国宗族研究》，《历史研究》1999年第5期。

陈广胜：《宋代生子不育风俗的盛行及其原因》，《中国史研究》1989年第1期。

陈勇：《近代早期英国家庭关系研究的新取向》，《武汉大学学报》2002年第1期。

D

邓广铭：《略谈宋学——附说当前国内宋史研究情况》，邓广铭、徐规等主编《宋史研究论文集：一九八四年年会编刊》，杭州：浙江人民出版社，1987年。

邓小南：《宋代士人家族中的妇女——以苏州为例》，《国学研究》第5卷，北京大学出版社，1998年。

邓小南：《近年来宋史研究的新进展》，《中国史研究动态》2004年第9期。

定宜庄：《对美国学者近年来研究中国社会史的回顾》，《中国史研究动态》2000

年第 9 期。

定宜庄：《妇女史与社会性别史研究的史料问题》，《历史研究》2002 年第 6 期。

杜芳琴等：《妇女史与社会性别的启示》，《史学理论研究》2004 年第 3 期。

G

高世瑜：《妇女史研究三议》，《妇女研究论丛》1997 年第 3 期。

高世瑜：《关于妇女史的几点思考》，《历史研究》2002 年第 6 期。

高世瑜：《发现与困惑——新时期中国大陆妇女史研究》，《史学理论研究》2004 年第 3 期。

葛兆光：《严昏晓之节——古代中国关于白天与夜晚观念的思想史分析》，《台大历史学报》第 32 期，2003 年 12 月。

葛兆光：《“唐宋”抑或“宋明”——文化史和思想史研究视域变化的意义》，《历史研究》2004 年第 1 期。

郭松义：《八十年代以来中国大陆婚姻、家庭史研究概述》，[日]《中国史学》第 6 卷，1996 年 12 月。

郭松义：《开展性别史研究需要做大量基础性工作》，《历史研究》2002 年第 6 期。

H

何忠礼：《两宋登科人数考索》，《宋史研究集刊》第 2 辑，杭州：浙江省社联《探索》杂志社增刊，1988 年。

侯宏堂：《阴阳学说的发展历程及其思想意蕴》，《国学研究》第 13 卷，北京大学出版社，2004 年。

胡希伟、郭胜坡：《论〈周易〉休闲哲学的三个维度》，《清华大学学报》2005 年第 3 期。

黄正建：《唐代“士大夫”的特色及其变化——以两〈唐书〉用词为中心》，《中国史研究》2005 年第 3 期。

J

景天魁、罗红光等：《2001：中国社会学前沿报告》，《社会学研究》2002 年第 2 期。

L

李伯重：《问题与希望：有感于中国的妇女史研究》，《历史研究》2002 年第 6 期。

李长莉：《公私领域及私观念的近代演变——以晚清上海为例》，刘泽华、张荣明等《公私观念与中国社会》，北京：中国人民大学出版社，2003 年。

李华瑞：《20 世纪中日“唐宋变革”观研究述评》，《史学理论研究》2003 年第 4 期。

李华瑞：《“唐宋变革论”对国内宋史研究的影响》，《中国史研究》2010 年第 1 期。

李建民：《“妇人媚道”考——传统家庭的冲突与化解方术》，《新史学》第 7 卷第 4 期，1996 年 12 月。

刘军：《美国妇女史学的若干理论问题》，《世界历史》1999 年第 1 期。

刘军：《妇女领域研究述评》，《史学理论研究》1999 年第 2 期。

刘浦江：《宋代宗教的世俗化与平民化》，《中国史研究》2003 年第 2 期。

刘文明：《“新妇女史”在中国大陆的兴起》，《史学理论研究》2003 年第 1 期。

卢建华：《近十年来宋代妇女史研究》，《史学月刊》1996 年第 1 期。

M

马惠娣：《和谐社会和“礼制”——从休闲视域看“礼与休闲的关系”》，《清华大学学报》2005 年第 3 期。

闵冬潮：《从妇女史到性别史的发展》，《世界历史》1994 年第 1 期。

P

彭卫：《近五十年中国古代社会生活史研究述评》，[日]《中国史学》第 6 卷，1996 年 12 月。

Q

屈超立：《从宋代婚姻立法和司法实践看宋代妇女的社会生活》，《国际宋代文化研讨会论文集》，成都：四川大学出版社，1991 年。

S

粟品孝：《宋代士人家庭教育中的母教》，漆侠主编《宋史研究论文集：国际宋史研讨会暨中国宋史研究会第九届年会编刊》，保定：河北大学出版社，2002 年。

商传：《传统史学、新史学与社会性别史》，《历史研究》2002 年第 6 期。

T

铁爱花：《宋代女性阅读活动初探》，《史学月刊》2005 年第 10 期。

铁爱花：《论宋代国家对女性的旌表》，《历史教学》2008 年第 12 期。

铁爱花：《论宋代士人阶层的夫妻关系——秩序规范与实际形态》，《兰州大学学报》2009 年第 1 期。

铁爱花：《宋代家法传播方式探析》，《社科纵横》2009 年第 2 期。

铁爱花：《论宋代女性的赈济活动》，《西北师大学报》2009 年第 4 期。

铁爱花：《妇女史研究拓展须“宽”“深”相济》，《中国社会科学报》第 176 期，2011 年 3 月 31 日。

铁爱花、曾维刚：《旅者与精魅：宋人行旅中情色精魅故事论析——以〈夷坚志〉为中心的探讨》，《中国史研究》2012 年第 1 期。

铁爱花：《宋代女性行旅风险问题探析——以女性行旅遇劫为中心》，《浙江学刊》2015 年第 1 期。

铁爱花：《宋代女性行旅风险问题续探》，《浙江学刊》2016 年第 4 期。

铁爱花：《生计流动：一种宋代女性行旅活动的历史考察》，《苏州大学学报》2018 年第 3 期。

铁爱花：《随亲宦游：一种宋代女性行旅活动的制度与实践考察》，《社会科学战线》2019 年第 6 期。

W

王利华：《中国家庭史国际学术讨论会述评》，《历史研究》2002 年第 6 期。

汪圣铎：《宋代女性享受俸禄考》，《文史》第 64 辑，北京：中华书局，2003 年。

王先明：《近十年中国社会史研究述评》，[日]《中国史学》第 6 卷，1996 年 12 月。

王玉波：《中国家庭史研究刍议》，《历史研究》2000 年第 3 期。

王曾瑜：《宋朝的奴婢、人力、女使和金朝奴隶制》，《文史》第 29 辑，北京：中华书局，1988 年。

王曾瑜：《宋史研究的回顾与展望》，《历史研究》1997 年第 4 期。

X

许曼：《近年来宋代区域社会士人家族妇女研究综述》，《宋史研究通讯》1999 年第 1 期。

许曼：《中国大陆百年宋代妇女史研究回顾》，《宋史研究通讯》2001 年第 2 期。

Y

杨果、廖寅：《宋代“才女”现象初探》，漆侠主编《宋史研究论文集：国际宋史研讨会暨中国宋史研究会第九届年会编刊》，保定：河北大学出版社，2002年。

杨果、铁爱花：《唐宋妇女史研究的深化与突破——评〈唐宋女性与社会〉》，《妇女研究论丛》2004年第4期。

杨果、铁爱花：《从唐宋性越轨法律看女性人身权益的演变》，《中国史研究》2006年第1期。

杨际平：《唐宋时期奴婢制度的变化》，张国刚主编《中国社会历史评论》第4卷，北京：商务印书馆，2002年。

杨一凡：《中华法系研究中的一个重大误区——“诸法合体、民刑不分”说质疑》，《中国社会科学》2002年第6期。

亦平：《美国的中国妇女史研究近况》，《中国典籍与文化》1994年第3期。

裔昭印：《中西妇女史研究的回顾与展望》，《山西师大学报》2000年第4期。

裔昭印：《妇女史研究的兴起与当代史学》，《学术月刊》2002年第3期。

余贵林：《宋代买卖妇女现象初探》，《中国史研究》2000年第3期。

Z

臧健：《中国妇女史研究的回顾》，《中国史研究动态》1993年第2期。

臧健：《宋代南方农村“生子不举”现象之分析》，《中国史研究》1995年第4期。

臧健：《宋代家法与女性》，田余庆主编《庆祝邓广铭教授九十华诞论文集》，石家庄：河北教育出版社，1997年。

臧健：《对宋元家族制度、家法与女性的考察》，《山西师大学报》2000年第2期。

曾宪义、马小红：《中国传统法的结构与基本概念辨正——兼论古代礼与法的关系》，《中国社会科学》2003年第5期。

张邦炜：《“唐宋变革论”的首倡者及其他》，《中国史研究》2010年第1期。

张国刚：《〈佛说诸德福田经〉与中古佛教的慈善事业》，《史学集刊》2003年第2期。

张国刚：《汉唐“家法”观念的演变》，《史学月刊》2005年第5期。

张少瑜：《近年来大陆学者法律史学研究述评》，[日]《中国史学》第5卷，1995年12月。

张希清：《论宋代科举取士之多与冗官问题》，《北京大学学报》1987年第5期。

张星久：《母权与帝制中国的后妃政治》，《武汉大学学报》2003 年第 1 期。
赵世瑜：《再论社会史的概念问题》，《历史研究》1999 年第 2 期。
赵世瑜、邓庆平：《二十世纪中国社会史研究的回顾与思考》，《历史研究》2001 年第 6 期。
郑必俊：《儒学礼教的发展和中国妇女相夫教子的作用》，《中国典籍与文化》1994 年第 3 期。
郑必俊：《两宋官绅家族妇女——千篇墓志铭研究》，《国学研究》第 6 卷，北京大学出版社，1999 年。

初版后记

本书的写作基础是我的博士学位论文。2006年博士毕业后，该选题有幸得到教育部人文社会科学青年基金项目立项，至今已近五年时光。而若从开始接触宋代妇女问题算起，则不觉已近八年。八年的时间，对于人生而言也许如白驹过隙，但对于一本小书，无论如何都不能算短。因而尽管拙著还有许多不尽如人意之处，也只能姑且告一段落。实际上，以此为基础进一步展开新课题的研究，也是我应该努力的事。

拙著将要付梓，我内心却没有多少欣慰，撰写初稿时的兴奋，早已在反复修改的过程中消磨殆尽。但对该课题涉及的一些问题的兴趣却有增无减。也许因为自身是女性的缘故，对于历史中的女性，总希望有一种"了解之同情"，也有欲探其究竟的渴望。然而当我真正开始研究时方发现，想要探其究竟，我必须通过两道难关，其一是文献资料之关，其二是理论方法之关。女性问题的资料碎化、分散，成体系不易，且记载者多为男性，如何从浩如烟海的典籍中尽可能全面地搜集与女性问题相关的资料，并运用相关理论方法，发掘、提炼出具有研究价值的历史问题，在前人研究基础上进一步拓展妇女史研究的空间，是摆在我面前的很大难题。

在爬梳大量正史、文集、墓志、碑刻、儒家经典、法典、笔记、方志、类书等文献资料，梳理前人研究成果，阅读相关理论书籍的基础上，我确定以宋代士人阶层女性作为自己的研究对象。也是在这一阶段及后来的写作和修订过程中，我逐渐认识到，一些妇女史的研究者过于批判历史资料的局限性，忽视了史料作为历史研究的基础价值，在尚未理清历史上女性活动面貌的情况下，一味地试图解构历史，结果导致“只破不立”，这种做法未免过于草率。事实上，无论使用何种方法与理论，“史料”都是认识历史最重要的媒介。故在我看来，妇女史的研究要想真正有所深入，还得靠史料来说话。当然，在掌握一定历史资料的基础上，相关理论方法的使用，会使自己的问题意识更加明显，也会帮助我们发现更有意义的研究课题。在本课题研究的过程中，我发现课题涉及的一些问题还有较大的拓展空间。2009 年与本书相关的宋代女性行旅问题的选题有幸获得国家社会科学基金青年项目立项，也鼓励我在前期研究的基础上进一步深化和拓展。

学术薪火相传。任何一个学者的成长，都离不开为他 / 她提供滋养的学术土壤，离不开为他 / 她传道、授业、解惑的各位恩师。感谢我的硕士导师刘建丽教授，是她引我进入宋史领域，让我得窥治学门径，使我明白学术研究不只靠智慧，还要靠恒心、毅力与坚持。2003 年我有幸进入向以学风谨严著称的百年名校武汉大学攻读博士学位，在美丽的东湖之滨、珞珈山下度过了三年难忘而美好的时光。感谢我的博士导师杨果教授，如果没有她的严格要求以及她对我探索新问题的支持、鼓励和指导，就不会有我的博士论文，更不可能有这本书。在此谨向导师致以衷心的感激。在武大求学的日子里，我有幸聆听朱雷、冻国栋、鲁西奇、何德章、张建民、罗运环、杨华、申万里等诸多先生的教诲，得到诸位先生的关怀。朱雷、冻国栋、鲁西奇三位先生还参加了我的论文答辩，提出了许多宝贵意见。特别是鲁西奇老师给予我关照尤多，鲁老师后来在兰州寒舍对我的教诲与鼓励，更让我终身难忘。武汉大学历史学院举办的各类学术交流活动，也使我有机会见到许多令我景仰的硕学鸿儒，为我开拓学术视野，捕捉学术信息，提供了难得的机会。毫无疑问，博士阶段的学习，让我受益无穷。

我是幸运的。在我的求学道路中，得到许多前辈、师友的奖掖与关怀。我必须首先感谢尊敬的王曾瑜先生。虽然我当面聆听先生教诲的机会很是有限，但先生对我却恩重如山。自我有幸见到先生并与先生联系以来，先生不仅多次为我惠寄大著，更不断以邮件甚至书信方式鼓励、教诲晚辈。我会永远铭记，先生亲笔来函鼓励晚辈，使晚辈有勇气向先生汇报学习情况。先生的博大胸怀，先生对后学的深切关爱、包容与鼓励，令我终身感动。书稿完成后，我冒昧将书稿寄给先生批评指正，并表达了渴望先生赐序的奢望，让我未曾想到的是，先生不仅慷慨为拙著赐序，还亲笔逐页为晚辈修订书稿，这份厚重关怀与提携之情，是我无法报答的。先生为拙著提出的宝贵意见，一些已融入本书的修订中，还有一些目前我还没有能力去完成，唯有在日后的学习中不断思考和完善。在此谨向先生致以衷心的感激。

台湾大学王德毅先生对晚辈的厚爱，我终身铭记。2008 年昆明宋史年会，我首次见到仰慕已久的先生。尤为幸运的是，在此次年会中，我能有机会与先生同行，聆听先生教诲。本书第二章、第五章和第八章的部分内容曾敬呈先生指正，先生不辞辛苦，亲笔为晚辈修订拙稿，指正错误，并来信嘱我“多看石刻史料，以补文集不足”。此后，我又有幸在几次会议中见到先生和师母，先生数次为晚辈惠赠大著，师母对晚辈亦厚爱有加，先生和师母的慈爱、博大与宽容，令我感慨不已。我深深知道，自己只有在学术之路上不断前行，才能不辜负前辈学者的厚爱与鼓励。

我要特别感谢李华瑞先生。第一次见到先生，是在 2002 年的兰州宋史年会上。先生耐心为我指引方向、解答问题的一幕令我永远铭感于心。自此之后，每次见到先生，他都会在学术上给予我无私关怀、悉心指导与鼓励提携。先生也是我论文的评审专家，他对我的博士论文给予了很高评价，对我无疑是极大的激励，使我在后来的学术道路上有勇气不断拓展。

邓小南先生有关唐宋女性问题的研究给予我很多重要甚至关键的影响。2008 年在陕西师范大学，先生不顾刚刚完成讲座的劳累，向我们这些赖着她至房间的后学传道授业，使我有幸与先生的学生一起聆听先生教诲。在此后的学术会议中，每每有幸见到先生，先生总在学术与人生的不同层面给予我谆谆教诲，让我终身铭记。

张邦炜先生、刘静贞先生、伊沛霞（Patricia Ebrey）先生都是我深深敬仰与崇拜的宋史专家，他们在宋代妇女史领域的突出贡献，尤其让我获益。有幸的是，我分别在不同会议中面觐三位先生，并有幸就本书相关问题向几位先生请教，几位先生都从不同角度给予我深刻启迪。在此谨向三位先生致以诚挚的谢意。

我还要衷心感激张全明教授、贾玉英教授，他们对我博士论文的肯定及所提出的宝贵意见，使我受益匪浅。此外，在我求学的过程中，张国刚教授、王瑞来教授、何冠环教授、邹重华教授、包伟民教授、陈峰教授、曹家齐教授、肖建新教授、苗书梅教授、张文教授、粟品孝教授、赵冬梅教授等或指点迷津，或匡谬正误，或惠赐大著，或关怀鼓励，让我深深感动。毕业以来，有幸几次参加妇女学界的会议，见到郭松义、杜芳琴、高世瑜、裔昭印、吕美颐以及畅引婷等先生，并蒙以上先生关怀。前辈学者的厚爱，令人感动和难忘。

刁培俊、雷家圣、廖寅、陈曦、余蔚、韦兵、梁建国、韩毅、何玉红、刘云军、高楠、张仲民、刘淑丽、张艳玲等诸多友人给予我的情谊是我学术生涯中又一笔宝贵的财富，他们不断取得的学术成就也时常给我鞭策。特别要感谢刁培俊、雷家圣二位学兄为我复印、赠送资料，感念之情，实难名状。

拙著能够顺利出版，要感谢兰州大学重点建设处、兰州大学社会科学处、兰州大学敦煌研究所的资助。感谢王希隆教授、乔健教授一直以来对我的鼓励与扶持。

感谢父母、家人对我的养育与栽培。感谢我的爱人曾维刚博士。维刚君和我同窗六载，我读宋史方向，他读宋代文学方向，共同的事业与追求，为我们提供了更多交流的基础，也因为他的帮助、鼓励与支持，使我能不断克服原本以为无法解决的困难。本书修订过程中，我们的女儿曾铁言小宝贝也诞生了，亲爱的言言，正因为你的可爱、乖巧，使我能将更多的精力投入工作，也使我的人生更有价值，谢谢你。

铁爱花

2011 年 2 月

再版后记

本书以宋代士人阶层女性群体为研究对象，从秩序、规范与女性的实际生活入手，按照从社会到家庭、再到个人三个层面的逻辑顺序进行组织，考察宋代国家、士人社会、地方乡里以及士人家庭等对女性的规范，从不同角度研究宋代士人阶层女性的生活面貌，力图从多角度、多层面透视宋代社会秩序、规范与士人阶层女性实际生活之间的关系。

本书原是作者在武汉大学历史系的博士学位论文，初稿完成于东湖之滨，珞珈山下的枫园寓所，2006 年获“教育部人文社会科学研究青年基金项目”资助，2008 年获中国妇女研究会“第二届妇女 / 性别研究优秀博士学位论文二等奖”，2011 年在人民出版社首次出版。拙著出版后，承蒙学界前辈与同行专家鼓励奖掖，先后获“甘肃省第十三次哲学社会科学优秀成果二等奖”，“第七届邓广铭学术奖励基金三等奖”。拙著相关内容如阴阳学说、性与女性的人身权益、旌表制度、“乡评”与士人舆论、家训家规对性别秩序的规范问题；宋代士人阶层女性的公领域活动、阅读活动、休闲活动、夫妻关系和妻妾关系等，在香港中文大学、武汉大学、复旦大学、南开大学、中山大学、云南大学、暨南大学、杭州师范大学、上海师范大学等高校组织的学术会议宣读，得到与会专家的指正印可，并在《中国史研究》《史学月刊》《史林》《历史教学》《兰州大学学报》《西北师大学报》《中国社会科学报》等专业学术刊物发表，一些内容被《中国社会科学文摘》《人大复印报刊资料》《新华文摘》《高等学校文科学术文摘》全文转载或观点摘编，鼓励我继续从事妇女与性别史领域相关课题的研究。近年来在担负教学科研的同时，有幸参与学界项目职称等学术评审工作，发现妇女与性别史领域的研究持续受到学者们重视，这无疑有助于学界不断推动这一领域的研究。身为在改革开放与和平发展时期成长的女性，服膺并受惠于我国男女平等基本国策，惟愿过往研究点滴能汇入学术汪洋之海，对我们理解同情古代女性的生存境遇与生活实践尽微薄之力。

一路走来，幸遇学界前辈师友提携关爱，感谢业师杨果教授、刘建丽教授、王曾瑜先生、王德毅先生、邓小南先生、常建华先生、李华瑞先生、游彪先生、张文先生、徐吉军先生、曹家齐先生、鲁西奇先生等对我的提携鼓励；感谢所有曾经帮助我的师友同好；感谢苏州大学领导老师的诸多关照，尤为感谢王卫平教授、高峰教授等各位老师的关怀帮助。2012 年暑期至 2013 年暑期与先生携女在美访学期间，现执教于芝加哥大学的林伟正教授与夫人 Kim 女士对我们一家的帮助与情谊我们不会忘记；先生曾维刚教授研治宋代文学，于我启发良多；先生和女儿曾铁言多年来的支持鼓励，温暖与爱，点点滴滴，伴我成长。工作迄今，不觉已指导研究生十届，他们有的继续深造，有的在高校、政府机关、新闻媒体、中学等各行各业工作，看到他们的成长，分享一届届学生的喜悦，是身为教师独有的幸福。欣喜的是，他们的研究兴趣不少也集中在妇女与性别史领域，使我们能有更多共鸣。工作余暇，借地利之便，考察江南地方文化，走访苏、锡、常等地先贤创办女子学校旧址，感佩先贤对我国女子教育、女性启蒙所做的贡献。

此次新版，仅对书中部分文字和少数章节内容做了调整修订，增补部分图像资料，力求避免错讹。拙著忝列新星出版社“吉金文库”书系，责编孙立英女士付出颇多，提出宝贵修订意见，谨致谢忱。

拙著再版之际，我要藉此感恩父母，没有双亲的呵护栽培与全力支持，我不可能顺利完成学业，专心从事教学科研工作。拙著初版问世，先父铁毓英（字雄武，号本善）将拙著放在枕边，时常翻读鼓励。拙著再版之际，先父归道山已逾三载。先父慈善宽厚，每每以毛笔手抄经典，白线装订，朱笔句读，终身不倦，开启我对线装书籍的兴趣。先父一生对家母的尊重和对子女孙辈的照拂已成我永恒的记忆。父爱如山，谨此缅怀先父。

铁爱花
2022 年夏于姑苏